1115002

Wolfgang Budde · Frank Früchtel · Wolfgang Hinte (Hrsg.)

Sozialraumorientierung

Wolfgang Budde · Frank Früchtel
Wolfgang Hinte (Hrsg.)

Sozialraumorientierung

Wege zu einer veränderten Praxis

VS VERLAG FÜR SOZIALWISSENSCHAFTEN

Bibliografische Information Der Deutschen Nationalbibliothek
Die Deutsche Nationalbibliothek verzeichnet diese Publikation in der Deutschen Nationalbibliografie; detaillierte bibliografische Daten sind im Internet über <http://dnb.d-nb.de> abrufbar.

1. Auflage Dezember 2006

Lektorat: Stefanie Laux

Der VS Verlag für Sozialwissenschaften ist ein Unternehmen von Springer Science+Business Media.
www.vs-verlag.de

Umschlaggestaltung: KünkelLopka Medienentwicklung, Heidelberg
Druck und buchbinderische Verarbeitung: Krips b.v., Meppel
Gedruckt auf säurefreiem und chlorfrei gebleichtem Papier
Printed in the Netherlands

ISBN-10 3-531-15090-1
ISBN-13 978-3-531-15090-1

Inhalt

C Fallunspezifische Arbeit und Fallarbeit

D Flexible Organisationen und Evaluation sozialräumlicher Arbeit

E Sozialraumorientierung in der Aus- und Fortbildung

Geschichte, Quellen und Prinzipien des Fachkonzepts „Sozialraumorientierung" (Einleitung)

Wolfgang Hinte

„Die Kosten für die Jugendhilfe explodieren!" – OberbürgermeisterInnen, BürgermeisterInnen und LandrätInnen geraten seit einiger Zeit deutschlandweit in Panik und machen den Jugendamtsleitungen entsprechenden Druck: „Steuern Sie das mal besser!"

Doch wie kann eine Kommunalverwaltung die Einflussfaktoren steuern, die dazu beitragen, dass Leistungsansprüche nach dem SGB VIII entstehen? Was kann etwa das Jugendamt daran steuern, dass viele ÄrztInnen angesichts eines begrenzten Budgets für Krankengymnastik und Sprachtherapie jungen Kindern mit Entwicklungsstörungen eben nicht mehr ausreichend Krankengymnastik und Sprachtherapie verschreiben, sondern eben nur so wenig, dass Franz anschließend zwar den s-Laut ordentlich sprechen kann, aber immer noch ein wenig stottert?[1] Was kann das Jugendamt daran steuern, dass zahlreiche Hartz IV-BezieherInnen eben kein Geld mehr haben, um ihrem Kind den Klassenausflug zu finanzieren – mit der Folge, dass das Kind ein weiteres Mal ausgegrenzt ist? Was ist daran zu steuern, dass zahlreiche Kirchengemeinden zusammengelegt, Kirchen geschlossen und Pfarrstellen abgebaut werden – u.a. mit der Folge, dass es weniger Pfarrheime mit Kindergruppen gibt, weniger kirchliche Jugendarbeit, weniger integrierende Gemeinde-Milieus und weniger Ansprechpersonen für Kinder und Jugendliche in schwierigen Lebenssituationen?

Diese und viele andere Elemente tragen dazu bei, dass gelingendes Aufwachsen in dieser Gesellschaft immer schwieriger wird und dass die Hilfen zur Erziehung (§§ 27 ff. SGB VIII) des zu erwartenden Rückgangs an Zahlen von Kindern und Jugendlichen quantitativ und qualitativ weiter zunehmen werden. Dafür kann das Jugendamt nichts, das sind Folgen zahlreicher (oft unverbundener) politischer Einzelentscheidungen und gesellschaft-

---

1 Dies trifft im übrigen ausschließlich diejenigen Bevölkerungsgruppen, die nicht privat versichert sind: Bei Privatpatienten verschreibt der Arzt nämlich weiterhin all das, was die Patienten ihm in den Rezeptblock diktieren.

licher Entwicklungen. Die Aufgabe der Jugendhilfe indes besteht darin, den eigenen Bereich so zu optimieren, dass sie den immer schwierigeren Herausforderungen mit den zur Verfügung stehenden Ressourcen gerecht wird.

Steuerung durch ein Fachkonzept

Ich kenne keine moderne Organisations-Theorie, die noch die naive Vorstellung pflegt, soziale Systeme seien durch externe Eingriffe in gewünschter Weise zu steuern. Dennoch erfasst dieser immer wieder aufkeimende Steuerungs-Wahn in regelmäßigen Schüben auch die Soziale Arbeit. Wer erinnert sich noch an die „Neue Steuerung“? Großes Getöse, viel Aufwand, wenig praktische Folgen – vom Haifisch zur Kaulquappe (s. dazu Hinte 1999; Jann 2004). Und auch die Steuerung der Jugendhilfe wird vom Torpedo zur Flaschenpost, wenn man glaubt oder suggeriert, dies bedeute, man könne dieses komplexe Feld zielgerichtet systematisch so beeinflussen, dass man es irgendwie „in den Griff“ bekommt. Die in so manchen Steuerungsthesen enthaltene Hybris sozialtechnokratischer Steuerungsphantasien aus der Blütezeit sozialdemokratischer Reformkonzepte in den 70er Jahren weckt bei vielen AkteurInnen die Vorstellung, man könne irgendetwas in der Welt gezielt so beeinflussen, dass anschließend das herauskommt, was die steuernde Instanz beabsichtigt. Vergessen Sie es: Das klappt ja nicht mal bei Ihrer eigenen Familie. Steuern in dem Sinne, dass man in einfachen oder auch komplexen Systemen eine gewünschte Reaktion bzw. Entwicklung treffsicher erreicht, ist grundsätzlich zum Scheitern verurteilt.

Allerdings kann man auf der Grundlage solider Analyse und konzeptioneller Grundentscheidungen innerhalb einer kommunalen Verwaltung bestimmte Markierungen setzen, Pflöcke einschlagen, man kann Arrangements in einer Institution schaffen, die dazu beitragen, dass sich die Orientierung der Institution – gleichsam ihr inneres Radar – dahin oder dorthin richtet. Solche Arrangements materialisieren sich innerhalb einer Institution durch Strukturen, Verfahren, Formulare, Finanzierungsstränge und Qualifizierungsmaßnahmen – dies sind wesentliche Instrumente zur Steuerung.

Die bislang in der Jugendhilfe dominanten Steuerungsparameter sind Abteilungen, Paragraphen, Immobilien und Fälle. Darüber wird Identifikation geschaffen, Geld verteilt, Ordnung hergestellt und Energie gebunden. Ich plädiere hier und anderswo dafür, das Gebiet (den „Sozialraum“) als zusätzliche oder – besser – dominante Steuerungsgröße einzuführen. Dies nicht in dem infantilen Sinne, dass jetzt alle Ressourcen dezentralisiert werden oder jede Abteilung nachweisen muss, dass sie „etwas Sozialräumliches“ tut, sondern als strukturelle Grundlage für die Realisierung des Fachkonzepts „Sozialraumorientierung“. Organisation und Finanzierungsformen der Jugend- und Sozialhilfe müssen der sozialarbeiterischen Fachlichkeit folgen und nicht umgekehrt. Insofern ist eine Vergewisserung über den fachlichen Ansatz „Sozialraumorientierung“ angezeigt.

In der Sozialraumorientierung geht es nicht darum, mit großem Methodenarsenal und pädagogischer Absicht Menschen zu verändern, sondern darum, Lebenswelten zu gestalten und Arrangements zu kreieren, die leistungsberechtigten Menschen helfen, auch in prekären Lebenssituationen zurechtzukommen. Dabei sind folgende Prinzipien von Bedeutung (ausführlich in: Hinte/Treeß 2006):

1. Ausgangspunkt jeglicher Arbeit sind der Wille / die Interessen der leistungsberechtigten Menschen (in Abgrenzung zu Wünschen oder naiv definierten Bedarfen).
2. Aktivierende Arbeit hat grundsätzlich Vorrang vor betreuender Tätigkeit.
3. Bei der Gestaltung einer Hilfe spielen personale und sozialräumliche Ressourcen eine wesentliche Rolle.
4. Aktivitäten sind immer zielgruppen- und bereichsübergreifend angelegt.
5. Vernetzung und Integration der verschiedenen sozialen Dienste sind Grundlage für funktionierende Einzelhilfen.

Sozialraumorientierung als fachliches Konzept besteht im Kern aus diesen fünf Prinzipien; die AkteurInnen lassen sich aber bei deren Realisierung geradezu hemmungslos von allen möglichen herkömmlichen und aktuellen methodischen Ansätzen beeinflussen. Sozialraumorientierung ist damit nicht eine neue „Theorie“, kein mit anderen „Schulen“ konkurrierender Ansatz, sondern eine unter Nutzung und Weiterentwicklung verschiedener theoretischer und methodischer Blickrichtungen entwickelte Perspektive, die als konzeptioneller Hintergrund (Fachkonzept) für das Handeln in zahlreichen Feldern sozialer Arbeit dient. Um den Kern des Konzepts herum werden ständig Anpassungsleistungen vorgenommen, Stilwechsel und Darstellungsvarianten bis hin zum Austausch von unzeitgemäßen Vokabeln. Das Gebäude „Sozialraumorientierung“ wird also dauernd renoviert, aber sein Charakter bleibt erhalten – abgebildet insbesondere in den o.g. Prinzipien. „Sozialräumliches Denken in der Jugendhilfe ist … ein an Menschen-Stärken orientiertes Denken, ein Denken in vernetzten Strukturen, interessiert an ganzheitlichen Lösungen, an Unterstützung statt an aufoktroyierter Hilfe. Es konzentriert sich auf den Alltag und das soziale Umfeld, es akzeptiert auch originelle Lebensformen. Es bemüht sich, Menschen mit Hilfe anderer – Professionellen und Laien – aus zerstörerischen und einengenden Milieus heraus zu lösen und für neue Erfahrungen zu öffnen, ohne die Bindung an das je spezifische Milieu zu diffamieren.“ (Blandow 2002, S. 61) Im Grunde existiert der hier vertretene Ansatz in seinen Kernprinzipien seit den 70er Jahren. Um es in neueren Vokabeln zu sagen: Irgendwie ist er systemisch, lebensweltorientiert, ökosozial, lösungsorientiert und empowernd, doch es gab ihn schon, bevor er in all diese zeitgenössischen Strömungen einfloss: die Gnade der frühen Geburt.

Prononciert gesagt steht Sozialraumorientierung als Chiffre für die im Geiste der alten Gemeinwesenarbeit fortentwickelte Sozialarbeit weg von der auf den Klienten bezogenen Haltung des „Ich weiß, was für dich gut ist, und das tun wir jetzt." über das „Eigentlich weiß ich schon, was für dich gut ist, aber ich höre dir erst mal zu." hin zum konsequenten „Dein Wille wird ernst genommen - er ist mir nicht Befehl, aber ich will mich ihm mit meinen fachlichen und den leistungsgesetzlichen Möglichkeiten stellen."

Von Bedeutung ist dabei die Unterscheidung zwischen Wunsch („Ich hätte gern etwas, wozu andere etwas für mich tun müssen.") und Wille („Ich bin entschlossen, mit eigener Aktivität zum Erreichen meines Ziels beizutragen."). Mit dem Begriff „Willen" (und dann noch bezogen auf Kinder!) hat die pädagogisch inspirierte Jugendhilfe so ihre Probleme – anders etwa als in der juristischen Fachdiskussion, wo die Bezeichnung „Kindeswille" erheblich häufiger und auch unbefangener gebraucht wird als in der erziehungswissenschaftlichen. Man denke nur an die aufschlussreiche Diskussion über den Unterschied zwischen „Kindeswohl" und „Kindeswille", die nach Meinung urteilender Instanzen durchaus miteinander in Konflikt geraten können (s. dazu die umfangreiche Übersicht von Zitelmann 2001). In der Erziehungswissenschaft haben Interessen von Kindern zumindest vorübergehend Aufmerksamkeit erst im Rahmen der Kinderrechtsbewegung im Umfeld der Antipädagogik in den 80er Jahren erhalten (s. etwa Farson 1975). Aber auch unter JuristInnen ist der Umgang mit dem Willen von Kindern durchaus kontrovers. Interessant ist, dass die Tatsache, dass es so etwas wie einen „Kindeswillen" gibt, kaum bestritten wird. Wie man jedoch damit umgeht, ist stark dadurch geprägt, wie man erwachsenerseits das „Wohl des Kindes" definiert.

„Mit einer Anerkennung des Willens von Kindern und Jugendlichen tut sich die Rechtsordnung im materiellen Recht wie auch im Verfahrensrecht sichtbar schwer. Und zwar nicht nur aus Gründen der Tradition, des Desinteresses oder einer intendierten Sicherung der Vormachtstellung Erwachsener sowie der Sicherheit des Rechtsverkehrs …, sondern auch mit Rücksicht auf die ‚wohlverstandenen' Interessen der Kinder selbst." (Zitelmann 2001, S. 160)

Die Unterscheidung zwischen Wunsch und Wille habe ich in der Form, wie sie im sozialraumorientierten Konzept vertreten wird (s. dazu Hinte/Treeß 2006), weder in der rechtswissenschaftlichen noch in der erziehungswissenschaftlichen Literatur gefunden. Selbst in der aktuellen Literaturflut zur Hilfeplanung nach Par. 36 SGB VIII taucht die Kategorie „*Wille* der Betroffenen" schlichtweg nicht auf (Merchel 2006; Sozialpädagogisches Institut 2005) – man behilft sich mit Begriffen wie Wünsche (!), Bedürfnisse, Perspektiven oder Vorstellungen. Dass

Erwachsene und – o Gott! – Kinder tatsächlich einen „Willen" haben, wird noch Gegenstand einiger harter Lernprozesse in der sozialpädagogischen Community werden.

Der konsequente Bezug auf die Interessen und den Willen der Menschen kennzeichnet also das Fachkonzept Sozialraumorientierung und bildet damit den „inneren Kern" des Ansatzes, dem Aspekte wie der geografische Bezug, die Ressourcenorientierung, die Suche nach Selbsthilfekräften und der über den Fall hinausreichende Feldblick logisch folgen. Dass die Assoziationen zur Vokabel Sozialraumorientierung bei vielen RezipientInnen fast immer beim geografischen Bezug stecken bleiben, ist mit etwas Nachsicht verständlich und allenfalls verzeihlich, wenn man gedankliche Bequemlichkeit als Konstante im durch Routine geprägten beruflichen Alltag und im darauf bezogenen wissenschaftlichen Diskurs grundsätzlich akzeptiert. Wer jedoch mit über das Normalmaß hinausreichenden Tiefgang auf die Geschichte der Publikationen zur Sozialraumorientierung schaut, kann diesem vereinfachenden Missverständnis nicht verfallen (s. etwa Hinte/Metzger/Springer 1982; ISSAB 1989; Hinte/Litges/Springer 1999). In der Tat sucht dieses sozialarbeiterische Konzept einen Spagat, oder besser gesagt: einen pragmatischen Kompromiss zwischen den Ergebnissen der theoretischen und praktischen Suchbewegungen der Gemeinwesenarbeit einerseits und den im SGB VIII festgeschriebenen Leistungsansprüchen andererseits, gleichsam die Kombination aus einem eher randständigen, aber durchaus geachteten Diskussionsstrang in der Sozialarbeit mit einem historisch bedeutsamen Leistungsgesetz, das durchdrungen ist von konservativen Vorstellungen über Familie und Sozialstaatlichkeit.

Im sozialräumlichen Konzept gibt – scheinbar im Widerspruch zu seiner Bezeichnung – das Individuum mit seinen Interessen und Ressourcen „den Ton an". Wir haben es also hier mit einerseits mit einem hochgradig personenbezogenen Ansatz und andererseits mit einem sozialökologischen, auf die Veränderung von Verhältnissen zielenden Ansatz zu tun, und zwar mit einer integrierenden Zusammensicht dieser beiden in der Geschichte der Sozialen Arbeit immer wieder auftauchenden Stränge, die u.a. verbunden sind mit Namen aus der (personen-orientierten) Humanistischen Psychologie wie etwa Carl Rogers, Ruth Cohn und Fritz Perls und aus der (auf die Verbesserung von Lebensbedingungen gerichteten) Gemeinwesenarbeit und Sozialökologie wie etwa Saul Alinsky, Kurt Lewin und Richard Hauser.

Angebot und Nachfrage: sozialräumliches Handeln in der Sozialbürokratie

Die sozialen Sicherungssysteme in Deutschland sind derzeit u.a. durch Unübersichtlichkeit und Zersplitterung geprägt. Dies wird immer wieder gerechtfertigt mit programmatischen Leerformeln wie z.B.

- Föderalismus (Folge: zahlreiche unabgestimmte, temporär wechselnde Finanzierungsstränge sowie Finanzierungsprogramme etwa von Bund, Ländern und Kommunen)
- Subsidiarität (darf nicht nur dazu dienen, freien Trägern Vorrang zu geben, sondern müsste auch den Vorrang der Autonomie der Lebenswelt begründen)
- Pluralität (das dümmste Argument: wir haben nicht zu wenig Pluralität, unser Problem ist eher, dass wir das vorhandene Geld nicht schnell genug, nicht passgenau und unter zu hohem bürokratischem Aufwand an die manchmal sogar noch falsche Stelle bringen, und das hat auch zu tun mit einer zersplitterten Träger-Landschaft, die häufig nicht nur im Sinne der betroffenen Menschen agiert, sondern auch mit Blick auf ihren jeweiligen Selbsterhalt)
- Konkurrenz (auch hier gilt: unser Problem ist ja nicht, dass wir zu wenig Konkurrenz im Wettbewerb haben, sondern dass der Wettbewerb dazu führt, dass immer gekonnter geblufft wird und gleichzeitig unglaublich viel Kraft in Darstellung, Präsentation und Beziehungspflege fließt).

Im Mittelpunkt jeder öffentlichen Leistung müssen die Lebenslage und das daraus resultierende Anliegen der leistungsberechtigten Menschen stehen. Wir benötigen folglich Systeme, die nicht konzentriert sind auf das vorgehaltene Angebot (also nicht auf die Immobilie, die Spezialkompetenz der Beschäftigten, die Qualität der spezialisierten Leistung, der jeweiligen fachlichen Schule oder der wie auch immer gearteten Tradition) sondern auf die gelegentlich völlig unvorhersehbare und wechselnde Nachfrage der leistungsberechtigten Menschen. Das Angebot darf nicht die Nachfrage dominieren, sondern das Angebot muss in einer Art und Weise flexibel sein, dass es den Anforderungen der jeweils Nachfragenden genügt. Wenn die beiden Systeme „benachteiligte Lebenswelt" einerseits und „Jugendhilfe-System" andererseits aufeinander treffen, sind wir indes konfrontiert mit einer hochgradigen Unkenntnis der AkteurInnen bzgl. der Systemlogik innerhalb des jeweils anderen Systems. Die AkteurInnen in der Jugendhilfe wissen nur wenig über das Funktionieren von benachteiligten Familiensystemen, und die Familien innerhalb der benachteiligten Milieus sind nur sehr rudimentär darüber informiert, was die geheimnisvollen Kürzel SPFH, EB oder INSPE[2] bedeuten. Und auch was schlichtweg eine „Beratung" ist, ist längst nicht geteiltes Wissen bei allen Beteiligten. Deshalb ist sozialarbeiterische Fachlichkeit im Sinne eines sozialräumlichen Fachkonzepts von hoher Bedeutung bei der Arbeit an der Schnittstelle zwischen Lebenswelt und bürokratischem System.

Verdeutlichen lässt sich das etwa im Umgang mit evtl. vorhandenen räumlichen Ressourcen beim ersten Kontakt mit dem ASD. Mit einer betreuenden, naiv leistungsgesetzlich orientierten Sachbearbeitungs-Haltung würde man auf ein Hilfegesuch (nach entsprechender Prüfung) mit der Bemerkung eingehen: „Selbstverständlich, das steht Ihnen zu, das machen wir für Sie." Mit einem restriktiven Kontroll-Paradigma würde man geradezu detektivisch alle anderen infrage kommenden Hilfemöglichkeiten etwa von Nachbarn, Freunden oder Verwandten systematisch abklopfen und sie vor allen Dingen auf ihr Vorhandensein und ihre möglich Aktivität hin überprüfen, bevor man überhaupt zu einer Diskussion über die Leistungsgewährung käme. Im Sinne des Konzepts der Sozialraumorientierung indes würde man prüfen, ob den Hilfesuchenden die Leistung zusteht und gleichzeitig (und zwar nicht als Spar-Ersatz für die gesetzlich garantierte Hilfeleistung) nach zusätzlichen Ressourcen suchen, die entweder diese Hilfeleistung ergänzen oder verbessern würden oder sogar deshalb überflüssig machten, weil sie von besserer Qualität wären. Während mit dem Kontroll-Blick der Hilfesuchende unter Druck käme, etwa seine Verwandten anzubaggern, würde beim sozialräumlichen Blick immer nach bisherigen „blinden Flecken" gefragt, also nach Ressourcen, auf die man bisher nicht gekommen ist und die freiwillig und ohne Druck zu aktivieren wären. Somit hat dieses Verfahren nun wirklich nichts mit dem Elberfelder-System aus dem 19. Jahrhundert zu tun, bei dem ein Rückgriff auf den Gemeinde-Fond nur gebilligt wurde, wenn vorher alle infrage kommenden Hilfemöglichkeiten nachweisbar ausgeschöpft waren. Eher schon steht Hartz IV in der Tradition des Elberfelder-Systems, das grundsätzlich von Kontrolle geprägt ist und nicht – wie die Sozialraumorientierung – von Freiwilligkeit und diskursiver Suche nach der richtigen Lösung.

Fachliche Anforderungen des Ansatzes

Wer das Wohngebiet als Steuerungsgröße wählt, ist ein Stück näher am Alltagsleben der Menschen, als diejenigen, die allenfalls bürokratische Parameter zu Steuerungsgrößen erheben. Das Gebiet ist zumindest ein Kompromiss aus der

---

2 Insofern sind diese naiven (oder sollte man sagen: dumm-dreisten) Vorschläge derart, die Betroffenen sollten sich auf der Grundlage etwa von Internet-Angeboten der Träger die jeweilige Hilfe selbst suchen, jenseits jeglicher Realität.

Sicht der planenden Verwaltung einerseits und der ihren Alltag gestaltenden Menschen andererseits. Es bedarf also der Ablösung der Fach- bzw. Abteilungsstruktur durch eine Gebietsstruktur, die sich vornehmlich darüber abbildet, dass die unterhalb der Amtsleitung angesiedelten Führungskräfte auf eine definierte Gebietseinheit bezogen agieren. Sie werden unterstützt durch ein starkes inhaltliches, zentral angesiedeltes Fachzentrum. Manchmal befindet sich dies schlichtweg im Kopf des Amtsleiters (bes. in kleineren Kommunen), manchmal ist es ein Stab, sind es Fachbereichsleitungen oder Fachleitungen im Rahmen einer Matrix (vorbildlich realisiert etwa in Berlin - Till 2004 - oder in Zürich - Waldvogel 2003).

Mit Blick auf die Anforderungen eines sozialräumlichen Fachkonzepts darf sich jedoch eine Institution, die nach diesen Prinzipien arbeiten will, nicht auf eine geografische Regionalisierung ihrer Dienste beschränken. Die fachlichen Implikationen eines sozialräumlichen Konzepts müssen gleichsam die Poren einer Institution durchdringen, so dass – bei aller Individualität bei der Erledigung der jeweiligen Aufgaben – das Handeln der jeweiligen Fachkräfte auf allen Ebenen „aus einem Guss" geschieht. Wer eine Institution nach einem sozialräumlichen Fachkonzept gestaltet, muss also – im Sinne einer Checkliste – z.B. fragen

- ob und mit welchen Folgen der Wille der AdressatInnen nachhaltig Beachtung findet, wie er systematisch erhoben wird, wie er als Grundlage für die gestalteten Arrangements dient und über welche standardisierten „Vergewisserungs-Schleifen" die Fachkräfte darauf verwiesen sind, sich an die Interessen der AdressatInnen anzukoppeln
- durch welche Verfahren und in welchem Ausmaß die systematische Mitarbeit der AdressatInnen an den jeweiligen Arrangements bzw. Kontrakten gefördert wird, über welche Verfahren alle AkteurInnen regelmäßig auf die Notwendigkeit der Aktivierung von Eigenaktivität verwiesen werden und über welche Instrumente diese Sichtweise wirkungsvoll unterstützt wird
- ob und in welcher Form sowie in welchem Umfang die Ressourcen der AdressatInnen erfragt, erarbeitet und erhoben werden und wie gewährleistet ist, dass diese Ressourcen Ausgangspunkt und Bezugspunkt jeglicher Maßnahme sind
- ob und in welchem Umfang Kenntnisse über sozialräumliche Ressourcen in der Institution vorhanden sind und wie sie systematisch mit den institutionellen Leistungen und den Ressourcen der AdressatInnen zu integrierten Maßnahmen bzw. Aktionen kombiniert werden
- wie gewährleistet ist, dass der leistungsberechtigte Mensch bzw. die Zielgruppe im Kontext der übrigen Sozialraum-AkteurInnen gesehen und über welche Verfahren ein bereichsübergreifender Einsatz von Ressourcen angeregt und wirkungsvoll gestaltet wird

- durch welche Verfahren die Kooperation mit den relevanten Institutionen des jeweiligen Sozialraums gesichert ist, und zwar mit möglichst geringem Besprechungsaufwand bei möglichst hoher Effektivität im Sinne des institutionellen Auftrags und des sozialräumlichen Fachkonzepts.

Sozialräumliche Finanzierungsformen

Im Rahmen der Einzelfallfinanzierung wird in der Jugendhilfe derzeit genau das bezahlt, was verhindert werden soll: Fälle. Träger benötigen Fälle, um zu überleben, und sie werden sie sich beschaffen. Betriebswirtschaftlich ist das gut nachvollziehbar, aber volkswirtschaftlich ziemlich daneben. In der Jugendhilfe läuft seit einigen Jahren der Putsch der Betriebswirtschaft gegen die Volkswirtschaft, und dies durch die Installation eines Marktes, der auf Kontrolle, Misstrauen und Konkurrenz beruht. Die Alternative ist ein System, das auf Kooperation, Vertrauen und Transparenz gründet, und dessen Finanzierung hochwertige Arbeit im sozialräumlichen Sinne und vor allen Dingen die Beendigung von Fällen und die Entsäulung von Hilfen belohnt. Derlei Finanzierungsformen werden in letzter Zeit – auch auf dem Hintergrund einiger gerichtlicher Entscheidungen – breit diskutiert, und zwar vornehmlich von Juristen, die – wie etwa Münder 2005 – penetrant „Sozialraumbudgets“ und „Sozialraumorientierung“ verwechseln und sich nur unzureichend in der vorfindbaren Wirklichkeit in sozialräumlich arbeitenden Jugendämtern auskennen.

Was wird da nicht alles an Horrorvisionen an die Wand gemalt?

- „Das Wunsch- und Wahlrecht ist gefährdet!“ Mitnichten: Das Wunsch- und Wahlrecht war in Deutschland nie wirklich garantiert. Wenn ausschließlich etwa die AWO SPFH betreibt, gibt es nichts zu wählen. Wenn nur die Diakonie betreutes Wohnen anbietet, gibt es nichts zu wählen. Doch in den sozialräumlich finanzierenden Kommunen gibt es endlich das Wunsch- und Wahlrecht: Es ist ausdrücklich garantiert und wird angesichts der kooperativen Trägerlandschaft erheblich effektiver praktiziert. Im übrigen sind die KlientInnen weniger daran interessiert, welchen Träger sie wählen können, sondern vielmehr, welche Person in ihren Augen glaubwürdig ist.
- „Hier geht es doch nur um Konsolidierung, das ist doch eine reine Spar-Nummer!“ Mitnichten. Gespart wird auf jeden Fall, und das brutal und häufig völlig geistlos. Wer im Einzelfall statt einer stationären Unterbringung lieber noch mal zwei ambulante Hilfen verschreibt, spart kurzfristig und belastet mittelfristig den Haushalt enorm. Wer nur noch Heime mit einem Tagessatz von höchstens 120,- Euro belegt, spart kurzfristig und belastet den Haushalt mittelfristig. Wer sich aber darum bemüht, das vorhandene Geld effektiv und effi-

zient einzusetzen (sozialräumliche Finanzierungsmodelle!), der bemüht sich um den Spagat zwischen Fachlichkeit und Konsolidierung. Im Übrigen: Die beste Jugendhilfe ist die kostengünstigste und von daher geht es darum, die Jugendhilfe besser zu machen (und das spart dann auch Geld).

- „Sozialraumorientierung führt zu einem geschlossenen Markt, zu Trägerausgrenzung, zum Chicago-Modell!" Mitnichten: Worum geht es eigentlich? Geht es um einen offenen Markt oder um bessere Leistung? Bringen offene Märkte wirklich bessere Leistung? Was ist wichtiger – der Artikel 12 GG (Berufsfreiheit) oder der Artikel 6 (Schutz der Familie)? Die Rede vom angeblich geschlossenen Markt erweist sich in der Praxis als völliger Unsinn. Die auf kommunaler Ebene vorgenommene Verständigung über die Konzentration auf bestimmte Sozialräume kann durchaus ohne Trägerausschluss geschehen. Bei einem solchen Verfahren herrscht in der Regel hohe Transparenz, und dann fällt durchaus auf, wenn Träger schlecht sind. Wenn die auf dem Markt anschließend keine Chancen haben, begrüße ich das ausdrücklich. Und selbst wenn der Markt geschlossen wäre: Wenn wir bei einem geschlossenen Markt zu besseren Leistungen unter Nutzung des vorhandenen Geldes kommen, so ist mir das erheblich lieber, als wenn wir einen offenen Markt hätten (bis hin zum portugiesischen Anbieter), auf dem Leistungen unübersichtlich, versäult, teuer und schlecht sind.

Natürlich müssen auch Finanzierungsformen auf den sozialen Raum orientieren und die Beteiligten bei der Realisierung der gewünschten Philosophie unterstützen. Aber: Das Fachkonzept Sozialraumorientierung ist etwas anderes als Sozialraumbudgets. Angesichts der aktuellen Diskussion (etwa Sozialpädagogisches Institut 2001; Münder 2005; Hinte 2005; Budde/Früchtel 2006) ist festzuhalten:

- Es gibt keinerlei rechtliche Einschränkungen für die Realisierung eines sozialräumlichen, sozialpädagogisch begründeten Fachkonzepts. Sozialraumorientierung lässt sich nicht verbieten, genauso wenig wie systemisches Arbeiten oder Verhaltenstherapie.
- Sozialraumbudgets im HzE-Bereich sind allenfalls ein kleines Mosaiksteinchen im Gesamtprozess sozialräumlicher Steuerung. Bei schlechter Vorbereitung und Durchführung können sie dagegen durchaus hinderlich sein.

Zu diesem Buch

Ein wesentlicher Unterschied zwischen dem Fachkonzept Sozialraumorientierung und allen anderen fachlich begründeten Konzepten in der sozialen Arbeit besteht darin, dass derzeit landauf landab systematisch daran gearbeitet wird, dieses Konzept zu realisieren. Die Begründer sowie die wachsende Anhängerschar dieses Konzepts haben sich nicht darauf eingelassen, ihre Gedanken im akademischen Diskurs kleinschreiben zu lassen bzw. das Konzept nach allen Seiten wasserdicht zu gestalten, indem man es variantenreich über-, untermauert und letztlich zumauert. Anders als viele andere Konzepte geht dieses tatsächlich den Weg der praktischen Realisierung.

„Die Sozialraumreformen selbst sind – und dies unterscheidet sie von vielen anderen Konzepten in der Kinder- und Jugendhilfe – nicht allein ‚literarischer' Diskurs in Fachzeitschriften und Diskussionsforen geblieben, sondern wurden konkret an vielen Standtorten zunächst in Experiment- und Modellform, oft aber flächendeckend in den Kommunen für alle Fachkräfte spürbar umgesetzt." (Kurz-Adam 2006, S. 193)

Dies macht den enormen Reiz des Konzeptes aus, und gleichzeitig zieht es sich damit ganz andere Formen der kritischen Aufmerksamkeit zu als so viele andere akademische Modewellen, von denen heute keiner mehr spricht. Es ist aber natürlich auch dem Neid derjenigen ausgesetzt, deren Konzepte weiterhin reine Schreibtischtaten bleiben und nicht den Weg in die Fertigung finden.

Anlass für die Entstehung des vorliegenden Buches war der wachsende Unmut der Herausgeber darüber, dass der in der sozialarbeiterischen Praxis begründete Diskurs zur Sozialraumorientierung (insbesondere in Arbeitsfeldern Gemeinwesenarbeit / Quartiermanagement, offene Jugendarbeit und Erziehungshilfen) auf eine Art und Weise akademisiert wurde, dass zahlreiche AkteurInnen aus der Praxis zunehmend darüber befremdet waren, welche Leute und Disziplinen sich des einst von ihnen mit geschaffenen Rohlings bemächtigten. Das Thema Sozialraumorientierung wird in Deutschland in einer stark fragmentierten Jugendhilfediskussions-Landschaft eher defensiv rezipiert und theoretisch sowie konzeptionell nur zurückhaltend weiterentwickelt. In sozialwissenschaftlichen und juristischen Debatten wird seit einigen Jahren „Sozialraumorientierung" seitenreich unter die Lupe genommen, ohne dass immer erkenntlich ist, ob die Diskutierenden sich überhaupt mit den fachlichen Quellen vorfindbaren Praxis des Fachkonzepts „Sozialraumorientierung" beschäftigt haben. Derzeit mehren sich solche Veröffentlichungen, die in auffälliger Weise praxisabstinent sind (etwa Kessl u.a. 2005) und Schritt für Schritt eine von der kommunalen Wirklichkeit abgehobene „zweite Wirklichkeit" erschaffen, die sich geradezu selbstreferenziell am Leben erhält und mehr und mehr nachvollziehbare Bezüge zu der von den AkteurInnen im Berufsfeld täglich hautnah erfahrenen Wirklichkeit vermissen lässt. Und da das Verfassen von Aufsätzen im Rahmen einer potenziell grenzenlosen Herausforderung durch einen sozialarbeiterischen Arbeitsalltag nicht gerade deutlich oben auf der Prioritätenskala angesiedelt ist, wird die Publikationswelt doch eher dominiert von denjenigen, die zwar nicht viel Bezug und damit auch nicht hohe Detailkenntnis zum sozialarbeiterischen Alltag haben, aber immerhin noch genügend Zeit sowie elaboriertes disziplinäres Wissen, um über den von ihnen vermuteten und damit auf Distanz zurecht definierten Praxisalltag zu schreiben.

Wir möchten mit diesem Buch die Diskussion um Sozialraumorientierung ein wenig erden. Es soll dazu beitragen, dass die von den AkteurInnen gewonnenen und von ihnen beschriebenen Erfahrungen verstärkt in die Fachdebatte Eingang finden und dadurch insbesondere solchen AkteurInnen Mut machen, die noch unschlüssig, aber durchaus interessiert am Spielfeldrand stehen, gelegentlich irritiert sind von der Abgehobenheit und praktischen Irrelevanz so mancher Beiträge, dabei jedoch durchaus auf der Suche sind nach gelungenen, anregenden und kritisch reflektierten Beispielen für die Erprobung sozialräumlicher Arbeit im Rahmen der herrschenden institutionellen und rechtlichen Vorgaben. Mittlerweile gibt es – getragen von einigen sozialräumlich arbeitenden Kommunen und Trägern – einen gut funktionierenden Austausch über Gelungenes und Gescheitertes, über laufende Experimente und erhellende Evaluationen. Doch dieses „Wissenskapital“ ist bislang einem eher kleinen Kreis zugänglich, es wird gelegentlich ansatzweise auf Kongressen dargestellt oder in kurzen Beiträgen in Fachzeitschriften (s. etwa sozial extra 6/2006). Bezogen auf den Bereich der Hilfen zur Erziehung gibt es mittlerweile im Gefolge des Integra-Projektes der IGFH ein mehrheitlich von HzE-Trägern getragenes Austausch- und Publikationsnetz, in dem relativ zeitnah die aktuellen Entwicklungen abgebildet sind (s. dazu insbesondere Koch/Lenz 1999; Peters/Koch 2004). Bezüglich der Entwicklungen in den kommunalen Jugendämtern bzw. an den Schnittstellen zwischen Kostenträger und Leistungserbringern fehlt es (abgesehen von den insbesondere in den Anfängen gut dokumentierten Stuttgarter Prozess – s. dazu Früchtel u.a. 2001) noch an systematischen schriftlichen Darstellungen und detailierteren Prozessbeschreibungen. Diesem Mangel ein wenig abzuhelfen ist vorrangiges Ziel dieses Buches.

Dass sich die Herausgeber dabei konzentriert haben auf diejenigen Städte und Landkreise, zu denen sie funktionierende Arbeitskontakte erhalten und in deren Praxis sie in unterschiedlichen Funktionen über viele Jahre hinweg Einblick haben, begrenzt natürlich den Kreis der hier vertretenen Gebietskörperschaften. Nach meinem Wissen wäre es zusätzlich interessant, auch Darstellungen etwa aus Städten und Landkreisen wie etwa Ravensburg, Siegen, Celle, Bremerhaven, Bonn, Hannover, Köln, Graz, Zürich u.a. zu erbitten und abzudrucken; wir hoffen, an anderen Stellen zur Publizierung von Erfahrungen aus diesen Orten beitragen zu können. Erfreulich wäre, wenn – so es denn ernsthaft gewollt ist – bei der künftigen Diskussion verstärkt Bezug genommen würde auf mehr oder weniger elaborierte Darstellungen von AkteurInnen aus den Kommunen und Landkreisen (neben den Beiträgen in diesem Band siehe u.a.: Damerius/Hinte 1997; Kurz-Adam 2002; Fricke 2003; Leitner/Richter 2004; Säuberlin/Osterndorf 2004; Waldvogel 2004; Joanni/Lehmann 2006; Kalter/Schrapper 2006; Liedtke/Juchems-Voets 2006; Meyer/Römisch/Sedo 2006; Stephan 2006)

Die derzeit in einigen Städten und Landkreisen laufenden Prozesse sind in vielerlei Hinsicht anspruchsvoll, da in ihrem Verlauf in integrierter Weise zahlreiche Teilprobleme in Konzeptionen und Organisation der Jugendhilfe analysiert, bearbeitet und evaluiert werden. Das Spektrum reicht von der Neujustierung der Aufgaben und Zugangsweisen des Allgemeinen Sozialdienstes über neue Formen der Kooperation zwischen Kostenträger und Leistungserbringern im Bereich der Hilfen zur Erziehung und – damit einhergehend – einem gesteuerten, inhaltlich geprägten Umbau der lokalen Trägerlandschaft bis hin zu innovativen Formen der Gestaltung von strukturgestützten Verfahren etwa im Bereich der Hilfeplanung, der Leistungs- und Entgeltvereinbarungen sowie der besseren Kooperation zwischen verschiedenen Leistungsfeldern der Jugendhilfe. Diese integrierte Form des Umbaus der lokalen Jugendhilfe setzt sich ausdrücklich ab von der parzellierten Form der in der Regel wenig in die Fläche gehenden Modelversuche, die durch Bundesministerien, EU-Gelder finanziert oder begleitet werden. Da in den örtlichen Strukturen in aller Banalität und Komplexität „alles mit allem zusammenhängt", besteht nach unserer Einschätzung für solche Projekte, die ausschließlich in kleinteiligen Segmenten der Jugendhilfe ansetzen (etwa in der Verbesserung des Hilfeplangesprächs, der Renovierung der Leistungs- und Entgeltvereinbarungen, der Hilfen zur Erziehung) die Gefahr nur von begrenztem Erkenntniswert und insbesondere von relativ geringer Wirkung auf das Gesamtsystem der lokalen Jugendhilfe, da die zahlreichen Schnittstellen zwischen den jeweiligen Bereichen letztlich immer wieder dazu beitragen, dass eine Innovation in einem einzelnen Bereich allenfalls ein kleines – temporär gepuschtes – Leuchtfeuer in der Diffusität der lokalen Jugendhilfelandschaft bleibt. Fachliche Weiterentwicklung mit nachhaltiger Wirkung auf ein lokales Jugendhilfe-System geschieht nur durch die systematische, von einer klaren inhaltlichen Konzeption geprägten Vorgehensweise, bei der alle Bereiche der kommunalen Jugendhilfe einbezogen sind und mit den Chancen ihres wechselseitigen Bezugs konsequent genutzt werden. Isolierte, wenn auch gelegentlich durchaus fachlich anspruchsvolle Einzelprojekte bieten zwar die Chance, das Einfallstor in einem dann umfassenderen Prozess darstellen zu können, doch zu oft strahlen sie nur wenig aus und sind angesichts der über die jeweiligen Schnittstellen ausgeübten Dominanz der örtlichen Beharrungskräfte relativ schnell abgestrahlt. Abgesehen von dem unvermeidlichen Jubel-Projekt-Bericht und einer zaghaften sektoralen Evaluation bleiben von solcherlei Aktionen nur wenig überdauernde Wirkungen

– Spuren im nassen Sand, die angesichts der lokalen Gezeiten-Kräfte nur kurzzeitig sichtbar sind.

Im Mittelpunkt dieses Bandes stehen Analysen und Reflexionen aus der Praxis der kommunalen Jugendhilfe, angefertigt von lokalen AkteurInnen in leitenden, planenden oder projektsteuernden Funktionen. Nach einem Überblick über die „Felder der Sozialraumorientierung“ – als einleitende Vergewisserung zur Präzisierung des zu Grunde liegenden Fachkonzepts – (verfasst von den Mit-Herausgebern Wolfgang Budde und Frank Früchtel) gibt Axel Stähr einen Überblick über die relevanten Diskussionsstränge im rechtlichen Bereich und weist auf durch das geltende Recht gedeckte Möglichkeiten hin, das Fachkonzept „Sozialraumorientierung“ durch unterstützende Finanzierungsformen zu praktizieren.

Im Abschnitt B stehen die Prozesse beim Umbau kommunaler Jugendhilfe-Strukturen im Sinne sozialraumorientierter Fachlichkeit im Mittelpunkt. Volker Brünjes stellt das Leitprojekt des Landes Berlin zur Einführung der Sozialraumorientierung vor – ein konzeptioneller Rahmen, verbunden mit einem umfassenden Unterstützungskonzept für die Jugendhilfe-Reform in den Berliner Bezirken. Einer davon ist Tempelhof-Schöneberg, der „Pionier-Bezirk“ im Prozess der Einführung der Sozialraumorientierung in Berlin, aus dem Antonia Volk und Henning Till aus der Sicht der Jugendhilfeplanung und der Amtsleitung berichten. Angelika Josupeit legt bei ihrer Darstellung aus der Stadt Ulm den Schwerpunkt auf die Entwicklung von Budgetverträgen im Rahmen eines sorgfältig geplanten und partizipativen Prozesses mit zahlreichen AkteurInnen der örtlichen Jugendhilfe. Im Landkreis Nordfriesland wird bereits seit 2002 auf der Grundlage vertraglicher Vereinbarungen mit Trägern der Hilfen zur Erziehung sozialraumorientiert gearbeitet; mit Blick auf die Besonderheiten eines dörflich geprägten Landkreises im Norden der Republik reflektiert Birgit Stephan die bisherigen Erfahrungen und beschreibt die zahlreichen Herausforderungen sowie die darauf bezogenen Lösungen, die in Nordfriesland entwickelt wurden. Die Stadt Stuttgart hat sich bereits 1998 als erste Stadt in Deutschland aufgemacht, die Hilfen zur Erziehung auf dem Hintergrund eines sozialräumlichen Konzepts unter einer sorgfältigen, vor Ort einvernehmlich abgestimmten Trägerauswahl zu reformieren. Jürgen Strohmaier zeigt in seinem Erfahrungsbericht an Hand einiger exemplarischer Aspekte den aktuellen Stand des Stuttgarter Reformprojekts auf. Dass ein sozialräumlicher Umbau der Erziehungshilfen auch in einer kleiner Stadt zahlreiche Chancen bietet, belegt der Bericht von Maria Klausner, Gerd Rose, Heinz Schätzel und Ulrike Stehle aus Rosenheim.

Das Verhältnis von fallunspezifischer Arbeit und Fallarbeit ist so etwas wie ein Dauerthema in den Städten und Landkreisen, die sich sozialräumlich aufstellen. Frank Früchtel und Wolfgang Budde illustrieren an Hand praktischer Beispiele und daran anknüpfender konzeptioneller Überlegungen die Praktizierung sozialraumorientierter Arbeit sowohl auf der Ebene von Netzwerken wie auch von Individuen, und Birgit Stephan beschreibt zum Abschluss des Abschnitts C die Praxis fallunspezifischer Arbeit im ländlichen Raum und deren Unterstützung durch eine passgenaue Budgetgestaltung.

Zwei zentrale Einzelaspekte werden im Abschnitt D beleuchtet. Zum einen stellt Regina Weißenstein die Entwicklung und Lerngeschichte der Evangelischen Gesellschaft in Stuttgart dar, also desjenigen Trägers, der als „Träger der ersten Stunde" in Stuttgart das dortige Projekt wesentlich mitgeprägt hat und bis heute immer wieder innovative Impulse für die sozialräumliche Gestaltung von Hilfesettings jenseits der klassischen Segmentierung in ambulant, teilstationär und stationär gibt. Ein Beispiel für eine fallbezogene Evaluation wird aus Rosenheim beigesteuert von dem Quartett Klausner, Rose, Schätzel und Stehle.

Wesentlich zum Gelingen sozialräumlicher Umbauprozesse tragen die Kompetenzen des Fachpersonals bei. Bislang gibt es nur wenig dokumentierte Erfahrungen mit Qualifizierungsprozessen für sozialraumorientierte Arbeit. Im Abschnitt F stellt Gerhard Litges das Essener Projektstudium für „Sozialraumorientierte Soziale Arbeit" vor, das seit mittlerweile über 25 Jahren zahlreichen AbsolventInnen Grundkenntnisse im sozialraumorientierten Ansatz vermittelt. Eine der damaligen Absolventinnen, die heute als Trainerin in der Fortbildung von sozialarbeiterischem Fachpersonal tätig ist, Maria Lüttringhaus, berichtet über Erfahrungen aus zahlreichen Trainings im Rahmen von Umbauprozessen. Abschließend stellen Gudrun Cyprian und Veronika Hammer Konzeption und Materialien ihrer in Bamberg entwickelten Internet-gestützten Sozialraum-Sozialarbeits-Ausbildung vor.

Unser Dank gebührt den Autorinnen und Autoren, und zwar insbesondere denjenigen, die nicht einen wesentlichen Teil ihrer Arbeitszeit als Mitglied der schreibenden Zunft verbringen und ihre Beiträge in den wenigen Nischen ihres kommunalen Jugendhilfe-Alltags oder in ihrer Freizeit verfasst haben. Aus anderen Gründen, aber nicht minder nachhaltig danken wir Sr. Franziska Dieterle, Christel Grunwald, Heidi Meyer und Andreas N. Schubert, ohne die dieses Buch in dieser Form nicht entstanden wäre.

Wolfgang Hinte, Essen im Oktober 2006

Literatur

Blandow, Jürgen (2002): Sozialraum und Milieuorientierung in der Pflegekinderarbeit, in: Institut für soziale Arbeit 2002, S. 59-76

Damerius, Ruth/ Hinte, Wolfgang (1997): Regionalisierung des Sozial- und Jugendamtes: das „Oberhausener Modell", in: Theorie und Praxis der Sozialen Arbeit 48. 1/1997, S. 18-25

Farson, Richard (1975): Menschenrechte für Kinder. Die letzte Minderheit. München

Fricke, Dirk (2003): Neue Ziele – neue Wege, in: sozial extra 27. 11/12/2003, S. 33-37

Früchtel, Frank/ Budde, Wolfgang (2006): Chancen und Risiken eines Sozialraumbudgets, in: sozial extra 30. 6/2006, S. 9-13

Früchtel, Frank/ Lude, Werner/ Scheffer, Thomas/ Weißenstein, Regina (Hrsg.) (2001): Umbau der Erziehungshilfen. Weinheim/München

Hinte, Wolfgang (1999): Verwaltungsreform - eine heilsame Aufstörung für die Jugendhilfe? In: Theorie und Praxis der Sozialen Arbeit 50. 8/1999, S. 294-299

Hinte, Wolfgang (2005): Sozialraumorientierung: Bemerkungen zu einer missglückten Rezeption, in: Nachrichtendienst des Deutschen Vereins für öffentlichen und private Fürsorge 85. 10/2005, S. 359-362

Hinte, Wolfgang: (2006): Was können Sozialarbeiterinnen und Sozialarbeiter? Fortbildung als Steuerungsinstrument in sozialen Institutionen, in: Nachrichtendienst des Deutschen Vereins für öffentliche und private Fürsorge 86. 3/2006, S. 129-133

Hinte, Wolfgang (2006): Sozialraumorientierung und Sozialraumbudgets – ein Plädoyer für begriffliche Klarheit, in: sozial extra 30. 6/2006, S. 28-31

Hinte, Wolfgang/ Metzger-Pregizer, Gerd/ Springer Werner (1982): Stadtteilbezogene soziale Arbeit - ein Kooperationsmodell für Ausbildung und berufliche Praxis, in: Neue Praxis 12. 4/1982, S. 345-357

Hinte, Wolfgang/ Litges, Gerhard/ Groppe, Johannes (2003): Sozialräumliche Finanzierungsmodelle. Berlin

Hinte, Wolfgang/ Litges, Gerhard/ Springer, Werner (1999): Vom Fall zum Feld. Berlin

Institut für soziale Arbeit (Hrsg.)(2002): Jahrbuch zur Sozialen Arbeit. Münster

Institut für Stadtteilbezogene Soziale Arbeit und Beratung (ISSAB)(Hrsg.)(1989): Zwischen Sozialstaat und Selbsthilfe. Essen

Jann, Werner u.a. (2004): Status-Report Verwaltungsreform. Eine Zwischenbilanz nach zehn Jahren. Berlin

Joanni, Gabriele/ Lehmann, Dieter (2006): Der Beitrag der Jugendhilfeplanung zur sozialräumlichen Neustrukturierung der Jugendhilfe in der Stadt Ulm, in: Maykus 2006, S. 153-167

Kalter, Birgit/ Schrapper, Christian (Hrsg.)(2006): Was leistet Sozialraumorientierung? Konzepte und Effekte wirksamer Kinder- und Jugendhilfe. Weinheim und München

Kessl, Fabian u.a. (Hrsg.)(2005): Handbuch Sozialraum. Wiesbaden

Koch, Josef/ Lenz, Stefan (Hrsg.)(1999): Auf dem Weg zu einer integrierten und sozialräumlichen Kinder- und Jugendhilfe. Frankfurt a. M.

Kurz-Adam, Maria (2002): Umbau statt Ausbau. Die sozialräumliche Reform der Erziehungshilfen in München, in: Sozialmagazin 27. 5/2002, S. 24-32

Kurz-Adam, Maria (2006): Richtig, machbar oder gerecht? In: Jugendhilfe 44. 4/2006, S. 190-197

Leitner, Hans/ Richter, Hanka (2004): Eine Stadt bewegt sich! Über die Entwicklung integrierter, flexibler und regionalisierter Hilfen in Frankfurt (Oder). Frankfurt (Oder)

Liedtke, Andreas/ Juchem-Voets, Agnes (2006): Flexibilisierung und sozialräumliche Ausrichtung erzieherischer Hilfen in Siegen, in: sozial extra 30. 6/2006, S. 17-20

Maykus, Stefan (Hrsg.)(2006): Herausforderung Jugendhilfeplanung. Weinheim/München

Merchel, Joachim (2006): Hilfeplanung bei den Hilfen zur Erziehung § 36 SGB VIII. Stuttgart

Merten, Roland (Hrsg.)(2002): Sozialraumorientierung. Zwischen fachlicher Innovation und rechtlicher Machbarkeit. Weinheim/München

Meyer, Vera/ Römisch, Klaus/ Sedo, Melin (2006) Sozialräumliche Jugendhilfe im ländlichen Raum Umsetzung des Modellprojekts „Jugendhilfe St. Wendeler Land", in: JAmt 79. 5/2006, S. 225-230

Münder, Johannes (2005): Sozialraumkonzepte auf dem rechtlichen Prüfstand, in: Zentralblatt für Jugendrecht 92. 3/2005, S. 89-98

Peters, Friedhelm/ Koch, Josef (Hrsg.)(2004): Integrierte erzieherische Hilfen. Flexibilität, Integration und Sozialraumbezug in der Jugendhilfe. Weinheim

Säuberlin, Uwe/ Osterndorf, Guido (2004): Sozialraumbudget und neue Steuerung. Bremerhaven verknüpft Fachlichkeit mit Wirtschaftlichkeit., in: Blätter der Wohlfahrtspflege 151. 1/2004, S. 24-26

Sozial extra (2006) 30. 6/2006

Sozialpädagogisches Institut im SOS Kinderdorf e.V. (Hrsg.)(2001): Sozialraumorientierung auf dem Prüfstand. München

Sozialpädagogisches Institut im SOS-Kinderdorf (Hrsg.)(2005): Hilfeplanung – reine Formsache? München

Stephan, Birgit (2006): Sozialraumbudget – und was haben die Betroffenen davon? In: sozial extra 30. 6/2006, S. 14-16

Till, Henning: (2004) Unternehmen Jugendamt. Von der verwaltenden Behörde zur lernenden Organisation, in: Blätter der Wohlfahrtspflege 151. 3/2004, S. 86-88

Waldvogel, Rosann (2003): Das Modell Zürich – eine umfassende Reform der öffentlichen Sozialdienste, in: Sozial aktuell 35. 5/2003, S. 7-11

Waldvogel, Rosann (2004): Von der Funktion zum Prozess. Zürichs umfassende Reform der öffentlichen Sozial- und Jugendhilfe, in: Blätter der Wohlfahrtspflege 151. 3/2004, S. 104-107

Wendt, Wolf Rainer (Hrsg.)(2005): Innovation in der sozialen Praxis. Baden-Baden

Zitelmann, Maud (2001): Kindeswohl und Kindeswille im Spannungsfeld von Pädagogik und Recht. Münster

A

Sozialraumorientierung:

Grundlagen und Methoden

Die Felder der Sozialraumorientierung - ein Überblick

Wolfgang Budde, Frank Früchtel

Im Folgenden soll der Versuch gemacht werden, Sozialraumorientierung als praktische Entwicklungsaufgabe „vor Ort" zu entwerfen. Dabei fordert Sozialraumorientierung einen komplexen Prozess, der nur dann zu stabilen Ergebnissen führt, wenn die verschiedenen Felder des sozialen Raumes (zur Begriffsbestimmung, die sich deutlich von einer naiven räumlichen Vorstellung absetzt, siehe unten) beackert und bestellt werden.[1]

1. Felder der Sozialraumorientierung

Das häufigste Missverständnis beruht auf der falschen Annahme, Sozialraumorientierung betreiben hieße, Organisationen auf geographische Räume fest zu legen: „Abteilung 2 des Jugendamtes ist für (die Fälle des) Stadtteil X zuständig", oder: „Das ‚Soziale Stadt'-Projekt im Stadtteil Z findet zur Verbesserung der Lebensqualität im Stadtteil Z mit den Bewohner des Stadtteil Z statt". Diese Raumvorstellung folgt dem sog. Containermodell (Einstein 1960). Sozialen Raum als geographische Bestimmung von Organisationszuständigkeiten zu verstehen, die sich an homogenen sozialstrukturellen Milieus und/oder territorialen Grenzen wie z.B. ICE-Trassen orientieren, ist zwar eine einfach zu verstehende, aber ebenso falsche Vorstellung.

Der Raum der Sozialraumorientierung reduziert sich nicht auf geometrische Beziehungen, die wir festsetzen als wenn wir selbst, auf die Rolle des Zuschauers beschränkt, uns außerhalb des Raums befänden. Wenn wir die von Habermas eingeführte Lebenswelt-System-Differenzierung aufgreifen, so ist Lebenswelt der erfahrene Raum, während institutionelle Zuständigkeiten auf der Systemebene liegen. Das sozialräumliche Raumkonzept begreift Raum als das Ergebnis sozialen und organisatorischen Handelns, das den Handelnden als Verräumlichung (vgl. Berger/Luckmann 1989) in Form der folgenden Aspekte wieder gegenüber tritt:

---

1 Der vorliegende Beitrag erschien in einer ersten Bearbeitung in NDV 7/2005, S. 238-242 und 8/2005, S. 287-292

- Interaktions- und Machtstrukturen, in denen Individuen und Gruppen Räume herstellen und nutzen, in dem sie sich positionieren oder z.B. andere ausschließen (Spacing, vgl. Löw 2001, S. 158). Zu denken ist hier an Aktionsräume von Kindern oder alten Menschen, an Aneignungs- und Enteignungsprozesse von Räumen (vgl. Deinet 1999), an territoriale Aspekte von Netzwerken, an hoch- oder niedrigschwellige „Portale“ von Hilfsorganisationen.
- Institutionalisierte normative Regulationssysteme, die durch Verrechtlichung regeln, wie durch wen Raum hergestellt und genutzt werden darf.
- Symbolsysteme, d.h. Bedeutungen, die räumliche Identifikation und Identifizierung schaffen, Orten und dort lebenden Menschen gleichsam ihren Namen geben (vgl. Läpple 1992, S. 196).

Der geographische Ort dieser Räume mag einmal im Stadtteil liegen, ist aber auch im Sitzungssaal des Stadtrates oder im Büro des Lokalredakteurs denkbar. Das, was wir vor Ort erleben, hat seinen Kern oft ganz woanders. Insofern geht es der Sozialraumorientierung um die Wechselbeziehungen zwischen physischen Orten und Sozialstruktur. Dabei ist es Voraussetzung, reicht aber keinesfalls aus, sich die Dinge einmal aus der Nähe anzusehen (vgl. Bourdieu 1997, S. 159).

Als Neugestaltungsaufgabe, etwa der Erziehungshilfe in einer Kommune, hat Sozialraumorientierung eine *methodische* und eine *organisatorische* Ebene. Der Ansatz favorisiert eine lebensweltorientierte Arbeitsweise, deren Wirksamkeit aber auf den Umbau von Steuerungssystemen und Organisationen angewiesen ist.

Gleichermaßen hat Sozialraumorientierung eine *fallbezogene* und eine *fallunspezifische* Dimension, indem sie die Differenz von „Fall“ und „Fall-Umwelt“ bearbeitet.

Legt man die beiden Ordnungsschemata übereinander, ergibt sich eine Vierfelderkarte: Die *Zeilen* grenzen Arbeitsformen von Steuerungskonzepten ab und beziehen sie aufeinander, während in den *Spalten* das Zusammenspiel von Person und Umwelt thematisiert wird.

Der obere Teil der *Zellen* konkretisiert das Raumkonzept an den Schnittpunkten der Ordnungskategorien, der untere Teil der Zellen verweist auf die darauf bezogenen „Aufgaben“ der Sozialraumorientierung, die es im folgenden vorzustellen gilt: Arbeiten mit den Stärken von AdressatInnen, fallunspezifische Ressourcenmobilisierung, Organisationen flexibilisieren und stadtteilbezogen steuern.

	Fallbezogene Dimension	Fallunspezifische Dimension	Metakonzepte
Methodische Ebene der Arbeitsformen	Lebenswelt Stärkemodell	Gemeinwesen Fallunspezifische Arbeit	Lebensweltorientierung Gemeinwesenarbeit
Organisatorische Ebene der Steuerung	Organisationen der Jugendhilfe Flexibilisierung	Die Organisation der Jugendhilfe Raumbezogene Steuerung	Organisations-Entwicklung Neue Steuerung

Abbildung 1

Öffentliche und freie Träger, die diesen Weg gehen, unterscheiden sich darin, in welchem Feld sie anfangen zu ackern. Die Unterschiede entstehen durch historische, personelle und politische Spezifika der Träger, die verschiedene Stärkeprofile haben entstehen lassen.

2. Sozialraumorientierung heißt mit den Stärken arbeiten

Professionelle in der Sozialen Arbeit wissen, dass die Beschreibung von Verhalten immer eine Information über den ist, der beschreibt. Vor diesem Hintergrund sind die Defizitbeschreibungen, mit denen gesellschaftliche Instanzen (Bildungseinrichtungen wie Schule und Kindertagesstätten, Betriebe...) Soziale Arbeit zu Interventionen auffordern, eine Information darüber, was in der Logik dieser Melder stört. Sie spiegeln die innere Struktur, Haltung, Überzeugung oder Befindlichkeit der Beobachter wieder (vgl. Maturana 1994, S. 57). Was Menschen jedoch in der Regel handeln lässt sind Ziele, die sie erreichen wollen. Hinter Verhalten stecken positive Motivationen. Menschen wollen ihren Alltag in Familie, Schule oder Beruf zufriedenstellend gestalten. Sind sie mit ihrer Bilanz nicht zufrieden, so löst das Handeln aus, das Veränderung anstrebt.

2.1 Der Kontext bestimmt, was Stärken sind

Im Stärkemodell wird Verhalten generell als Lösungsversuch verstanden. Die Ziele und Motivationen des Handelnden sind für die Umwelt oft nicht ohne weiteres zu beobachten und können nicht als adäquate Ziele „gesehen" werden. Nebenwirkungen dieser Lösungen in beteiligten Systemen (eben Schulen, Betrieben, Kindergärten etc.) werden in der Folge als Störungen erlebt und als Defizite beschrieben. Das hat entlastende Effekte, kann doch die Verantwortung für die Störungen allein am Kind, Jugendlichen oder Arbeitnehmer fest gemacht werden. Eine tragfähige Plattform für die Unterstützung von Veränderungsprozessen bieten diese Defizitbeschreibungen allerdings nicht. Sie übersehen außerdem eine besondere Qualität, die mit den Zielen und Lösungsentwürfen verbunden sind: solche Ziele und Lösungen passen in die Lebenswelt der Handelnden. Sie sind getragen von Erfahrungen und Kompetenzen. Sie sind normativ mit der Umwelt abgeglichen, in der sie sich nach Ansicht der Handelnden besonders bewähren müssen.

Die zentrale Botschaft des Stärkemodells: Schwächen sind immer auch Stärken, je nachdem, in welchem Rahmen Verhalten beschrieben und interpretiert wird. Es geht darum, die im Verhalten von Menschen liegenden Motivationen und Kompetenzen zu entdecken und diese entweder als Bewegungsenergie oder als Material für Lösungen zu nutzen.

So kann eine an Integration interessierte Jugendgerichtshilfe aus der Arbeit mit einer Ladendiebin mehr machen als die Entwicklung einer Sozialprognose mit Sanktionsempfehlung. Ihre Stärken nutzend, könnte man als Beitrag zum Täter-Opfer-Ausgleich auch auf die Idee kommen, dass die jugendliche „Expertin" eine Fortbildung für Ladenbesitzer und -detektive abhält: wo sind in diesem Laden Sicherheitslücken und wie wären sie zu schließen? Das setzt allerdings die Fähigkeit voraus, einen Kontext zu erdenken und zu schaffen, in dem vorhandene Stärken sich als solche sozial manifestieren können.

2.2 Nicht motivieren oder beteiligen, sondern Motivationen suchen oder sich beteiligen lassen!

Beteiligung ist eine zentrale Forderung des SGB VIII. Gleichzeitig verzerrt die Formulierung sozialarbeiterische Wirklichkeit. Wenn KlientInnen ihre Lösungen entwickeln geht es kaum darum, dass sie an dieser Arbeit beteiligt werden. Richtig ist vielmehr: SozialarbeiterInnen sind darauf angewiesen, dass sie von KlientInnen beteiligt werden (vgl. Hinte 2004). Beteiligung heißt dann: Betroffene erlauben Professionellen einen Einblick in ihre Vorstellungen von einem gelingenden Alltag. Sie verschaffen Fachleuten Vorstellungen, wie professionelle Leistungen aussehen sollen, damit sie angenommen und wirksam werden. Sie *geben* Professionellen damit die Möglichkeit, Methoden anzubieten, die geeignet sind, KlientInnen bei der Entdeckung ihrer Ressourcen zu unterstützen. Wirkungsvolle Beteiligung in diesem Sinne entsteht nicht durch professionelle Haltung allein, sondern wenn es gelingt, Heimspiele (Hinte 1997) für KlientInnen zu organisieren. D.h. Professionelle unterstützen Arbeitsbedingungen, die möglichst nahe am Klientenalltag sind. Damit sind Fragen von Ort, Termin, Zusammensetzung, Kommunikationsregeln und „Tagesordnung" angesprochen. Für einen Jugendlichen ist vielleicht das problembezogene Zweiergespräch im Büro der Fachkraft gerade kein Heimspiel, sondern der Tresen des Billardsalons, wo es genug Gelegenheiten zu Auszeiten gibt, um über das Gesagte nachdenken zu können. So exotisch sehen Heimspiele nicht immer aus. Im Family Group Conferencing beispielsweise wird die Eröffnung jeder Arbeitsphase so gestaltet, wie es zur Kultur der Familie passt, mit Kaffee, Gebet, Essen, Liedern oder Begrüßungsreden und Profis dürfen in bestimmten Arbeitsphasen überhaupt nicht dabei sein (Früchtel/Budde 2003).

Sozialraumorientierte Soziale Arbeit stellt sich zeitlich und räumlich nahe am Alltag ihrer KlientInnen auf. Daraus entstehen Chancen, sich an ihren Lebenserfahrungen und Sinnsetzungen zu orientieren, Menschen in ihren Netzwerken zu erleben, Ressourcen des Sozialen Raumes kennen zu lernen und so Betroffene in der Nutzung dieser Ressourcen zu unterstützen. Voraussetzung dafür ist jedoch, dass KlientInnen nicht von den Ressourcen ihres sozialen Raumes getrennt werden. Lösungsplanungen (wir bevorzugen diesen Begriff, da „Hilfeplanung" zu einseitig die professionelle Hilfe von außen betont) sind dann gelungen, wenn sie integrierend wirken. Integrieren können aber keine Spezialsettings der Sozialen Arbeit, sondern nur Regelsysteme. Das zwingt zu folgender Konsequenz: Nicht angesagt ist eine Gruppenarbeit nach § 29 SGB VIII im Klettergarten einer Spezialeinrichtung, sondern unter Einbeziehung von Peers im Stadtteil. Nicht sinnvoll sind die Förderung von belasteten Kindern in heilpädagogischen Tagesstätten am Rande der Stadt, sondern heilpädagogische Konzepte im Hort, in dem auch die Nachbarskinder sind. Der Charme von integrativen Lösungen liegt zudem in dem Umstand, dass etwa Gruppenarbeit im Stadtteil Konflikte in den Zusammenhängen bearbeitet, in denen sie als Störungen problematisiert wurden.

Den Willen sieht das Stärkemodell als Kraftwerk, das die Energie zur Tat liefert, welche Widerstände überwinden und mitunter Berge versetzen kann. SozialarbeiterInnen begegnen dem Willen oft dann, wenn sie ihn ignoriert haben und dieser sich geschickt Bahnen sucht, um erneut wirksam zu werden und professionelle Vorgehensweisen gegebenenfalls wirkungslos zu machen (vgl. Hinte 1980). Der Wille kann als Dompteur widerstreitender Wünsche gesehen werden, wenn es gilt, Veränderungen ambitioniert in Angriff zu nehmen oder als Autorität, die dem Platz schafft, was zu der Person passt, die etwas will.

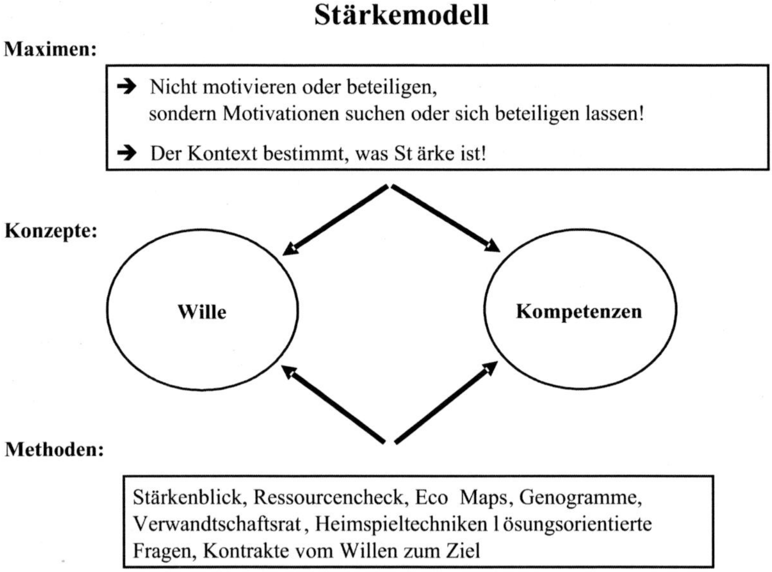

Abbildung 2

Als Handwerkszeug für fallspezifische Stärkenarbeit steht ein ganzes Set von Techniken zur Verfügung, wie Ressourcenchecks (Budde/Früchtel/Loferer 2004), Eco Mapping und Genogramme als Ressourcenfinder (Budde/Früchtel 2005), Family Group Conference (MacRae 2004; Früchtel/Budde 2003), lösungsorientierte Fragetechniken (Berg 1993), Heimspieltechnik und Kontrakte, die vom Willen zum Ziel führen (ISSAB 2005).

3. Sozialraumorientierung heißt fallunspezifisch arbeiten

Sozialraumorientierung hat in vielfacher Weise von den Erfahrungen der Gemeinwesenarbeit profitiert, was sich z.B. im Konzept der fallunspezifischen Arbeit (erstmals beschrieben im KGSt-Bericht 12/1998) zeigt. Dieses geht davon aus, dass integrierende Lösungen nur gelingen werden, wenn die Fachkräfte das Feld ebenso gut kennen wie den Fall (vgl. Früchtel 2001).

Fallunspezifische Arbeit ist eine Leistung eines regional arbeitenden Teams (MitarbeiterInnen eines ASD oder ein Jugendhilfe-Teams, zusammengesetzt aus MitarbeiterInnen des Jugendamtes und freier Träger), das sich systematisch auf einen Stadtteil einlässt. Dies ist ein meist mehrjähriger Prozess, in dem die Profis ihren Stadtteil kennen lernen, dort präsent sind und zum Beispiel

- Beratung und Unterstützung im Einzelfall leisten,
- Gruppenangebote mit Betroffenen aufbauen,
- Schulen, KiTas, Jugendzentren, Krankenhäuser, Bibliotheken, Arztpraxen, Banken, Geschäftsleute, Altenheime, Schritt für Schritt durch Win-Win-Projekte gewinnen,
- dabei Berührungsängste und Widerstände überwinden,
- mit vielen Leuten persönlich in Kontakt stehen, mit Initiativen und Vereinen Kooperationen pflegen,
- zu Stadträten und Amtsleitern funktionierende Beziehungen haben, in politischen Ausschüssen Informationen und Positionen einbringen und durchsetzen,
- zur Entwicklung von Infrastruktur beitragen und
- Impulse in Medien setzen.

Dabei steht der Begriff Sozial-Raum für den Zusammenhang zwischen Sozialem und Räumlichem. Dass das nicht mit einer Zuständigkeit für geographisch definierte Verwaltungsbezirke und den darin lebenden Einzelfällen gleichzusetzen ist, darauf hat bereits Jane Jacobs in ihrer legendären Sozialraumanalyse „Tod und Leben amerikanischer Großstädte" hingewiesen. Jacobs meinte, man müsse sich soziale Räume gewissermaßen in drei Schichten vorstellen: Als von den einzelnen Menschen definierte Nachbarschaften, die aber von den Ressourcen und Entscheidungen der Stadtbezirke abhängig sind, welche wiederum von gesamtstädtischen Plänen und Mehrheiten bestimmt werden (vgl. Jacobs 1976, S. 81 f.). Sozialräumliches Arbeiten in der Großstadt muss sich sozusagen immer auf allen drei Ebenen abspielen und verlangt von den Profis ein Agieren im Stadtteil, in Organisationen, in Verwaltung, in der Fachbasis, in Kommunalpolitik, in Wirtschaft, in den Medien und intermediär zwischen diesen Ebenen (vgl. dazu die Aktionsorte und Akteursebenen des Quartiermanagements in: Grimm/Hinte/Litges 2004, S. 49 – 63).

Fallunspezifische Arbeit wirkt *präventiv*, wenn durch niederschwellige Präsenz und findige Lösungen überhaupt verhindert wird, dass ein Problem zum Fall wird. Fallunspezifische Arbeit wirkt *integrierend*, wenn durch Techniken der Ressourcenmobilisierung Möglichkeiten aufgetan werden, die sich „im Fall" mit den Ressourcen und Kompetenzen der AdressatInnen zu Lösungen am Wohnort verbinden lassen. Manchmal geschieht das in recht überraschender Weise:

- So wird der gute Kontakt zwischen einer alten und etwas verwirrten Frau und einem Kioskbesitzer zu einem Arrangement, das deren Heimunterbringung hinausschiebt. Das Essen auf Rädern, das die Frau ablehnt, weil es vergiftet sein könnte, wird zum Kiosk geliefert, dessen Besitzer die Frau vertraut (vgl. Manderscheid 1998, S. 239).
- Statt zur Sicherung des sog. Kindeswohls einem Alleinerziehenden Kontrollbesuche aufzuzwingen, coacht der ASD dessen Bekannten aus der Arbeitsloseninitiative, auf den sich der überforderte Vater einlassen kann.
- Die guten Kontakte eines Sozialraumteams zu einer Spedition ermöglichen einem jungen Mann die Realisierung seines Traums, durch Europa zu reisen. Teil der Vereinbarung ist allerdings auch ein absolutes Alkoholverbot, das die Gruppe der Fernfahrer, mit denen der Mann unterwegs ist, konsequent durchsetzt.

Fallunspezifisches Arbeiten zielt vor allem auf überbrückendes soziales Kapital und nicht - wie fälschlicher Weise behauptet - auf die „bindenden Formen“ (Otto/Ziegler 2004, S. 273). Sozialarbeit funktioniert nicht nach dem Prinzip „rent a friend“ und Ehevermittlung ist eher der Ausnahmefall. SozialarbeiterInnen sind SpezialistInnen für schwache Beziehungen (sog. „weak ties“, Granovetter 1973), weil dadurch Gelegenheiten und Allianzen entstehen, die im engeren sozialen Netz von Betroffenen nicht vorhanden sind.

Schließlich wirkt fallunspezifische Arbeit bemächtigend, wenn Betroffene Gemeinsamkeiten erkennen, kommunalpolitische Themen besetzen und ihre Forderungen nach Einfluss, Umverteilung, faire Behandlung, guten LehrerInnen, Ausstattung mit adäquater Infrastruktur durchsetzen.

Erziehungshilfen beispielsweise müssen weiter reichen als sich auf die Erziehung der Kinder zu beziehen, fordern Peters und Koch: Die AdressatInnen von Hilfen zur Erziehung thematisieren einen Problemhorizont, der weit über die engen institutionellen Beschränkungen hinausweist. Armut, Arbeitslosigkeit, fehlender Wohnraum usw. werden von ihnen in engem Zusammenhang mit ihren Schwierigkeiten beschrieben (vgl. Peters/Koch 2004, S. 95).

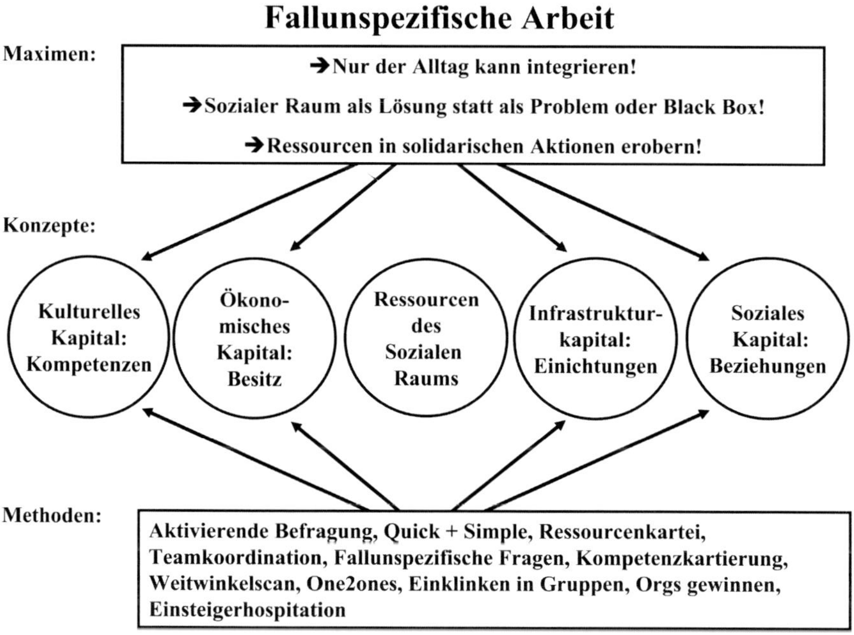

Abbildung 3

Fallunspezifische Arbeit richtet sich an die Schatztruhen des Stadtteils. Diese Truhen können durch flexibilisierte Träger der Jugendhilfe geöffnet werden. Gefunden wird, was an Ressourcen in Vereinen, Gruppen, Betrieben aber auch in Regeleinrichtungen steckt und was im Fall unterstützend ist. Die Ressourcen des sozialen Raums sind aber nicht ausschließlich an Organisationen gebunden. Sie existieren als Kompetenzen (kulturelles Kapital) und als materielle Besitztümer (ökonomisches Kapital). Sie bestehen als soziales Kapital der Menschen. Denn was diese in ihrem Sozialraum stark macht ist mehr als kulturelles, ökonomisches und infrastrukturelles Kapital. Zum Beispiel Menschen zu kennen, die Planungshilfen, Beratung oder Bestärkung darstellen, in Netzwerke eingebunden und in Normensysteme integriert zu sein und so Orientierung in Entscheidungssituationen zu erfahren, bis hin zu der Erfahrung ein gefragter Nachbar zu sein (zur Bedeutung und Typologisierung der Ressourcen des sozialen Raums siehe auch Hinte et al. 1999; McKnight/Kretzmann 1993; Kleve 2004; Budde/Früchtel/Loferer 2004).

Es gilt, die Träger dieser Ressourcen, also die BürgerInnen, im Rahmen der fallunspezifischen Arbeit zu gewinnen. Es geht um das Kennen lernen von Menschen, das Entdecken und Respektieren ihrer Motivationen und ihrer Fähigkeiten. Und es geht darum, den Gelegenheitsblick zu entwickeln: Wie kann sich unsere Organisation so aufstellen, dass BürgerInnen mit ihrem Wissen, Können und ihrer Motivationen die Fallarbeit bereichern können? So kann es zu Lösungen kommen, die im rein professionellen Rahmen weder denkbar, geschweige denn machbar wären (siehe obige Beispiele).

Mittlerweile hat sich eine Reihe von Techniken herausgebildet, die wirkungsvolles fallunspezifisches Arbeiten unterstützen (Früchtel 2001):

- *Team-Koordination.* Dies meint, dass fallunspezifische Arbeit eine Teamangelegenheit ist. Wissen und Ressourcen werden arbeitsteilig gewonnen und für die Fälle des Teams genutzt. Der Stadtteilcowboy ist nicht die Leitfigur.
- *Netzwerkarbeit.* Sie zielt darauf, die soziale Infrastruktur des Stadtteils zu kennen, zu wissen, was wo geboten wird und wer mit welchen Schwerpunkten, Zielgruppen, Aktionen und Ausstattungen arbeitet. Aber auch Drähte zu den KollegInnen haben, deren Lieblingsprojekte kennen, immer wieder mal was Gemeinsames machen, zeichnet gute Netzwerker aus. Bei Neueinstellungen wurde die *Einsteigerhospitation* erfunden. Die Neuen beginnen ihren Job mit einer mehrwöchigen Hospitation bei wichtigen sozialen oder auch kommerziellen Organisationen im Stadtteil. Das schafft potentielle Kooperationspartner und beschert zudem eine Außensicht auf das eigene Betätigungsfeld.
- *Einklinken in Gruppen.* Das heißt, man kennt die im Stadtteil aktiven Vereine, Verbände, Kirchengemeinden und Initiativen, weiß was sie tun, über welche Möglichkeiten sie verfügen, und welches Image sie gerne haben. Gleichzeitig ist es aber auch wichtig zu wissen, was man selbst zu bieten hat, das für solche Gruppen interessant sein könnte.
- *Organisationen gewinnen.* Hier geht es darum im Sozialraum wichtige Organisationen zu identifizieren und für die Ziele einer sozialraumorientierten Arbeit zu gewinnen. An erster Stelle interessieren hier Regeleinrichtungen (Schulen, Kindertagesstätten), die gewonnen werden müssen um Ausgliederungen in Spezialeinrichtungen mit all ihren desintegrativen Effekten zu vermeiden. Aber auch andere Organisationen (Vereine, Betriebe, Handwerk, Dienstleistungsunternehmen wie Banken,...) sind als Ressourcen des Raums, deren Möglichkeiten im Fall von Bedeutung sein können, von hohem Interesse.
- *One-to-Ones.* Damit ist die "Einzelhändlerstrategie" gemeint. Entscheidend ist dabei nicht wen man kennt, sondern wen man kennen lernt und dass face-to-face mehr bewirkt als PR oder organisierte Aktionen. Es geht darum Dominoeffekte über sog. Eins-zu-eins-Kontakte zu erzielen. Das lässt sich

durch vielerlei erreichen: als interessierter Gesprächspartner bei alltäglichen Besorgungen, im Supermarkt, beim Friseur, in Kneipen, an der Würstchenbude um die Ecke, im Kontakt mit Leuten, die viel wissen über den sozialen Raum, die Rentnerin, der Stadtrat.

- *Fallunspezifische Fragen in der Fallarbeit.* Was hindert uns eigentlich daran, fünf Minuten jedes fallspezifischen Kontaktes für Fragen zu reservieren, die den Stadtteil betreffen? Oftmals sind KlientInnen die kompetentesten Experten für ihren sozialen Raum und so werden sie auch als solche anerkannt – als Technik beschrieben und erprobt von Lüttringhaus/Streich 2004 als „10 Minuten nach dem Beratungsgespräch.
- *Kompetenzkartierungen.* Diese erheben systematisch Alltagskompetenzen und Nachfrage von KlientInnen und BewohnerInnen mittels standardisierter Befragungen. Diese werden dann in einer *Ressourcenkartei* wie bei einer Tauschbörse systematisch miteinander verbunden.

4. Sozialraumorientierung braucht flexible Organisationen

Nur flexibel arbeitende Organisationen können Lösungen entwickeln, die sich stringent am Willen von Betroffenen orientieren und Ressourcen des sozialen Raums integrieren, weil man derart maßgeschneiderte Arrangements nicht auf Lager halten kann, sondern in jedem Einzelfall neu schaffen muss und weil die Organisation in jedem Einzelfall unterschiedliche Ressourcen mobilisieren bzw. integrieren bzw. substituieren muss (vg. Budde/Früchtel 2004, S. 92-96). So geschieht in jedem gelingenden Einzelfall ein mehr oder weniger aufwendiger Umbau der Organisation. Die Ziele der individuellen Lösungsplanung verursachen immer auch eine Organisationsentwicklung. Der „Fall" informiert die Organisation, welche Strukturen funktional sind und es gilt *form follows function*: „Nicht das Vorhalten von einzelnen Hilfeformen, denen dann Kinder und Jugendliche ‚zugewiesen' werden, ist strukturell sicherzustellen, sondern die Einrichtungen (...) sind so lern- und wandlungsfähig zu organisieren, dass sie in der Lage sind, für jeden Jugendlichen, jedes Kind eine Betreuungsform zu generieren." (Peters/Struck 1998, S. 76).

Arbeitete sich die alte Erziehungshilfe daran ab, Verhalten und Charakter von KlientInnen zu verändern, so macht sich das Flexibilisierungsprogramm an Organisationen und Mitarbeitern zu schaffen. Diese sollen sich so „verkomplizieren" (Klatetzki 1998), dass sie sich an jede Nachfrage anpassen können (lernende Organisation), anstatt ihre KlientInnen an sich anzupassen oder aussondern zu müssen. Wenn dies gelingt entstehen *Maßanzüge vor Ort und aus einer Hand*, die elastisch genug sind, sich verändernden Lebensplanungen der Betroffenen anzupassen.

Flexibilisierung

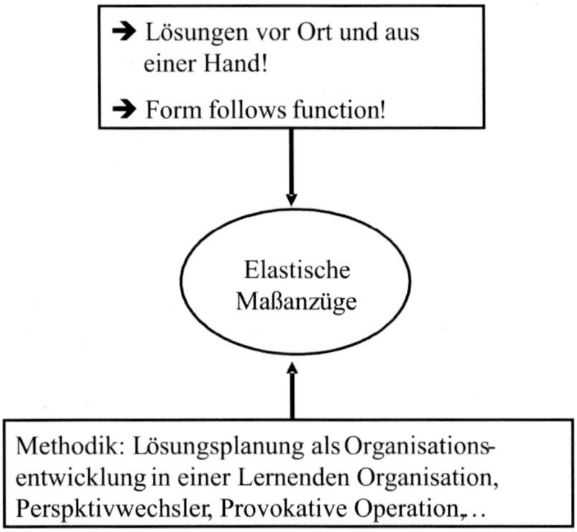

Abbildung 4

Bedingung für flexibilisierte Praxis ist die Fähigkeit von Organisationen, das Handeln nicht in traditioneller Weise an Paragraphen entlang zu entwickeln, sondern soziale Praxis dergestalt hervorzubringen, dass die Bezugnahme auf Lebenserfahrungen, Stärken, Lösungswege und dem Willen von Kindern, Jugendlichen und Familien maßgebend für die Strukturierung des Handelns ist (vgl. Klatetzki 1998, S. 326; Fricke 2003, S. 33). Flexibilisierung ersetzt expertendominierte Subsumptionslogik durch Aushandlungslogik (vgl. Klatetzki 1995, S. 15), wodurch die Sichten der Betroffenen Expertenroutinen aufmischen.

Wenn sich in der Risikogesellschaft soziale Probleme individualisieren, muss sich der Non-Profit-Sektor dementsprechend institutionell entstandardisieren (vgl. Böhnisch 1998, S. 19). Als Gegenprogramm zum HzE-Taylorismus fordert das Flexibilisierungsprogramm eigentlich nur eine Selbstverständlichkeit: dass sich Hilfen am individuellen Hilfebedarf ausrichten und nicht an den institutionellen Standardisierungen, die für unser Erziehungshilfesystem lange Zeit selbstverständlich waren und solche Blütenbegriffe wie „Multiproblemfamilie“ hervorgebracht hat, die als besondere fachliche Belastung wieder einführen, was durch Zergliederung von Zuständigkeiten erst hergestellt wurde (vgl. Weißmann 2000, S. 17). Einzigartige (und deswegen passende) Such- und Lösungsprozesse werden so vermieden. Wenn Betroffene sich nicht anpassen wollen oder wenn sich deren Lebensplanung ändert (was bei jungen Menschen ja häufiger der Fall sein soll) sind solche Organisationen häufig am Ende ihres Fachlateins, sondern aus und bringen damit die Umwelten hervor, an denen sie sich dann abarbeiten: Fallkarrieren.

Flexibilisierung setzt statt auf Aussonderung auf Kontinuität, so dass sich bei verändernden Lösungsarrangements personale Zuständigkeiten nicht verändern müssen. Dieselben Fachkräfte begleiten Kinder, Jugendliche und Familien in Lösungen mit oder ohne Bett. Die Qualität, die so entsteht, ermöglicht, dass in der Arbeitsbeziehung ein Mehr an Komplexität bearbeitet werden kann, weil Vertrauen Unsicherheiten in riskanten Situationen verringert (vgl. Weißenstein 1999, S. 270).

Gleichzeitig steckt in individuellen Lösungsarrangements auch ein Schatz von Informationen über vorhandene Ressourcen und zu entwickelnde Strukturen des Stadtteils. Die flexibilisierte Organisation erarbeitet sich Zugänge zu den Möglichkeiten des Sozialraums durch die Anforderung, dass alle Lösungen „vor Ort" gefunden werden sollen. Die Organisationsstruktur muss aber auch elastisch genug sein, Gelegenheiten, die jedes Gemeinwesen zu bieten hat, zu integrieren, z.B. beim Umsetzen eines Wohnarrangements für zwei junge Männer, wo der Kontakt zum Bürgerverein hilft, einen Wohnung zu finden, der CVJM und der Club moderner Hausfrauen beim Renovieren mitmachen, Nachbarn vom Pfarrer beschwichtigt werden, Gewerbetreibende im Stadtteil ihre Beziehungen bei der Jobsuche spielen lassen und der Trainer des Karatevereins Kontaktmöglichkeiten erschließt. Jedes maßgeschneiderte Arrangement wird zum Workshop, der Kreativität, Improvisationstalent, Connections und fachliche Courage als Schlüsselqualitäten voraussetzt. Um an der Außenseite, im praktischen Tun durch Zulassen unterschiedlicher Deutungen und den sich daraus ergebenden Konsequenzen für die Organisationsleistungen so flexibel sein zu können, muss eine Organisation auf ihrer Innenseite äußerst stabil gebaut sein. Gebraucht wird dazu:

- eine Organisationsphilosophie, die Anschlüsse in der Lebenswelt sucht, anstatt sich in sich selbst zu erschöpfen und die Bereitschaft, die Organisation entscheidend und unwiderruflich zu verändern (vgl. Sennett 1998, S. 60).
- reflexive Teamkompetenzen, die den Wechsel von Perspektiven zum Routinegeschäft machen und so Mitarbeiter unterstützen, das Wissen immer wieder einzuklammern, das sie routiniert handeln lässt (vgl. Klatetzki 1998, S. 327).
- Führungskräfte, die ein solch plurales Sinn- und Wandlungssystem autorisieren (Klatetzki 1998, S. 328) und Mitarbeiter unterstutzen, die Verunsicherungen entstrukturierter Praxis auszuhalten.

5. Sozialraumorientierung = raumbezogene Steuerung

Die KGSt als zentrale Unterstützungsinstanz der Kommunalverwaltungen schlug in den 90igern die konsequente Übernahme eines betriebswirtschaftlichen Bezugsrahmens vor. Die Reformanleitungen des sog. „Neuen Steuerungs-Modells" zielen auf eine ergebnisorientierte Verwaltungssteuerung, die Umbauprozesse auf folgenden Ebenen notwendig macht (vgl. KGSt 1991):

1. Regionale Organisation
2. Generalisierung durch breitere Zuständigkeiten
3. Dienstleistungsorientierung
4. Finanzsteuerung durch Kostenleistungsrechnung und Zusammenlegung von Fach- und Finanzverantwortung auf ausführenden Ebenen, Budgetierungsmodelle und mehr Wettbewerb
5. Outputorientierung

In der Sozialraumorientierung finden sich auf der organisatorischen Ebene Umsetzungen dieser Maximen, wodurch ökonomische und strukturelle Steuerungsfunktionen des sozialarbeiterisch-fachlichen Arbeitskonzeptes entstehen.

Wirtschaftlichkeit und sparsamer Umgang mit offensichtlich begrenzter werdenden finanziellen Ressourcen wird als Strategie eingesetzt, um unumgängliche Konsolidierungen ohne Qualitätsverluste bewerkstelligen zu können. Das hat nichts mit neoliberaler Gesinnung oder vorauseilendem Spargehorsam zu tun, sondern macht Sinn vor dem Hintergrund der gesamtgesellschaftlichen Wirtschaftssituation. Kombiniert werden Strategien des Einstehens für faire Umverteilungsregelungen mit qualitativ hochwertigen Dienstleistungen, insbesondere für ärmere Gruppen. Die These lautet, dass Kostenbewusstsein und Qualität in einem positiven Zusammenhang stehen, weil genauer hingeschaut wird, was für welches Geld getan wird und weil bisweilen Alternativen in den Blick kommen, die gerade deswegen nachhaltiger sind, weil sie nicht nur mit Geld zu bezahlen sind. „Angesichts steigender Nachfrage nach Hilfe und sinkender Ressourcen der kommunalen Haushalte sahen sich die Standorte mehr und mehr der Aufgabe gegenüber, Hilfen flexibler und bedarfsgerechter und damit letztlich auch effektiver zu gestalten." (Peters/Koch 2004, S. 46).

Raumbezogene Steuerung

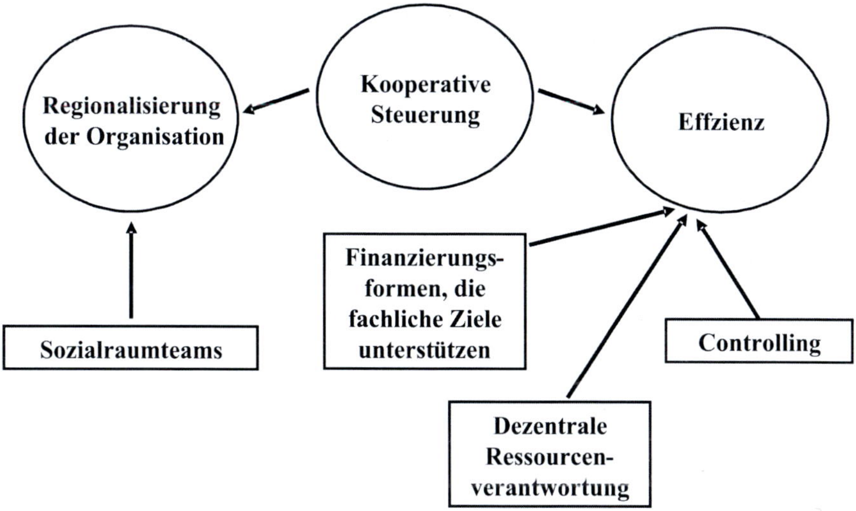

Abbildung 5

5.1 Controlling

Kostenbewusstsein lässt sich wirksam steigern, wenn die Ebenen, die Ausgaben durch Bedarfsfeststellungen erzeugen, einen detaillierten Ein- und Überblick zu den resultierenden Budgetveränderungen haben. Zeitnah und vor allem nach Kennziffern aufbereitet können diese Informationen fachliche Entscheidungshilfen sein. Das ist Aufgabe eines funktionierenden Finanzcontrollings: Wann, wo, durch wen, aufgrund welcher fachlichen Zuordnung entstehen Kosten für wie lange und was wären Alternativen? Selbstredend dürfen Finanzcontroller keine betriebswirtschaftlichen „Fachidioten" sein, sondern gewissermaßen Grenzgänger zwischen der Welt der fachlichen Ziele und der technischen Welt der Indikatoren, die finanzielle Effekte fachlichen Handelns transparent, vergleichbar und vorhersehbar machen.

Diderot schrieb einmal, es genüge nicht Gutes zu tun, man müsse es auch gut machen. Deswegen ist das sog. Fachcontrolling wichtig, also Leistungsnachweise auf der Basis von fachlichen Standards und Zielen. Die Wirkungen Sozialer Arbeit lassen sich nur mittelbar über Indikatoren erfassen. „Messen" wäre ein zu weitgehender Begriff, da er suggeriert, die Messergebnisse würden direkte Aufschlüsse über die Qualität der Arbeit liefern. Das tun sie nie, sondern sind bestenfalls Anzeiger, Vergrößerungsgläser oder Provokationen, die Interpretationen und Kontroversen auslösen, beim Bodenpersonal, bei den Abteilungs- und Amtsleitungen sowie in der §78 AG und zwischen diesen Ebenen. Die Qualität des Fachcontrollings ist an der Intensität und dem Konsequenzenreichtum dieser Diskurse ablesbar. Gelungenes Controlling wirkt wie eine gute Fortbildung. Deswegen sind die technischen Raffinessen besonders raffiniert, wenn sie möglichst wenig Fliegenbeinezählerei brauchen und möglichst viel inspirierende Auseinandersetzung bewerkstelligen. Ein Beispiel, wie sich der technische Aufwand auf ein Minimum begrenzen lässt, liegt im Rosenheimer Modell des Fallprototypings vor (Stadt Rosenheim 2004). Controlling baut auf vergleichbaren Komplexitätsreduzierungen auf, die sich wohl von innen nach außen entwerfen lassen, aber gleichermaßen einer Plausibilisierung von außen nach innen bedürfen, um auch dort überzeugen zu können. Sozialraumorientierte Arbeit sieht als Außeninstanzen die Unternehmensführung, Verwaltungsspitzen, politische Gremien, aber in erster Linie auch die Betroffenen, weswegen deren Perspektiven überzeugend ins Fachcontrolling einzubauen sind.

Wesentliche Aufgabe des Fachcontrollings ist die Verhinderung von sog. Creaming-the-poor-Effekten. Sie bewirken, dass gerade jene Betroffenen, die die meiste Arbeit machen, am unbequemsten und schwierigsten sind und die geringsten Erfolgsaussichten versprechen, tendenziell die niedrigsten Chancen auf Unterstützung haben, weil sie die Erfolgsbilanzen der Träger verschlechtern. Die fachlichen Standards von solchen Controllings müssen solche Selektionen und Ausgrenzungen verhindern, d. h. eine ethisch-fachliche Logik jeder betriebswirtschaftlichen voran stellen (vgl. Deppner/Trube 2001, S. 40 f.).

5.2 Zusammenlegung von Fach- und Finanzverantwortung

Der betriebswirtschaftliche Einblick, den die Fachkräfte durch das Finanzcontrolling erhalten, macht natürlich nur Sinn, wenn sie über Spielräume verfügen. Die Zusammenlegung von Fach- und Finanzverantwortung und eine Flexibilität zulassende Organisationskultur sind Voraussetzung dafür, dass Kostenbewusstsein zu Effizienz werden kann. Wirtschaftlichkeit ist auf fachliche Freiheitsgrade angewiesen. Nichts verhindert Effizienz mehr als vorgegebene Interventionsschablonen, die durch entsprechende Diagnosen quasi automatisiert ausgelöst werden.

5.3 Finanzierungsformen, die fachliche Ziele unterstützen

Eine sozialräumliche Präzisierung des neuen Steuerungsmodells war der KGSt-Bericht 12/1998 „Kontraktmanagement zwischen öffentlichen und freien Trägern in der Jugendhilfe“. Vorgeschlagen wurde das Sozialraumbudget, ein pauschales, raumbezogenes Abrechnungsverfahren, in dem Hilfen zur Erziehung an Stelle der bisherigen Fallfinanzierung über Fachleistungsstunden oder Tagessätze abgerechnet werden. Warum das? In den kostenintensivsten Bereichen der Sozialen Arbeit wird – wie beim Waschmaschinenmonteur – nach Stunden oder Tagen abgerechnet. Je länger SozialarbeiterInnen an einem Fall „arbeiten“, desto mehr Geld fließt in die Kasse ihres Arbeitgebers. Das Dilemma dieser Finanzierungsform resultiert aus einem strukturellen Technologiedefizit in der Sozialen Arbeit (Luhmann). Menschen und deren Probleme sind soviel komplexer als Waschmaschinen, dass man „in Ordnung“ und „defekt“ nicht einfach unterscheiden kann. Lösungswege sind nicht standardisierbar, sondern fall-, feld-, organisations- und fachkraftabhängig. Die Fallfinanzierung provoziert bei Trägern und Fachkräften, so intensiv und so lange wie möglich besonders bei den Fällen zu arbeiten, die möglichst einfach zu bearbeiten sind. Präventiv gesehen oder auf den Stadtteil bezogen führt Fallfinanzierung zu permanenten Nullrunden. Sozialarbeit wird ja erst dann bezahlt, wenn die Kinder bereits in den Brunnen gefallen sind. Die Lebensqualität im Stadtteil, Freizeitmöglichkeiten, Hausaufgabenhilfe, Anlaufstellen, Einkaufsmöglichkeiten, Wohnqualität, Kinderbetreuungsmöglichkeiten, usw. müssen aus anderen Töpfen finanziert werden. Individuelle Rechtsansprüche von Betroffenen entstehen erst dann, wenn die Menschen „kaputt“ sind. So geht fatalerweise viel Geld den Bach hinunter, an dem die Sozialindustrie ihre Mühlen gebaut hat und wenig Geld bleibt dafür, aufzupassen, dass die Kinder nicht hinein fallen.

Im antiken China wurden Dorfärzte von allen gesunden Dorfbewohnern bezahlt. Wer krank wurde zahlte nicht mehr. Der Arzt hatte ein verständlicherweise großes Interesse an schnellen und nachhaltigen Genesungsprozessen und die Gemeinde war daran interessiert, dass nicht allzu viele eingebildete Kranke fähige Ärzte in die Migration trieben. So ähnlich funktionieren Sozialraumbudgets, die sich auf einen geographischen Raum beziehen und alle im Rechnungsjahr dort anfallenden Unterstützungsbedarfe pauschal abgelten. „In der Logik der herkömmlichen Fallfinanzierung sind die Träger der Hilfen zur Erziehung darauf angewiesen, „Fälle zu bekommen“, mit fachlich und finanziell fatalen Folgen. „Ein Sozialraumbudget dagegen trägt dazu bei, dass die Träger oder Trägerverbünde, die über das Geld bereits als Budget zu Anfang des Jahres verfügen können, viel stärker daran interessiert sind, keine Fälle zu erhalten, sondern Fälle zu verhindern oder sie zumindest möglichst zügig entsprechend der vereinbarten Standards zu bearbeiten. Die Träger werden also aktiv daran mitarbeiten, Prävention zu betreiben.“ (Hinte 1999, S. 170). Sozialraumbudgets werden ziemlich kontrovers diskutiert. Es gibt Fachbehörden und Wissenschaftler, die ausgeprägte Berührungsängste entwickeln (Baltz 2002; Krölls 2002; Luthe 2001; Wiesner 2002; Hamburgisches OVG 2004; VG Berlin 2004; VG Lüneburg 2005), aber auch gute fachliche und fiskalische Argumente (Münder 2001; Hinte 2002; KGSt 12/1998; Stähr 2004), die für dieses Finanzierungssystem sprechen und von innovativen Kommunen aufgegriffen wurden (Stuttgart: Pfeifle 2000; Früchtel 2001; Stiefel 2002; Herweg 2001 - Celle: Schäfer 2002 und 2003 - LK Nordfriesland: Stephan 2002 - Hannover: Fricke 2003; Kunze-Walther 2002 - Berlin: Senatsverwaltung für Bildung, Jugend und Sport 2004. Hinte/Litges/Groppe 2003 bieten einen guten Überblick und Vergleich der Modelle). Letztlich werden sich Sozialraumbudgets in der Praxis bewähren müssen, dann wird eine Weiterentwicklung der Finanzierungsvorschriften des SGB VIII eine Frage der Zeit sein. Sollten die Beschlüsse der Verwaltungsgerichte und Oberverwaltungsgerichte (siehe oben) Bestand haben, so wird kein Weg daran vorbei führen, andere Finanzierungsmodelle zu entwickeln, die die fachlichen Ziele in der Erziehungshilfe nachhaltig unterstützen.

5.4 Kooperative Steuerung und Sozialraumteams

Fallfinanzierung macht öffentliche Träger und freie Träger zu wirtschaftlichen Gegenspielern. Sozialraumorientierung etabliert eine neue Verantwortungs- und Arbeitsteilung. Gemeinsame Verantwortung von Amt und Freien Trägern der Erziehungshilfe im Umgang mit knapper werdenden Finanzmitteln leitet einen neuen Umgangsstil ein, weg von verfügender Amtsautorität hin zu diskursiver Fachautorität. *Sozialraumteams* sind die organisatorische Umsetzung von kooperativer Steuerung und Regionalisierung: Eine weitgehend entspezialisierte Mitarbeitergruppe bestehend aus Verwaltungsfachleuten und SozialarbeiterInnen vom Amt und einem Träger(verbund) ist gemeinsam für einen Sozialraum zuständig. Ihre Aufgaben gliedern sich z.B. in der Jugendhilfe in fallspezifische Stärkenarbeit und fallunspezifische Ressourcenarbeit.

6. Sozialraumorientierung = Gelegenheiten schaffen statt versorgen

Sozialraumorientierung, hier am Beispiel der Erziehungshilfe entwickelt, ist also ein komplexes Programm, das Entwicklungen in mehreren Feldern braucht. Dies soll an Zusammenhängen dargestellt werden, die erst aus der Verknüpfung von Elementen der Entwicklungsdimensionen Stärkemodell, fallunspezifische Arbeit, Flexibilisierung und Steuerung entstehen.

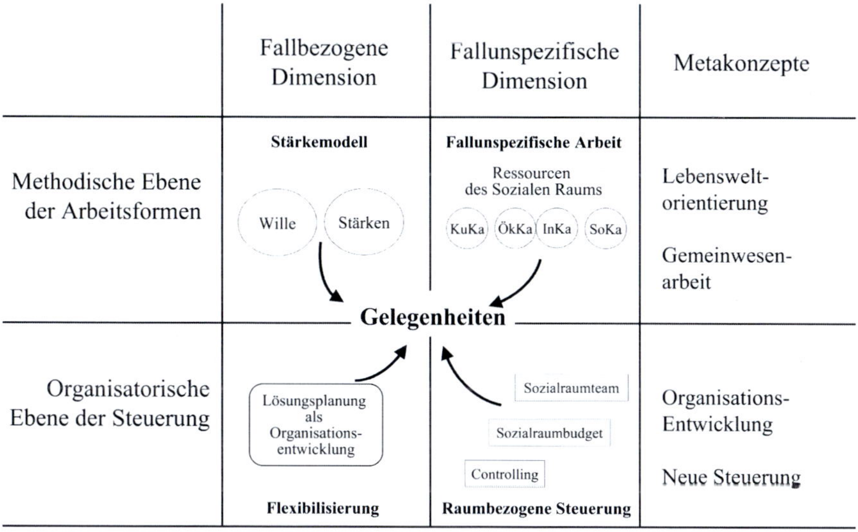

Abbildung 6

Erfolgreiche Lösungen sind aus dem *Willen* und den *Stärken* von Betroffenen gemacht, welche mit ihrer *Umwelt* so verbunden sind, dass daraus *Gelegenheiten* entstehen, die *integrieren*.

Im Fall (1) bedeutet das, dass konsequent Techniken eingesetzt werden, die Wille und Stärken von AdressatInnen aufblenden. Im Feld (2) bedeutet das, dass fallunspezifisch gearbeitet wird, um Ressourcen des sozialen Raums zu kennen und gegebenenfalls mobilisieren zum können. Nur wenn Teams ihren Stadtteil gut kennen, können sie Gelegenheiten erkennen und im Fall nutzen. Das setzt flexible Organisationen (3) voraus, die sich regional organisieren, stadtteilnah aufstellen und sich an den gefundenen Lösungen im Fall weiter entwickeln. Organisationen werden das eher tun, wenn die Steuerung (4) der Jugendhilfe (als ihre relevante Umwelt) über Finanzierung und Controlling genau dies von ihnen als Pflichtprogramm verlangt.

Solche sozialräumlichen Lösungen haben Vorteile gegenüber Lösungen, die lediglich Ressourcen nutzen, die an den Einsatz von Professionellen gebunden sind. Wenn sie funktionieren, funktionieren sie langfristig, ohne dass Profis als direkte Dienstleister für Betroffene fungieren. Nachhaltigkeit entsteht aus der Verknüpfung funktionierender Strukturen (Ressourcen des Stadtteils) mit den

Ressourcen der AdressatInnen selbst, die über Gelegenheiten zu Maßanzügen zusammenfügt werden. Das ist nicht nur fiskalisch interessant, sondern wirkt integrierend, weil Menschen in Normalsystemen bleiben.

Schließlich: Sozialraumbudgets machen es für Träger betriebswirtschaftlich attraktiv, sich im Sozialen Raum so gut zu positionieren, dass Schwierigkeiten frühzeitig (möglichst bevor sie zum „Fall" werden) bearbeitet und so stabil wie möglich beendet werden. Denn „Fälle" und „Rückfälle" kommen teuer!

Literatur

Baltz, Jochen (2002): Sozialraumbudgetierung. Wohlfahrtspolitische und jugendhilferechtliche Würdigung der Modelle der sozialräumlicher Budgetierung, insbesondere am Beispiel der Modelle in Stuttgart und Celle, in: Merten 2002, S. 203–217

Berg, Insoo Kim. (1992): Familien – Zusammenhalt(en). Dortmund

Berger, Peter/ Luckmann, Thomas (1989): Die gesellschaftliche Konstruktion der Wirklichkeit. Frankfurt

Böhnisch, Lothar (1998): Milieubildung und Netzwerkorientierung, in: Peters 1998, S. 11-23,

Bourdieu, Pierre (1983): Ökonomisches Kapital, kulturelles Kapital, soziales Kapital, in: Kreckel 1983: Soziale Ungleichheiten, Sonderband Soziale Welt. Göttingen, S. 183-198

Bourdieu, Pierre (1997): Ortseffekte. in: Bourdieu et al. 1997: Das Elend der Welt. Zeugnisse und Diagnosen alltäglichen Leidens an der Gesellschaft. Konstanz, S. 159 –167

Budde, Wolfgang/ Früchtel, Frank/ Loferer Andrea (2003): Ressourcencheck – ein strukturiertes Gespräch über Stärken und was daraus zu machen ist, in: Sozialmagazin 29.6/2004, S. 14 –22

Budde, Wolfgang/ Früchtel, Frank (2004): Flexibilisierung geht! Ein Plädoyer für maßgeschneiderte Arrangements. in: Blätter der Wohlfahrtspflege 151. 3/2004, S. 92-96

Budde, Wolfgang/ Früchtel, Frank (2005): Fall und Feld - Oder: Was in der sozialraumorientierten Fallarbeit mit Netzwerken zu machen ist, in: Sozialmagazin 30. 6/2005, S. 14 -23

Deinet, Ullrich (Hrsg.)(1999): Sozialräumliche Jugendarbeit. Opladen

Deppner, Rolf/ Trube, Achim (2001): Der Wandel der Gesellschaft und die Qualitätsdebatte im Sozialsektor – Oder: Warum der Sozialen Arbeit der Wind ins Gesicht bläst. in: Schädler 2001, S. 39-67

Einstein, Albert (1960): Vorwort in: Jammer, Max (1960): Das Problem des Raumes. Darmstadt

Früchtel, Frank (2001): Fallunspezifische Arbeit oder: Wie lassen sich Ressourcen mobilisieren? in: Früchtel 2001, S. 155-166

Früchtel, Frank/ Lude, Werner/ Scheffer, Thomas/ Weißenstein, Regina (2001): Umbau der Erziehungshilfe. Weinheim und München

Früchtel, Frank/ Budde, Wolfgang (2003): Familienkonferenzen oder: Ein radikales Verständnis von Betroffenenbeteiligung, in: Sozialmagazin 28. 3/2003, S. 12-21

Fricke, Dirk (2003): Neue Ziele – neue Wege, in: Sozial Extra 27. 11-12/2003, S. 33-37

Gillich, Stefan (Hrsg.)(2004): Gemeinwesenarbeit: Die Saat geht auf. Gelnhausen

Granovetter, Mark (1973): The Strengths of Weak Ties, in: American Journal of Sociology, Vol. 78, Issue 6, (May 1973), S. 1360-1380

Grimm, Gaby/ Hinte, Wolfgang/ Litges, Gerhard (2004): Quartiermanagement. Eine kommunale Strategie für benachteiligte Wohnquartiere. Berlin

Häußermann, Hartmut/ Ipsen, Detlev/ Krämer-Badoni, Thomas/ Läpple, Dieter/ Siebel, Walter/ Rodenstein, Marianne (Hrsg.)(1992): Stadt und Raum, Pfaffenweiler

Hamburgisches OVG, B vom 10.11.2004, 4 Bs 383/04, 13 E 2873/04, unveröffentlicht

Herweg, Oliver (2001): Sozialraumbudgets – restriktive Instrumente technokratischer Steuerung oder hilfreiche Elemente einer lebensweltorientierten Jugendhilfe? in: ISA 2001, S. 140-145

Hinte, Wolfgang (1980): Non-direktive Pädagogik. Opladen

Hinte, Wolfgang (1997): Jugendämter auf dem Prüfstand, in: Zentralblatt für Jugendrecht 84. Heft 10, S. 345-355

Hinte, Wolfgang / Litges, Gerhard/ Springer, Werner (1999): Soziale Dienste: Vom Fall zum Feld. Soziale Räume statt Verwaltungsbezirke. Berlin

Hinte, Wolfgang (1999): Fallarbeit und Lebensweltgestaltung – Sozialraumbudgets statt Fallfinanzierung, in: Institut für soziale Arbeit (ISA)(Hrsg.)(1999): Soziale Indikatoren und Sozialraumbudgets in der Kinder- und Jugendhilfe. Soziale Praxis, Heft 20, Münster, S. 82–94

Hinte, Wolfgang (2002): Fälle, Felder und Budgets. Zur Rezeption sozialraumorientierter Ansätze in der Jugendhilfe, in: Merten 2002, S. 91–126

Hinte, Wolfgang/ Litges, Gerhard/ Groppe, Johannes (2003): Sozialräumliche Finanzierungsmodelle. Berlin

Hinte, Wolfgang (2004): Kunden, Klienten und Betroffene. Über den Umgang der Sozialbürokratie mit benachteiligten Milieus. Vortrag zur Absolventenfeier des Fachbereichs Soziale Arbeit an der Universität Bamberg

Institut für soziale Arbeit (ISA)(Hrsg.)(2001): Sozialraumorientierte Planung. Dokumentation des Fachforums vom 12. und 13. Juni 2001 in Braunschweig. Münster

Institut für Stadtteilbezogene Soziale Arbeit und Beratung (ISSAB)(2005): http://www.uni-essen.de/issab/publikat/publikat.htm (28.3.2005)

Jacobs, Jane (1976): Tod und Leben großer amerikanischer Städte. Braunschweig

Jammer, Max (1960): Das Problem des Raumes. Darmstadt

KGST (1991)(Kommunale Gemeinschaftsstelle): Dezentrale Ressourcenverantwortung. Überlegungen zu einem neuen Steuerungsmodell. Köln

KGSt (1998)(Kommunale Gemeinschaftsstelle): Kontraktmanagement zwischen öffentlichen und freien Trägern in der Jugendhilfe. Köln

Klatetzki, Thomas (Hrsg.)(1995): Flexible Erziehungshilfen. Ein Organisationskonzept in der Diskussion. Münster

Klatetzki, Thomas (1998): Noch einmal: Was sind flexibel organisierte Erziehungshilfen, in: Peters 1998, S. 322- 337

Kleve, Heiko (2004): Sozialraumorientierung – systemische Begründungen für ein klassisches und innovatives Konzept der Sozialen Arbeit, in: Sozialmagazin 29. 3/2004, S. 12–22

Kreckel, Reinhard (1983): Soziale Ungleichheiten, Sonderband Soziale Welt. Göttingen

Krölls, Albert (2002): Die Sozialraumbudgetierung aus jugendpolitischer und jugendhilfepolitischer Sicht. Ein rechtswidriges Sparprogramm mit fragwürdigem jugendhilfepolitischen Nutzen, in: Merten 2002, S. 183-201

Krummacher, Michael/ Kulbach, Roderich/ Waltz, Viktoria/ Wohlfahrt, Norbert (2003): Soziale Stadt – Sozialraumentwicklung – Quartiersmanagement. Opladen

Koch, Josef/ Lenz, Stefan (Hrsg.)(2000): Integrierte Hilfen und sozialräumliche Finanzierungsformen. Zum Stand und den Perspektiven einer Diskussion. Frankfurt/M.

Kunze-Walther, Michael (2002): Sozialraumorientierung in Hannover, in: Senatsverwaltung für Bildung, Jugend und Sport 2002, S. 35–41

Läpple, Dieter (1992): Essay über den Raum. in: Häußermann 1992, S. 157–207

Landesverband Westfalen-Lippe (Hrsg.)(2000): Flexibilisierung erzieherischer Hilfen. Münster

Löw, Martina (2001): Raumsoziologie. Frankfurt

Lüttringhaus, Maria/ Streich, Angelika (2004): Das aktivierende Gespräch im Beratungskontext – eine unaufwendige Methode der Sozialraum- und Ressourcenerkundung, in: Gillich 2004, S. 102-108

Luthe, Ernst Wilhelm (2001): Wettbewerb, Vergabe und Rechtsanspruch im „Sozialraum“ der Jugendhilfe, in: Nachrichten des Deutschen Vereins 81. 8/2001, S. 247–257

MacRae, Alan (2004): Familienkonferenzen, ein neuseeländisches Modell, in: Verein für Kommunalwissenschaften e.V., Dokumentation der Fachtagung am 22. und 23.4.2004, Berlin, S. 46–65

Manderscheid, Hajo (1998): Solidarität stiften statt Fürsorge organisieren, in: Blätter der Wohlfahrtspflege 145. 11+12/98, S. 238–241

Maturana, Humberto (1994): Was ist Erkennen? München

McKnight, John/ Kretzmann, John (1993): Building Communities from the Inside out. Chicago

Merten, Roland (2002): Sozialraumorientierung. Zwischen fachlicher Innovation und rechtlicher Machbarkeit. Weinheim

Münder, Johannes (2001): Sozialraumorientierung und das Kinder- und Jugendhilferecht, in: SPI 2001: Sozialraumorientierung auf dem Prüfstand, S. 6-124

Otto, Hans-Uwe/ Ziegler, Holger (2004): Sozialraum und sozialer Ausschluss. Die analytische Ordnung Neo-sozialer Integrationsrationalitäten in der Sozialen Arbeit, in: Neue Praxis 34, 3/2004, S. 271–291

Peters, Friedhelm/ Koch, Josef (2004): Integrierte erzieherische Hilfen. Flexibilität und Sozialraumbezug in der Jugendhilfe. Weinheim

Peters, Friedhelm/ Struck, Norbert (1998): Flexible Hilfen und das Neue Steuerungsmodell – oder: warum Flexibilität nicht gleich Flexibilität ist, in: Peters/Trede/Winkler 1998, S. 73-96

Peters, Friedhelm/ Trede, Wolfgang/ Winkler, Michael (Hrsg.)(1998): Integrierte Erziehungshilfen. Frankfurt/M.

Pfcifle, Bruno (2000): Weiterentwicklung der Hilfen zur Erziehung aus Sicht des öffentlichen Trägers, in: Koch u.a. 2000, S. 97–107

Senatsverwaltung für Bildung, Jugend und Sport für Berlin (2004): Mitteilung über Richtlinien der Sozialraumorientierung im Bereich der Jugendhilfe (Bericht an das Abgeordnetenhaus), Drucksache Nr. 15/2303 und 15/2485 – Schlussbericht, Berlin

Sennet, Richard (1998): Der flexible Mensch. Frankfurt

Schädler, Johannes/ Schwarte, Norbert/ Trube, Achim (Hrsg.)(2001): Der Stand der Kunst Qualitätsmanagement sozialer Dienste. Münster

Schäfer, Georg (2002): Realisierung der Sozialraumorientierung: praktische Perspektiven Beispiele der Stadt Celle/ Bundesmodell INTEGRA. in Merten 2002, S. 69-90

Schäfer, Georg (2003): Zwei Jahre Erfahrung mit der Sozialraumbudgetierung, in: Rundbrief INTEGRA, 3/2003, S. 41-43

Sozialpädagogisches Institut im SOS-Kinderdorf e.V. (SPI)(2001): Sozialraumorientierung auf dem Prüfstand. Frankfurt/M

Stadt Rosenheim (2004): Fallprototyping (Evaluationskonzept für sozialraumorientierte Fallarbeit – Internes Arbeitspapier). Rosenheim

Stähr, Axel (2004): Zulässigkeit der Auswahl von freien Trägern im Rahmen des Konzepts der Sozialraumorientierung. in: Forum Erziehungshilfen 10, Heft 5/2004, Neuwied, S. 307-311

Stiefel, Marie Luise (2002): Reform der Erziehungshilfen in Stuttgart, in: Merten 2002, S. 55–67

Stephan, Birgit (2004): Das Sozialraumprojekt in der Jugendhilfe des Kreises Nordfriesland (Internes Arbeitspapier). Husum

VG Lüneburg, B vom 20.12.2005, VG 4B 50/05, unveröffentlicht

VG Berlin, B vom 19.10.2004, .VG 18 A 404.04, unveröffentlicht

Weißmann, Regina (2000): Flexibilisierung – warum und wieso? In: Landschaftsverband Westfalen-Lippe (Hrsg.): Flexibilisierung erzieherischer Hilfen 2000, S. 14–23

Weißenstein, Regina (1999): Was ist der Kuchen – was ist die Sahne? Zur Rolle der Spezialeinrichtung bei Sozialraumorientiertem Arbeiten der Erziehungshilfen, in: Evangelische Jugendhilfe 76, 5/1999, S. 267-277

Wiesner, Reinhard (2002): Die Leitidee des KJHG und ihre Vereinbarkeit mit dem sozialräumlichen Planungsansatz, in: Merten 2002, S. 167–181

Juristische Grundlagen für die sozialpädagogische Diskussion um Sozialraumorientierung

Axel Stähr

1. Einleitung[1]

Die Konzepte der Sozialraumorientierung zielen darauf ab, günstige Voraussetzungen für die Entwicklung oder Mobilisierung von Angeboten zu schaffen, die den Bedarf des Leistungsberechtigten auf der Grundlage seines tatsächlichen Willens unter Einbeziehung des sozialen Umfeldes passgenau erfüllen. Das ist der Kern. Was in dieser allgemeinen Formulierung trivial erscheint, ist in der Praxis nicht leicht zu verwirklichen. Erforderlich ist eine Organisationsstruktur des Jugendamts, die nicht spezialisiert nach den Leistungsgruppen des SGB VIII ausgerichtet ist, sondern weitgehend alle Aufgaben der Kinder- und Jugendhilfe in regionalisierten (sozialraumbezogenen) Organisationseinheiten vereinigt.[2] Erforderlich ist darüber hinaus ein gezieltes Zusammenwirken von Jugendamt und freien Trägern, das solche Bedingungen im Sozialraum fördert, die es z.B. ermöglichen, Kinder und Jugendliche wirksam auch unterhalb der Schwelle von Hilfe zur Erziehung (HzE) zu unterstützen oder aber HzE flexibel und lebensnah eingebettet im sozialen Umfeld einzusetzen. Eine Zusammenarbeit in dieser Form ist nur auf der Basis mehrjähriger Planungssicherheit mit einer begrenzten Anzahl von freien Trägern realisierbar. Dementsprechend sind in der bisherigen Entwicklung verschiedene Modelle von Sozialraumbudgets auf der Basis von Vereinbarungen erprobt worden, die einem oder mehreren Trägern einer bestimmten Region eine bestimmte Anzahl von Fällen zuwies, die mit einem festgesetzten Budget zu bearbeiten waren. Diese raumbezogenen Kontingentvereinbarungen mussten von Anbeginn an als rechtlich sehr fragwürdig angesehen

---

1 Nachfolgende Paragraphenbezeichnungen ohne Gesetzesangabe sind solche des SGB VIII.

2 vgl. Berliner Ausführungsvorschriften über eine am sozialen Raum orientierte Organisation der Jugendämter

werden. Sie haben sich mittlerweile eindeutig als nicht „justizfest“ erwiesen.[3] Das heißt aber beileibe nicht, dass die Konzepte Sozialraumorientierung damit aus Rechtsgründen gescheitert sind. Diese Vorstellung kann nur haben, wer Sozialraumorientierung gleichsetzt mit dem Anliegen, durchsetzungsstarken Schwerpunktträgern („Hoflieferanten“) exklusiv ein gedeckeltes Budget mit dem Ziel der Realisierung von Haushaltskonsolidierungen zur Verfügung zu stellen (vgl. Luthe 2001, S. 247-257). Im Vordergrund steht aber die Verbesserung der fachlichen Arbeit, es geht darum, sozialraumorientierte Arbeit durch die Schaffung möglichst optimaler Rahmenbedingungen zum Erfolg zu verhelfen. Der Abschluss von Versorgungsverträgen mit einem geschlossenen Anbieterkreis ist insoweit kein gangbarer Weg. Gleichwohl bleibt die Frage offen, nach welchen rechtlichen Kriterien Anbieter ausgewählt werden können, die im Sinne des Konzepts der Sozialraumorientierung einzelfallbezogene Hilfen mit fallunabhängiger Arbeit verbinden. In rechtlicher Hinsicht sind die Modalitäten der Finanzierung, also auch die unterschiedlichen Formen der Budgetierung von zweitrangigem Interesse. Entscheidend ist vielmehr das Auswahlproblem. Nachfolgend sollen daher zunächst die Rechtsregelungen zur Anbieterauswahl dargestellt und damit in Verbindung die jüngst ergangenen Gerichtsentscheidungen kommentiert werden. Sodann sollen Optionen der Anbieterauswahl im Rahmen des geltenden Rechts diskutiert sowie mögliche Ansätze einer Rechtsänderung erörtert werden.

2. Die Rechtsgrundlagen der Auswahl von Leistungserbringern

Die im Rahmen des sozialrechtlichen Dreiecksverhältnisses zu treffende Auswahl von geeigneten Anbietern erfolgt auf verschiedenen Ebenen und nach unterschiedlichen Rechtsvorgaben. Es ist zu unterscheiden zwischen Vereinbarungen nach Maßgabe der §§ 78 a ff., nach § 77 und nach § 36 a .

2.1 Auswahl innerhalb des Finanzierungssystems nach §§ 78 a ff. und 77

Sofern einzelfallbezogene Leistungen auf der Basis von Leistungsvereinbarungen nach §§ 78 a ff. oder § 77 finanziert werden, sind zwei Ebenen der Auswahl zu unterscheiden. Auf der generellen Ebene schließt der öffentliche Jugendhilfeträger mit den Anbietern Leistungsvereinbarungen ab, deren Funktion darin be-

3 vgl. VG Hamburg, Beschl. v. 5.8.2004 - 13 E 2873/04; nachinstanzlich OVG Hamburg, Beschl. v. 10.11.2004 - 4 Bs 388/04; VG Berlin , Beschl. v. 19.10.2004 - 18 A 404.04; nachinstanzlich OVG Berlin, Beschl. v. 4.4.2005 - 6 S 415.04; VG Lüneburg, Beschl. v. 20.12.2005 - 4 B 50/05.

steht, die Rahmenbedingungen bzgl. Art, Inhalt, Qualität und Entgelt der Leistungen festzulegen. Die vereinbarten Modalitäten der Leistungserbringung sind die Voraussetzung dafür, dass für zukünftige Einzelfälle der öffentliche Jugendhilfeträger die Vergütung übernimmt, die ansonsten der Leistungsberechtigte dem Anbieter zu zahlen hätte. Die Leistungsvereinbarungen regeln keinen Leistungsaustausch zwischen dem öffentlichen Jugendhilfeträger und dem Anbieter, sondern ermöglichen die Kostenübernahme im Einzelfall (näheres hierzu: Stähr/Hilke 1999, S. 155 ff.; Gleiches gilt auch im Sozialhilferecht, vgl. insoweit zu § 93 Abs.2 BSHG a.F. VG Münster, Beschl. v. 22.6.2004, ZFSH/SGB 2004, 601[604]). Sie beinhalten keine Verpflichtung, Leistungen tatsächlich in Anspruch zu nehmen. Die Entscheidung darüber, welcher Anbieter tatsächlich im Einzelfall für die Leistungserbringung ausgewählt werden soll, findet erst auf einer zweiten Ebene im Rahmen des Hilfeplanverfahrens statt.

Nach § 78 b Abs. 2 hat der öffentliche Jugendhilfeträger mit jedem Anbieter, der entsprechend den Grundsätzen der Leistungsfähigkeit, Wirtschaftlichkeit und Sparsamkeit zur Leistungserbringung geeignet ist, eine Leistungsvereinbarung abzuschließen. Sofern die Merkmale erfüllt sind, besteht ein Rechtsanspruch auf den Vertragsabschluss (ebenso Wiesner 2006: SGB VIII, Rdnr. 24 zu § 78 b). Da die Voraussetzungen in Form von unbestimmten Rechtsbegriffen abschließend im Gesetz genannt sind, besteht für den Träger der öffentlichen Jugendhilfe kein Ermessensspielraum, die Auswahl der Leistungserbringer nach Bedarfsgesichtspunkten durchzuführen.

Da die §§ 78 a ff. lediglich stationäre und teilstationäre Leistungen erfassen, sind ambulante Hilfen den Vereinbarungen nach § 77 zuzuordnen. Im Unterschied zu § 78 b sind hier keine Auswahlkriterien genannt, die für den Abschluss von Vereinbarungen maßgeblich sind. Die Anbieter haben gegen den öffentlichen Jugendhilfeträger ein subjektiv öffentliches Recht auf fehlerfreie Ermessensausübung. Unstrittig gehören zu den Faktoren des Ermessens auch hier die Prüfung der Eignung unter Berücksichtigung der Leistungsfähigkeit, Sparsamkeit und Wirtschaftlichkeit. Nicht ganz so unstrittig ist die Frage, ob Bedarfsgesichtspunkte eine Rolle spielen dürfen (bejahend noch OVG Hamburg, NDV 1995, S. 300). Geht man davon aus, dass auch Vereinbarungen nach § 77 – sofern sie bezogen auf das sozialrechtliche Dreiecksverhältnis abgeschlossen werden – keine Leistungsaustauschverträge (im Sinne einer Beschaffung von Dienstleistung gegen ein Entgelt als Gegenleistung) sind, dann erübrigen sich auf der generellen Ebene Bedarfsüberlegungen, da die tatsächliche Auswahl erst auf der zweiten Ebene erfolgt. Es ist daher davon auszugehen, dass mit *allen* Leistungsanbietern Vereinbarungen abzuschließen sind, sofern sie unter Berücksichtigung von Leistungsfähigkeit, Wirtschaftlichkeit und Sparsamkeit geeignet sind. Außerhalb dieser Kriterien liegende Gründe für die Exklusion von Anbietern sind rechtswidrig, da sie das Recht der Anbieter auf eine fehlerfreie Ermessensausübung verletzen (vgl. OVG NRW, Beschl. v. 27.9.2004 – 12 B 1390/04 bzgl. § 93 BSHG a.F., wobei das OVG die Frage des Eingriffs in die Berufsfreiheit dahin gestellt sein lässt). Ebenfalls rechtswidrig ist die Exklusion, wenn gegen das Gebot der Pluralität (§ 3 Abs. 1) z.B. durch Ausschluss konfessionell gebundener Träger verstoßen wird.[4]

Der Abschluss einer Leistungsvereinbarung eröffnet dem Anbieter den Zugang zu einer Bewerbung um die Übernahme eines Einzelfalls, beinhaltet aber – wie bereits erwähnt - keinesfalls einen Anspruch darauf, auch tatsächlich in Anspruch genommen zu werden (ebenso Wiesner 2006: SGB VIII, § 78 b Rdnr. 3). Es besteht insoweit keine Verpflichtung des Jugendamts, darauf hinzuwirken, dass alle vertragsgebundenen Anbieter durch die Übernahme von Fällen in ihrer wirtschaftlichen Existenz gesichert sind. Das Gesetz sieht eine klare Zweiteilung vor: Der Abschluss von Vereinbarungen nach § 78 b oder § 77 ist zwar grundsätzlich Voraussetzung für die Übernahme der Kosten, hat aber nichts mit der Entscheidung über die „Fallvergabe" zu tun. Im Extremfall kann dies bedeuten, dass zwar eine Vereinbarung abgeschlossen wurde, eine Inanspruchnahme aber nicht stattfindet. Das wird in der Praxis vielfach verkannt, so dass beide Ebenen miteinander vermischt werden, insbesondere z.B. wenn vermeintlich die Notwendigkeit einer Ausschreibung zur Auswahl von Leistungserbringern gesehen wird, offenbar, weil Vereinbarungen nach § 77 abgeschlossen werden, die bereits unmittelbar Leistungspflichten begründen sollen.[5] Der Anbieter ist nach der gesetzlichen Systematik erst dann berechtigt und verpflichtet, die Leistung zu erbringen, wenn das Sozialleistungsverhältnis zwischen dem öffentlichen Jugendhilfeträger und dem Leistungsberechtigten begründet ist und er im Wettbewerb mit anderen Anbietern erfolgreich ist, so dass er als der geeignete Träger ausgewählt wird. Das Auswahlrecht ist ausschließlich den Leistungsberechtigten zugeordnet unter der Voraussetzung, dass mit der Auswahl keine unverhältnismäßigen Mehrkosten verbunden sind (vgl. §§ 5, 36) und die Eignung der Hilfe als solche nicht in Frage gestellt ist. Das Jugendamt hat die Aufgabe, hierbei durch Beratung die nötige Unterstützung zu gewähren. Da das Gesetz aber insoweit keine Selektionskriterien enthält, hat das Jugendamt die Beratung nach pflichtgemäßem Ermessen auszuüben. Maßgeblicher Gesichtspunkt ist die Überlegung, ob ein Anbieter im jeweiligen Einzelfall die Leistung möglichst optimal zugeschnitten auf den Hilfebedarf erbringen kann. Hierbei können die örtlichen Verhältnisse im unmittelbaren Lebensumfeld des Hilfesuchenden ein wichtiges,

---

4 vgl. VG Münster, Beschl. v. 18.8.04 – 9 L 970/04; nachinstanzlich OVG Münster, Beschl. v. 18.3.05 – 12 B 19/31/04

5 s. den Sachverhalt, der den unter Fn 4 genannten Entscheidungen zugrunde lag.

wenn nicht entscheidendes Kriterium der Trägerauswahl sein. § 27 Abs. 2 verlangt als Merkmal der Leistungsgestaltung ausdrücklich die Einbeziehung des sozialen Umfeldes. Damit wird deutlich, dass die allgemeinen Eignungskriterien des § 78 b auf der Ebene der individuellen Hilfeplanung zu konkretisieren sind (so auch OVG Hamburg, Beschl. v. 10.11.2004 [Fn3]). Dabei kommt es nicht darauf an, ob eine bestimmte sozialpädagogische Methode (z.B. „Sozialraumorientierung") ggf. zu dominierend ist[6], sondern allein maßgeblich für ein ermessensfehlerfreies Verhalten des Jugendamts ist die Abwägung aus seiner fachlichen Sicht, welcher Anbieter geeignet ist, möglichst adressatengerecht die Hilfe zu erbringen. Dabei ist es durchaus denkbar, dass nicht alle Anbieter, die das Kriterium der Geeignetheit nach § 78 b Abs. 2 erfüllen, in gleicher Weise geeignet sind, den konkreten Hilfefall zu übernehmen.[7] Das hängt jeweils von der Bedarfslage ab und inwieweit das Angebot des Leistungserbringers hierauf eingestellt ist. So kann es sein, dass z.B. Spezialeinrichtungen in den Bereichen Psychiatrische Nachsorge (Suizidalität, Essstörungen, Traumatisierungen, schwere Psychosen), Drogen-/Suchtprobleme, sexueller Missbrauch, Gewalt, massive Delinquenzbelastung, Trebegänger / Stricher- und Prostituiertenmilieu sowie hochgradiger Bindungs- und Verhaltensstörung von Kindern und Jugendlichen geeigneter sind als andere Träger, die nicht über entsprechende Angebote verfügen. Andererseits können bei Hilfen, die unmittelbar im sozialen Umfeld zu organisieren sind, solche Träger, die bereits ein entsprechendes Netzwerk aufgebaut haben, den Vorzug gegenüber Trägern verdienen, die nicht über die notwendigen lokalen Kenntnisse verfügen. Insoweit können solche Anbieter, die nicht „sozialraumorientiert" arbeiten, weniger geeignet sein, möglichst bedarfsgerechte Leistungen zu erbringen, obwohl sie den Eignungsbegriff nach § 78 b Abs. 2 erfüllen.[8]

2.2 Auswahl von Anbietern nach § 36 a

Eine Auswahl zwischen Anbietern ist auch dann zu treffen, wenn Vereinbarungen nach § 36 a abzuschließen sind. Die mit Wirkung vom 1.10.05 neu eingefügte Vorschrift verpflichtet den Träger der öffentlichen Jugendhilfe im Sinne einer Soll-Bestimmung, das Angebot ambulanter Hilfe „niedrigschwellig" zu organisieren. Mit dem aus dem Fachjargon der Jugendhilfe stammenden Begriff der „Niedrigschwelligkeit" will das Gesetz die unmittelbare Inanspruchnahme der

6 So aber Münder 2005; S. 89 ff.

7 Anders Münder 2005, S. 94, der eine Differenzierung innerhalb des Eignungsbegriffs ablehnt.

8 Vor allem diesen Sachverhalt hat z.B. das VG Berlin, a.a.O. (Fn.3) nicht erkannt; desgleichen auch Münder 2005, a.a.O. (Fn.6) S. 94.

Hilfe durch den Leistungsberechtigten bei dem Leistungserbringer ermöglichen. Das Jugendamt soll die Leistung nicht in jedem Einzelfall bewilligen, also vor der Leistungserbringung eingeschaltet werden müssen. Hierdurch lässt der Gesetzgeber Raum für die unmittelbare Gestaltung der Leistung durch den Leistungserbringer. Allerdings ist der Anwendungsbereich der Vorschrift auf solche ambulanten Hilfen beschränkt, für die im Hinblick auf § 36 Abs. 2 („Hilfe für längere Zeit“) kein Hilfeplan zu erstellen ist (vgl. Stähr 2006 in Hauck/Noftz, SGB VIII, K § 36 a Rz 18). Die Vorschrift legitimiert für diesen begrenzten Bereich die Etablierung von „Trägerbudgets“. Denn die Bestimmung setzt voraus, dass die Leistungserbringung je nach Fallaufkommen pauschal finanziert wird. Der öffentliche Jugendhilfeträger muss seiner Steuerungsverantwortung über den Abschluss von Vereinbarungen gerecht werden. Grundlage des Vertrags nach § 36 a ist ein besonderes Vertrauensverhältnis zwischen Anbieter und Jugendamt, da die Steuerungsmöglichkeit des öffentlichen Jugendhilfeträgers über die Einzelbewilligung entfällt. Es ist daher nicht davon auszugehen, dass alle auf dem Markt vorhandenen Anbieter einen gesetzlichen Anspruch – ähnlich wie nach § 78 b Abs. 2 – auf den Abschluss von Vereinbarungen haben. Zu den Kriterien der Auswahl gehören die Leistungsfähigkeit nach den Vorgaben des SGB VIII sowie speziell die Eignung für die Erbringung niedrigschwelliger Hilfen. Darüber hinaus wird es im Hinblick auf die Notwendigkeit der Pauschalfinanzierung bezogen auf eine durchschnittliche Anzahl von Fällen zulässig sein, die Auswahl nach Bedarfsgesichtspunkten zu steuern, da die finanziellen Ressourcen nicht unbegrenzt zur Verfügung stehen und dementsprechend nur planvoll über eine vorherige Auswahl der Anbieter eingesetzt werden können. In der Praxis wird seit längerem in dieser Weise bei der Finanzierung von Erziehungsberatungsstellen so verfahren.[9] § 36a legitimiert diese Praxis und zeigt zugleich, dass hier ein von dem Auswahlsystem nach §§ 77, 78 a ff. abweichender Weg eröffnet ist.[10]

---

9 Näher hierzu Stähr 2006 in Hauck/Noftz, a.a.O. Rz 20,21; vgl. auch Münder 2002, S. 416 (421), der zutreffend davon ausgeht, dass insoweit eine Abweichung von dem Modell der Auswahl nach §§ 77,78a ff. zu konstatieren ist.

10 A.A. Wiesner 2006: SGB VIII, Rdnr. 39 zu § 36a unter Bezugnahme auf OVG Münster, Beschl. v. 18.3.2005, ZfJ 2005,484. Hierzu ist anzumerken, dass sich das OVG noch nicht mit der neuen Konstellation des § 36 a auseinander zu setzen hatte, sondern die Limitierung von Leistungserbringen bzgl. sozialpädagogischer Familienhilfe auf der Basis von Vereinbarungen nach § 77 (zutreffend) beanstandete.

3. Eingriff in die Berufsfreiheit

Die Exklusion von Anbietern kann unter bestimmten Voraussetzungen einen unzulässigen Eingriff in die durch Art. 12 GG geschützte Berufsfreiheit darstellen.

Die hieraus entwickelte Rechtsargumentation ist seit der Entscheidung des VG Hamburg (s. Fn. 3) zu dem Abschluss sozialraumbezogener Versorgungsverträge in das Blickfeld geraten; nachfolgende Entscheidungen anderer Verwaltungsgerichte haben diese Argumentation bei ihrer rechtlichen Beurteilung von Sozialraumbudgets übernommen. Das VG Hamburg bewertete den Abschluss von raumbezogenen Kontingentverträgen mit ausgewählten Anbietern als einen Eingriff in das Grundrecht der Berufsfreiheit, für den es keine Rechtsgrundlage gebe. Eine solche sei weder aus den Vorgaben der §§ 78 a ff. noch aus der Planungs- und Gewährleistungsverantwortung des Trägers der öffentlichen Jugendhilfe nach § 79 noch aus seiner Verpflichtung zur Durchführung eines Hilfeplanverfahrens nach § 36 oder aus dem gesetzlichen Auftrag, die Hilfe am sozialen Umfeld zu orientieren (§ 27 Abs.2 Satz 2), ableitbar.

In den bisherigen Argumentationen sind einige Fragen offen geblieben, auf die sich nachfolgende Anmerkungen beziehen.

3.1 Tatbestand des Eingriffs

Zunächst ist danach zu fragen, welche Maßnahme konkret den Eingriff darstellt. Die den gerichtlichen Entscheidungen zugrunde liegenden Sachverhalte sind nicht alle gleich gelagert. Sofern der öffentliche Jugendhilfeträger regionale Versorgungsverträge abschließt, die einem Träger oder einem Trägerverbund die Erfüllung des Hilfebedarfs in der Region einräumt, ist der Eingriff in die materielle Existenz der nicht berücksichtigten Anbieter evident. Die Verträge haben unmittelbar eingreifenden Charakter, da sie den Träger der öffentlichen Jugendhilfe unabhängig vom Einzelfall binden, die Inanspruchnahme der Hilfe so zu steuern, dass andere Anbieter von der Leistungserbringung ausgeschlossen sind. Das gilt auch für den Fall, dass die Vereinbarungen unter dem Vorbehalt abweichender Auswahl durch die Leistungsberechtigten abgeschlossen sind.

Anders kann dagegen die Situation sein, wenn „Kooperationsverträge" abgeschlossen werden, die ausdrücklich keine „Belegungsverpflichtungen", keine Zumessung eines Budgets und damit auch keine pauschalen Fallzuweisungen enthalten (so der Sachverhalt, der dem Verwaltungsgericht in Berlin zugrunde lag [s. Fn. 3]). Allerdings sahen die Vereinbarungen bestimmte Prozentsätze von Fallmengen vor, die nach den Vorstellungen der Vertragspartner im Sinne einer Planungsgröße den Umfang der Leistungserbringung beschreiben sollten. Das

VG sowie das OVG Berlin haben bereits die Vereinbarung solch einer Planungsmenge als einen Eingriff in die Berufsfreiheit gewertet. Das ist insoweit nicht unproblematisch, da der öffentliche Jugendhilfeträger keine rechtliche Bindung eingegangen war, so dass der Eingriff erst in der tatsächlichen Beratung des Jugendamts auf der Einzelfallebene liegt, die aber – sofern sie ermessensfehlerfrei ist – eine rechtliche Grundlage hat.

Es stellt sich die Frage, ob der öffentlich Jugendhilfeträger in Vorbereitung seiner Ermessensausübung berechtigt ist, ein Auswahlverfahren durchzuführen, das nach offen gelegten Kriterien solchen Anbietern den Vorzug gibt, die nach der fachlichen Auffassung des Jugendamts geeigneter als andere sind, Hilfen z.B. nach dem Konzept der Sozialraumorientierung durchzuführen. Da die Exklusion von Anbietern auf der Einzelfallebene unausweichlich ist, kann ein transparentes Auswahlverfahren in Vorbereitung der Ermessensausübung die wirtschaftliche Position der Anbieter eher stärken als verunsichern. Es ist kein Geheimnis, dass in der bisherigen Praxis der Kinder- und Jugendhilfe die Auswahl der Leistungserbringer auf der Einzelfallebene, also im Rahmen des Hilfeplanverfahrens, eher „unter der Hand", d.h. nicht nach klaren offen gelegten Kriterien, sondern ad hoc, auf Grund gewachsener Beziehungen oder Gewohnheiten erfolgt.

Voraussetzung einer Auswahl im Vorfeld der Hilfeplanung ist allerdings die fachlich begründete Einschätzung, dass Anbieter unter bestimmten Bedingungen für eine in der Zukunft liegende Anzahl von Fällen voraussichtlich geeigneter als andere Anbieter sind, die Hilfe durchzuführen. Das VG und OVG Berlin haben eine solche „vor die Klammer gesetzte" Auswahl als unzulässig mit der lapidaren Begründung angesehen, dass nicht behauptet werden könne, es kämen ggf. nur bestimmte Anbieter in Betracht, auch wenn das allgemeine Merkmal der Eignung nach § 78 b nicht in Frage gestellt werde. Das ist eine Sichtweise, die aus sozialpädagogisch- fachlichen Gründen nicht zutrifft. An dieser Stelle wird deutlich, dass Methodik und Zielsetzung der sozialen Arbeit nach dem Konzept der Sozialraumorientierung bisher offenbar nicht ausreichend rezipiert wurden (vgl. Hinte 2005, S. 359 ff.). Es geht weder darum, "das Angebot von Leistungen und damit vor allem die Ausgaben in einer bestimmten Region überschaubar und damit planbar zu machen" (vgl. Mrozynski 2004a, S. 3 ff.) noch ist die Intention auf „Rationalisierungseffekte" (vgl. VG Berlin, a.a.O. [Fn.3]) oder auf eine „Marktbereinigung" (vgl. OVG Berlin, a.a.O. [Fn.3]) aus Gründen der Kostenersparnis gerichtet. Die oft aufgestellte Behauptung, den Kommunen gehe es primär um eine kostendämpfende Wirkung (vgl. Hinrichs/Meier 2004, S. 595 [597]) mag richtig oder falsch sein. Das Konzept ist jedenfalls in seinem Gehalt nicht auf fiskalische Erfolge, sondern auf eine qualitativ bessere soziale Arbeit ausgerichtet, auch wenn nicht geleugnet werden soll, dass ein effektiver und effizienter Einsatz der Ressourcen eine willkommene Begleiterscheinung ist (vgl. Grundsatzpapier der Senatsverwaltung für Bildung, Jugend und Sport: „Sozialraumorientierung in der Berliner Jugendhilfe“, November 2002).

Die Durchführung einer Hilfe zur Erziehung nach dem Konzept der Sozialraumorientierung setzt vorangehende, vom Einzelfall unabhängige, jedoch späteren Einzelfällen dienliche „Aufbauarbeiten“ des Trägers im Sozialraum voraus. Dabei kommt es darauf an, die Stärken und die Möglichkeiten des Ortsteils und der kleinen Netze (Tätigkeit von Ehrenamtlichen im Stadtteil, nachbarschaftlichen Netzen, Sportvereinen, Kirchengemeinden usw.). zu nutzen. Um diese Potentiale erschließen zu können, muss man mit den Angeboten und Möglichkeiten gut vertraut sein und die entsprechenden Ansprechpartner in Institutionen, Vereinen, informellen Netzwerken etc. kennen. Die Informationen sowie die persönlichen Kontakte im Sozialraum müssen entwickelt und gepflegt, Netzwerke aufgebaut und betreut werden. Denn der Einbezug des sozialen Umfeldes ergibt sich nicht unmittelbar aus der wie auch immer gearteten Arbeit direkt am Fall, sondern lässt sich nur bewerkstelligen über Kenntnisse, die man sich gleichsam fallunabhängig in einer Phase erworben hat, in der der jeweilige Einzelfall noch gar nicht aufgetaucht ist. Es bedarf also gewisser Vorleistungen bezüglich der Kenntnisse im Sozialraum, um überhaupt Fälle in dieser Art und Weise sozialarbeiterisch kompetent bearbeiten zu können. Diese Kenntnisse lassen sich nicht bei jedem Fall neu erwerben (der Aufwand wäre in keiner Weise gerechtfertigt), sondern sie müssen in möglichst hohem Umfang bereits vorhanden sein, wenn der Fall entsteht.[11]

Diese „Sozialraum-Arbeit“ kann unmöglich von einer beliebigen (unbegrenzten) Anzahl von freien Trägern erwartet und geleistet werden, zumal auch kaum ausreichend finanzielle Sicherheiten als Voraussetzung für die Stabilität eines Trägers zu erwarten sind, wenn die Finanzmittel auf viele verteilt werden. Angesichts der Tatsache, dass ggf. eine Vielzahl von Trägern um Fälle konkurrieren, wäre es unsinnig, wenn jeder dieser Träger, um Fälle kompetent bearbeiten zu können, sich diese Kenntnisse fallunabhängig besorgt. Das Jugendamt kann dementsprechend nur mit einer begrenzten Zahl von Trägern sozialpädagogisch sinnvoll und wirkungsvoll zusammenarbeiten. Nur so kann ein beziehungsloses Nebeneinander der Anbieter vermieden werden, so dass Zusammenarbeit und nicht Abgrenzung die Praxis bestimmt.

11 vgl. hierzu die seit längerem geführte sozialpädagogische Fachdiskussion – etwa Nestmann 1989, S. 107 ff; Hinte 2000, S. 930 ff.

3.2 Relevanz des Eingriffs

Nicht jeder Eingriff ist relevant, sondern nur dann, wenn er von einem gewissen Umfang und einer gewissen Dauer ist.

Wenn Anbieter zu einem bestimmten Zeitpunkt in einem bestimmten Sozialraum von der Leistungserbringung ausgeschlossen sind, stellt sich die Frage, wie weit der

Schutz der Berufsfreiheit in zeitlicher und örtlicher Hinsicht reicht, d.h. es stellt sich die Frage nach zumutbaren Ausweichmöglichkeiten. Das gilt insbesondere für die Stadtstaaten Berlin und Hamburg, die in einzelne Bezirke untergliedert sind, insgesamt aber als Stadt *ein* örtlicher Träger der öffentlichen Jugendhilfe sind. Das VG Berlin hat sich auf eine zeitliche Dimension des Eingriffs von vornherein nicht eingelassen und so den auf nur ein Jahr abgeschlossenen Kooperationsvertrag bereits als Eingriff in die Berufsfreiheit angesehen. Das erscheint als zu weitgehend, insbesondere vor dem Hintergrund, dass Anbieter auch unabhängig von Kooperationsverträgen in der Praxis nicht damit rechnen können, jederzeit zum Zuge zu kommen (ebenso Münder 2005, S. 97). Wichtiger noch als der zeitliche Aspekt ist m.E. die Frage nach den Chancen, in örtlicher Hinsicht auszuweichen. Kann von einem nachhaltigen Eingriff in die Wirtschaftsposition eines Anbieters auch dann gesprochen werden, wenn ihm innerhalb des Bereichs eines örtlichen Trägers der öffentlichen Jugendhilfe an anderer Stelle Chancen erhalten bleiben, für Hilfen in Anspruch genommen zu werden? In den o.g. Verfahren in Hamburg und Berlin[12] haben die Gerichte die Frage bejaht und sich dementsprechend punktuell nur auf die in Streit stehende Region bezogen. Eine solche Konzentrierung des Schutzes der Berufsfreiheit auf eine Region innerhalb des Zuständigkeitsbereichs des örtlichen Trägers der öffentlichen Jugendhilfe ist mindestens dann zweifelhaft, wenn die Bewerbung des Anbieters in anderen Bezirken zumutbar ist und die Chancen des Zuschlags nicht von vornherein verschlossen sind.

3.3 Fehlen einer Rechtsgrundlage

Für den Abschluss regionaler Versorgungsverträge mit exkludierender Wirkung bieten die §§ 77, 78 ff. keine Rechtsgrundlage. Das auf eine zweistufige Auswahl angelegte Finanzierungssystem lässt keinen Raum für eine dritte Ebene, die zwischen der generellen Auswahl und der Auswahl im individuellen Einzelfall

---

12 S. die Beschlüsse der Verwaltungsgerichte in Berlin und Hamburg, Fn. 3

angesiedelt wäre. Auch sind weder die Gewährleistungs- und Planungsverantwortung des öffentlichen Jugendhilfeträgers noch die Verpflichtung, bei der Gestaltung der Hilfe das soziale Umfeld zu berücksichtigen, geeignete Rechtsgrundlagen für den Eingriff in die Berufsfreiheit. Insoweit kann den Ausführungen des VG und OVG Hamburg zugestimmt werden.

Anders ist m.E. die Rechtslage zu beurteilen, wenn das Auswahlverfahren als ein „Hilfsinstrument" ausgestaltet ist, das der transparenten Ermessensausübung des Jugendamts bei seiner Beratungsaufgabe in den Hilfeplanverfahren dient. Das heißt: keine Vorverlagerung der Auswahlentscheidung zu Lasten Dritter oder der Rechte des Leistungsberechtigten. Will man hierin bereits einen Eingriff in die Berufsfreiheit sehen, so ist dieser gerechtfertigt durch die in § 36 normierte Aufgabe des Jugendamts, den Leistungsberechtigten bei der Ausübung seiner Wunsch- und Wahlrechts zu beraten. Voraussetzung der Legitimation ist allerdings, dass der öffentliche Jugendhilfeträger die Auswahl nicht mit „Belegungszusagen" koppelt und die Beratung im Einzelfall so durchgeführt wird, dass tatsächlich eine fehlerfreie Ermessenausübung stattfindet.

4. Diskussion einzelner Varianten der Auswahl

Noch einmal: Das Konzept der Sozialraumorientierung lässt sich nur verwirklichen, wenn das Jugendamt mit einer begrenzten und überschaubaren Anzahl von Anbietern für einen bestimmten Zeitraum zusammenarbeitet, um die infrastrukturellen, informellen und nachbarschaftlichen Potentiale so zu mobilisieren und zu entwickeln, dass Hilfen zur Erziehung entweder zu Gunsten anderer Angebote vermieden oder so niedrigschwellig und flexibel gestaltet werden können, dass dem tatsächlichen individuellen Bedarf entsprochen werden kann. Die gesetzliche Systematik der §§ 78 a ff. ist darauf angelegt, eine Angebotssteuerung des öffentlichen Jugendhilfeträgers weitgehend einzuschränken. Rechtstheoretisch (wenn auch nicht faktisch in der Praxis) hat das Wunsch- und Wahlrecht des Leistungsberechtigten die ausschlaggebende Steuerungsfunktion. Über die Filterfunktion einer Prüfung des Mehrkostenvorbehalts (§ 36 Abs. 1 Satz 3) sowie der Merkmale von Leistungsfähigkeit, Wirtschaftlichkeit und Sparsamkeit der Träger (vgl. § 78 b) hinaus sieht der Gesetzgeber keine Notwendigkeit einer Lenkung der Angebote. Das mag bzgl. einer bloßen Kapazitätsteuerung von Einrichtungen sinnvoll und praktikabel sein. Insoweit kann auch nicht in Betracht kommen, über Sozialraumbudgets wieder eine Angebotssteuerung durch Bedarfsprüfung aufleben zulassen.[13] Wie sieht es aber aus, wenn es darum geht, in qualitativer Hinsicht Verbesserungen zu erzielen, und zwar nicht isoliert bezogen auf das Leistungsangebot der jeweiligen Hilfeart, sondern in der Wechselbezüglichkeit zwischen infrastruktureller (fallunspezifischer) und fallbezogener Arbeit? Wenn die fachlichen Ziele des Konzepts der Sozialraumorientierung weitgehend unstrittig sind,[14] so müsste das Recht hierfür ausreichend Raum lassen. Wie aber die bisherigen Entscheidungen der Verwaltungsgerichte zeigen, ist die Notwendigkeit einer Zusammenarbeit des öffentlichen Trägers mit einer nur begrenzten Anzahl von Leistungserbringern nur schwer mit der bisherigen Rechtssystematik zu vereinbaren. Dabei sehe ich weder den Gegensatz von Sozialrecht und Sozialpolitik (vgl. Hinrichs/Meier 2004, S. 595) noch das Spannungsverhältnis von Infrastrukturpolitik und Rechtsanspruchspolitik (vgl. Münder 2001; S. 6 ff.) als die hier zutreffende Problembeschreibung an. Es geht nicht um die Verkürzung von Rechtsansprüchen zugunsten einer „sozialen Gestaltung ohne Rechte" (vgl. Neumann 2003, S. 30 [43]), sondern es geht um die Notwendigkeit einer transparenten Auswahl von Anbietern insbesondere mit dem Ziel, die fachliche Verknüpfung von fallbezogener und fallunabhängiger Arbeit (s. hierzu Hinte/Litges/Springer 1999) zu ermöglichen. Nachfolgend soll diskutiert werden, welche Möglichkeiten einer Lösung des Auswahlproblems zur Verfügung stehen.

4.1 Auswahl über Anwendung des Vergaberechts ?

Zum Teil wird in der Literatur die Auffassung vertreten, die Leistungsvereinbarungen nach §§ 77, 78 a fielen in den Anwendungsbereich des nationalen und europäischen Vergaberechts.[15] Folgt man dieser Sicht, so könnte im Wege einer Ausschreibung die Auswahl der Anbieter limitiert werden (Luthe 2001, S. 255). Das Vergaberecht würde in diesem Fall die oben beschriebene Systematik der zweistufigen Auswahl überlagern. Diesem Ansatz ist jedoch bereits in der Prämisse nicht zu folgen. Zwar kann davon ausgegangen werden, dass die Leistungsanbieter dem Begriff des „Unternehmens" i.S. d. § 99 Abs.1 GWB unterfal-

---

13 So charakterisiert Mrozynski, (a.a.O., S.13) – m.E. unzutreffend – die Funktion von Sozialraumbudgets. Aus Platzgründen kann hierauf nicht weiter eingegangen werden.

14 vgl. zum Beispiel Jordan 2004, S. 255 ff.: Eine sozialraumorientierte Entwicklung der Jugendhilfe ist ein „anspruchsvoller und komplexer Prozess, aber besser und wirkungsvoller kann gute Jugendhilfe zurzeit nicht gestaltet werden."

15 Mrozynski 2004b, S. 451-462; Luthe 2001, S. 254

len (Mrozynski a.a.O. [Fn 15], S. 455; a.A. Sauter 2002, S. 290 [295]). Weitere Voraussetzung für die Anwendung des Vergaberechts ist aber, dass den Trägern der öffentlichen Jugendhilfe die Funktion eines Auftraggebers i.S.d. § 99 Abs. 1 GWB zugewiesen ist. Gerade hiervon kann aber nicht ausgegangen werden, wie oben im Zusammenhang mit der Erläuterung des sozialrechtlichen Dreiecksverhältnisses ausgeführt wurde (ebenso Neumann/Nielandt/Philipp 2004).

4.2 Abschluss von Kooperationsverträgen mit allen zur Verfügung stehenden Anbietern?

Zum Teil wird vorgeschlagen, auf eine Auswahl von Leistungserbringern gänzlich zu verzichten und stattdessen mit allen Trägern, die dies wünschen, Vereinbarungen abzuschließen (so Münder 2005, S. 97). Dieser Vorschlag umgeht das Problem, löst es aber nicht. Soweit Leistungsvereinbarungen nach §§ 77, 78 b gemeint sind, verlangt bereits das Gesetz (s.o. unter II) die Einbeziehung aller Träger. Im Übrigen besteht die Notwendigkeit der Selektion von Anbietern natürlich dann nicht, wenn die Anzahl der Leistungserbringer überschaubar ist und insoweit letztlich keine Konkurrenzverhältnisse gegeben sind, da das „Fallaufkommen“ einvernehmlich aufgeteilt ist. Das beschreibt die Situation in vielen Regionen der Bundesrepublik, nicht aber in den Ballungsräumen, insbesondere den Stadtstaaten Berlin und Hamburg. Wenn in Berlin allein in einem Stadtbezirk ca. 80 Anbieter miteinander konkurrieren, dann ist die Zusammenarbeit mit allen Anbietern eine praxisfremde Vorstellung.

4.3 Informelle Auswahl im Verborgenen ?

Münder gibt der Praxis den von ihm als „unjuristisch“ bezeichneten Rat, in der Beratung der Leistungsberechtigten die tatsächlichen Möglichkeiten zu nutzen, eigene Vorstellungen über die Eignung von Trägern durchzusetzen (Münder 2005, S. 96). Ein solches Verfahren der Intransparenz entspricht weitgehend der derzeitigen Praxis. Das ist allerdings kaum akzeptabel, wenn es darum geht, rechtliche Lösungen anzubieten, die dem Schutz der Berufsfreiheit nach Art. 12 GG gerecht werden.

4.4 Auswahl über das Anerkennungsverfahren nach § 75 ?

Die Ausführungen des OVG Berlin in seiner Entscheidung vom 4.4.2005 (s. Fn 3) enthalten den Hinweis darauf, dass die nicht in der Auswahl berücksichtigten Anbieter *anerkannte* Träger der freien Jugendhilfe seien. Dieser Hinweis ist nur verständlich mit der in der mündlichen Verhandlung geäußerten Auffassung, mit dem Verfahren nach § 75 biete das Gesetz doch die erforderliche Grundlage, um den Notwendigkeiten der Auswahl gerecht werden zu können. Diese Auffassung ist m.E. rechtlich unhaltbar. Die Anerkennung nach § 75 hat u.a. die Funktion, Voraussetzungen für eine länger andauernde Zuwendungsförderung herzustellen, sie ist aber nicht ein Instrument zur fachlichen Auswahl von Anbietern im Rahmen des jugendhilferechtlichen Dreiecksverhältnisses.

4.5 Auswahl über Finanzierungsmodus ?

Weiterhin wird vorgeschlagen, allen Trägern alternativ eine pauschalierte Finanzierung (X-Stellen für X-Fälle) oder die herkömmliche Finanzierung über Fachleistungsstunden anzubieten. Dabei soll die pauschalierte Finanzierung auf die Vertragspartner der regionalen Versorgungsverträge bezogen sein, während die Finanzierung über Fachleistungsstunden solche Träger betrifft, die außerhalb der Versorgungsverträge ihre Leistungen anbieten (vgl. Apitzsch 2005, S. 50 ff.).

Ob durch solche Varianten des Finanzierungsmodus das Auswahlproblem rechtlich gelöst werden kann, erscheint zweifelhaft. Letztlich ist nicht die Budgetfinanzierung als solche von den Gerichten beanstandet worden, sondern die damit verbundene Exklusion von Anbietern. Wenn also außerhalb der Versorgungsverträge tätige Träger der Auffassung sind, nicht ausreichend bei der „Fallvergabe" berücksichtigt zu werden, so stellt sich ggf. erneut das Problem der Zulässigkeit einer Auswahl im Vorfeld der individuellen Hilfeplanung.

4.6 Zulässigkeit einer gestuften Ermessensausübung

Wie bereits oben ausgeführt, kann m.E. die Auswahl im Vorfeld der Selektion im Einzelfall zulässig sein, wenn zwischen Auswahl und Ermessensausübung auf der Hilfeplanebene eine Verbindung hergestellt wird. Dieser Gedanke lässt sich noch erweitern, so dass die nachfolgend beschriebene Option in Betracht kommt.

Es ist unbestritten, dass der öffentliche Jugendhilfeträger seiner Planungs- und Gewährleistungsverantwortung (§ 79) insbesondere über die Zuwendungsförderung (§ 74) gerecht wird. Art und Umfang der Förderung bestimmen sich nach pflichtgemäßem Ermessen des öffentlichen Trägers, d.h. er muss im Rahmen der zur Verfügung stehenden Mittel eine Auswahl unter den Antragstellern treffen (vgl. § 74 Abs. 3 Satz 2). Auch wenn ein Rechtsanspruch auf Förderung nicht besteht, so hat der Anbieter dennoch einen Anspruch auf Teilnahme an einem Verteilungsverfahren (VG Frankfurt, Urt. v. 6.9.2005, ZFSH/SGB 12/2005, S. 730 ff.). Der öffentliche Jugendhilfeträger kann daher – außerhalb des Vergaberechts – ein Auswahlverfahren auf der Basis klarer Kriterien durchführen, bei dem alle Anbieter teilnahmeberechtigt sind, wobei aber nur solche Träger in begrenzter Zahl in die Förderung aufgenommen werden, die geeignet sind, „sozialraumorientiert" zu arbeiten. Damit ist fallunspezifische Arbeit gemeint, die insbesondere auf den Aufbau und Pflege von Netzwerken im Rahmen bestehender oder zu entwickelnder sozialer Infrastruktur sowie die Pflege und Mobilisierung von nachbarschaftlicher bzw. ehrenamtlicher Hilfe ausgerichtet ist. Die über Zuwendungsverträge finanzierten Träger eignen sich Kenntnisse im sozialen Raum an und entwickeln Unterstützungsmöglichkeiten, die sie befähigen, ggf. einzelfallbezogene Hilfen effektiv und bedarfsgerecht durchzuführen. Das erhält seine Bedeutung, wenn das Jugendamt auf der Ebene der Einzelfallentscheidungen im Rahmen des Hilfeplanverfahrens nach § 36 seine Beratungsaufgabe zu erfüllen hat. Das Jugendamt hat nach pflichtgemäßem Ermessen den Leistungsberechtigten so zu beraten, dass ein Träger ausgewählt wird, der für den Hilfebedarf die passende Leistung anbietet. Dabei darf es keinen Automatismus der Auswahl, keinen „closed shop", geben. Nicht jeder Fall ist sozialraumorientiert zu bearbeiten (s. oben unter II,1). Dies verweist auf die Notwendigkeit von überregionalen Einrichtungen und Diensten, die spezielle Hilfen anbieten z.B. in den Bereichen der Krisenintervention (Suizid, Anschlussbetreuung nach Aufenthalt in der Psychiatrie), Sucht und Inobhutnahme.

Im Rahmen eines pflichtgemäßen Ermessens kann es dann gerechtfertigt sein, auf den Kreis der ausgewählten Träger mit der Begründung Bezug zu nehmen, dass diese geeigneter als andere Träger sind, ein Angebot zur Verfügung zu stellen, das den Vorgaben des Gesetzes (§ 27 Abs. 2, Satz 2 SGB VIII), nämlich das engere soziale Umfeld zu berücksichtigen, in besonderer Weise Rechnung trägt.

Die so beschriebene Verfahrensweise einer Verbindung von zuwendungsgeförderten Anbietern und einer darauf bezogenen Ermessensausübung des Jugendamts beruht auf §§ 74, 36 und wäre also nicht dem Einwand einer fehlender Rechtsgrundlage ausgesetzt.[16] Ist die Ermessensausübung sowohl

16 Dies war das Hauptargument, mit dem ein Verstoß gegen Art. 12 Abs.1 GG in den unter Fn.3 zitierten Gerichtsentscheidungen begründet wurde.

bei der Entscheidung über die Förderungsfinanzierung als auch bei der Beratung des Leistungsberechtigten unter Berücksichtigung des Wunsch- und Wahlrechts fehlerfrei, so sind keine schutzwürdigen Interessen von Anbietern verletzt.

5. Änderung des geltenden Rechts ?

Die in den §§ 77, 78 a angelegte Systematik einer Angebotssteuerung ausschließlich über die Auswahlentscheidung der Leistungsberechtigten ist nur schwer mit dem fachlichen Ziel in Übereinstimmung zu bringen, einzelfallbezogene Hilfen in Verbindung mit fallunspezifischer Arbeit aus einer Hand des Leistungserbringers zu organisieren. Es liegt daher nahe, durch gesetzliche Änderungen eindeutige Rechtssicherheit zu schaffen. Dabei wäre nicht ein vollständiger Systemwechsel anzustreben, sondern Modifikationen einzufügen, wie sie auch schon in § 36 a angelegt sind. Es geht keineswegs darum, die Unterscheidung zwischen individuellen Rechtsansprüchen und Infrastrukturaufgaben aufzugeben und „einheitlich" zu behandeln (vgl. Münder 2002, S. 416 [421]).

Bei anzustrebenden Gesetzesänderungen wäre zu unterscheiden zwischen einer landesgesetzlichen und einer bundesgesetzlichen Regelung. Landesrechtlich besteht ein Regelungsspielraum, wenn davon ausgegangen werden kann, dass der Bund nicht abschließend von seiner Gesetzgebungsbefugnis Gebrauch gemacht hat. Das lässt sich im Bereich der Regelungen über Vereinbarungen nach § 77 SGB VIII, der ja einen ausdrücklichen Landesvorbehalt enthält, ohne Weiteres vertreten. Der Gesetzgeber im Land Berlin hat daher kürzlich in das „Ausführungsgesetz des Kinder- und Jugendhilfegesetzes Berlin" (AGKJHG) einen Passus eingefügt, der ein Auswahlverfahren im Rahmen der Einzelfallfinanzierung rechtlich absichern soll.[17] Das betrifft allerdings nur den Bereich der ambulanten Hilfen zur Erziehung, der in §§ 78 a SGB VIII nicht erfasst ist.

Die Finanzierungsregelungen nach § 78 a ff. sind dagegen im Detail so umfassend, dass man hier wohl von einer abschließenden Regelung auszugehen hat. Im Bereich der teilstationären und stationären Leistungen müsste also eine bundesgesetzliche Änderung vorgenommen werden, die es erlaubt, im Vorfeld der Hilfeplanung eine Vorauswahl von geeigneten Trägern zu

17 S. § 49 Abs.1 Satz 3: Als Ergebnis eines fachlichen Auswahlverfahrens können …die Jugendämter Kooperationsvereinbarungen mit den Leistungserbringern zum Zwecke der fallbezogenen Erschließung und Nutzung von Ressourcen aus dem sozialen Umfeld der Leistungsberechtigten abschließen.

treffen. Als Ansatzpunkte könnten hierfür eine stärker differenzierende Regelung des Eignungsbegriffs in § 78 b verbunden mit der Erlaubnis zum Abschluss von Kooperationsvereinbarungen nach Durchführung eines fachlichen Auswahlverfahrens oder aber die Legitimierung eines Auswahlverfahrens im Rahmen der Gewährleistungsverpflichtung nach § 79 in Betracht kommen.

6. Fazit und Ausblick

Die Zusammenführung von einzelfallbezogenen Hilfen und fallunspezifischer Arbeit im Konzept der Sozialraumorientierung erfordert eine Steuerung der Angebote, die nicht allein über die Auswahlentscheidung des Leistungsberechtigten organisiert werden kann. Erforderlich ist ggf. eine Vorauswahl durch den Träger der öffentlichen Jugendhilfe, weil nur durch Limitierung der Anbieter die notwendige Kontinuität und Planungssicherheit erzielt werden kann. Auch im Rahmen des geltenden Rechts sind Lösungen möglich, ohne dass zu dem unzulässigen Instrument exkludierender Kontingentvereinbarungen gegriffen werden muss. Gesucht ist also ein „dritter Weg" zwischen rechtswidriger Exklusion und einer Auswahlentscheidung ausschließlich auf der Einzelfallebene bei einer unbegrenzten Vielzahl von Anbietern. Der größeren Klarheit würde es dienen, Optionen der Vorauswahl gesetzlich abzusichern wie dies z.B. im Land Berlin geregelt ist.

Das 1999 eingeführte Auswahl- und Finanzierungssystem nach § 78 a ff. hat sich nur teilweise bewährt. Positiv ist die durch den Abschluss der Leistungsvereinbarungen erzielte Transparenz von Entgelt, Leistung und Qualitätsentwicklung zu bewerten. Der an sich kluge und moderne Gedanke, den Wettbewerb der Anbieter auf die Einzelfallebene zu verlagern, hat sich in der Praxis letztlich nicht als sehr tragfähig erwiesen. An der alten Intransparenz vor Ort hat sich nicht viel geändert. Andererseits wird hier nicht einem Rückfall in den Korporatismus vergangener Zeiten und einer Angebotssteuerung durch Bedarfsprüfung das Wort geredet. Das bedeutet, dass der Grundsatz der Pluralität sowie das Wunsch- und Wahlrecht der Leistungsberechtigten gewahrt bleiben müssen, über gewisse Begrenzungen aber durch Einführung jugendhilfespezifischer Auswahlverfahren (außerhalb des Vergaberechts) nachgedacht werden sollte.

Literatur

Apitzsch, Martin (2005): „Geht nicht, gibt`s nicht!“ Anmerkungen zum Stopp des Sozialraumbudgets in Hamburg, in: Evangelische Jugend 55. 1/2005, S. 50-55

Hauck, Karl/ Noftz, Wolfgang (Hrsg.)(2006): Sozialgesetzbuch (SGB) VIII: Kinder- und Jugendhilfe. Kommentar. Berlin

Hinrichs, Knut/ Meier, Rüdiger (2004): Sozialraumbudget in Hamburg gestoppt - Anmerkungen zum Beschluss des VG Hamburg vom 5.8.2004. In: Zeitschrift für Sozialhilfe und Sozialgesetzbuch 43. 10/2004, S. 637-639

Hinte, Wolfgang/ Litges, Gerd/ Springer, Werner (1999): Soziale Dienste: Vom Fall zum Feld. Soziale Räume statt Verwaltungsbezirke. Berlin

Hinte, Wolfgang (2000): Jugendhilfe im Sozialraum - Plädoyer für einen nachhaltigen Umbau, in: Der Amtsvormund 73. 11/2000, S. 930-942

Hinte, Wolfgang (2005): Sozialraumorientierung: Bemerkungen zu einer missglückten Rezeption, in: Nachrichtendienst des Deutschen Vereins für Öffentliche und Private Fürsorge 86. 10/2005, S. 359-362

Kreft, Dieter/ Mielenz, Ingrid/ Trauernicht, Gitta/ Jordan, Erwin (Hrsg.)(2004): Fortschritt durch Recht. Festschrift für Johannes Münder, Sozialpädagogisches Institut. München

Jordan, Erwin (2004): Sozialraumorientierung in der Kinder- und Jugendhilfe, in: Kreft/Mielenz/Trauernicht/Jordan 2004, S. 255-273

Luthe, Ernst-Wilhelm (2001): Wettbewerb, Vergabe und Rechtsanspruch im "Sozialraum" der Jugendhilfe, in: Nachrichtendienst des Deutschen Vereins für öffentliche und private Fürsorge. 81. 8/2001, S. 247-257

Mrozynski, Peter (2004a): Der Leistungserbringermarkt zwischen Angebotssteuerung und Budgetierung, in: Zeitschrift für Sozialhilfe und Sozialgesetzbuch 43. 1/2004, S. 3–13

Mrozynski, Peter (2004b): Die Vergabe öffentlicher Aufträge und das Sozialrecht. in: Zeitschrift für Sozialhilfe und Sozialgesetzbuch 43.8/2004, S. 451-462

Münder, Johannes (2001): Sozialraumorientierung und das Kinder- und Jugendhilferecht. Rechtsgutachten im Auftrag von IGfH und SOS-Kinderdorf e.V., in: SOS-Kinderdorf e.V. 2001, S. 6-124

Münder, Johannes (2002): Sozialraumorientierung aus rechtlicher Sicht, in: Zentralblatt für Jugendrecht 89. 11/2002, S. 416-422

Münder, Johannes (2005): Sozialraumkonzepte auf dem rechtlichen Prüfstand. in: Zentralblatt für Jugendrecht 92. 3/2005, S. 89-98

Neumann, Volker (2003): Raum ohne Rechte? Zur Rezeption von Sozialraumkonzeptionen durch die Sozialpolitik, in: Beiträge zum Recht der sozialen Dienste und Einrichtungen 15. 55/2003, S. 30-46

Neumann, Volker/ Nielandt, Dörte/ Philipp, Albrecht (2004): Erbringung von Sozialleistungen nach Vergaberecht? Rechtsgutachten im Auftrag des Deutschen Caritasverbandes und des Diakonischen Werkes der Evangelischen Kirche in Deutschland mit Unterstützung des Diözesan-Caritasverbandes für das Erzbistum Köln und der Katholischen Bundesarbeitsgemeinschaft Integration durch Arbeit (IDA) im Deutschen Caritasverband. Baden-Baden

Nestmann, Frank (1989): Förderung sozialer Netzwerke – eine Perspektive pädagogischer Handlungskompetenz. in: Neue Praxis 19. 2/1989, S. 107-123

Sauter, Robert (2002): Wettbewerb im Sozialraum - auf dem Weg in eine neue Trägerlandschaft? In: Nachrichtendienst des Deutschen Vereins für öffentliche und private Fürsorge 82. 8/2002, S. 290-298

SOS-Kinderdorf e.V. (Hrsg.)(2001): Sozialraumorientierung auf dem Prüfstand. München

Stähr, Axel/ Hilke, Andreas (1999): Die Leistungs- und Finanzierungsbeziehungen im Kinder- und Jugendhilferecht vor dem Hintergrund der neuen §§ 78 a bis 78 g SGB VIII. in: Zentralblatt für Jugendrecht 86. 5/1999, S. 155-170

Stähr, Axel (Hrsg.)(2006): Sozialgesetzbuch (SGB) VIII: Kinder- und Jugendhilfe. Kommentar. Berlin

Wiesner, Reinhard/ Morsberger, Thomas/ Oberloskamp, Helga (Hrsg.)(2006): SGB VIII. Kinder- und Jugendhilfe. Kommentar. München

B

Sozialräumliche Finanzierung:

Viele Wege führen nach Rom

Der sozialräumliche Umbau der Berliner Jugendhilfe: Innenansichten eines Projekts

Volker Brünjes

Das Jahresende 2003 markiert den Anfang eines der wichtigsten Reformvorhaben der letzten Jahre in der Berliner Jugendhilfe. Ein auf fachpolitischer Ebene zwischen dem Land Berlin und den Bezirken der Stadt intensiv geführter Abstimmungsprozess konnte mit der politischen Entscheidung zur Durchführung eines Projekts, das den programmatischen Titel „Optimierung der Entscheidungsprozesse, der Organisation und der Finanzierung der Berliner Jugendhilfe – Einführung der Sozialraumorientierung" (Projekt SRO)[1] trägt, erfolgreich abgeschlossen werden. Die konkrete Projektarbeit, die die Berliner Jugendhilfe fachlich neu orientieren und nach und nach alle Leistungsbereiche erfassen sollte, konnte beginnen.

Drei Jahre später, am Ende des Jahres 2006, sind alle 12 Berliner Bezirke aktiv an der Umsetzung des Reformvorhabens beteiligt; sie haben sich auf den Weg gemacht, die Sozialraumorientierung in ihrem Bereich einzuführen und weiterzuentwickeln, und sie sind dabei unterschiedlich weit gekommen. Auf der Landesebene mussten die notwendig zu gestaltenden Rahmenbedingungen identifiziert und die konzeptionellen Voraussetzungen für fachliche und organisatorische Veränderungen geschaffen werden, damit sozialräumliches Arbeiten möglich ist. Als das Projekt, über das im Folgenden skizzenhaft und schlaglichtartig berichtet wird, langsam Gestalt annahm, warnte eine Reihe ernstzunehmender Kritiker davor, eine so umfassende und z.T. tiefgehende Reform der Jugendhilfe in Berlin anzupacken. Es wurde nicht bezweifelt, dass die Berliner Jugendhilfe reformbedürftig sei – ganz im Gegenteil. Die Kritik richtete sich auch nicht gegen das Konzept der Sozialraumorientierung. Nein, es war der Zeitpunkt: In Zeiten, in denen der Rotstift regiere, dürfe man keine offenen Flanken bieten. Es

1 Wenn dieses Projekt im folgenden Text erwähnt wird, wird wegen der besseren Lesbarkeit auf den sperrigen Titel verzichtet. Stattdessen werden kürzere Bezeichnungen wie „Projekt zur Einführung und Umsetzung der Sozialraumorientierung" oder „Landesprojekt" verwendet. Letzteres, um den Leser bzw. die Leserin nicht zu irritieren, wenn von diesem Projekt im Zusammenhang mit Bezirksprojekten die Rede ist, die im Rahmen des Landesprojekts durchgeführt werden.

wurde befürchtet, dass das Offenlegen von Mängeln, um Missstände zu beseitigen, Haushälter als Einladung zu noch größeren Sparvorgaben missverstehen könnten. Die Protagonisten des Projekts waren hingegen der Auffassung, dass es keine Alternative zur Reform gebe. Die Berliner Jugendhilfe stehe, so deren Einschätzung damals, mit dem Rücken an der Wand. Der Jugendhilfe drohe über kurz oder lang der Verlust ihrer fachlichen Gestaltungshoheit. Das Risiko musste also eingegangen werden.

1. Der Anfang

Um zu verstehen, wie es zu dem Projekt zur Einführung und Umsetzung der Sozialraumorientierung kam, müssen wir unseren Blick zunächst auf die 1990er Jahre richten. 1990/1991 trat das neue Kinder- und Jugendhilfegesetz (SGB VIII) in Kraft. Es löste nach einer fast zwanzig Jahre dauernden Debatte über die Reform der Jugendhilfe in der Bundesrepublik Deutschland, in der Formeln wie „Leistung statt Eingriff", „Prävention statt Reaktion", „Flexibilisierung statt Bürokratisierung" und „Demokratisierung statt Bevormundung" die Richtung der Reformbestrebungen angaben, das Jugendwohlfahrtsgesetz (JWG) ab und zielte u.a. auf eine offensive Jugendhilfe, die an der Verbesserung der Lebensbedingungen, dem Abbau sozialer Ungleichheit und dem Ausgleich von Benachteiligungen mitwirken sollte. Förderung, Unterstützung und Prävention sollten in den Vordergrund sozialpädagogischen Handelns rücken (ohne natürlich das staatliche Wächteramt und ggf. notwendige Interventionen außer acht zu lassen). Der Achte Jugendbericht der Bundesregierung (BMJFFG 1990) fasst den Stand der erwähnten Reformdebatte zusammen und bildet in gewisser Hinsicht den fachlichen Hintergrund für das neue Gesetz. In diesem Bericht werden u.a. folgende Strukturmaximen für die Jugendhilfe formuliert: Prävention, Lebensweltorientierung, Dezentralisierung und Regionalisierung, Alltagsorientierung, Integration, Partizipation und Einmischung (BMJFFG 1990,S.85). Die Umsetzung dieser Maximen stellt für die Jugendhilfe bis heute eine enorme Herausforderung dar.

Selbstverständlich wurde nach Inkrafttreten des Kinder- und Jugendhilfegesetzes auch in Berlin die Jugendhilfe den neuen Standards angepasst. Spätestens seit der zweiten Hälfte der 1990er Jahre sollte sich allerdings zeigen, dass dabei nicht immer die nötige Tiefe erreicht worden war. Trotz steigender Gesamtausgaben[2] musste die Jugendhilfe ihren Anspruch (insbesondere in der Jugend- und Familienförderung), durch rechtzeitige Förderung und Unterstützung die Lebens- und Entwicklungsbedingungen von jungen Menschen entscheidend zu verbessern, schrittweise reduzieren. Die Handlungs- und Gestaltungsräume für eine offensiv agierende Jugendhilfe wurden enger. Gleichzeitig wurden entscheidende strukturelle Schwächen in der Berliner Jugendhilfe sichtbar. Zentralisierte Entscheidungs- und Steuerungsstrukturen in der örtlichen Jugendhilfe, gepaart mit einer nahezu undurchlässigen Organisation separierten die Leistungsbereiche voneinander und verengten den fachlichen Blickwinkel. Das be- und verhinderte flexibles und integriertes Handeln vor Ort. Der Druck auf die zur Verfügung stehenden materiellen und personellen Ressourcen, der von dem Zwang ausging, die sich dramatisch zuspitzende Haushaltslage im Land Berlin durch immer drastischere Konsolidierungsvorgaben in den Griff zu bekommen (Vorgaben für Personaleinsparungen, Einsparungen bei den Leistungen, auf die kein individueller Rechtsanspruch besteht), verstärkte die Segmentierung der Jugendhilfe und Separierung von Leistungen.

Unterstützt wurde diese Entwicklung durch die Einführung betriebswirtschaftlicher Steuerungsmodelle im Zuge der Verwaltungsreform. Kleinteilig wurden sozialpädagogische Leistungen in Produkten definiert und normiert, um mundgerecht im Schlund der Kosten- und Leistungsrechnung verschwinden zu können und dort keine Verdauungsprobleme zu verursachen - ausgestanzte Sozialarbeit. Die Daten dieser „Neuen Steuerung“ vermitteln den Eindruck, als finde Sozialarbeit schablonenhaft in einem technischen Produktionsprozess statt, in dem einfache Ursache- und Wirkungszusammenhänge bestünden. Sozialarbeit richtet sich aber an Menschen, die eigensinnig, eigenwillig und mit unterschiedlichen Fähigkeiten, Stärken und Schwächen ausgestattet sind. Gute Sozialarbeit braucht neben einer hohen fachlichen Kompetenz Raum für kreatives Handeln, damit sie in der Wirklichkeit angemessen und flexibel agieren kann (Näheres zur Kritik an der neuen Steuerung bei Brünjes 2004; Hinte/Litges/Springer 1999).

Die Strukturmaximen der Jugendhilfe wirkten irgendwann wie Botschaften aus einer anderen Welt oder besseren Zeit. An deren Umsetzung war unter den gegebenen Bedingungen kaum noch zu denken. Sah so der Anfang vom Ende der Fachlichkeit in der Jugendhilfe aus?

---

2 Im Jahr 1995 lagen die Gesamtausgaben für die Berliner Jugendhilfe (nach Abzug der Einnah men) bei umgerechnet rund 1,4 Mrd. Euro. Bis zum Jahr 2002 sind sie kontinuierlich bis auf rund 1,5 Mrd. Euro angewachsen. Im gleichen Zeitraum sind die Ausgaben im Bereich Hilfe zur Erziehung geradezu explodiert. Die Gewichte bei den Ausgaben in den einzelnen Leistungsbereichen haben sich entsprechend verschoben: 1995 wurden noch rund 25% der Gesamtausgaben für Hilfe zur Erziehung getätigt, 2002 lag der Anteil bereits bei rund 33%.

Diese Situation erforderte fachlich fundierte Antworten. In nahezu allen Leistungsbereichen der Jugendhilfe wurde nach konzeptionellen Lösungen gesucht, um Wege aus der Misere zu finden. Einige Beispiele: In der Jugendarbeit wurde ein Prozess der Qualitätsentwicklung und -sicherung initiiert. Ein Handbuch zum Qualitätsmanagement der Berliner Jugendfreizeitstätten (SenBJS 2004a) ist entstanden und findet heute Schritt für Schritt Eingang in die Praxis.

Zusätzlich verstärkt durch die Ergebnisse der PISA-Studie wurde an der Verbesserung der Qualität im Bereich der Tagesbetreuung gearbeitet. Das Berliner Kita-Bildungsprogramm (SenBJS 2004b) ist entstanden. In breit angelegten Fortbildungen lernen die Fachkräfte in den Tageseinrichtungen, dieses Programm umzusetzen. Gleichzeitig wurde der Bereich strukturell umgebaut. Die Horte wurden an die Grundschulen verlegt und eine Reihe von Kindertagesstätten wurde von der öffentlichen in die freie Trägerschaft übertragen. Die verbleibenden öffentlichen Tageseinrichtungen gingen in die Trägerschaft von eigens gegründeten Eigenbetrieben der öffentlichen Hand über.

Riesige Anstrengungen wurden im Bereich der Hilfe zur Erziehung unternommen, um die Ausgabenentwicklung in den Griff zu bekommen. Mit Erfolg konnten fachliche Defizite kurzfristig ausgeglichen und eine Umsteuerung im bestehenden System angeschoben werden.[3] Um nachhaltige Effekte zu erzielen, durfte es aber bei der bloßen Verbesserung der Praxis nicht bleiben. Die Grundlagen der Praxis, die eine gelingende Sozialarbeit behinderten, mussten verändert werden.

Neben den erwähnten fachlichen Initiativen in den einzelnen Leistungsbereichen fand in der öffentlichen Jugendhilfe Berlins ein Klärungsprozess über die zukünftige Rolle der Berliner Jugendämter und die dann wahrzunehmenden Aufgaben statt. Er mündete in der Verständigung über ein „Leitbild Jugendamt"(SenBJS 2003a). Danach sollen sich die Berliner Jugendämter zukünftig verstärkt auf die Planung, Qualitätsentwicklung und Steuerung konzentrieren und die Finanzierung von Leistungen bei freien Trägern gewährleisten. Das Leitbild soll darüber hinaus die notwendigen Prozesse der Organisationsentwicklung unterstützen.

Alle diese Initiativen und die daraus entstandenen Maßnahmen wurden mit hoher fachlicher Kompetenz, Kreativität und Entschlossenheit im Laufe der letzten Jahre entwickelt und umgesetzt. Anfangs, um die Jahrtausendwende herum, waren sie noch nicht eingebettet in eine Gesamtstrategie, die nun parallel zu diesen Aktivitäten entwickelt werden sollte. Im Januar 2002 wurde deshalb der 1. Fachpolitische Diskurs in der Berliner Jugendhilfe durchgeführt. Er richtete sich

3 Im Jahr 2005 konnten die Ausgaben im Bereich Hilfe zur Erziehung gegenüber 2002 um etwa 1/3 (130 Mio. Euro) gesenkt werden.

mit der Frage nach den „Perspektiven der Jugendhilfe in Berlin“ an die Entscheidungsträger in der öffentlichen und freien Jugendhilfe und die jugendpolitischen Verantwortungsträger auf Landes- und Bezirksebene. Bereits hier wuchs bei den Beteiligten die (noch vage) Überzeugung, dass das Konzept der Sozialraumorientierung einen sinnvollen fachlichen Rahmen für die zukünftige Jugendhilfe Berlins darstellen könnte (SenBJS 2002a). Im Nachgang zu dieser Tagung wurde in der Senatsverwaltung für Bildung, Jugend und Sport ein Positionspapier erarbeitet, in dem den inhaltlichen und konzeptionellen Fragen der Sozialraumorientierung im Rahmen der Berliner Bedingungen nachgegangen und daraus Perspektiven für die Jugendhilfe der Stadt skizziert wurden (SenBJS 2002b). Die Senatsverwaltung präsentierte dieses Papier im Herbst 2002 der Fachöffentlichkeit und stellte es dort zur Diskussion. Die Resonanz war überwiegend positiv, und immer stärker wurde nun die Frage nach der Umsetzung gestellt. Mit dem 2. Fachpolitischen Diskurs, der im Frühjahr 2003 unter dem Titel „Sozialraumorientierung in der Berliner Jugendhilfe“ durchgeführt wurde, sollten das inhaltliche Verständnis über das Konzept Sozialraumorientierung geschärft, bestimmte Fragestellungen z.B. nach Methoden oder notwendigen Rahmenbedingungen (Fragen der Finanzierung) einer sozialraumorientierten Jugendhilfe vertiefend erörtert und Ideen für die Umsetzung in Berlin entwickelt werden. Dabei war hilfreich, sich auch mit den Erfahrungen auseinander zu setzen, die andere Kommunen gemacht hatten, in denen Konzepte der Sozialraumorientierung bereits umgesetzt wurden (Hannover, Stuttgart, Ulm – s. dazu SenBJS 2003b).

In der folgenden Zeit musste in der Senatsverwaltung für Bildung, Jugend und Sport geklärt werden, welche konkreten weiteren Schritte erforderlich waren und folgen sollten. Die Leitung der Verwaltung entschied sich dafür, den Bezirken die Durchführung eines Projekts zur Einführung und Umsetzung der Sozialraumorientierung vorzuschlagen und dieses möglichst im Rahmen der „Neuordnungsagenda 2006“ (dies ist ein Programm des Landes Berlin, das Projekte zur Modernisierung der Verwaltung angeregt hat und unterstützt) anzusiedeln, um damit auch die notwendigen finanziellen Mittel zu mobilisieren. Eine Projektplanung wurde erstellt, der die für Jugend zuständigen Bezirksstadträte und Bezirksstadträtinnen im Herbst 2003 zustimmten, ebenso wie im Dezember 2003 der Rat der Bürgermeister. Seit Mitte 2004 wird das Projekt im Rahmen der „Neuordnungsagenda 2006“ bis zum Jahresende 2006 mit insgesamt knapp 1,1 Mio. Euro unterstützt.

2. Die Prinzipien der Sozialraumorientierung

Der Umbau der Berliner Jugendhilfe nach den Prinzipien der Sozialraumorientierung bedeutet in erster Linie die Einführung eines neuen fachlichen Ansatzes. Die Jugendhilfe soll mit ihren Angeboten, Diensten und Leistungen zukünftig konsequenter den Willen und die Interessen der Menschen aufnehmen, die Leistungen in Anspruch nehmen wollen, gefördert und unterstützt werden sollen und denen geholfen bzw. Schutz gewährt werden muss. Sie soll die Menschen aktivieren, ihre Stärken und Potenziale aufgreifen und die Möglichkeiten zur Selbsthilfe fördern. Darüber hinaus sollen zukünftig die im Lebensumfeld dieser Menschen vorhandenen personellen und materiellen Ressourcen stärker mit den Leistungen der Jugendhilfe verknüpft werden. Unter anderem auch deshalb soll in der Jugendhilfe zukünftig weitestgehend zielgruppen- und bereichsübergreifend gearbeitet werden. Und nicht zuletzt sollen die Kooperation zwischen den Trägern und Einrichtungen der Jugendhilfe verbessert und die vorhandenen professionellen Ressourcen stärker aufeinander abgestimmt werden. Natürlich muss auch die Kooperation zwischen der Jugendhilfe und den anderen Ressorts in den Blick genommen werden, die eine Rolle in den Lebenszusammenhängen von jungen Menschen und deren Familien spielen, z.B. Schule, Gesundheit, Soziales, Arbeit, Stadtentwicklung ... (vgl. hierzu Hinte 2002, S. 91-126).

Für die Sozialpädagogik in der Jugendhilfe bedeuten die hier kurz umrissenen Prinzipien, dass sie die Menschen als Subjekte in ihren sozialen Bezügen wahrnimmt (in ihren individuellen „Sozialräumen" erkennt) und dieses komplexe Gefüge aus individuellem Willen, persönlichen Interessen und Eigensinn einerseits und äußeren Einfluss- und Wirkungszusammenhängen andererseits zum Handlungsfeld macht. Sozialraumorientierung ist somit in entscheidendem Maße auch Subjektorientierung.

Um in diesem Sinne arbeiten zu können, muss die Bereitschaft aller Beteiligten vorhanden sein, die bisherige Praxis kritisch zu überprüfen. Das schließt die grundsätzliche Reflexion über die Rolle der Sozialarbeit ein und reicht bis zum Hinterfragen des Rollenverständnisses der professionellen AkteurInnen. Ferner muss die Bereitschaft vorhanden sein, aus der Reflexion auch Konsequenzen zu ziehen. Ideen für eine bessere Praxis müssen entwickelt, die Instrumente für eine gelingende Praxis geschaffen, Schritte für die Umsetzung geplant und die notwendigen Veränderungen eingeleitet und getragen werden. Es handelt sich um eine Aufgabe, die Fachpolitik, Leitungskräfte und Fachkräfte in ihren jeweiligen Verantwortungsbereichen gleichermaßen betrifft.

3. Das Projekt

Die Durchführung eines solchen umfänglichen Projekts in einer Stadt wie Berlin mit 12 „selbstbewussten" Bezirken[4] war eine absehbar komplexe Aufgabe. An dieser Stelle soll auf einige Besonderheiten im Stadtstaat Berlin hingewiesen werden.

Die Berliner Verwaltung hat eine zweigliedrige Struktur, die in der Verfassung von Berlin (VvB) verankert ist. Berlin ist danach Gemeinde (die Stadt Berlin), Gemeindeverband (die 12 Bezirke in der Stadt Berlin) und Bundesland zugleich (Art 3, Abs. 2 VvB). So nimmt der Senat von Berlin „durch die Hauptverwaltung die Aufgaben wahr, die von gesamtstädtischer Bedeutung sind oder zwingend einer einheitlichen Durchführung bedürfen. (...) Die Bezirke nehmen alle anderen Aufgaben der Verwaltung wahr. Der Senat kann Grundsätze und allgemeine Verwaltungsvorschriften für die Tätigkeit der Bezirke erlassen" (Art. 67, Abs. 1 und 2 VvB). Darüber hinaus wird in der Berliner Verfassung bestimmt, dass „die Bezirke (...) an der Verwaltung nach den Grundsätzen der Selbstverwaltung zu beteiligen" sind (Art. 66, Abs. 2 VvB). Organ der Selbstverwaltung in den Bezirken ist die Bezirksverordnetenversammlung (in etwa vergleichbar mit dem Stadt- oder Gemeinderat einer Kommune); die Verwaltungsbehörde im Bezirk ist das Bezirksamt, dessen verschiedene Geschäftsbereiche durch einzelne Mitglieder des Bezirksamts (vergleichbar den Dezernenten in einer Kommune) geführt werden. Geleitet wird jedes Bezirksamt durch einen Bezirksbürgermeister bzw. eine Bezirksbürgermeisterin. In regelmäßigen Besprechungen der BezirksbürgermeisterInnen mit dem Regierenden Bürgermeister von Berlin (Rat der Bürgermeister) nehmen die Bezirke Stellung zu grundsätzlichen Fragen der Verwaltung und der Gesetzgebung im Land Berlin (Art. 68 VvB). Obwohl die Berliner Bezirke hinsichtlich ihrer Rechtsstellung nicht mit selbstständigen Kommunen vergleichbar sind, sind sie dennoch mit erheblichen Kompetenzen ausgestattet und bei wesentlichen, grundsätzliche Fragen der Verwaltung und sie betreffenden Vorhaben maßgeblich zu beteiligen.

Vor dem hier grob umrissenen Hintergrund wird deutlich, dass das Gelingen des Projekts zur Einführung der Prinzipien der Sozialraumorientierung in die Berliner Jugendhilfe nur erfolgreich umgesetzt werden konnte, wenn das Vorhaben in fachlich-konzeptioneller Hinsicht auf einen breiten Konsens stoßen, durch die Beteiligung und Abstimmung mit den relevanten Entscheidungsebenen eine hohe Akzeptanz erfahren und durch diese be- und gefördert werden würde.

4 Jeder Berliner Bezirk hat die Größe einer Großstadt: Der kleinste Bezirk (Spandau) hat gut 217.000 Einwohner/innen, der größte (Pankow) knapp 346.000 Einwohner/innen.

Der Konsens hinsichtlich der fachlichen Weiterentwicklung der Berliner Jugendhilfe wurde - wie schon dargestellt - unter breiter Beteiligung durch die intensive Auseinandersetzung mit dem Konzept der Sozialraumorientierung im Rahmen der beiden Fachpolitischen Diskurse und u.a. auf der Grundlage des im Herbst 2002 zur Diskussion gestellten Positionspapiers (SenBJS 2002b) der Senatsverwaltung für Bildung, Jugend und Sport erzielt. Für das Projekt musste eine Architektur gefunden werden, die berücksichtigt, dass die konkrete Umsetzung einer die Prinzipien der Sozialraumorientierung integrierenden Jugendhilfe im Wesentlichen vor Ort, also in den Bezirken erfolgt. Somit tragen die bezirklichen Jugendämter eine besondere Verantwortung für die Umsetzung. Direkte steuernde Eingriffe in die Umsetzungsprozesse vor Ort seitens der Landesebene, in unserem Falle also durch die Senatsverwaltung für Bildung, Jugend und Sport, verbieten sich schon alleine wegen des oben skizzierten verfassungsrechtlich festgelegten Verhältnisses zwischen dem Land Berlin und seinen Bezirken. Nun wäre es möglich gewesen, allen 12 Bezirken die Organisation und Durchführung eigener Projekte zur Einführung und Umsetzung der Sozialraumorientierung anzubieten, darauf zu vertrauen, dass schon etwas Sinnvolles dabei herauskommt und ihnen hierfür ein Budget zur Verfügung zu stellen. Diese Variante wurde bei der Planung des Projekts auf der Landesebene jedoch sofort verworfen, weil sie im schlimmsten Falle hätte bedeuten können, dass 12 unterschiedliche, sich unter Umständen widersprechende Entwicklungen in der Berliner Jugendhilfe befördert worden wären. Aus gesamtstädtischer Perspektive, im Interesse der AdressatInnen der Jugendhilfe und nicht zuletzt im Interesse der Jugendhilfe selbst, musste auf eine weitestgehend einheitliche Entwicklung geachtet werden.

4. Die Projektplanung

Auf die Planung des Projekts hatten drei Bedingungen entscheidenden Einfluss.

Erstens: Die Ausgangslage war weitestgehend klar. Die Rahmenbedingungen für eine offensive Jugendhilfe in Berlin verschlechterten sich zusehends. Fachliche Mängel wurden unter dem Druck der Vorgaben zur Haushaltskonsolidierung immer offenkundiger. Die Orientierung an den Strukturmaximen der Jugendhilfe wurde be- und z.T. verhindert durch eine isolierende Organisation der Jugendhilfe („Versäulung“) sowie technokratisch und zentralistisch ausgerichtete Steuerungsinstrumente. Den Herausforderungen, denen sich die Berliner Jugendhilfe gegenübersah, wurde aus dem Blickwinkel und der Handlungslogik der einzelnen Leistungsbereiche begegnet. So entstanden viele gute Initiativen unabgestimmt und isoliert nebeneinander. Eine verbindende fachliche Strategie für die Jugendhilfe insgesamt fehlte.

Zweitens: Das Ziel war weitestgehend umrissen. Für die Berliner Jugendhilfe musste eine strategische Orientierung gefunden werden, die ein abgestimmtes konzeptionelles Arbeiten auf allen Handlungsebenen ermöglichte. Die Fachlichkeit musste gestärkt werden. Die methodischen Kompetenzen der Fachkräfte mussten erweitert werden. Die Anwendung dieser Kompetenzen in der Praxis musste durch geeignete strukturelle und organisatorische Veränderungen unterstützt werden. Hierzu sollte das Konzept der Sozialraumorientierung in die Jugendhilfe implementiert werden.

Drittens: Der Weg vom Ausgangspunkt zum Ziel konnte zu Beginn des Projekts nur flüchtig markiert werden. Eine detaillierte Planung kleinteiliger Schritte war nicht möglich, weil zu viele unkalkulierbare Faktoren den Prozessverlauf beeinflussen würden. So beispielsweise, dass im Rahmen des Landesprojekts 12 Bezirksprojekte durchgeführt werden sollten. Die Verantwortung für den Fortschritt und die erzielten Ergebnisse dieser Projekte sollte und musste bei den Bezirken selbst liegen.[5] Hier musste auf die Selbststeuerungsfähigkeit der Bezirke gesetzt werden, die wiederum entscheidend davon abhängig ist, mit welchem Verständnis und in welchem Maße Leitungsverantwortung für den Prozess übernommen wird.

Ein weiterer unkalkulierbarer Faktor waren die Rahmenbedingungen, die den Projektverlauf entscheidend beeinflussen konnten. Beispielsweise: Wie würden sich die Jahr für Jahr aufs neue zu erbringenden Vorgaben zur Haushaltskonsolidierung auswirken? Welche finanziellen Spielräume würden nach den nächsten Haushaltsbeschlüssen für innovative, sozialräumliche Arbeitsansätze bestehen? Würde qualifiziertes Fachpersonal im erforderlichen Umfang nach der nächsten Konsolidierungsrunde zur Verfügung stehen?

Jede Detailplanung hätte angesichts dieser unabschätzbaren Bedingungen unweigerlich scheitern müssen (vgl. hierzu Dörner 2000)[6]. Obwohl die Planung des Projekts unter einem enormen Zeitdruck stattfand (das Projekt sollte möglichst schnell beginnen, um u.a. auch noch relativ lange durch Ressourcen aus der „Neuordnungsagenda 2006“ unterstützt werden zu können), spielte der Faktor Zeit eine untergeordnete Rolle für die Entscheidung, nicht kleinteilig zu planen.

5 Siehe hierzu auch die Ausführungen zur Projektarchitektur weiter unten.

6 Dörner beschreibt anschaulich zahlreiche Beispiele detaillierter Planungen, die zum Misserfolg führten, weil die Bedingungen missachtet wurden, die komplexe Handlungssituationen kennzeichnen. Er spricht von komplexen Systemen, wenn zahlreiche Variablen untereinander vernetzt sind und sich gegenseitig unterschiedlich stark beeinflussen, die Systeme zumindest teilweise intransparent sind und die Systeme sich selbst weiterentwickeln (Eigendynamik).

Aus den genannten Gründen wurden zentrale Handlungsfelder festgelegt und darauf bezogene Bausteine zur Umsetzung benannt, die wichtige Vorhaben im Reformprozess befördern sollten. Diese Bausteine mussten sich an die Dynamik des Gesamtprozesses und an die jeweils vorhandenen bzw. sich ändernden Erfordernisse flexibel anpassen, ohne dass die zu erreichenden Ziele aus dem Blick gerieten.

Obwohl der Handlungsdruck in allen Leistungsbereichen der Jugendhilfe groß war (und ist), musste abgeschätzt werden, in welchem Umfang die Reform durchgeführt werden konnte. Unter Berücksichtigung aller anderen Aktivitäten in den Leistungsbereichen (z.B. Kita-Reform) und den damit gebundenen personellen Kapazitäten war schnell klar, dass nicht alles Wünschenswerte sofort angepackt werden konnte. So wurden Prioritäten gesetzt. Das Hauptaugenmerk sollte auf den Bereich der Hilfe zur Erziehung gelegt werden, weil hier der unter den enormen Einsparvorgaben begonnene Prozess zur Umsteuerung fachlich weiterentwickelt werden musste. Etwas später sollte dann der Bereich Kinder- und Jugendarbeit folgen. Der Bereich Tagesbetreuung sollte erst dann im Reformvorhaben bearbeitet werden, wenn die Umstrukturierungen in diesem Leistungsbereich abgeschlossen und auch die Qualitätsentwicklung durch die Einführung des Berliner Kita-Bildungsprogramms[7] fortgeschritten sein würde.

Eine weitere Grundbedingung musste bei der Planung berücksichtigt werden. Wenn der gesamte Reformprozess, der angestoßen werden sollte, 8 bis 10 Jahre dauern würde (also bis ca. 2012/2014), die angestrebte Unterstützung durch das Programm „Neuordnungsagenda 2006“ aber nur bis maximal Ende 2006 laufen würde, mussten bis zu diesem Zeitpunkt das „Fundament“ und der „Rohbau“ für die zukünftige Berliner Jugendhilfe entstanden sein und der noch ausstehende „Innenausbau“ nötigenfalls aus „Bordmitteln“ weitergeführt werden können. Es musste also auf Nachhaltigkeit bei der Auswahl, Entwicklung und Anwendung der Bausteine und beim Einsatz der Ressourcen geachtet werden.

Bei der Auswahl der Bausteine konnte auf wertvolle Anregungen aus anderen Kommunen zurückgegriffen werden, in denen bereits sozialraumorientierte Projekte realisiert wurden[8]. Nicht minder wertvoll war der durch die beiden Fachpolitischen Diskurse entstandene Kontakt zum Institut für Stadtteilbezogene Soziale Arbeit und Beratung (ISSAB) der Universität Duisburg-Essen. Das ISSAB hatte Projekte zur Einführung der Prinzipien der Sozialraumorientierung in

---

7 Das Kita-Bildungsprogramm enthält wesentliche Elemente der Sozialraumorientierung, an die später sehr gut angeknüpft werden kann.

8 Frankfurt/Oder, Dresden, Tübingen, Celle, Landkreis Neunkirchen, Stuttgart - s. dazu Hinte/Litges/Springer 1999; Koch/Lenz 2000; Früchtel/Lude/Scheffer/Weißenstein 2001; Merten 2002

einer Reihe von Kommunen intensiv begleitet und verfügte somit über Erfahrungen, die nutzbringend in die Planung einfließen konnten. Im Hinblick auf die Auswahl der geeigneten Bausteine lagen zudem Erfahrungen aus dem Bezirk Tempelhof-Schöneberg von Berlin vor, der sich bereits vor Entstehung des Landesprojekts eigenständig auf den Weg gemacht hatte, die örtliche Jugendhilfe sozialraumorientiert umzubauen (Till 2004 sowie Volk/Till in diesem Buch). Das Rad musste also in Berlin nicht neu erfunden, es musste nur angepasst werden.

5. Die Bausteine

Im Folgenden werden die Bausteine des Projekts kurz beschrieben. Sie mussten stets mit Blick auf die Ziele gerichtet an die Dynamik des Prozesses angepasst werden können und gleichzeitig die Inhalte des Konzepts der Sozialraumorientierung befördern. Darüber hinaus sollten sie selbst auch Quelle der dynamischen Entwicklung sein. Aus der Arbeit mit und in den Bausteinen sollten wertvolle Erkenntnisse gewonnen werden, die, in Impulse umgesetzt, wiederum den Prozess insgesamt befördern sollten.

5.1 Qualifizierung des Fachpersonals

Erfolg oder Misserfolg einer Reform sind in erster Linie abhängig von den Menschen, die die Reformvorhaben praktisch umsetzen und die sie betreffenden Inhalte in ihrem Arbeitsalltag lebendig werden lassen sollen. Gelingen kann das nur, wenn die MitarbeiterInnen einer Organisation auch imstande sind, die Inhalte zu tragen und die damit verbundenen neuen oder veränderten Arbeitsweisen und Methoden anzuwenden. Die Fachkräfte müssen also zunächst gewonnen und dann befähigt werden. Das zu erreichen, ist Aufgabe von Qualifizierung.

Das Berliner Qualifizierungskonzept umfasst

- ein modular aufgebautes Schulungsprogramm zur Vermittlung von Grundlagen der Sozialraumorientierung und Methoden zur Sozialraumerkundung
- ein ebenfalls modular aufgebautes Schulungsprogramm zur Unterstützung der Teamentwicklung beim Aufbau regionaler Organisations- und Arbeitsstrukturen, zur Vermittlung von Methoden sozialräumlicher Arbeit im Bereich Hilfe zur Erziehung, zur Arbeit in Gefährdungssituationen und zur fallunspezifischen Arbeit sowie
- Trainings on the job.

Diese Qualifizierung wurde in das Standardprogramm der Sozialpädagogischen Fortbildungsstätte des Landes Berlin aufgenommen, damit diese bedarfsgerecht auch noch in den Jahren nach 2006 durchgeführt werden können. Um die speziellen Inhalte und Methoden der Sozialraumorientierung schulen zu können, mussten Trainer/innen speziell ausgebildet werden. Dieses wurde vom ISSAB übernommen.

Für die Qualitätsentwicklung in der Kinder- und Jugendarbeit mussten ebenfalls Trainer/innen ausgebildet werden, die die Grundlagen einer sozialräumlichen Kinder- und Jugendarbeit und deren Bedeutung für die Konzeptentwicklung (Deinet 1999) und die hierfür erforderlichen Methoden (Deinet/Krisch 2002) kennen müssen. Inhalte der Schulung sind u.a.

- die Durchführung von Sozialraum- und Lebensweltanalysen als Basis für die Bedarfsermittlung und Zielbestimmung
- die Analyse der Kinder- und Jugendarbeit als Aneignungsraum
- die Wahrnehmung der Sichtweisen und Deutungen von Kindern und Jugendlichen und
- die Implementierung von Evaluation als kontinuierlicher Prozess.

Die Trainer/innen sollen nach ihrer Ausbildung in den Bezirken eingesetzt werden, um die Qualitätsentwicklung insbesondere in der offenen Kinder- und Jugendarbeit im Sinne der Sozialraumorientierung anzuregen und zu begleiten.

5.2 Beratung in Fachfragen und bei der Organisationsentwicklung

Die Umsetzung der Reform der Berliner Jugendhilfe ist ein komplexer Prozess der Organisationsentwicklung, der einerseits die konkrete Umsetzung von fachlichen Vorstellungen zur Sozialraumorientierung beinhaltet und andererseits – damit eng verbunden – Auswirkungen auf die zukünftige Organisation hat. Dieser Prozess sollte qualifiziert begleitet werden durch die Beratung in Fragen der fachlichen und konzeptionellen Weiterentwicklung sowie bei der organisatorischen Umsetzung. Insbesondere die Umsetzung in den 12 Berliner Bezirken musste durch erfahrene FachexpertInnen und Organisationsentwickler/innen unterstützt werden. Es musste Hilfestellung bei allen Fragen des Projektmanagements möglich sein - von der Beratung bei der Planung der Bezirksprojekte über die Beratung bei der Projektsteuerung und Unterstützung beim Aufbau eines Projektcontrollings bis hin zur Beratung in Fragen der Organisationsentwicklung und Moderation von komplizierten Arbeits- und Entscheidungsprozessen.

5.3 Beratung von Leitungskräften und Coachings

Die fachliche Neuorientierung und der Prozess der konkreten Umsetzung der Inhalte bedeutet für alle Beteiligten Neuland. Ob der Prozess gelingt, wie und in welchem Tempo er vorankommt, ist in entscheidendem Maße abhängig von der Überzeugung, Haltung und Tatkraft der Leitungskräfte. Von ihnen müssen klare Orientierungen ausgehen und nachvollziehbare Entscheidungen zum geeigneten Zeitpunkt getroffen werden. Um den Leitungskräften die erforderliche Sicherheit bei der Umsetzung zu geben, ihnen zu helfen, ihre Rolle zu finden und auszufüllen (dieses gilt insbesondere für Leitungskräfte, die in den entstehenden neuen Strukturen zum ersten Mal Leitungsverantwortung übernehmen), sie zu stärken im Umgang mit Widerständen usw., müssen sie auf eine qualifizierte Beratung zurückgreifen können und gecoacht werden.

5.4 Gestaltung der Rahmenbedingungen

Neben der Etablierung und Überprüfung einer veränderten sozialpädagogischen Praxis sind die Rahmenbedingungen zu gestalten, die zur Unterstützung sozialräumlichen Arbeitens erforderlich sind. Diese betreffen im Wesentlichen die Strukturen der Jugendhilfe und die Organisation der Jugendämter, die Personalausstattung und die Finanzierung der Jugendhilfe.

Bis spätestens zum Ende des Jahres 2006 soll die Klärung der zukünftigen Organisationsstruktur der Jugendämter abgeschlossen sein und durch den Erlass einer Ausführungsvorschrift Verbindlichkeit für Berlin erhalten. Die Jugendämter müssen die leistungsbereichsbezogene Organisation in Fachbereiche überwinden und regionalisierte Organisationsstrukturen einführen. In ihnen soll leistungsbereichsübergreifend zusammengearbeitet werden. Dadurch sollen gleichzeitig die fachlichen Standards in den Arbeitsfeldern der Jugendhilfe im Sinne der Sozialraumorientierung weiterentwickelt werden. Die veränderte Organisation soll zur Qualitätssteigerung führen, indem die Zusammenarbeit zwischen öffentlichen und freien Trägern der Jugendhilfe im sozialräumlichen Kontext verstärkt wird (z.B. Zusammenarbeit in Fallteams).

Die Verständigung auf eine einheitliche Organisationsstruktur für die Jugendämter kann die Grundlage für die Entwicklung von Standards zur Personalausstattung der Jugendämter sein, die das Arbeiten in den neuen Strukturen (veränderte Arbeitsabläufe und -inhalte, veränderte Leitungsstrukturen) spiegeln. Die Standards müssen dann durch politische Entscheidung (Beschluss des Abgeordnetenhauses) verbindlich für die Personalbemessung werden. Erforderlich ist dieser Weg, um der gegenwärtig noch angewandten, eher zufälligen oder willkürlichen Praxis bei der Umsetzung von Personaleinsparvorgaben eine an den notwendigen Aufgaben orientierte Entscheidungsgrundlage entgegenzusetzen.

Ferner müssen die Grundlagen zur Finanzierung sozialräumlich orientierten Arbeitens geschaffen werden. Hierzu zählen insbesondere die Finanzierung der Tätigkeiten der ausgewählten freien Träger in den Fallteams und der fallunspezifischen Arbeit. Darüber hinaus müssen die Möglichkeiten zur Finanzierung von präventiv wirkenden Aktivitäten unterhalb der Schwelle der Jugendhilfe (z.B. Nachbarschaftshilfe) erweitert werden.

5.5 Evaluation

Wesentliche Reformschritte sollen, nachdem sie in der Praxis umgesetzt wurden, evaluiert werden, um Hinweise darauf zu erhalten, ob sich realisierte Vorhaben entsprechend der Zielsetzung bewährt haben oder Steuerungsimpulse gesetzt werden müssen, um Abweichungen vom Zielstrahl zu korrigieren. Die erforderlichen Evaluationen sollen von den drei sozialpädagogischen Fachhochschulen in Berlin durchgeführt werden.

Überprüft wurden bisher die Arbeit in den regionalisierten Strukturen eines Jugendamtes und die Arbeit der Fallteams (INIB 2006). Darüber hinaus wurden zwei Untersuchungen in Auftrag gegeben, um zu ermitteln, von welchen Faktoren eine gelingende sozialräumlich orientierte Praxis abhängig ist. Damit soll die konzeptionelle Weiterentwicklung der Sozialraumorientierung angeregt werden. Diese Untersuchungen beziehen sich auf eine gemeinwesenorientierte, zielgruppen- und ressortübergreifende Praxis (ASFH 2006) und auf die Arbeit mit bildungsfernen Familien mit Migrationshintergrund (KHSB 2006). Aus der Evaluation von gelingender Arbeit mit Migrantenfamilien entsteht gegenwärtig ein Praxishandbuch. Außerdem wird der Frage nachgegangen, welche Konsequenzen die gewonnenen Erkenntnisse für das Qualifizierungskonzept und die Arbeit der Sozialpädagogischen Fortbildungsstätte haben, um die interkulturelle Kompetenz in der sozialräumlich orientierten Praxis zu steigern. Um herauszufinden, ob die erwartete Qualitätssteigerung durch die Einführung systematischer Arbeitsabläufe und spezieller Methoden in die Praxis der Allgemeinen Sozialpädagogischen Dienste in der Hilfeplanung erreicht werden konnte, sollen Hilfepläne auf ihre Qualität hin untersucht werden. Die Ergebnisse werden Ende 2006 vorliegen.

5.6 Sozialraumorientierung in der Ausbildung von SozialarbeiterInnen

Um die Inhalte und Methoden der Sozialraumorientierung bereits in der Ausbildung der zukünftigen SozialarbeiterInnen zu verankern, wurde Kontakt mit den drei Fachhochschulen für Sozialarbeit (Alice-Salomon-Fachhochschule Berlin, Evangelische Fachhochschule Berlin und Katholische Hochschule für Sozialwesen Berlin) aufgenommen. Mit interessierten HochschullehrerInnen dieser Einrichtungen wurden intensive Diskussionen geführt. Im Zusammenhang mit der Umorganisation der Studiengänge (Bologna-Prozess) wurden die Inhalte der Sozialraumorientierung bei der Planung der Studiengänge berücksichtigt.

6. Die Projektarchitektur

Die gefundene Projektstruktur spiegelt die oben beschriebenen Besonderheiten des Verhältnisses von gesamtstädtischen und bezirklichen Kompetenzen und Interessen wider und gewährleistet eine einheitliche Entwicklung im Reformprozess der Berliner Jugendhilfe. Das Projekt zur Einführung und Umsetzung der Sozialraumorientierung wird kooperativ geleitet von einer Führungskraft aus der Senatsverwaltung für Bildung, Jugend und Sport und einem für den Geschäftsbereich Jugend zuständigen Mitglied eines Bezirksamts. Die Projektleitung trägt die Verantwortung für die Durchführung des Projekts auf der Landesebene. Unterstützt wird sie durch eine Geschäftsstelle für das Projekt, die in der Arbeitsgruppe Gesamtjugendhilfeplanung der Senatsverwaltung für Bildung, Jugend und Sport angesiedelt ist.

Auf die gemeinhin übliche Projektstruktur mit Lenkungsgruppe, Steuerungsgruppe usw. wurde bewusst verzichtet, weil, wie beschrieben, eine direkte Steuerung der Bezirksaktivitäten durch die Landesebene weder möglich noch wünschenswert ist. Das Landesprojekt mit einem Koordinierungsgremium bildet die Klammer für die Umsetzungsprozesse vor Ort, indem von allen Beteiligten darauf geachtet wird, dass der fachlich-konzeptionelle Rahmen eingehalten wird. Die Unterstützungsleistungen für die Bezirke (Qualifizierung, Fach- und Organisationsberatung, Leitungskräfte-Coaching usw.) sind auf diesen Rahmen abgestimmt. Die gemeinsamen Verabredungen zur Gestaltung oder Beeinflussung der Rahmenbedingungen festigen den inhaltlichen und fachlichen Konsens im Projekt. Die wesentlichsten Instrumente für die Steuerung des Projekts auf der Landesebene sind Beteiligung und Kommunikation. Sie sorgen für die Impulse, die den Umsetzungsprozessen in den Bezirken Schub und Richtung im Sinne einer einheitlichen Entwicklung geben. Wir sprechen von einer indirekten Steuerung.

Dem Koordinierungsgremium gehören neben der Leitung des Landesprojekts Fachkräfte aus den Bezirken an, die Verantwortung für die Umsetzung der Bezirksprojekte tragen, Fachkräfte aus den Fachreferaten der Senatsverwaltung für Bildung, Jugend und Sport und Mitglieder des Landesjugendhilfeausschusses.

Auf der Grundlage einer Kooperationsvereinbarung, die jeder Bezirk mit der Senatsverwaltung für Bildung, Jugend und Sport abgeschlossen hat, arbeiten die Jugendämter der 12 Berliner Bezirke im Projekt mit. Die Kooperationsvereinbarung umreißt den Rahmen für die Planung und Durchführung bezirklicher Projekte zur konkreten Umsetzung der Sozialraumorientierung. Die Projektplanungen der Bezirke müssen Auskunft geben über

- die Ziele des Bezirksprojekts
- die Meilensteine und die Zeitplanung zur Zielerreichung
- den Aufbau, die Leitung und die Steuerung des Projekts
- die Konkretisierung des fachlichen Konzepts Sozialraumorientierung vor dem Hintergrund der bezirklichen Bedingungen
- die Anpassung der Aufbauorganisation an die Erfordernisse sozialraumorientierten Handelns
- den Plan zur Qualifizierung des Fachpersonals
- die Vorstellungen zur Optimierung der Zusammenarbeit von Jugendamt und freien Trägern.

Wird die Projektplanung eines Bezirks von der Leitung des Landesprojekts akzeptiert, kann der Bezirk Leistungen zur Unterstützung seiner Aktivitäten aus dem Landesprojekt erhalten. In dem regelmäßig tagenden Koordinierungsgremium werden Erfahrungen aus der Arbeit der Bezirksprojekte ausgetauscht, wichtige Fragestellungen für die weitere Arbeit erörtert und Handlungsnotwendigkeiten identifiziert, die insbesondere die Gestaltung von den Prozess unterstützenden Rahmenbedingungen betreffen. Werden bestehende Rahmenbedingungen als hemmend oder hinderlich erkannt, werden Vorschläge zu deren Änderung entwickelt.

Projektarchitektur

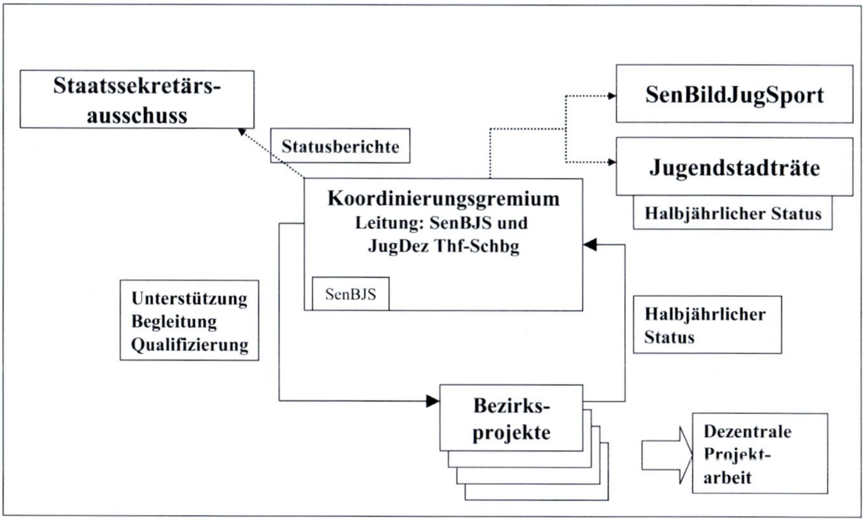

Abbildung 1

7. Der Unterstützungspool

Die Aktivitäten zur Umsetzung des Projekts auf Landesebene, insbesondere aber in den Bezirken, werden gezielt durch spezielle Leistungen unterstützt. Sie werden in einem Pool bereitgehalten und können bei Bedarf zur Verfügung gestellt werden. Diese Leistungen umfassen

- Schulungsangebote zur Qualifizierung des Fachpersonals
- Beratungen durch ExpertInnen in fachlichen Fragen
- Beratungen durch ExpertInnen in Fragen des Projektmanagements
- Coaching der Führungskräfte und Verantwortungsträger/innen
- Moderation
- Sachleistungen
- finanzielle Unterstützung zur Durchführung von Workshops u.ä. Veranstaltungen.

Leistungen des Unterstützungspools

I. Qualifizierung des Fachpersonals

a) Starthilfe Sozialraumorientierung in der Jugendhilfe

Ziele der Schulung sind die Vermittlung von Grundlagenwissen zu Leitbildern und Zielen der Sozialraumorientierung, die Erweiterung des Wahrnehmungshorizonts der Beteiligten in Bezug auf den Stadtteil sowie das Setzen von Impulsen für den fachlichen Austausch und zukünftige Kooperationen.

Im Rahmen der Schulung werden fünf Module angeboten, die je nach Bedarf im Bezirk unterschiedlich zusammengestellt und gewichtet werden:

- Panoramablick
- Planungsräume und Lebenswelten
- Ressourcen und Potenziale
- Beteiligung und Mobilisierung
- Vernetzung und Kooperation

b) Qualifizierungsmaßnahmen zur fachlichen Weiterentwicklung

Die überwiegende Zahl dieser Fortbildungsangebote richtet sich an die Fachkräfte der Allgemeinen Sozialpädagogischen Dienste und von freien Trägern, die im Bereich Hilfe zur Erziehung arbeiten. Die Module sind:

- Teamentwicklung zur fachbereichsübergreifenden Zusammenarbeit (1 Modul)
- Qualitätsentwicklung beim Erstkontakt und im Hilfeplanverfahren (4 Module
- Kriteriengestützte Bedarfsbestimmung (1 Modul)
- Aktive Einbeziehung von Kindern und Jugendlichen in das Hilfeplanverfahren (1 Modul)
- Datenerhebung und Dokumentation (1 Modul)
- Methoden der Erkundung des Sozialraums (1 Modul)
- Ausgewählte jugendhilferechtliche und verwaltungsrechtliche Inhalte für die fachbereichsübergreifende Arbeit (1 Modul)
- Arbeit im Gefährdungsbereich (1 Modul)
- Fallunspezifische Arbeit (1 Modul)

Die Module Teamentwicklung, Erkundungsmethoden, Jugendhilferecht, Arbeit im Gefährdungsbereich und fallunspezifische Arbeit sind offen auch für Fachkräfte der anderen Leistungsbereiche.

c) Trainings on the Job

Die Anwendung erlernter Methoden und Arbeitsschritte in der Praxis ist mühsam und gelingt nicht immer sofort zufriedenstellend. Möglichst in regelmäßigen Abständen werden diese Trainings in der Realsituation des Arbeitsalltags angeboten, um das Anwenden und Einüben zu unterstützen.

Das Programm der Sozialpädagogische Fortbildungsstätte des Landes Berlin „Jagdschloss Glienicke" enthält darüber hinaus noch weitere Fortbildungsangebote zum Thema Sozialraumorientierung, die nicht exklusiv im Unterstützungspool des Projekts zur Einführung und Umsetzung der Sozialraumorientierung enthalten sind. Auch diese Angebote unterstützen selbstverständlich die Aktivitäten vor Ort.

II. Fachberatung

a) Fachberatung im Rahmen der Erstberatung

Die Einstiegsberatung soll die bezirklichen Jugendämter bei der Erstellung der Planungen ihrer Bezirksprojekte unterstützen. Dabei werden die vorhandenen Strukturen, Abläufe (inklusive Formularwesen), Personal-Ressourcen sowie die vorhandenen sozialräumlichen Elemente einer kritischen Bestandsaufnahme unterzogen, um daraus die wesentlichen, bezirksspezifischen Ziele für einen sozialräumlichen Umbauprozess abzuleiten. Ferner werden bezirksspezifisch Potenziale, Schwachstellen, der Unterstützungs- und Qualifizierungsbedarf und die Anforderungen an den bevorstehenden Prozessverlauf identifiziert.

b) Fachberatung im Prozess

Im Vordergrund dieser Beratungen steht die Hilfestellung bei der Klärung von Fragen bezüglich der fachlichen (Weiter-) Entwicklung sowohl bezogen auf das Landesprojekt als auch auf den Fortgang in den Bezirksprojekten und deren Teilprojekten.

III. Unterstützung beim Projektmanagement

a) Unterstützung und Beratung bei der Projektplanung

Zur Vorbereitung und Erstellung einer Projektplanung und Projektorganisation wird Unterstützung durch erfahrene und qualifizierte Fachkräfte der Organisationsentwicklung und des Projektmanagements im Rahmen der Erstberatung (Einstiegsberatung) gewährt.

b) Beratung im Prozess

Diese Beratung unterstützt die Umsetzungsprozesse durch qualifizierte externe Organisationsentwickler. Die Beratungsinhalte beziehen sich im Wesentlichen auf das Projektmanagement, die Projektsteuerung, Prozessmoderation (in Verbindung mit Beratung) und Moderation von Konfliktsituationen.

IV. Coaching der Führungskräfte

Die angestrebten Veränderungen im Rahmen des Projekts stellen besondere Anforderungen an die Führungskräfte hinsichtlich der Wahrnehmung der Prozess- und Ergebnisverantwortung. Dabei werden die Projektleitungen und Projektverantwortlichen in den Bezirken sowie die Leitungskräfte, die in neuen Strukturen arbeiten (z.B. Regionalleitungen), durch Coachings unterstützt.

V. Moderation

Zuweilen benötigen Arbeitsgruppen oder Teilprojekte externe Moderation, um tragfähige Ergebnisse zu erzielen. Hierfür steht ein Pool von qualifizierten Moderator/innen zur Verfügung.

VI. Sachleistungen

Um die Qualifizierungen des Fachpersonals in den Jugendämtern vor Ort sachgerecht durchführen zu können, können bei Bedarf Materialien über das Landesprojekt beschafft werden. Hierzu zählen insbesondere Moderationsmaterialien (Flipchart, Pinwände, Moderationskoffer u.ä.m.). Darüber hinaus kann Fachliteratur beschafft werden.

VII. Workshops und andere Fachveranstaltungen

Werden im Rahmen von Bezirksprojekten Workshops, Fachtage o.ä.m. durchgeführt, kann es hilfreich sein, Expert/innen hinzuzuziehen. Die ggf. anfallenden Honorare und Reisekosten können über das Landesprojekt finanziert werden.

8. Die Organisation der Berliner Jugendhilfe

8.1 Regionalisierung in den Jugendämtern der Berliner Bezirke

Für die fachliche Weiterentwicklung und Verankerung des Ansatzes der Sozialraumorientierung ist die Organisation der Jugendhilfe(strukturen) von großer Bedeutung. Die Voraussetzung dafür, dass über die Grenzen der Leistungsbereiche der Jugendhilfe hinweg eine lebenswelt- und wohnortnahe Praxis entstehen kann, schaffen die Berliner Jugendämter, indem sie regionale Organisationseinheiten bilden Hier arbeiten die Fachkräfte des Jugendamtes mit ihren speziellen Kompetenzen aus der Kinder- und Jugendarbeit, der Jugendsozialarbeit, der Tagesbetreuung, der Familienförderung oder dem Allgemeinen Sozialpädagogischen Dienst - zuweilen auch der Jugendgerichtshilfe, der Wirtschaftlichen Jugendhilfe und anderer Dienste des Jugendamtes - interdisziplinär zusammen. Sie bringen ihre besonderen fachlichen Kenntnisse und Sichtweisen in den kollegialen Austausch über Entwicklungen in der Region, bei der gemeinsamen Suche nach Strategien sowie bei der Abstimmung und Vernetzung von Angeboten, Leistungen und Diensten ein. Die speziellen Fachkompetenzen für die Arbeit in den einzelnen Leistungsbereichen werden dabei weder überflüssig noch aufgelöst. Vielmehr werden sie gestärkt. Die Wirksamkeit der Angebote und Leistungen jedes einzelnen Leistungsbereichs kann durch das Zusammenspiel mit den jeweils anderen Bereichen in vielerlei Hinsicht gesteigert werden.

Diese interdisziplinäre Praxis in den regionalen Organisationseinheiten bildet die Basis für die am sozialen Raum ausgerichtete fachliche Steuerung. Voraussetzungen für die sozialräumliche Steuerung sind, dass die Verantwortungsträger in den Regionen mit Entscheidungskompetenzen ausgestattet sind, über

Gestaltungsspielräume verfügen und auf ein funktionierendes System der Steuerung zurückgreifen können. Dieses System muss aus einer abgestimmten Verbindung von Finanz- und Fachcontrolling bestehen. Das heißt, dass die relevanten Finanzdaten mit den Inhalten, Zielen und Qualitätsstandards in Beziehung gesetzt werden müssen. Das Kostenbewusstsein zu schärfen, ist in der sozialen Arbeit nicht verwerflich; in Zeiten knapper werdender Ressourcen ist es sogar zwingend, um „die finanziellen Effekte fachlichen Handelns transparent, vergleichbar und vorhersehbar machen" zu können (Budde/Früchtel 2005, S. 290). Steuerungsrelevante Informationen aber erhalten die AkteurInnen vor Ort erst, wenn sie im lebendigen Diskurs die Umsetzung fachlich vereinbarter Ziele und Qualitäten, orientiert an den festgestellten Bedarfslagen im sozialen Raum, überprüfen und ggf. korrigieren. „Die Qualität des Fachcontrollings ist an der Intensität und dem Konsequenzenreichtum dieser Diskurse ablesbar" (Budde/Früchtel 2005, S. 290). Wichtige Quellen für Informationen über örtlich vorhandene Bedarfslagen und das Funktionieren der sozialen Infrastruktur, auf die das Fachcontrolling angewiesen ist, können die Arbeitsgemeinschaften auf regionaler Ebene sein, in denen alle Träger und Einrichtungen der Jugendhilfe einer Region und häufig auch VertreterInnen anderer Ressorts, wie Schulen, Gesundheitsamt, Sozialamt, Integrationsbeauftragte u.ä.m., zusammenarbeiten.

Auch wenn mit der Bildung der regionalen Organisationseinheiten in den Jugendämtern die Fach- und Ressourcenverantwortung zu einem großen Teil dezentralisiert wird, bedeutet dies nicht, dass damit unzählige kleine autarke Jugendämter in den Berliner Bezirken entstehen. Die Gesamtverantwortung für die Jugendhilfe nimmt nach wie vor das Jugendamt im jeweiligen Bezirk wahr. Insofern sind die Leitungskräfte der regionalen Organisationseinheiten auch der Leitung des Jugendamtes unterstellt. Zwischen der Jugendamtsleitung und jeder Region wird vereinbart, was in einem bestimmten Zeitraum in der Region erreicht werden soll. In Verhandlungen über diese Vereinbarungen fließen die Vorschläge zur Bedarfsdeckung, die in den regionalen Organisationseinheiten entwickelt wurden, ebenso ein wie die strategischen Vorstellungen der Leitung des Jugendamtes und des Jugendhilfeausschusses.

Um zu gewährleisten, dass fachliche Entwicklungen, die für die jeweilige bezirkliche und die gesamtstädtische Ebene von Bedeutung sind, auch befördert werden, werden fachliche Steuerungseinheiten gebildet. Sie sind direkt den Leitungen der Jugendämter unterstellt und unterstützen diese bei der Wahrnehmung der Gesamtverantwortung der Jugendhilfe. Sie achten auf die Einhaltung von fachlichen Standards in den Regionen, regen deren Weiterentwicklung an und unterstützen die Fachkräfte in den Regionen dabei, sich kompetent in die sozialräumliche Praxis vor Ort einbringen zu können. Die MitarbeiterInnen der fachlichen Steuerungseinheiten handeln mit „geliehener Autorität" der Jugendamtsleitung. Im Hinblick auf die Grundlagen und Anforderungen des von ihnen jeweils zu vertretenden Leistungsbereichs der Jugendhilfe müssen sie fachlich hoch qualifiziert sein. Gleichzeitig müssen sie ein ausgeprägtes Verständnis davon haben, wie sich die Angebote und Leistungen des von ihnen repräsentierten Bereichs mit den anderen Leistungsbereichen der Jugendhilfe optimal vernetzen lassen. Dieses kann letztlich nur gelingen, wenn auch in den fachlichen Steuerungseinheiten interdisziplinär gearbeitet wird.

8.2 Ressourcenorientiertes Fallmanagement und Fallteams

Eine zentrale Rolle im Reformprozess der Berliner Jugendhilfe spielt derzeit der Bereich Hilfe zur Erziehung. Deshalb soll im Folgenden die veränderte Praxis in diesem Feld näher beschrieben werden.

Um die Qualität der Arbeit in den Allgemeinen Sozialpädagogischen Diensten der Jugendämter zu steigern und die erfolgreich begonnene fachliche Umsteuerung im Bereich der Hilfe zur Erziehung zu stabilisieren, sieht die Konzeption der Sozialraumorientierung für das Fallmanagement das Arbeiten nach einer differenzierten Systematik vor. Durch die Bildung von Fallteams, in denen die Fachkräfte des Allgemeinen Sozialpädagogischen Dienstes mit MitarbeiterInnen von ausgewählten freien Trägern aus dem Bereich Hilfe zur Erziehung zusammenarbeiten, findet die Arbeit der fallführenden Fachkräfte in einem Zusammenhang statt, der sich durch Kollegialität und ausgeprägte Fachlichkeit auszeichnet. Unterstützt wird das systematische Handeln der Fachkräfte durch geeignete Methoden, die es ermöglichen, den Willen der KlientInnen zu erkunden und möglichst alle vorhandenen Ressourcen, die zur Lösung einer Problemlage geeignet sind, in die Arbeit einzubeziehen. Dieses Konzept des Fallmanagements wurde vom ISSAB entwickelt und wird in den Schulungen der Fachkräfte der Allgemeinen Sozialpädagogischen Dienste und von freien Trägern vermittelt und intensiv trainiert.

Ressourcenorientiertes Vorgehen
im Leistungsbereich Hilfe zur Erziehung
(Konzept: ISSAB – Universität Duisburg-Essen)

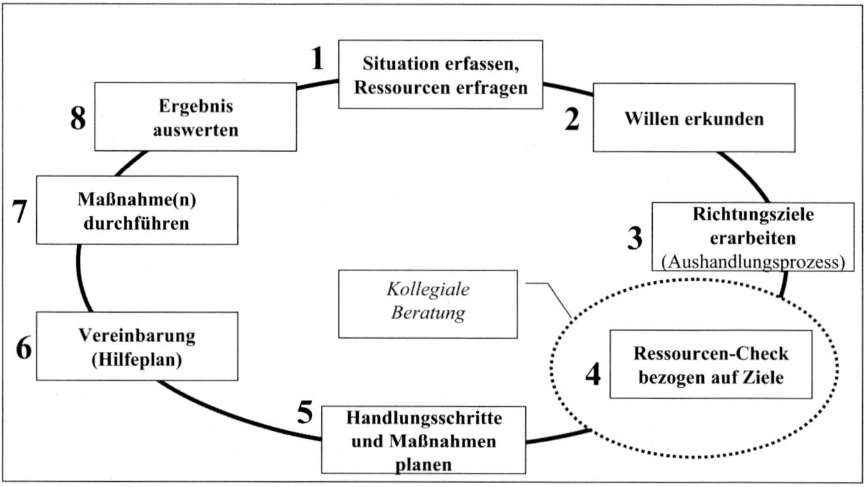

Abbildung 2

Der Ablauf eines sozialräumlich orientierten Fallmanagements folgt acht Schritten:

Erster Schritt: Die Situation erfassen
In dieser Phase (Falleingangsphase) wird das Anliegen geklärt, mit dem sich die KlientInnen an das Jugendamt wenden. Darüber hinaus verschafft sich die Fachkraft einen möglichst umfassenden Eindruck von der Lebenswelt der KlientInnen und versucht, Ressourcen zu entdecken, die bei den KlientInnen selbst liegen oder in deren Umfeld vorhanden sind. Dies wird nur gelingen, wenn die Fachkraft vorurteilsfrei, offen und sensibel die subjektiven Sichtweisen und Deutungen der KlientInnen aufnehmen kann. Das setzt die Fähigkeit der Fachkräfte voraus, „die Konstruktions- und Sichtweisen der Menschen und Institutionen im Wohnquartier zu erkunden, gleichsam ihre innere Welt bzw. ihre innere Logik, über die sie sich selbst und den Menschen und Gegenständen in ihrer Umwelt Bedeutung zuschreiben" (Hinte/Lüttringhaus/Streich 2001, S. 90). So entgeht die Fachkraft der Falle, nur die Defizite wahrzunehmen, denn Defizitbeschreibungen bieten keine tragfähige Plattform für angestrebte Veränderungsprozesse (vgl. hierzu Budde/Früchtel 2005, S. 239). Im Ergebnis wird die Fachkraft einordnen können, ob

es sich um einen Fall für Hilfe zur Erziehung handeln könnte oder eine Unterstützung unterhalb der Schwelle von Hilfe zur Erziehung sinnvoll wäre. Sollte sich herausstellen, dass eine Gefährdung des Kindeswohls vorliegen könnte, muss die Fachkraft in geeigneter Weise sofort handeln. Dies kann bedeuten, dass die hier vorgestellte Systematik zunächst verlassen wird.

Zweiter Schritt: Den Willen erkunden

Wenn Lösungen wirksam sein sollen, müssen sie von den KlientInnen getragen werden (können). Der Schlüssel hierzu ist der Wille der KlientInnen, den es zu erkunden gilt. Er enthält die Motivation zur Veränderung und liefert die Energie zur Tat (vgl. hierzu Budde/Früchtel 2005, S. 240). Auch hier müssen die Fachkräfte die oben beschriebene Offenheit und Sensibilität zeigen. Sie müssen verstehen und akzeptieren, dass die KlientInnen selbst die ExpertInnen für ihr Leben sind und sie, die Fachkräfte der Jugendhilfe, „lediglich" die ExpertInnen für die geeignete Unterstützung der KlientInnen.

Dritter Schritt: Ziele finden

Anknüpfend am Willen der KlientInnen werden Ziele entwickelt, die eine Richtung für die Lösung der Probleme aufzeigen. Die Erarbeitung der Ziele soll möglichst durch die KlientInnen selbst erfolgen. Die Aufgabe der Fachkräfte ist in dieser Phase, die KlientInnen bei der Zielfindung zu unterstützen. Das kann im Einzelfall bedeuten, dass die fallführende Fachkraft den KlientInnen hilft, den Überblick über eine für sie verworrene Situation zu behalten. Mit eigenen Lösungsvorschlägen aber muss sie sich zurückhalten. „Lösungen (...), die ihren Ursprung im Weltbild der Professionellen haben, gehen in der Regel an der Lebenswelt der Betroffenen und insbesondere an deren Willen vorbei, sind mittel- und langfristig nicht wirksam und werden allenfalls als moralische Unterweisung gedeutet ..." (Hinte/Lüttringhaus/Streich 2001, S. 98). Dies bedeutet eine nicht unerhebliche Haltungsänderung der Fachkraft (s. auch 2. Schritt). Helfen wird ihr dabei auch der Überblick über die Lebenswelt mit den darin liegenden Ressourcen, den sie sich zu Beginn des Kontakts mit den KlientInnen verschafft hat. Unter Umständen kann eine Lösung gefunden werden, die keine Hilfe zur Erziehung erfordert. Der Fall kann dann für die fallführende Fachkraft relativ schnell abgeschlossen werden. Sollte die Fachkraft jedoch davon überzeugt sein, dass eine Lösung des Problems nur durch eine Hilfe zur Erziehung erreicht werden kann, wird sie den Fall den KollegInnen des Fallteams vorstellen.

Vierter Schritt: Den Rat von anderen Fachkräften einholen

Die fallführende Fachkraft stellt den Fall (Wille der KlientInnen, vorhandene Ressourcen des sozialen Umfelds, erarbeitete Richtungsziele) den Fachkräften des Fallteams vor und formuliert dabei präzise, zu welchen Punkten oder Fragen sie den kollegialen Rat benötigt. In der kollegialen Beratung werden gemeinsam Ideen zu Lösungsstrategien entwickelt, von denen die Fachkräfte annehmen, dass sie von den KlientInnen getragen werden könnten. Durch den Austausch im Fallteam wird auch deutlich, ob die bisherige Recherche der Ressourcen ausreichend war oder zu diesem Punkt noch Nacharbeiten erforderlich sind. Ergebnis der kollegialen Beratung kann auch sein, dass das Fallteam die Einschätzung der fallführenden Fachkraft, zur Lösung sei Hilfe zur Erziehung notwendig, nicht teilt und beispielsweise den Einsatz von Leistungen aus anderen Bereichen der Jugendhilfe oder von Ressourcen aus dem sozialen Umfeld der KlientInnen vorschlägt. Mit den Ideen und Anregungen aus dem Fallteam geht die fallführende Fachkraft in die weitere Beratung mit den KlientInnen und kann, wenn Hilfe zur Erziehung angezeigt ist, die Hilfeplanung konkretisieren.

Fünfter Schritt: Handlungsschritte und Maßnahmen planen
Die fallführende Fachkraft stellt den KlientInnen die unterschiedlichen Möglichkeiten vor, die im Fallteam erarbeitet worden sind und zu einer Lösung führen können, und erörtert mit ihnen die Vor- und Nachteile der jeweiligen Lösungswege. Die aufgezeigten Lösungswege bieten den KlientInnen die Möglichkeit, sich für eine Variante zu entscheiden und auf dieser Grundlage (unterstützt durch die Fachkraft) Handlungsschritte zur Zielerreichung zu erarbeiten. Bei jedem Handlungsschritt muss benannt werden, welche Verbesserung der Situation dadurch erreicht werden soll. Die Schritte müssen von allen beteiligten KlientInnen gegangen werden können. Deshalb wird die Fachkraft hier besonders darauf achten, dass die Interessen aller Beteiligten (insbesondere der vermeintlich Schwächeren, i.d.R. der Kinder und Jugendlichen) ausreichend berücksichtigt werden. Ist dieser Schritt zufriedenstellend abgeschlossen, ist damit die Grundlage für die Vereinbarung im Rahmen der Hilfeplanung geschaffen.

Sechster Schritt: Die Hilfe vereinbaren
Gemeinsam mit den KlientInnen werden die Richtungsziele, Handlungsziele, die konkreten Hilfen (Festlegung der Hilfeart) und Handlungsschritte vereinbart. Nunmehr erfolgt die Auswahl des Trägers, der die Hilfe durchführen soll. Hier berät die Fachkraft die KlientInnen. Bei der Auswahl des Leistungserbringers soll den Wünschen der KlientInnen gefolgt werden, wenn der Träger geeignet ist und durch dessen Auswahl nicht unverhältnismäßig höhere Kosten entstehen als durch die Auswahl eines anderen geeigneten Trägers. Die fallführende Fachkraft des Jugendamtes hält das Vereinbarte schriftlich fest und achtet dabei darauf, dass dies konkret, in verständlicher Form und für alle Beteiligten nachvollziehbar erfolgt. Die Vereinbarung enthält auch die Aufgaben, die jeder und jede Be-

teiligte zur Zielerreichung erfüllen muss. In dieser Phase der Hilfeplanung kann es sinnvoll sein, neben dem ausgewählten Träger, sofern von den KlientInnen gewünscht, auch andere Personen (z.B. aus dem sozialen Umfeld) hinzuzuziehen, die zur angestrebten Lösung beitragen können. Im Ergebnis ist ein Hilfeplan vereinbart, der auch Termine enthält, wann eine gemeinsame Überprüfung des Hilfeverlaufs vorgenommen werden soll.

Siebenter Schritt: Die Hilfe wird geleistet
Der ausgewählte Träger (Leistungserbringer) hat die Verantwortung für die Durchführung der Hilfe. Er überprüft, ob die vereinbarten Schritte und Aufgaben eingehalten und erfüllt werden. Treten Abweichungen auf oder sind Veränderungen notwendig, wird die fallführende Fachkraft des Jugendamtes informiert. Unter Umständen muss der Hilfeplan an die veränderten Bedingungen angepasst werden. Dieses muss die fallführende Fachkraft veranlassen. Wenn eine grundlegende Umorientierung in der Hilfeplanung nötig ist, wird sie wieder die kollegiale Beratung im Fallteam in Anspruch nehmen und dort Anregungen erhalten.

Achter Schritt: Ergebnis auswerten
Vor dem Ende der Hilfe müssen alle Beteiligten, insbesondere aber die KlientInnen, einschätzen, ob die vereinbarten Ziele erreicht wurden und die Hilfe erfolgreich beendet werden kann. Unter Umständen müssen Anschlussleistungen vereinbart werden, um den Übergang von der Hilfe zur Erziehung in das „normale Leben" zu erleichtern. Diese Leistungen müssen nicht zwingend Hilfe zur Erziehung sein.

Die Arbeit der Fallteams reichert die Fallarbeit fachlich an. In der kollegialen Beratung kann sich die fallführende Fachkraft vergewissern, ob sie die lebensweltlichen Bezüge der KlientInnen, deren Sichtweisen, Deutungen und letztlich deren Willen angemessen erkundet und in die bisher geleistete Arbeit aufgenommen hat. Ebenso erhält sie eine Rückmeldung dazu, ob die Ressourcen auf der Subjektebene (Stärken der KlientInnen), im näheren sozialen Umfeld (Familie und andere nahestehende Personen) und im weiteren Umfeld (Ressourcen des Stadtteils) in ausreichendem Maße erkundet wurden. Durch die gemeinsame Diskussion von verschiedenen Lösungsvarianten erhält die fallführende Fachkraft (im Idealfall) mehrere Handlungsoptionen für die weitere Fallbearbeitung. Alles in allem unterstützt die kollegiale Beratung den Prozess der Suche nach der geeigneten Hilfe und sichert nicht zuletzt die fallführende Fachkraft bei später zu treffenden Entscheidungen ab.

In den Fallteams sollen möglichst alle „HzE-lastigen" Fälle präsentiert werden. Auf diese Weise können Bedarfslagen sichtbar werden, die bei der herkömmlichen Fallbearbeitung kaum aufgefallen wären. Wenn beispielsweise eine bestimmte Häufung von ähnlich gelagerten Fällen auftritt, sollte das Fallteam der Frage nachgehen, ob ein Teil dieser Fälle hätte vermieden werden können, wenn bestimmte Ressourcen (präventive Angebote, Leistungen, soziale Netzwerke u.a.m.) im sozialen Raum vorhanden gewesen wären. Aus der so vorgenommenen Bedarfsermittlung wird i.d.R. der Auftrag zur Durchführung von fallunspezifischer Arbeit erwachsen, damit die fehlenden Ressourcen entdeckt werden oder ihre Entstehung angeregt wird. Geht es dabei um die Anregung von geeigneter Infrastruktur, wird das Fallteam die Vorschläge zur Bedarfsdeckung konsequenterweise in die regionale Organisationseinheit weiterleiten.

9. Die Baustellen

Die Umsetzung sozialräumlicher Prinzipien ist in den Berliner Bezirken gegenwärtig zwar unterschiedlich weit gediehen, schreitet aber voran. Die Kurse und Trainings zur Qualifizierung des Fachpersonals werden in großem Umfang durchgeführt. Die Prozesse zur Veränderung der Organisation sowie zur Anpassung der Arbeitsabläufe und der Kooperationsformen an die Anforderungen der neuen Praxis sind weit gediehen und z.T. bereits abgeschlossen. Die positive Entwicklung wird gegenwärtig jedoch gestört, weil zwei Rahmenbedingungen noch nicht so gestaltet werden konnten, dass eine erfolgreiche Weiterarbeit im Reformprozess gesichert ist. Zum einen konnten Fragen der Finanzierung sozialräumlicher Arbeit und Kooperation noch nicht geklärt werden. Zum anderen zeichnen sich immer deutlicher Probleme ab, die mit der Personalausstattung der Jugendämter zusammenhängen.

9.1 Finanzierung einer sozialräumlich orientierten Jugendhilfe

Seit Jahren wird in der Diskussion über Sozialraumorientierung auch über die Fragen der Finanzierung dieses fachlichen Ansatzes nachgedacht, experimentiert und gestritten. Aus gutem Grund: Geld ist das zentrale Steuerungsmittel (auch in der Jugendhilfe). Wie die Steuerung erfolgt, ist entscheidend von den eingesetzten bzw. vorhandenen Steuerungsinstrumenten abhängig. Unter dem Begriff „Sozialraumbudgetierung" versammeln sich unterschiedliche Initiativen auf der Suche nach geeigneten Steuerungsinstrumenten für eine am sozialen Raum orientierte Jugendhilfe. Die Spanne der Initiativen reicht von der Bildung von Trägerbudgets über die Einführung von sozialraumbezogenen Budgets für einzelne

Leistungsbereiche, Vorstellungen über sozialräumliche Jugendhilfebudgets bis hin zu Ideen von ressortübergreifenden Sozialraumbudgets[9].

Ausgangspunkt der Suchbewegungen war die Kritik an den bestehenden Regelungen zur Finanzierung der Jugendhilfe - insbesondere im Bereich der Hilfe zur Erziehung. Hier werden ausschließlich Fälle auf der Grundlage beispielsweise von Fachleistungsstunden nach fest vereinbarten Leistungssätzen finanziert. Oder anders ausgedrückt: Die fallspezifischen Arbeiten (direkt auf den Fall bezogene Tätigkeiten) werden mit Geldleistungen vergütet. Fallübergreifende Tätigkeiten (Einbeziehung von Ressourcen des sozialen Umfelds wie Nachbarschaften, Peer-Groups usw.) aber werden, wenn hierfür zusätzliche Mittel erforderlich sind, in der Regel nicht finanziert. Völlig fremd ist dem traditionellen Finanzierungssystem der Jugendhilfe die Vergütung von Tätigkeiten, die der Aneignung von Kenntnissen über das Alltagsleben in Wohnquartieren, über formelle und informelle Netzwerke im sozialen Raum usw. dienen. Diese „fallunspezifische Arbeit" genannten Aktivitäten leisten im herkömmlichen System einige engagierte SozialarbeiterInnen nebenher oder in ihrer Freizeit. Sie wird nicht systematisch betrieben, ist durch das persönliche Interesse der AkteurInnen motiviert und entsteht - wenn überhaupt - rein zufällig. Aber gerade die fallunspezifische Arbeit als systematisches und methodisch unterfüttertes professionelles Handeln zur Erschließung von Ressourcen des sozialen Raumes, die unter Umständen in einer späteren Fallbearbeitung nutzbringend eingesetzt werden können, ist wesentlich für gelingende Sozialarbeit. Sie ermöglicht erst eine im umfassenden Sinne wirksame fallspezifische Arbeit, die sich der Möglichkeiten der fallübergreifenden Arbeit bedient, denn das Reservoir der Ressourcen für die fallübergreifende Arbeit wird durch die fallunspezifische Arbeit gespeist.[10] Sozialräumlich orientierte Sozialarbeit muss diese drei Formen sozialpädagogischen Arbeitens (wieder) eng miteinander verzahnen, organisatorisch absichern und bewusst professionell betreiben.

Dass sozialräumlich orientierte Arbeit mit eigens entwickelten Instrumenten finanzierbar ist, zeigt eine Reihe von Praxisbeispielen in unterschiedlichen Kommunen (Hinte/Litges/Groppe 2003). Dabei wird deutlich, dass es nicht *das*

---

9 Fragen der Indikatorenbildung und Verfahren zur Berechnung von Sozialraumbudgets sollen in diesem Beitrag nicht behandelt werden, obwohl auch diese im Projekt eine Rolle gespielt haben. Bevor es aber zu tatsächlichen Budgets kommen kann, wenn sie dann gewollt sind, muss noch eine Reihe von Fragen geklärt werden. Dem interessierten Leser bzw. der interessierten Leserin sei ein Blick in Soziale Praxis Heft 20 empfohlen, in dem ausführlich Fragen der Indikatorenbildung und Berechnung von Sozialraumbudgets erörtert werden (ISA 1999).

10 Zur Kritik der bisherigen Finanzierungsformen und zum Zusammenhang und zur Bedeutung von fallspezifischer, fallübergreifender und fallunspezifischer Arbeit siehe KGSt 1998, Koch/Lenz 2000, Früchtel/Lude/Scheffer/Weißenstein 2001, Budde/Früchtel 2005

Finanzierungsmodell gibt, sondern jede Kommune vor dem Hintergrund der jeweiligen örtlichen Bedingungen ihr spezifisches Modell entwickelt und implementiert hat.

Warum orientiert sich Berlin nicht an einem dieser Modelle? Warum führt man beispielsweise nicht Trägerbudgets im Bereich Hilfe zur Erziehung ein, wie Stuttgart, Hannover, Celle oder ..., obwohl sie doch eindeutige Vorteile bieten? Mit deren Hilfe könnte doch die notwendige integrierte Arbeit (fallspezifisch, fallübergreifend und fallunspezifisch) mit Bezug zum sozialen Raum gefördert und abgesichert werden. Der Träger, der ein raumbezogenes Budget für Hilfe zur Erziehung erhält, könnte dieses auf der Grundlage von zwischen öffentlichem und freiem Träger fest vereinbarten Qualitätszielen flexibel bewirtschaften. Die Existenz des Trägers wäre nicht mehr abhängig von der Produktion von Fällen und einer möglichst langen Dauer der Fallarbeit. Wegen vereinbarter Anreize über die Verwendung von Überschüssen hat der Träger ein ausgeprägtes Interesse daran, die Arbeiten zügig und wirksam zu erledigen.

Gegen sozialräumliche Finanzierungsmodelle äußern Skeptiker und Kritiker in der Fachdiskussion Einwände und Bedenken (Wiesner 2002, S. 167-181; Krölls 2002, S. 183-201), wie beispielsweise, dass das sozialrechtliche Dreiecksverhältnis ausgehebelt, das Wunsch- und Wahlrecht der Leistungsberechtigten nicht gewahrt, die Rolle des Jugendamtes unzulässig beschnitten und die Trägerpluralität zerstört würden. Diese Einwände sind insofern hilfreich, als sie wertvolle Hinweise auf zu beachtende rechtliche Grundsätze enthalten. Die Praxis in den Kommunen, in denen sozialräumliche Finanzierungsformen praktiziert werden, zeigt aber, dass diese Bedenken ausgeräumt werden können. Die skeptische Kritik ist aber auch von Befürchtungen geprägt, die sich in Unterstellungen äußern, wie beispielsweise, wenn Wiesner im sozialraumbezogenen Ansatz „Züge einer Sozialromantik“ meint identifizieren zu können und „einen Rückfall in eine Kolonialisierung der Lebenswelten“ nicht ausschließen mag (Wiesner 2002, S. 179). Krölls provoziert gar im Untertitel seines Aufsatzes mit der Unterstellung, Sozialraumbudgetierung sei „ein rechtswidriges Sparprogramm mit fragwürdigem jugendhilfepolitischem Nutzen“(Krölls 2002, S. 183). Zu diesem Schluss kann ihn seine Argumentation auch deshalb treiben, weil er das Instrument „Sozialraumbudgetierung“ nahezu vollständig isoliert vom Inhalt der Sozialraumorientierung diskutiert. Das mag dem Kritiker gefallen, der Praktiker kann kaum einen Nutzen daraus ziehen.

Versuchen wir den Unterstellungen und Befürchtungen etwas Konstruktives abzugewinnen, so erkennen wir darin den Hinweis, (sich) den Blick für die Wirklichkeit nicht durch Idealisierung zu verstellen und tunlichst darauf zu achten, die Prinzipien der Sozialraumorientierung konsequent umzusetzen.

Was also spricht aus Berliner Perspektive dagegen, sich mutig an die praktizierten Modelle anzulehnen? – Die Antwort ist kurz: die Trägerlandschaft in Berlin! Sie ist beispiellos „plural“ und sucht ihresgleichen in der Bundesrepublik. Die Zahl der Träger, die im Bereich der ambulanten Hilfen zur Erziehung tätig sind, ist von 84 im Jahr 1996 auf 323 im Jahr 2005 angewachsen. Zusätzlich gibt es rund 700 therapeutische Praxen in Berlin, die ebenfalls an der Jugendhilfe partizipieren. Bei den stationären Hilfen ist die Zahl der Träger von 55 (1996) auf 167 (2005) gestiegen. Rein rechnerisch hat somit jeder der 12 Berliner Bezirke mit rund 27 Trägern im ambulanten Bereich und mit rund 14 Trägern stationärer Hilfen zur Erziehung zu tun. Wir rechnen weiter: Nehmen wir an, jeder Bezirk ist in 10 Sozialräume aufgeteilt. Für jeden Sozialraum wird ein ambulanter Träger ausgewählt. Unter der Bedingung, dass ein ausgewählter Träger nur in einem Sozialraum (und auch nicht in einem anderen Bezirk) tätig sein darf, bleiben pro Bezirk 17 ambulante Träger unberücksichtigt. Beziehen wir die stationären Hilfen zur Erziehung mit ein und verfahren in der gleichen Weise, dann bleiben pro Bezirk 4 stationäre Träger unberücksichtigt. Insgesamt hätten mit einer solchen Entscheidung 204 ambulante Träger und 48 stationäre Träger in Berlin ihre existenzielle Grundlage verloren. So weit dieses simple, natürlich völlig realitätsferne Rechenexempel. In der Wirklichkeit arbeiten fast alle Träger mit den Jugendämtern mehrerer Bezirke zusammen. Es ist keine Seltenheit, dass ein Jugendamt Kontakt mit 80 Trägern hat. Würden wir in unserer fiktiven Rechnung nicht die Beschränkung machen, dass ein Träger nur in einem Sozialraum und nur in einem Bezirk aktiv sein dürfte, würden mit an Sicherheit grenzender Wahrscheinlichkeit noch mehr als die oben errechneten Träger vom „Markt“ gedrängt werden.

Dass die unberücksichtigt gebliebenen Träger dies nicht klaglos hinnehmen würden, zeigen die praktischen Beispiele, die bereits Verwaltungsgerichte (Hamburg, Berlin, Münster, Lüneburg) beschäftigt haben. Ob es um Trägerbudgets oder Fall-Kontingente für Träger ging: In allen Fällen sahen die Gerichte Verstöße gegen den Art. 12 GG, der die freie Berufsausübung garantiert. Die Beschlüsse der Verwaltungsgerichte und die daraus abzuleitenden Konsequenzen hat Stähr ausführlich diskutiert (Stähr 2006 sowie sein Beitrag in diesem Buch).

In Berlin wird gegenwärtig daran gearbeitet, im bestehenden System Wege zu öffnen, die sozialräumlich orientiertes Arbeiten ermöglichen. Dies betrifft zum einen die Auswahl freier Träger (s. dazu Stähr 2006 und in diesem Buch). Zum anderen geht es um die Möglichkeit der Finanzierung sozialräumlicher Arbeit in den geltenden Haushaltsstrukturen. Deshalb sollen zwei Produkte gebildet werden, die möglichst ab 2007 im neuen Produktkatalog enthalten sind und bebucht werden können:

1. Produkt „Präventive Hilfe und Unterstützung“ (Arbeitstitel)
   Dieses Produkt soll präventive Leistungen ermöglichen, die geeignet sind, die Eskalation von Problemlagen frühzeitig zu stoppen. Gäbe es diese Leistungen nicht,

würde mit großer Wahrscheinlichkeit in absehbarer Zeit Hilfe zur Erziehung erforderlich sein.
Es handelt sich also um individuelle Leistungen „im Vorfeld" von Hilfe zur Erziehung. Damit sollen die Möglichkeiten der präventiven Arbeit gestärkt werden. Die Handlungsebene soll über die Beratung hinaus im Sinne der Förderung und Unterstützung von nachbarschaftlicher Hilfe, ehrenamtlichem Engagement und Selbsthilfe durch Sachleistungen und/oder Aufwandsentschädigungen erweitert werden.

2. Produkt „Leistungen der öffentlichen und freien Jugendhilfe zur sozialräumlichen Entwicklung" (Arbeitstitel)
   Dieses Produkt soll die Vernetzungs- und Koordinierungstätigkeiten der MitarbeiterInnen der Jugendämter im Sinne einer sozialräumlich orientierten Jugendhilfe ebenso in die Produktsteuerung aufnehmen wie die Mitarbeit von ausgewählten freien Trägern in den „Fallteams" und die Leistungen der „fallunspezifischen Arbeit"[11] zur Entwicklung der informellen und formellen Ressourcen und Infrastruktur im Sozialraum.

Ob sich zu einem späteren Zeitpunkt noch weitergehendere Vorstellungen (Menninger in SenBJS 2003b, S. 98-100)[12] realisieren lassen, muss zunächst der Fachdiskussion und dann natürlich den notwendigen politischen Entscheidungen vorbehalten bleiben.

9.2 Personalausstattung der Jugendämter

Bedingt durch die Realisierung von Jahr für Jahr aufs Neue zu erbringenden Personaleinsparvorgaben, durch die fortschreitende Überalterung in den Jugendämtern und restriktive Regelungen für die Personalentwicklung, die kaum Möglichkeiten zulassen, qualifiziertes Fachpersonal neu einzustellen, spitzt sich die Personalsituation in den Jugendämtern der Berliner Bezirke dramatisch zu. Das Ergebnis einer Untersuchung zur Personalsituation in den Jugendämter, die von der Senatsverwaltung für Bildung, Jugend und Sport 2005 durchgeführt wurde,

---

11 „Fallunspezifische Leistungen umfassen insbesondere die Mitwirkung an der sozialen Infrastrukturentwicklung, die Aneignung von Kenntnissen über den sozialen Raum sowie Aufbau und Pflege von Kontakten bzw. Netzwerken ohne unmittelbares einzelfallbezogenes Verwertungsinteresse, die Teilnahme an Facharbeitsgruppen und ressortübergreifenden Arbeitsgruppen im Sozialraum sowie die Teilnahme an einzelfallübergreifenden Fachgesprächen." (Allgemeine Leistungsbeschreibungen für Ambulante Sozialpädagogische Erziehungshilfen nach §§ 29, 30, 31 und 35 SGB VIII)

12 Menninger schlägt hier u.a. vor, dass die öffentlichen Träger „mit den Verbänden der Leistungsanbieter mehrjährige Treuhandverträge abschließen" sollen.

hat gezeigt, dass pro Jahr im Land Berlin 50 sozialpädagogische Fachkräfte in den Jugendämtern eingestellt werden müssten, um nur das altersbedingte Ausscheiden von Fachkräften zu kompensieren. Die von der Fachpolitik auf Landesebene und in den Bezirken aufgestellte Forderung nach Einrichtung eines entsprechenden Einstellungskorridors konnte bisher nicht durchgesetzt werden.

Für die Umsetzung der neuen Arbeitsabläufe in den regionalisierten Organisationsstrukturen, die insbesondere für die Fachkräfte in den Allgemeinen Sozialpädagogischen Diensten mit einer erheblichen Arbeitsintensivierung einhergehen (systematische Fallbearbeitung von der Falleingangsphase über die Arbeit im Fallteam bis hin zur Hilfeplanung) wirkt sich diese Situation kontraproduktiv aus. So kommen Schwabe u.a. in der Evaluation (INIB 2006) der Arbeit in den regionalen Organisationseinheiten und Fallteams (im untersuchten Bezirk Ortsteil- und Kiezteams genannt) unter anderem zum Ergebnis, dass das größte Hindernis für die Umsetzung der sozialräumlichen Inhalte in der Praxis der kontinuierlich stattfindende Stellenabbau sei. Die Folge ist eine ständig wachsende Arbeitsüberlastung der Fachkräfte. Sollte es nicht gelingen, Entlastung zu schaffen, drohten „Erschöpfungszustände bzw. Prozesse der Demotivation auf Seiten der Mitarbeiter/innen“ (INIB 2006, S. 78). Der Reformprozess insgesamt könnte durch diese Situation in Frage gestellt werden.

All das erfordert zum einen schnelles Handeln auf der Seite der Politik: Ein Einstellungskorridor für sozialpädagogische Fachkräfte muss kurzfristig eröffnet werden. Nur so kann der Reformprozess ungestört fortgesetzt werden und zu den angestrebten Ergebnissen führen. Die Einstellung von jährlich 50 SozialarbeiterInnen würde den Einsatz von ca. 2 Mio. Euro erfordern. Wenn damit die fachliche Umsteuerung bei den Hilfen zur Erziehung, die 2005 zu einer Ausgabensenkung von 130 Mio. Euro gegenüber 2002 geführt hat, dauerhaft stabilisiert werden kann, wäre das eine lohnende Investition.

Andererseits müssen auf der Grundlage der Ausführungsvorschriften zur Organisation der Jugendämter Standards für die Personalausstattung erarbeitet und verbindlich festgelegt werden. Hierzu ist erforderlich, dass eine qualitative Untersuchung der Tätigkeitsfelder, der zur Aufgabenerfüllung erforderlichen Qualifikationen des Personals, der Arbeitsabläufe und des Arbeitsaufwandes zur Erledigung der Aufgaben im Jugendamt durchgeführt wird. Eine solche Untersuchung würde die Arbeitswirklichkeit in den Blick nehmen und bisher existierende quantitative Berechnungsgrundlagen (beispielsweise Daten aus der Kosten- und Leistungsrechnung) sinnvoll ergänzen. Der Vorteil, den dieses fraglos aufwändige Unternehmen brächte, ist offensichtlich: Es wäre die Grundlage dafür geschaffen, Personalplanung und Personalentwicklung zukunftsorientiert und verlässlich betreiben zu können.

10. Schlussbemerkung

Die Entscheidung, die Prinzipien der Sozialraumorientierung in der Berliner Jugendhilfe zu verankern, war richtig. Die Jugendhilfe gewinnt an fachlichem Profil. Ihre Qualität konnte deutlich gesteigert werden. Ihre Leistungen rücken Schritt für Schritt näher an die Lebenswelt ihrer AdressatInnen heran. Die Ressourcen werden wirksamer eingesetzt.

Wenn am Jahresende 2006 die finanzielle Förderung des Projekts zur Einführung und Umsetzung der Sozialraumorientierung erlischt, ist der Reformprozess in der Berliner Jugendhilfe noch nicht beendet. Bis dahin aber werden die Grundlagen für die weitere erfolgreiche Umsetzungsarbeit gelegt sein. Das heißt, dass

- auf der Landesebene die notwendig zu gestaltenden Rahmenbedingungen identifiziert sind und zum Teil bereits so gestaltet werden konnten, dass sozialräumliches Arbeiten möglich ist
- alle Bezirke aktiv an der Umsetzung des Reformvorhabens beteiligt sind
- die konzeptionellen und organisatorischen Voraussetzungen geschaffen sind, um die Qualifizierung des Fachpersonals im Sinne einer sozialräumlich orientierten Jugendhilfe im Regelbetrieb durchführen zu können.

So viel kann heute schon gesagt werden: Am Ende des Jahres 2006 kann eine positive Zwischenbilanz gezogen werden. Das Unternehmen aber, das die Berliner Jugendpolitik drei Jahre zuvor gestartet hat, ist noch nicht in trockenen Tüchern. So müssen beispielsweise noch, wie gezeigt, zwei harte Nüsse geknackt werden: die Finanzierung sozialräumlicher Aktivitäten und die Personalausstattung der Jugendämter. Diese beiden Punkte konnten bisher nicht befriedigend bearbeitet werden und stehen gegenwärtig (Mitte 2006) als Hindernisse auf dem Reformweg. Ferner wird zu entscheiden sein, ob das Projekt auch über das Jahr 2006 hinaus finanziell gefördert werden kann. Die Weiterarbeit mit „Bordmitteln“ ist zwar möglich, würde den Reformprozess aber empfindlich abbremsen. Bleibt zu hoffen, dass die Entscheidungsträger in der Politik, und auf die kommt es jetzt an, den Reformprozess auch weiterhin tatkräftig unterstützen.

Literatur

ASFH (Alice-Salomon-Fachhochschule Berlin)(2006): „Wir sind langsam attraktiv für Leute, mit denen wir früher nichts zu tun haben wollten...“. Sozialraumorientierung der Berliner Kinder- und Jugendhilfe – Untersuchung einer exemplarischen Praxis gemeinwesenorientierter, zielgruppen- und ressortübergreifender Arbeit. Berlin

Brünjes, Volker (2004): Sozialraumorientierung und Jugendhilfeplanung. in: SenGSV (Senatsverwaltung für Gesundheit, Soziales und Verbraucherschutz)(Hrsg.)(2004): Sozialstrukturatlas Berlin 2003 – Ein Instrument der quantitativen, interregionalen und intertemporalen Sozialraumanalyse und -planung. Spezialbericht 2004-1. Berlin: 187-192 (http://www.berlin.de/sen/gsv/statistik/gesundheit/spezial.html)

Budde, Wolfgang/ Früchtel, Frank (2005): Sozialraumorientierte soziale Arbeit – ein Modell zwischen Lebenswelt und Steuerung, in: Nachrichtendienst des Deutschen Vereins 7/2005, S. 238-242 und 8/2005, S. 287-292

BMJFFG (Bundesministerium für Jugend, Familie, Frauen und Gesundheit)(1990): Achter Jugendbericht. Bericht über Bestrebungen und Leistungen der Jugendhilfe. Bonn

Deinet, Ulrich (1999): Sozialräumliche Jugendarbeit. Eine praxisbezogene Anleitung zur Konzeptentwicklung in der Offenen Kinder- und Jugendarbeit. Opladen

Deinet, Ulrich/ Krisch, Richard (2002): Der sozialräumliche Blick der Jugendarbeit. Methoden und Bausteine zur Konzeptentwicklung und Qualifizierung. Opladen

Dörner, Dietrich (2000): Die Logik des Misslingens. Strategisches Denken in komplexen Situationen. Reinbek bei Hamburg

Früchtel, Frank/ Lude, Werner/ Scheffer, Thomas/ Weißenstein, Regina (Hrsg.)(2001): Umbau der Erziehungshilfen. Von den Anstrengungen, den Erfolgen und den Schwierigkeiten bei der Umsetzung fachlicher Ziele in Stuttgart. Weinheim und München

Hinte, Wolfgang (2002): Fälle, Felder und Budgets. Zur Rezeption sozialraumorientierter Ansätze in der Jugendhilfe, in: Merten 2002, S. 91–126

Hinte, Wolfgang/ Lüttringhaus, Maria (2001): „Wissen ist noch nicht können“ – Fortbildung in flexiblen Jugendhilfe-Einheiten, in: Früchtel u.a. 2001, S. 89-102

Hinte, Wolfgang/ Litges, Gerd/ Springer, Werner (1999): Soziale Dienste: Vom Fall zum Feld. Soziale Räume statt Verwaltungsbezirke. Berlin

Hinte, Wolfgang/ Litges, Gerhard/ Groppe, Johannes (2003): Sozialräumliche Finanzierungsmodelle. Qualifizierte Jugendhilfe auch in Zeiten knapper Kassen. Berlin

INIB (Institut für Innovation und Beratung an der Evangelischen Fachhochschule Berlin) (2006): Evaluationsbericht zum Stand der Umsetzung und zur Qualität sozialraumorientierten Arbeitens in ausgewählten Ortsteil- und Kiezteams des Jugendamtes Tempelhof-Schöneberg im Sommer 2005. Berlin

ISA (Institut für soziale Arbeit e.V.)(Hrsg.)(1999): Soziale Indikatoren und Sozialraumbudgets in der Kinder- und Jugendhilfe. Münster

KGSt (Kommunale Gemeinschaftsstelle)(Hrsg.)(1998): Kontraktmanagement zwischen öffentlichen und freien Trägern in der Jugendhilfe. Bericht Nr. 12/1998. Köln

KHSB (Katholische Hochschule für Sozialwesen Berlin)(2006): Zwischenbericht für das Forschungsprojekt - fai bene -. Faktoren des Gelingens – Praxis einer gelingenden Familienunterstützung bei sogenannten bildungsfernen Familien speziell mit Migrationshintergrund – am Beispiel des Bezirksamtes Neukölln. Berlin

Koch, Josef/ Lenz, Stefan (2000): Integrierte Hilfen und sozialräumliche Finanzierungsformen. Zum Stand und den Perspektiven einer Diskussion. Regensburg

Krölls, Albert (2002): Die Sozialraumbudgetierung aus jugendhilfepolitischer und jugendhilferechtlicher Sicht. in: Merten 2002, S. 183-201

Merten, Roland (Hrsg.)(2002): Sozialraumorientierung. Zwischen fachlicher Innovation und rechtlicher Machbarkeit. Weinheim und München

SenBJS (Senatsverwaltung für Bildung, Jugend und Sport)(Hrsg.)(2002a): 1. Fachpolitischer Diskurs. Perspektiven der Jugendhilfe in Berlin. Dokumentation der Tagung. Berlin (http://www.bjsinfo.verwalt-berlin.de/DokLoader.aspx?DokID=878)

SenBJS (Senatsverwaltung für Bildung, Jugend und Sport)(Hrsg.)(2002b): Sozialraumorientierung in der Berliner Jugendhilfe. Ein Positionspapier zur Diskussion. 2. ergänzte Auflage. Berlin (http://www.bjsinfo.verwalt-berlin.de/DokLoader.aspx?DokID=880)

SenBJS (Senatsverwaltung für Bildung, Jugend und Sport)(Hrsg.)(2003a): Leitbild Jugendamt. Strukturveränderungen in der öffentlichen Jugendhilfe Berlins. Berlin (http://www.bjsinfo.verwalt-berlin.de/DokLoader.aspx?DokID=879)

SenBJS (Senatsverwaltung für Bildung, Jugend und Sport)(Hrsg.)(2003b): 2. Fachpolitischer Diskurs. Sozialraumorientierung in der Berliner Jugendhilfe. Dokumentation. Berlin (http://www.bjsinfo.verwalt-berlin.de/DokLoader.aspx?DokID=877)

SenBJS (Senatsverwaltung für Bildung, Jugend und Sport)(Hrsg.)(2004a): Handbuch Qualitätsmanagement der Berliner Jugendfreizeitstätten. Modellprojekt Qualitätsentwicklung der Berliner Jugendarbeit. Berlin (http://www.berlin.de/imperia/md/content/sen-jugend/bildung_in_der_freizeit/handbuch_qualitaetsmanagement_jugendfreizeitstaetten.pdf)

SenBJS (Senatsverwaltung für Bildung, Jugend und Sport)(Hrsg.)(2004b): Das Berliner Bildungsprogramm für die Bildung, Erziehung und Betreuung von Kindern in Tageseinrichtungen bis zu ihrem Schuleintritt. Berlin (http://www.berlin.de/imperia/md/content/sen-bildung/bildungswege/vorschulische_bildung/berliner_bildungsprogramm_2004.pdf) (Lesefassung)

Stähr, Axel (2006): Auswahl von Leistungserbringern im Rahmen des sozialrechtlichen Dreiecksverhältnisses. in: Kindschaftsrecht und Jugendhilfe 1. 4/2006, S. 180-185

Till, Henning (2004): Unternehmen Jugendamt, in: Blätter der Wohlfahrtspflege 151. 3/2004, S. 86-88

Wiesner, Reinhard (2000): Die Leitideen des KJHG – Auseinandersetzung mit dem sozialräumlichen Planungsansatz, in: Merten 2002, S. 167-181

Einführung der Sozialraumorientierung im Berliner Jugendamt Tempelhof-Schöneberg

Antonia Volk, Henning Till

Als erstes Jugendamt in Berlin haben wir uns in Tempelhof – Schöneberg im Jahre 2002 entschlossen, die Prinzipien der Sozialraumorientierung umzusetzen. Das Projekt wurde in die „Reformagenda 2006“ auf Landesebene aufgenommen, einem Reforminstrument, das die Senatsverwaltungen ebenso wie die Verwaltungen der Bezirke in den Stand versetzen soll, Verwaltungsmodernisierung voranzutreiben. Was zunächst als Bezirksprojekt geplant war, ist inzwischen ein Landesprojekt. Alle zwölf Berliner Bezirksjugendämter sind diesem Projekt beigetreten, d.h. in Berlin wird in absehbarer Zeit in allen Jugendämtern nach vergleichbaren methodischen und organisatorischen Prinzipien gearbeitet (s. dazu den Beitrag von Brünjes in diesem Band).

1. Die Ausgangssituation

1.1 Handlungsführende Ziele

Bereits mit der Fusion der Bezirke Tempelhof und Schöneberg im Jahr 2001 wurde eine weitreichende Dezentralisierung und Regionalisierung der Dienstleistungen des Jugendamtes unter Einbeziehung des Jugendhilfeausschusses beschlossen und schrittweise umgesetzt. 2002 hat die Leitung des Jugendamtes entschieden, die Jugendhilfe im Bezirk nach Prinzipien der Sozialraumorientierung weiterzuentwickeln. Die handlungsführenden Ziele waren

- Bürgernähe und Adressatenorientierung
- Fachlichkeit und Qualität
- Zusammenführung von Fach- und Ressourcenverantwortung
- Partnerschaftlichkeit mit freien Trägern
- Wirtschaftlichkeit.

Bürgernähe und Adressatenorientierung: Der Grundgedanke ist dabei, die Jugendhilfe an den Interessen und Bedürfnissen ihrer AdressatInnen auszurichten. Als Handlungsmaximen gelten: Integration, Vernetzung, Partizipation, Prävention und Alltagsorientierung.

Die Dienstleistungen, Angebote und Hilfen des Jugendamtes müssen sich am individuellen Bedarf der AdressatInnen ausrichten. Bedarfswahrnehmung und Angebotsentwicklung haben sich an den unterschiedlichen Lebenszusammenhängen in den Sozialräumen zu orientieren.

Fachlichkeit und Qualität: Die Verantwortung für die Qualität der Leistungen tragen die für die Leistungen zuständigen MitarbeiterInnen und deren Vorgesetzte.

Die Fähigkeiten und der Wille zur Eigenverantwortung der MitarbeiterInnen sind zu fördern. Geeignete Unterstützungsmöglichkeiten fördern zum einen die eigenverantwortliche Weiterentwicklung der Qualität der Arbeit auf allen Ebenen und garantieren zum anderen bezirksweite einheitliche Qualitätsstandards und deren ständige Weiterentwicklung.

Zusammenführung von Fach- und Ressourcenverantwortung: Die Zusammenführung von Fach- und Ressourcenverantwortung erhöht die Entscheidungskompetenz der dezentralen Bereiche. Entscheidungswege werden dadurch kürzer und für die BürgerInnen besser nachvollziehbar. Dadurch steigt gleichzeitig das Kostenbewusstsein der MitarbeiterInnen und die Selbststeuerungsfähigkeit der dezentralen Dienste erhöht sich.

Partnerschaftlichkeit mit freien Trägern: Die partnerschaftliche Kooperation zwischen dem Jugendamt als Gesamtverantwortlicher für die Jugendhilfe und den freien Trägern ist nicht nur im SGB VIII gesetzlich verankert, sondern auch vernünftig und sinnvoll. Das Jugendamt braucht in seinem Umsteuerungsprozess verlässliche stabile Partner, die geeignet sind, die Zielsetzungen der sozialraumorientierten Jugendhilfe zu verwirklichen und bereit sind, sich auf die hohen Anforderungen über einen längeren Zeitraum einzulassen. Beispielsweise die Auswahl von Schwerpunktträgern im HzE- Bereich verbunden mit dem Abschluss von Kooperationsvereinbarungen mit diesen Schwerpunktträgern, zukünftig unterstützt durch ein Trägerbudget zur Finanzierung von flexiblen Jugendhilfeleistungen kennzeichnen ein neues Verhältnis von öffentlicher und freier Jugendhilfe. In enger Kooperation mit dem bezirklichen Jugendamt müssen die Schwerpunktträger die soziale Infrastruktur und die vorhandenen Ressourcen im Ortsteil etwa für Unterstützung und Beratung unabhängig vom Einzelfall erschließen. Sie müssen verbindlich Kooperationsmöglichkeiten z.B. zu Trägern der offenen Kinder- und Jugendarbeit und der Familienförderung, zu Kindertagesstätten, Schulen, Vereinen, Initiativen, Schlüsselpersonen, Selbsthilfegruppen, Wohnbaugesellschaften, Händlern etc. gestalten.

Wirtschaftlichkeit: Die größten Potenziale zur Verbesserung der Effizienz und zur Weiterentwicklung der Dienstleistungen des Jugendamtes finden sich in der Neugestaltung der Aufbauorganisation und der Veränderung von Prozessabläufen. Die Einführung der neuen Steuerungsinstrumente unterstützen diesen Prozess. Wir wollen trotz immer knapper werdender finanzieller und personeller Ressourcen der öffentlichen Jugendhilfe adressatenorientierte „passgenaue" Angebote realisieren, die fachlich und wirtschaftlich angemessen und vertretbar sind. Wir sind überzeugt, dass der sozialraumorientierte Arbeitsansatz in der Jugendhilfe die entscheidende Voraussetzung dafür ist, dieses anspruchsvolle Ziel zu erreichen.

Der geplante Organisationswandel des Jugendamtes deckte sich mit den Absichten der Verwaltungsreform, den Ergebnissen der Staatsaufgabenkritik in Berlin und den Grundaussagen des Kinder- und Jugendhilfegesetzes (KJHG).

1.2 „Versäulung" der Jugendhilfe und Explosion der Kosten

Eine wesentliche Voraussetzung für sozialraumorientiertes Handeln ist die Aufhebung der "Versäulung" der Jugendhilfe. Unsere wesentlichen Kritikpunkte an der traditionellen Arbeits- und Organisationsstruktur der Jugendämter sind:

- viel fachlich ausgerichtete Zuständigkeitsbereiche, die mehr oder weniger nebeneinander her arbeiten
- trotz Verwaltungsreform immer noch zu viele bürokratische Hürden und ressourcenaufwändige Geschäftsgänge
- zu wenig Klarheit und Transparenz auf der jeweiligen Planungs- und Entscheidungsebene der Abteilungsleitungen
- zu viele hierarchische Ebenen mit zum Teil unklaren und vor allem unnötigen Entscheidungsbefugnissen und Entscheidungskompetenzen
- ineffiziente Informations- und Kommunikationswege
- zu starke Fachorientierung/-spezialisierung, die häufig zu Fachegoismen jenseits des fachlichen Auftrags führt und damit wiederum die „Versäulung" der Jugendhilfe nachhaltig unterstützt
- zu hohe Kosten bei den „klassischen" Hilfen zur Erziehung und gleichzeitig zu viele nur bedingt geeignete Einsätze von Hilfen zur Erziehung.

Insgesamt scheint die Jugendhilfe in ihren Methoden (Spezialisierung, Therapeutisierung), ihrer Finanzierungssystematik (einklagbare Rechtsansprüche nur im Einzelfall) und der hierarchischen Organisation (Linienorganisation des öffentlichen Trägers; Verhältnis öffentlicher Träger zu freien Trägern) fest verwurzelt in den Anforderungen der 80er Jahre.

Auf diesem Hintergrund explodierten in Berlin die Ausgaben bei den Hilfen zur Erziehung in einem Umfang, dass dringender Handlungsbedarf seitens der Senatsfinanzverwaltung gesehen wurde: die Ausgaben beliefen sich im Jahre 2001 in Berlin auf 531,7 Mio. € (446,2 Mio. € im Jahr 2000).

Es soll an dieser Stelle nicht unerwähnt bleiben, dass die Jugendämter der Stadt bereits in den Vorjahren von 1995 bis 2000 eine Ausgabensteigerung für die Hilfen zu Erziehung von 41 % (150 Mio. €) zustande gebracht haben. Betrachtet man allein die Jahre 1998 – 2000, so sind die Ausgaben im Bereich der ambulanten Hilfen wahrlich explodiert – die Steigerung betrug hier 72 % !

Diese enormen Steigerungen wurden von den Jugendhilfeverantwortlichen aber nicht zum Anlass genommen, genauere Analysen über die Ursachen durchzuführen und nach Möglichkeiten zu suchen, diese Entwicklung zu stoppen. Im Gegenteil: auch die Senatsverwaltung für Finanzen hat mit ihren Einsparvorgaben damals das zu überwindende Finanzierungssystem gefestigt: die Finanzierung von Einzelfällen. Hier wurde in den vergangenen Jahren knallhart konsolidiert u.a. mit der Festsetzung von Fallzahlen und Finanzgrenzen für einzelne Hilfearten (Falldurchschnittskosten).

Die Mittelzuweisungen für die Hilfen zur Erziehung erfolgte bis 2001 auf Grundlage der im Bezirk verausgabten Gelder in geradezu unbeschränktem Umfang. Die Einzelfallfinanzierung über Fachleistungsstunden, Fallpauschalen, Festgeldern und Festbetragsbasis huldigt dieser jahrzehntelangen Festlegung, dass der Einzelfall das Maß aller Dinge sei.

1.3 Die neue Aufbau-Organisation: eine Matrixorganisation!

Der Arbeitsansatz der Sozialraumorientierung bietet die Chance, aus der Konsolidierungsfalle herauszukommen, die darin besteht, dass Kostenreduzierungen lediglich zu Leistungsminderungen führen. Das Konzept der Sozialraumorientierung setzt dagegen reinem fiskalischen Denken ein fachliches Konzept entgegen.

Unter den damaligen Organisationsstrukturen schien eine fachliche Veränderung der Jugendhilfe in Richtung Sozialraumorientierung kaum erreichbar. Deshalb traf die Leitung des Jugendamtes die Entscheidung, die Organisation des Jugendamtes so zu verändern, dass günstige Bedingungen für die neue fachliche Ausrichtung der Jugendhilfe geschaffen werden.

Die traditionelle paragraphenorientierte Arbeitsstruktur des Jugendamtes, die bislang eine flexible Jugendhilfe stark behinderte, wurde in Teilen durch eine Matrixorganisation ersetzt, die die hierarchische Struktur (zumindest partiell) und die Unterteilung in einzelne Fachbereiche aufhebt. Die neue zweidimensionale Struktur besteht aus einer horizontalen Fachschiene - Fachleitung genannt - und wird ergänzt durch eine vertikale fachübergreifende sozialräumliche Schiene.

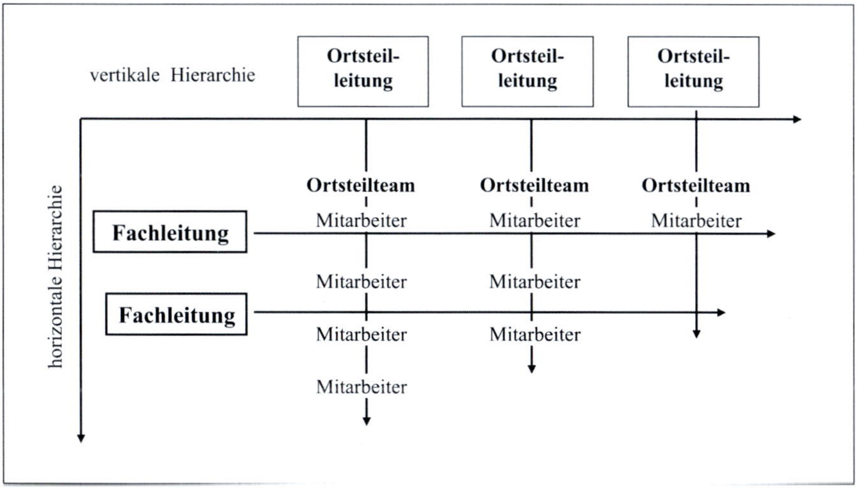

Abbildung 1: Matrixstruktur des Jugendamtes

Wir arbeiten als Bezirk seit nunmehr vier Jahren an der inhaltlichen Ausgestaltung. Wir haben die Organisation umstrukturiert und die Versäulung aufgehoben, indem wir die Fachbereiche zu Gunsten der Ortsteile „entmachteten". Wir haben die Ortsteile mit ihren Kiezgremien zu den Entscheidungsorganen gemacht, die etwa gemeinsam mit den freien Trägern und MitarbeiterInnen der Wirtschaftlichen Jugendhilfe kollegial beraten, welche passgenaue Hilfe den Betroffenen angeboten werden kann.

Die dem fachlichen Ansatz der SRO folgerichtigen internen strukturellen Veränderungen im Jugendamt umzusetzen waren zwingend nötig. Auch im Außenkontakt mit anderen sozialen Diensten, Abteilungen des Bezirksamtes werden andere Strukturen des Umgangs miteinander und der Zusammenarbeit als früher gebraucht. Hier zeigen sich schon Veränderungen: Mit MitarbeiterInnen anderer sozialer Dienste werden zunehmend konkrete Vereinbarungen über Kooperationen bezogen auf Einzelfälle, Aktionen und Gruppierungen getroffen werden. Die Installation von zielgruppenübergreifenden Ansätzen der Vernetzung mit Ämtern aus den Bereichen Wohnungsbau, Stadtentwicklung, Grünflächen usw. befindet sich noch in den Anfängen.

Es zeichnet sich immer mehr ab, dass sich unsere ursprünglichen Erwartungen, die MitarbeiterInnen könnten in der Matrixstruktur mehr Verantwortung entwickeln und umsetzen, mehr Kreativität für das Schneidern von „Maßanzügen" entfalten, indem sie die Möglichkeiten aller Bereiche in die Hilfsangebote integrieren, erfüllen. Doppelzuständigkeiten beispielsweise werden frühzeitig vermieden. Die Fähigkeit der MitarbeiterInnen aus dem Regionalen Sozialdienst (RSD), Ressourcen aus dem Umfeld der AdressatInnen der Jugendhilfe im Sozialraum zu erkennen und für maßgeschneiderte Hilfen zu nutzen, wächst deutlich.

1.4 Nachteile der Matrix-Struktur

Wir erkennen auch Nachteile der neuen Organisationsform, die wir in einem erhöhten Konfliktpotenzial sehen und in Unsicherheiten auf der Leitungsebene bezüglich ihrer Kompetenzen. Die dienstrechtliche und fachliche Weisungsebene sind funktional und personell getrennt und stehen nebeneinander. In den fachbereichsübergreifenden Ortsteilteams mit verantwortlicher Leitungskraft mit schwerpunktmäßigen Personalmanagementaufgaben werden die erforderlichen Entscheidungen im Rahmen der Zuständigkeit getroffen. Quer zu den Ortsteilteams werden durch Fachleitungen ausschließlich Aufgaben der Fachaufsicht (Standards) wahrgenommen. Die Schnittstellen in der Ortsteil- und Fachschiene gehören – und das hatten wir nicht anders erwartet - zu den zentralen Bereichen, in denen immer wieder mal Unklarheiten auftreten, die zu lösen sind.

Wir haben einen höheren Kommunikations- und Kooperationsaufwand und erleben eine neue Form von Konflikten. Es war von vorneherein klar, dass es mit der Einführung der Matrixstruktur zu Problemen und Konflikten kommen würde und im Vorfeld nicht alle Konfliktebenen präventiv bearbeitet werden könnten. Als lernende Organisation wird uns der Prozess jeweils vor neue Herausforderungen stellen, die wir nur sukzessive bearbeiten können. Wir waren von Anfang an darauf vorbereitet, dass Versuch und Irrtum uns immer begleiten werden. Verfahrensabläufe, Befugnisregelungen und Kompetenzabgrenzungen beschäftigen uns nach wie vor. Flankierend wurde und wird der gesamte Prozess durch Coaching, Personalentwicklung und Teamentwicklung begleitet.

1.5 Zum Projektverlauf in der Umbauphase

Das Projekt „Einführung der Sozialraumorientierung“ startete im Sommer 2002 und wurde Juli 2004 abgeschlossen. Projektvorbereitende Maßnahmen begannen ca. ein halbes Jahr vor dem Projektstart. Fachlich wurden wir vom ISSAB[1] der Universität Essen (Prof. Dr. Wolfgang Hinte) sowie von einer externen Organisationsberaterin (Frau Sabine Smentek) unterstützt – und zwar immer dann, wenn wir Hilfe von Experten benötigten. Den größten Teil der Arbeit haben die MitarbeiterInnen des Jugendamtes selbständig „gestemmt“. Insgesamt konnten wir für die externe Beratung ca. 35.000 € während der dreijährigen Projektphase ausgeben, was gemessen an der Größe des Projektes sehr wenig ist. Für die beteiligten MitarbeiterInnen bedeutete dies, neben dem laufenden Alltagsgeschäft zusätzlich für das Projekt arbeiten zu müssen, und das war beileibe keine Kleinigkeit. Mal abgesehen davon, dass es sich unter solchen Bedingungen nicht vermeiden lässt, Beteiligte am Projekt einer enormen Belastung aussetzen zu müssen, haben wir sehr gute Erfahrungen damit gemacht, uns immer nur dann, wenn es nötig war, Unterstützung von außen zu holen.

Für den Erfolg von Projekten ist die konsequente Anwendung von Projektmanagementmethoden und –werkzeugen durch kompetente und motivierte MitarbeiterInnen entscheidend. Fehlender Erfolg durchgeführter Projekte lässt sich oft genug auf diese Mängel zurückführen. Auch unser Projekt drohte in seinen frühen Anfängen zu scheitern, denn wir hatten keine MitarbeiterInnen, die sich mit Projektmanagementmethoden und –werkzeugen auskannten und diese obendrein noch handhaben konnten. Als sehr hilfreich erwiesen hat sich dann eine Inhouse-Schulung zum Thema Projektmanagement, die drei Monate nach dem Projektstart durchgeführt wurde. Diese gemeinsame Qualifizierung war der entscheidende Schlüssel, der das Projekt in Schwung gebracht hat.

1.6 Beteiligte und ihre Aufgaben

Die Steuerungsgruppe des Projektes bestand aus der Leitung des Jugendamtes, den damaligen Fachbereichsleitern, Mitarbeiterinnen aus dem Stab, der Personalratsvorsitzenden sowie der Frauenvertreterin. Die Steuerungsgruppe erstellte die Maßnahmeplanung, diskutierte die Arbeitsergebnisse der Unterarbeitsgruppen und traf die Entscheidungen, was wie umgesetzt werden sollte.

---

1 Institut für Stadtteilbezogene Soziale Arbeit und Beratung

Die Projektleitung und das Projektcontrolling nahmen die beiden Jugendhilfeplanerinnen wahr. Die Aufgaben bestanden in der Optimierung von Prozessabläufen im Rahmen des Gesamtprojektes „Einführung der Sozialraumorientierung", Koordination der Arbeit der Teilprojekte, Verzahnung der Teilprojekte im Gesamtprojekt, inhaltliche und organisatorische Vor- und Nachbereitung von Sitzungen der Lenkungsgruppe sowie Aufbereitung von entscheidungsrelevanten Statusberichten aus Teilprojekten. Außerdem war die Projektleitung für die interne und externe Öffentlichkeitsarbeit und auch Akquisition von Mitteln zur Projektunterstützung (intern / extern) zuständig.

In Unterarbeitsgruppen (UAG) sind MitarbeiterInnen aus allen Bereichen des Jugendamtes eingebunden worden. In ihnen erfolgte die inhaltliche Bearbeitung der Themen und Fragestellungen. Die Besetzung der Arbeitsgruppen wurde je nach Themenstellung vorgenommen und durch die /den UAG-Verantwortliche/n entschieden.

In allen Phasen des Projektes hatten die MitarbeiterInnen des Jugendamtes die Möglichkeit, sich über den aktuellen Projektstand, die aktuellen Themen und Entscheidungen als auch Bearbeitungsstände zu informieren. Es gab zentral und dezentral organisierte Informationsveranstaltungen und einen regelmäßigen Jour Fixe, an dem die Mitglieder der Steuerungsgruppe den Mitarbeitern für Fragen und Diskussionen zur Verfügung standen. In allen Dienstbesprechungen wurde regelmäßig über den Sachstand im Projekt berichtet, und es gab schriftliche Veröffentlichungen. In einem in allen Standorten des Jugendamtes für alle zugänglich einen Projektordner wurden alle wichtigen projektbezogenen Informationen hinterlegt. Obwohl wir vielfältige Möglichkeiten, sich zu informieren, geschaffen hatten, haben wir doch feststellen müssen, dass es MitarbeiterInnen gibt, die das nicht nutzten bzw. nicht richtig zuhörten, sich aber über mangelnde Information beklagten. Wir sehen das als Ausdruck von Widerstand, der Veränderungsprozesse immer begleitet. Das ist nichts Ungewöhnliches und Neues – warum sollen sich Menschen und Organisationen auf etwas einlassen, das ihnen zumindest Unruhe und Mehrarbeit, möglicherweise auch noch Unsicherheit und Existenzbedrohung beschert? Um alte Orientierungen und Strategien aufgeben zu können, müssen erfolgversprechende und nicht nur als Konstrukt erkennbare Verbesserungen erkennbar sein. Beabsichtigte Veränderungen müssen auch praktisch erprobt und überzeugend sein, doch das dauert seine Zeit und bis dahin ist den „Bewahrern" des alten Systems jedes Argument recht, das sich gegen die Umsetzung der Sozialraumorientierung in der Jugendhilfe einsetzen lässt (s. dazu Bauerfeld u.a. 2006).

Der wichtigste Schritt zu Beginn des Projektes war die Verständigung in der Lenkungsgruppe darüber, was das Jugendamt Tempelhof-Schöneberg unter Sozialraumorientierung versteht und welche strukturellen Veränderungen die Umsetzung der fachlichen Ziele, die sich daraus ableiten, nötig sein würden. Dann wurde anhand von bestimmten Indikatoren (Beachtung von gewachsenen individuellen Räumen, pragmatische Parameter wie Einwohnerzahlen, Standorte und Steuerungsmöglichkeiten von Personal und Finanzen) die Sozialräume festgelegt. Wichtig war außerdem, dass die Systematik der Zuschneidung von Sozialräumen auch auf andere Abteilungen übertragbar wäre (keine isolierte Systematik).

Der im Jugendamt getroffener Zuschnitt von insgesamt sieben Sozialräumen, Ortsteile genannt, dient der internen Abstimmung aller Leistungen und Angebote des Jugendamtes, als Orientierungsrahmen für die Dezentralisierung und ist Bezugspunkt für die Steuerung, Kooperation und Vernetzung der Fachdienste und Einrichtungen. Aber auch für die kleinräumige, ortsteilorientierte Erfassung von Bedarfslagen, für die Planung von Jugendhilfeleistungen sowie für die trägerübergreifende Koordination, Vernetzung und Abstimmung der Jugendhilfeangebote ist die sozialräumlich Einteilung maßgebend.

Die Einwohnerzahl je Ortsteil liegt zwischen 56.900 im dichtbesiedelsten Ortsteil und 30.600 im dünnbesiedelsten, die übrigen fünf haben zwischen 43.600 und 50.600 Einwohner/innen

2. Ergebnisse des Umbauprozesses

Es würde den Rahmen sprengen, alle inhaltlichen und strukturellen Aspekte und Ergebnisse darzustellen, die in unserem weitreichenden Organisationsentwicklungsprozess bearbeitet wurden. Wir werden deshalb nur auf die bedeutsamsten Veränderungen eingehen.

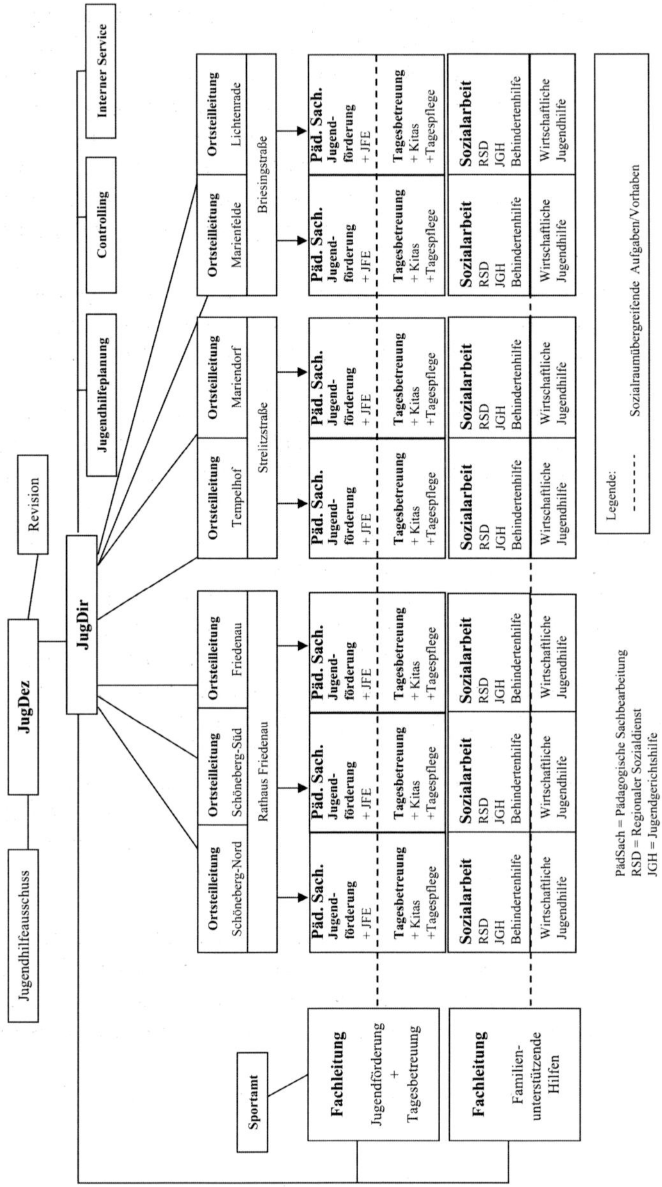

Abbildung 2: Organigramm des Jugendamtes, Stand Januar 06

Die Strukturen im Jugendamt Tempelhof-Schöneberg haben sich seit der Einführung der Sozialraumorientierung leicht verändert. Sie mussten den Berlin weiten Veränderungen angepasst werden. Seit dem 01.01.2006 sind die kommunalen Kindertagesstätten in Eigenbetrieben organisiert; zuvor sind schon die Hortplätze aus dem Jugendamt herausgenommen und in die Verantwortung der Schulen überstellt worden. Auch die Änderungen des SGB II und SGB XII hatten Folgewirkungen für die Jugendämter. Hinzu kommen massive Personaleinsparungen als Folge von Einsparvorgaben, die auch fatale Spuren im Jugendamt Tempelhof-Schöneberg hinterlassen haben.

Grundsätzlich sollen alle Dienste und Einrichtungen des Jugendamtes dezentralisiert sein. Entsprechend dem Bedarf und den zur Verfügung stehenden Personalressourcen in den einzelnen Bereichen kann es jedoch sein, dass ein Dienst für mehrere Ortsteile oder auch für den ganzen Bezirk zuständig ist. Die zentralen Dienste des Jugendamtes und solche, bei denen eine Dezentralisierung nicht möglich oder sinnvoll ist, richten heute ihre Zuständigkeit ortsteilorientiert aus. Zur internen Steuerung und Zuordnung der Ressourcen hatten die Fachbereiche in der Vergangenheit eine unterschiedliche Einteilung des Bezirks Die Wirtschaftliche Jugendhilfe und der Fachdienst Kindschaftsrechtliche Beratung und Vertretung arbeiteten nach dem Buchstabenprinzip.

Die Einteilung des gesamten Bezirks in sieben Ortsteile ist jetzt die Basis für die Sozialraumorientierung der Angebote und Leistungen. Die Ortsteile sind nicht nur für die Fachleitungen und die Ortsteilteams, sondern auch für den Fachdienst Psychosoziale Dienste, die Serviceeinheiten und Einrichtungen des Jugendamtes verbindlich für die Planung und Ausrichtung ihrer Angebote.

Die Fachbereichsstruktur für die Leistungsbereiche Jugendförderung, Tagesbetreuung für Kinder und Regionaler Sozialdienst/Jugendgerichtshilfe/Wirtschaftliche Jugendhilfe mit jeweils einer Fachbereichsleitung ist zugunsten einer raumbezogenen, fachbereichsübergreifenden Abteilungsgliederung aufgegeben worden. Diese neue Struktur fördert:

- die ganzheitliche, lebensweltorientierte Arbeitsweise der Jugendhilfe
- das fachbereichsübergreifende Denken und Handeln – im Mittelpunkt stehen die Kinder und Jugendlichen und ihre Familien mit ihrem Unterstützungsbedarf
- eine sozialraumbezogene, zielgruppen- und bedarfsorientierte Angebotsentwicklung
- die bedarfsorientierte Flexibilität zwischen den Fachdiensten in den Bereichen
- den Abbau von Fachabteilungsegoismen.

Insgesamt gibt es sieben sogenannte Ortsteilteams, in denen jeweils eine pädagogische Sachbearbeiterin/pädagogischer Sachbearbeiter, zuständig für die Aufgabengebiete Jugendförderung und Tagesbetreuung, mehrere SozialarbeiterInnen des Regionalen Sozialdienstes (RSD), ein Sozialarbeiter der Jugendgerichtshilfe (JGH) sowie MitarbeiterInnen der Wirtschaftlichen Jugendhilfe arbeiten. Die Aufteilung der SozialarbeiterInnen des RSD sowie der Wirtschaftlichen Jugendhilfe erfolgte nach einem indikatorengestützten Verteilungsmodell. Die Teamstärke in den einzelnen Ortsteilen liegt zwischen 16 und 9 Personen, die jeweils einer Ortsteilleitung unterstellt sind.

2.1 Aufgaben und Funktionen der Ortsteilleitungen

1. Personalsteuerung
- Dienstliche Weisungsbefugnis über alle OrtsteilmitarbeiterInnen zur Erfüllung der Betriebspflichten
- Organisation der Arbeitsfähigkeit (Post, Urlaub, Krankheit, Vertretung, Erreichbarkeit)
- fachliche Weisungsbefugnis für alle OrtsteilmitarbeiterInnen zur Durchsetzung fachlicher Vorgaben der Fachleitungen
- Anwendung der Personalentwicklungsinstrumente, Verantwortung für Personalplanung und –auswahl sowie Personalführung
- Entwicklung/Organisation eines Beschwerdemanagements im Einvernehmen mit den Fachleitungen.

2. Budgetverantwortung für den Sozialraum

3. Organisation
- Durchführung von Team- und Fallbesprechungen
- Aufbau und Sicherung eines Besprechungs- und Informationssystems für den Ortsteil (intern sowie mit Beteiligung freier Träger)
- Organisation der kollegialen Beratung und Supervision
- Entscheidungskompetenz bei Nicht-Konsensfähigkeit des Ortsteilteams.

4. Umsetzung der Handlungsgrundsätze der SRO
- Planungsverantwortung für sozialraumorientierte Angebote und Leistungen der Jugendhilfe
- Sicherstellung der Anwendung der methodischen Ansätze der SRO
- Stabilisierung des ziel- und bereichsübergreifenden Handlungsansatzes
- Konzentration, Nutzung und Erschließung der Ressourcen im Ortsteil
- Aktivierung / Förderung und Nutzung bürgerschaftlichen Engagements.

5. Weitere Aufgaben

- Sicherstellung der Einhaltung von fachlichen Standards des Jugendamtes
- Öffentlichkeitsarbeit
- Förderung der Eltern-/ Familienbildung.

2.2 Aufgaben und Funktionen der Fachleitungen

Die ursprünglich drei Fachleitungen für die Bereiche Jugendförderung, Tagesbetreuung und Familienunterstützende Hilfen sind auf zwei „geschrumpft". Durch den Wegfall von Aufgaben nach der Abgabe sämtlicher Hortplätze an die Schulen sowie die Gründung der Kita-Eigenbetriebe war eine eigenständige Fachleitung für diesen Bereich nicht mehr angebracht. Das führte zur Zusammenlegung der Fachleitungen Tagesbetreuung und Jugendförderung mit Wirkung vom 1. Januar 2006. Die Fachleitungen haben den Auftrag, eine für alle Sozialräume gleichermaßen gültige Arbeitsweise sicherstellen. Die Spezifika des Sozialraumes, die in fachliche Entscheidungen einfließen, sind von der Ortsteilleitung gegenüber der Fachleitung und der Abteilungsleitung zu vertreten.

Die generellen Aufgaben der Fachleitungen sind:

- Entwicklung von Standards für die Qualität der Jugendhilfeleistungen, u.a. Konzeptentwicklung für Eltern-/Familienbildung sowie konzeptionelle Verantwortung für die Einbeziehung bürgerschaftlichen Engagements
- Erarbeiten von Vorgaben zu fachlichen Standards
- Verantwortung für die Umsetzung der Standards, fachliche Weisungsbefugnis gegenüber Ortsteilleitungen
- Beratung der Ortsteilleitungen und der MitarbeiterInnen in den Ortsteilteams zu fachlichen Fragen
- Aufbau und Sicherung eines fachlichen Besprechungs- und Informationssystems
- Fachliche Vertretung des Bezirkes auf Landesebene.

Hinzu kommen die speziellen Aufgaben/Zuständigkeiten, die sich aus dem jeweiligen Fachgebiet heraus ergeben.

2.3 Das Verhältnis Ortsteilleitung – Fachleitung

Das Verhältnis zwischen Fachleitungen und Ortsteilleitungen war zunächst auch geprägt von Konkurrenz und gelegentlichen Machtrangeleien. In der Literatur wird immer wieder darauf hingewiesen, dass besonders dann mit dem Eintreten solcher Schwierigkeiten gerechnet werden muss, wenn vor der Implementierung der Matrix-Organisation einfache Autoritätsstrukturen vorhanden waren. Wir können das aus eigenen Erfahrungen nur bestätigen. Die neue Situation führte zu einem Gefühl der Unsicherheit unter den Leitungskräften. Die eigene Rolle musste definiert werden; alles, was vor der Umstrukturierung galt, wurde nunmehr in Frage gestellt. Diese Verunsicherungen sind die elementare Ursache für abwehrendes Verhalten und interpersonale Konflikte. Es gab immer wieder Klärungs- und Regelungsbedarf für die Zusammenarbeit der beiden Ebenen. Inzwischen treten Konflikte zwischen den beiden Hierarchieebenen nur noch selten auf. Einmal jährlich findet ein Klausurtagung statt, in der sich die Führungskräfte gemeinsam mit der Jugendamtsleitung selbstkritisch mit dem Thema „Führung in der Matrix-Organisation" auseinandersetzen, eventuelle Konflikte bearbeiten und Vereinbarungen treffen.

Die Fachleitungen und Ortsteilleitungen verständigen sich im Rahmen von Fachrunden, die regelmäßig monatlich stattfinden, über fachliche Grundsätze, damit diese in der Arbeit im Sozialraum umgesetzt werden können. Bei speziellen Einzelfragen ist eine Klärung über die Ortsteilleitung mit der Fachleitung zu erzielen. Die Ortsteilleitung vertritt deren Durchsetzung im Ortsteil.

Die Vermittlung fachlicher Standards an die MitarbeiterInnen (z.B. Gesetze, Verfahren) liegt in der Verantwortung der Fachleitungen. Sie organisieren, dass Änderungen und andere relevante fachliche Informationen schnell die betreffenden MitarbeiterInnen erreichen. Bei Bedarf führen sie entsprechende Schulungen durch.

2.4 Controlling und Interner Service

Vor der Neuorganisation des Jugendamtes gab es zwei Controlling-Bereiche, nämlich Finanz- und Personalcontrolling. Als Stabsstellen waren sie direkt der Jugendamtsleitung unterstellt.

Vor der Umstrukturierung waren die internen Serviceeinheiten – Personalangelegenheiten, Haushaltsangelegenheiten Kosten- und Leistungsrechnung (KLR), Grundstücks- und Immobilienverwaltung - dezentral in den Fachbereichen angesiedelt. Der interne Service Informationstechnologie (IT) war direkt dem Jugendamtsleiter unterstellt. Die Bereiche wurden in ihrer bestehenden

Struktur aufgelöst und neu organisiert. Aus personellen Gründen gab es keine andere Lösung als diese Servicestellen zu zentralisieren.

Die Aufgabengebiete

- interner Service für Personalangelegenheiten
- interner Service Informationstechnologie (IT)
- interne Poststelle

wurden in das Personalcontrolling integriert und die Bereiche

- interner Service für Grundstücks- und Immobilienverwaltung
- interner Service für Haushaltsangelegenheiten
- interner Service Kosten- und Leistungsrechnung (KLR)

in das Finanzcontrolling.

Im Kompetenz- und Verantwortungskonzept für Fachleitungen und Ortsteilleitungen vom 21.02.2002 wurde festgelegt, dass die Fachleitungen Jugendförderung, Tagesbetreuung und Familienunterstützende Hilfen verpflichtet sind, für ihren Bereich jeweils ein Fachcontrolling zur Sicherung der Qualitätsstandards aufzubauen. Mit der Einführung der neuen Strukturen im Jugendamt am 1.10.2003 wurde ein Fachcontrolling bei der Fachleitung Familienunterstützende Hilfen eingerichtet. Spätestens seit der Einführung eines integrierten Berichtswesens zu Beginn 2005 zeichnete sich ab, dass es fachlich vernünftig ist, ein gemeinsames Fachcontrolling für alle Jugendhilfebereiche zu installieren und dieses Arbeitsgebiet in die Stabsstelle Controlling (Personal und Finanzen) der Jugendamtsleitung zu integrieren. Der gesamte Controllingbereich und der interne Service-Bereiche wurden zum 01.01.06 neu strukturiert. Beide Bereiche werden von je einer Führungskraft geleitet, die wiederum der Jugendamtsleitung unterstellt ist.

Der Interne Service orientiert sich am Dienstleistungsgedanken, versteht sich als Auftragnehmer der einzelnen Bereiche des Jugendamtes und der Verwaltungsspitze. Der Interne Service unterstützt die einzelnen Bereiche der Abt. Familie, Jugend und Sport bei der Produkterstellung durch das Erbringen von Serviceleistungen im Bereich des Personalwesens, der IT-Technik und Haushaltsangelegenheiten.

Servicevereinbarungen definieren die Mindestqualitäten für den zu erbringenden Service zwischen Serviceerbringern (Auftragnehmer) und Leistungsbeziehern (Auftraggeber) und zwar an Hand von operationalisierten Zielen, die mittels Kennzahlen bzw. Indikatoren gemessen werden

Teamstrukturen im Ortsteil

Ortsteilteam
(alle Mitarbeiter/innen des öffentlichen Trägers, deren Arbeitsweise sozialräumlich ausgerichtet ist)

- Entwicklung von Angeboten durch fortlaufende Bedarfsfeststellung
- Entscheidungsvorbereitung im Rahmen des zur Verfügung stehenden Budgets
- Erarbeitung fallübergreifender Aktivitäten
- Diskussion der Ausrichtung der Jugendhilfe im Ortsteil
- Abstimmung und Bündelung von Ortsteilressourcen

Kiezteam I
(Mitarbeiter/innen des öffentlichen *und* der freien Träger)
- Beratung und fortlaufende Überprüfung aller Hilfen zur Erziehung im Kiez (Entscheidung erfolgt im Kontraktgespräch mit dem Betroffenen)
- Entwicklung von flexiblen, individuell angepassten Hilfeformen nach §§27ff SGB VIII
- Beratung von Einzelfällen, die nach HzE "riechen"
- Beratung von "Altfällen"
- Entwicklung von Ideen für fallvermeidende und fallübergreifende Projekte

Kiezteam II
siehe Kiezteam I

Abbildung 3

In den sieben Ortsteilen gibt es jeweils ein jugendamtsinternes Ortsteilteam, das ein- bis zweimal monatlich tagt. Die Teilnahme am Ortsteilteam ist für die MitarbeiterInnen des öffentlichen Trägers, deren Arbeitsweise sozialräumlich ausgerichtet ist, Pflicht. TeilnehmerInnen des Ortsteilteams sind die zuständigen MitarbeiterInnen des RSD, die Mitarbeiterin/Mitarbeiter der JGH (Jugendgerichtshilfe), der/die pädagogische Sachbearbeiter/in für Kinder- und Jugendarbeit sowie Tagesbetreuung, die Wirtschaftliche Jugendhilfe sowie der für den Ortsteil zuständige Mitarbeiter der öffentlichen Erziehungs- und Familienberatungsstelle. Geleitet wird das Ortsteilteam von der jeweiligen Ortsteilleitung. Bei Bedarf nehmen auch die Fachleitungen und der Jugendamtsleiter an den Sitzungen teil.

Die Ortsteilteams sind zuständig für den fachübergreifenden Austausch der beteiligten MitarbeiterInnen mit dem Ziel der optimalen Bündelung der einzelnen Jugendhilfeleistungen im Ortsteil. Ihre Aufgaben im einzelnen:

- Diskussion von Einzelfällen von grundsätzlicher Bedeutung für das Agieren im Ortsteil nach Einschätzung des RSD
- Bearbeitung von Anregungen aus den Kiezteams bzgl. fallübergreifender Aktivitäten

- Kontinuierliche Diskussion der Rolle und Ausrichtung der Jugendhilfe im Ortsteil
- Abstimmung und Bündelung von Ortsteilressourcen bei der Erbringung von Jugendhilfeleistungen
- Beratung und Entscheidungsvorbereitung für die Ortsteilleitungen
- Kollegiale Praxisberatung
- Fachlicher Austausch
- Entwicklung und Entscheidung von ortsteilrelevanten Maßnahmen, Projekten etc.

Ausgehend von Anliegen der KlientInnen, von Beobachtungen der RSD- MitarbeiterInnen wie auch Kooperationspartnern (z.B. Schule, Polizei) wird im Ortsteilteam der gesamte Ortsteil in den Blick, genommen, um zu prüfen, ob eine am Bedarf orientierte Infrastruktur besteht, die unterhalb der Hilfen zur Erziehung (HzE) nutzbar ist. Die setzt auch voraus, dass die Leitungskraft (OrtsteilleiterIn) im Ortsteil strategische Ziele entwickelt.
Hierfür zwei Beispiele:

> In einem Ortsteil des Bezirks Tempelhof-Schöneberg, in dem bisher keine Nachbarschaftseinrichtung angesiedelt war, konnte das Jugendamt nach beharrlichen Verhandlungen eine denkmalgeschützte Immobilie, die sich im bezirklichen Besitz befindet, übernehmen. Um das ehrenamtliche Engagement in dem Ortsteil zu fördern, soll hier in freier Trägerschaft ein Nachbarschafts- und Selbsthilfezentrum entstehen. Durch sich ständig verändernde Auflagen des Denkmalschutzes war der freie Träger der Jugendhilfe später nicht mehr in der Lage, die Architektenleistungen zu finanzieren. So musste eine andere Konstruktion gefunden werden. Das „Sozialpädagogische Institut" (SPI) konnte als Vertragspartner des Jugendamtes gewonnen werden und im Rahmen vertraglicher Regelungen soll der Bezirk seine Eigentümerfunktion treuhänderisch auf das SPI übertragen. Nach erfolgter Sanierung wird die Nutzung der Immobilie einem Schwerpunktträger der freien Jugendhilfe im Ortsteil übertragen.

> In einem anderen Ortsteil des Bezirks Tempelhof Schöneberg sollte eines der Gemeindezentren der evangelischen Kirche aufgegeben und das Grundstück verkauft werden. Der Sachverhalt wurde auch Thema in der Ortsteil-Arbeitsgemeinschaft (AG nach § 78 SGB VIII), weil u.a. im Keller des Hauses ein Jugendtreffpunkt engagiert arbeitete und sich um seinen Bestand sorgte. Ziel der Diskussion war den Standort für die Kinder- und Jugendhilfe zu nutzen. Daraufhin meldete der ambulante Schwerpunktträger für diesen Ortsteil vorsichtiges Interesse an. Gespräche mit den VertreterInnen der Gemeinde (geschäftsführender Pfarrer, Vorsitzende des Gemeindekirchenrates) und VertreterInnen des Jugendamtes führten im Ergebnis dazu, dass auf einen Verkauf verzichtet wurde. Die erregten Diskussionen in der Gemein-

de führten nach gut einem Jahr zu der Bereitschaft der Kirche, dem freien Träger der Jugendhilfe die Immobilie langfristig zu verpachten. Inzwischen floriert ein Nachbarschafts- und Selbsthilfezentrum mit Suppenküche, Jugendtreffpunkt, Krisenwohnungen des stationären Schwerpunktträgers, Selbsthilfegruppen etc..

Neben dem Ortsteilteam gibt es jeweils zwei HzE-Kiezteams in jedem Ortsteil. Die HzE- Kiezteams sind zuständig für die Beratung aller Fälle, die „nach HzE riechen“ und für die fortlaufende Überprüfung aller Hilfen zur Erziehung im Kiez. Perspektivisch sind auch andere Fach-Kiezteams nicht ausgeschlossen, aktuell aber nicht in der Planung. Die Gesamtverantwortung und Steuerungsfunktion des öffentlichen Trägers ist von der Arbeit der HzE-Kiezteams nicht berührt. Verfahrensverantwortung und Regiekompetenz werden vom öffentlichen Träger ausgeübt. In den Kiezteams wird die Zusammenarbeit zwischen dem Regionalen Sozialdienst (RSD) und der Wirtschaftlichen Jugendhilfe (WiJHi) als Vertreter der öffentlichen Jugendhilfe und den im Ortsteil tätigen Fachkräften der Schwerpunktträger gestaltet. Sie brechen damit die versäulten Strukturen der Jugendhilfe auf, weil sie institutions- und arbeitsbereichsübergreifend arbeiten.

Der Zuschnitt der Kieze orientiert sich an den vorhandenen Jugendhilfeplanungsräumen und wurde von der Ortsteilleitung nach Beratung mit dem Ortsteilteam festgelegt.

Details wie z.B. Standards der Falleinbringung und Fallbearbeitung sowie der Durchführungskontrolle regelt eine Geschäftsordnung.

Dem Kiezteams gehören alle für den Ortsteil bzw. einen bestimmten Teilbereich des Ortsteils zuständigen MitarbeiterInnen des RSD, der Wirtschaftlichen Jugendhilfe, die dem jeweiligen Ortsteilteam zugeordneten Mitarbeiter der Erziehungs- und Familienberatung (EFB) (öffentlicher und freie Träger) sowie die im Ortsteil und für den Ortsteil tätigen Fachkräfte der Schwerpunktträger.

2.5 Qualifizierung

Ein Organisationsentwicklungsprozess kann nur erfolgreich vollzogen werden, wenn durch entsprechende Personalentwicklungsmaßnahmen die MitarbeiterInnen befähigt werden, Aufgaben mit veränderter Zielsetzung kompetent wahrzunehmen. Deshalb gab es selbstverständlich auch Projektziele zur Personalentwicklung. Die Qualifizierung der Mitarbeiter einschließlich der Führungskräfte zur Stärkung der Führungskompetenz hat zielgruppengerecht stattgefunden. Ein Konzept für Qualifizierungsmaßnahmen zur Unterstützung der am sozialen Raum ausgerichteten Arbeitsweise für die MitarbeiterInnen einschließlich der Führungskräfte wurde entwickelt und zielgruppengerecht durchgeführt. An der

Basisqualifikation zur Sozialraumorientierung nahmen nicht nur die MitarbeiterInnen des jeweiligen Ortsteilteams teil, sondern auch viele Mitglieder der Ortsteilarbeitsgemeinschaft nach § 78 KJHG, also Mitarbeiter von freien Trägern, einzelner Schule, dem Gesundheitsamt, der Polizei usw. Besonders hervorzuheben ist auch die Qualifizierung der HzE-Kiezteams nach dem Trainingskonzept des ISSAB der Universität Essen, durchgeführt von speziell für die Berliner Verhältnisse ausgebildeten Multiplikatoren. Hier wurden die kompletten Teams gemeinsam qualifiziert, was sich auf die Zusammenarbeit in den Teams sehr positiv ausgewirkt hat.

Leitungskräfte	*Ortsteilteam*	*HzE-Kiezteammitglieder*	*Servicebereich*	*Controlling*
Prozessbegleitende Fortbildung und Unter-stützung zum Projekt (Mitgl. der Steuerungsgr. und Vertreter der Fachl.)	Qualifizierung der OAGs nach § 78 KJHG (Ortsteilteammitglieder, Mitglieder der OAG)	Qualifikation der Kiezteams in sozialräumlicher Arbeit (zusammen mit den Fachkräften der Schwerpunktträger)	Fortbildung zur Kundenorientierung der zentralen Dienste des Jugendamtes	Qualifizierung der Controllingbereiche
Organisations-/ Projektentwicklung und -begleitung (Mitgl. der Steuerungsgr. und Vertreter der Fachl.)	Grundlagenschulung zur SRO für Ortsteilteams / Teamentwicklung	Flexible Hilfen nach dem SGB VIII (§§ 27 ff)		
Grundlagenschulungen für Leitungen		Qualifizierung des RSD bezüglich der Aufgaben der Jugendgerichtshilfe		

Abbildung 4

2.6 Zusammenarbeit mit Schwerpunktträgern

Das Jugendamt braucht verlässliche stabile Partner, die geeignet sind, die Zielsetzungen der sozialraumorientierten Jugendhilfe zu verwirklichen und bereit sind, sich auf die hohen Anforderungen über einen längeren Zeitraum einzulassen.

Das ist nicht mit einer beliebigen Anzahl von Trägern machbar. Deshalb hat das Jugendamt Tempelhof-Schöneberg im Rahmen der Einführung der Sozialraumorientierung Schwerpunktträger(-verbünde) für jeden Ortsteil ausgewählt, die Unterstützungsleistungen "um den § 27 herum" anbieten. Die Auswahl von Schwerpunktträgern und der Abschluss von Kooperationsvereinbarungen mit diesen Schwerpunktträgern kennzeichnet ein neues Verhältnis von öffentlicher und freier Jugendhilfe. In enger Kooperation mit dem bezirklichen Jugendamt müssen die Schwerpunktträger die soziale Infrastruktur und die vorhandenen Ressourcen im Ortsteil für Unterstützung, Beratung und Freizeit unabhängig vom Einzelfall erschließen. Sie müssen verbindlich Kooperationsmöglichkeiten z.B. zu Trägern der offenen Kinder- und Jugendarbeit und der Familienförderung, zu Kindertagesstätten, Schulen, Vereinen, Initiativen, Schlüsselpersonen, Selbsthilfegruppen, Wohnbaugesellschaften, Händlern etc. gestalten. Die Kenntnisse über die Ressourcen im Ortsteil sollen ständig erneuert und für die einzelfallbezogenen Hilfen genutzt werden.

Die Anforderungen an die freien Träger der Jugendhilfe - und ganz besonders trifft das auf die zu, die im HzE-Bereich arbeiten - sind entsprechend hoch. Die Träger bzw. die von ihnen in den Ortsteilen eingesetzten HelferInnen müssen:

- die sozialraumorientierten Arbeitsprinzipien kennen und in der praktischen Arbeit anwenden
- über grundlegende Kenntnisse über den Ortsteil, in dem sie tätig sind, verfügen
- Ressourcen kennen und erschließen
- ein Kooperationsnetz aufbauen
- Kontakte nutzen

und vor diesem Hintergrund Hilfeformen entwickeln, die auf die besonderen Bedarfe der Betroffenen ausgerichtet sind. Von diesen Trägern wird ein hohes Engagement erwartet, da sie sich an vielen Stellen in Gremien einbringen müssen, die Ideen für fallvermeidende und fallübergreifende Projekte entwickeln, die Ortsteilressourcen abstimmen und bündeln und die Ausrichtung der Jugendhilfe mit den anderen AkteurInnen im Ortsteil diskutieren.

Die anspruchsvollen fachlichen Zielsetzungen bedeuten für die Schwerpunktträger wie für alle Helfersysteme eine immense Herausforderung. Die bisherige professionelle Identität wird grundlegend in Frage gestellt. Und Ressourcen kann nur jemand suchen und finden, der überzeugt davon ist, dass der soziale Raum etwas zu bieten hat, das besser und weitreichender sein kann als die eigene professionelle Fachlichkeit.

Noch ist es in Berlin nicht möglich, mit Trägerbudgets zu arbeiten, doch für die Zukunft hoffen wir, durch ein Trägerbudget die Finanzierung von flexiblen Jugendhilfeleistungen unterstützen zu können.

Durch die enge Zusammenarbeit im HzE-Kiezteam haben sich die Kooperationsbeziehungen zwischen den Mitarbeiterinnen des Jugendamtes und der Freien Trägern deutlich intensiviert und verbessert. Dabei sind vor allem sechs Aspekte hervorzuheben (vgl. Institut für Innovation 2006):

1. Schnellere bzw. kürzere, durch das persönliche Kennen lernen im HzE-Kiezteam auch menschlich unkompliziertere und somit insgesamt effektivere Kommunikationswege bzw. Abstimmungsprozesse zwischen den Mitarbeitern sowohl im als auch außerhalb des Kiezteams
2. Intensivierung des fachlichen Austausches, der zu einer besseren Vorbereitung der Gespräche in der Falleingangsphase, bei den Hilfeplangesprächen und in der Auswahl individuell passender Hilfen führt
3. Qualifizierung der hilfeplanungsrelevanten Entscheidungen und Entlastung der Einzelnen vom individuell empfundenen Verantwortungsdruck durch regelmäßige kollegiale Beratung
4. Verbesserung der Informationsgrundlage für die RSD Mitarbeiterinnen in Bezug auf Angebote im Sozialraum und damit verbesserte Einbeziehung dieser Angebote im Rahmen von Hilfeprozessen
5. Erfahrung einer höheren (gegenseitigen) Wertschätzung bzw. des Abbaus von„feindlichen“ Bildern bzw. Misstrauen zwischen den MitarbeiterInnen der unterschiedlichen Institutionen (Jugendamt und freier Träger)
6. Gemeinsame Anerkennung der Grenzen der Jugendhilfe durch die VertreterInnen beider (öffentlicher und freier)Träger in Fällen, in denen man trotz der Zusammenlegung der unterschiedlichen Kompetenzen wenig erreichen kann.

Obwohl die MitarbeiterInnen der HzE Kiezteams stark ermutigt werden, innovative, kreative Hilfeideen umzusetzen, die deutlich von der Norm der etablierten Hilfen abweichen (sog. „Maßanzüge“), wird dies leider noch nicht so genutzt, wie wir es uns wünschen. Zum Teil liegt es daran, dass die Finanzierungsvorgaben in Berlin noch nicht flexibel genug angelegt sind, um ungewöhnliche bzw. quer zu den §§ 29 bis 35 des SGB VIII liegende Hilfeformen zu entwickeln, andererseits es ist eben auch nicht so leicht, aus gewohnten Denk- und Handlungsschemata auszubrechen. Doch die bisherigen Erfahrungen lassen hoffen, dass dies zunehmend immer besser gelingen wird.

3. Ausblick

Mit dem, was wir seit 2001 geschafft haben, sind wir sehr zufrieden. Die Entscheidung, das Jugendamt als Matrixorganisation zu strukturieren, ist nach wie vor richtig. Die Qualität der Leistungen für die AdressatInnen der Jugendhilfe konnte erheblich verbessert werden, die „Versäulung" der Jugendhilfe verschwindet immer mehr, und die Arbeitszufriedenheit der MitarbeiterInnen wurde - wenn auch nicht bei allen, so doch bei vielen – gesteigert.

Natürlich sind wir noch lange nicht am Ziel unserer Wünsche und Vorstellungen einer guten sozialräumlich orientierten Arbeit angelangt. Wir wissen ziemlich genau, wo die Optimierungspunkte liegen. Dennoch sehen wir besorgt in die Zukunft, und zwar nicht, weil wir meinen, die Aufgaben, die noch vor uns liegen, von vornherein nicht bewältigen zu können, sondern weil die äußeren Rahmenbedingungen in Berlin so katastrophal sind, dass wir an ihnen zu scheitern drohen.

Zum Problem werden langsam aber sicher die Folgen des massiven Abbaus von Jugendhilfeleistungen in Berlin. Die Mittel im Bereich der Hilfen zur Erziehung und der Sachmittel z.B. für die Kindererholung, die Kinder- und Jugendarbeit etc. sind längst so weit gekürzt, dass weniger nicht mehr geht und Qualitätsminderungen bei den Jugendhilfeleistungen in Kauf genommen werden müssen.

Noch wesentlich kritischer für die Sicherung der sozialraumorientierten Arbeitsstrukturen ist jedoch der rigorose Personalabbau in den Berliner Jugendämtern, gepaart mit einer Überalterung der MitarbeiterInnen, besonders ausgeprägt unter den n. Die Personalsituation nicht nur in Tempelhof-Schöneberg, sondern in allen Berliner Jugendämtern spitzt sich dramatisch zu. Aufgrund der Budgetierungsergebnisse für 2006 mussten im Jugendamt Tempelhof- Schöneberg 50 Stellen – das sind 13% sämtlicher im Jugendamt vorhandenen Stellen - abgebaut werden, und zwar zusätzlich zu dem Personalabbau, der bedingt durch die Herauslösung der Kindertagesbetreuung aus der kommunalen Verantwortung der Jugendämter erfolgen musste. Die fatale Personalsituation hat schwerwiegende demotivierende Auswirkungen. Selbst die bislang stark engagierten und unseren Prozess unterstützende Kolleginnen und KollegInnen zeigen zunehmend Anzeichen von Resignation.

Obwohl das Projekt „Optimierung der Entscheidungsprozesse, der Organisation und der Finanzierung der Berliner Jugendhilfe – Einführung der Sozialraumorientierung" in die Reformagenda des Landes Berlin aufgenommen wurde, bedeutet das noch nicht, dass neben dem Ziel der Kostenreduzierung auch die fachlichen Ziele der Sozialraumorientierung im Land Berlin politisch ernsthaft verfolgt werden.

Literatur

Bauerfeld, Andrea/ Till, Henning/ Volk, Antonia (2006): „Verbot von Schwerpunktträgern und Sozialraumbudgets? Das Ende der Sozialraumorientierung in der Jugendhilfe?" in: HEZ – Heim und Erzieher Zeitschrift. 1/2006. Internationale Gesellschaft für erzieherische Hilfen. Frankfurt am Main

Institut für Innovation und Beratung an der Evangelischen Fachhochschule Berlin (2006): Evaluationsbericht zum Stand der Umsetzung und zur Qualität sozialraumorientierten Arbeitens in ausgewählten Ortsteil- und Kiezteams des Jugendamtes Tempelhof-Schöneberg im Sommer 2005. Berlin

Till, Henning (2004): Unternehmen Jugendamt. Von der verwaltenden Behörde zur lernenden Organisation, in: Blätter der Wohlfahrtspflege 151. 3/2004, S. 86-88

Sozialraumorientierung in Ulm – die Entwicklung von Budgetverträgen

Angelika Josupeit

Die Stadt Ulm liegt in Baden-Württemberg, hat ca. 120.000 Einwohner/innen und versteht sich als wachsende Wirtschaftsregion zwischen München und Stuttgart. Über 100.000 Arbeitsplätze bieten nicht nur Ulmern, sondern zahlreichen Einpendlern Erwerbsmöglichkeiten. Die Arbeitslosigkeit lag Ende 2004 bei 6,4%.

In der Jugendhilfe nahm Ulm im baden-württembergischen Städtevergleich auch schon 2002 –zu Beginn der Umstrukturierung- eine vordere Position ein; die jährlichen Ausgaben für Transferleistungen der Jugendhilfe lagen seinerzeit bei 7,7 Mio. €.

Zwischen der Stadt Ulm und den angrenzenden Landkreisen Neu-Ulm (Bayern) und dem Alb-Donau-Kreis (Baden-Württemberg) wird in der Jugendhilfe eine enge Zusammenarbeit praktiziert, dennoch ist diese in den 3 Gebietskörperschaften sehr unterschiedlich organisiert.

1. Ausgangslage und Projektverlauf

Bis zum Jahr 2002 war die Jugendhilfe in der Stadt Ulm gekennzeichnet durch

- ständig steigende Ausgaben in den Jugendhilfe-Leistungen
- eine zentrale Aufgabenwahrnehmung seitens der städtischen Abteilungen
- getrennte Zuständigkeiten sowohl innerhalb der städtischen Abteilungen als auch bei den freien Trägern der Erziehungshilfe
- die Trennung von Fach- und Finanzverantwortung auf den „unteren“ Ebenen
- getrennte Verantwortungen für die Ausgaben der Jugendhilfetransfer-Leistungen (für die pädagogischen Entscheidungen war der Soziale Dienst, für Bescheid-Erteilung und finanzrelevante Abwicklung die Wirtschaftliche Jugendhilfe zuständig)
- Steuerungsprobleme bei der übergeordneten Fall- und Finanzentwicklung.

Im Jahr 2003 wurde auf diesem Hintergrund die Sozialraumorientierung in der Jugendhilfe der Stadt Ulm - gegliedert in 5 Sozialräume - auf der Grundlage einer Projektplanung nach strategischem Management umgesetzt (s. dazu Joanni/Lehmann 2006). Für eine dreijährige Modellphase wurden folgende übergeordnete inhaltliche Ziele festgelegt:

- Hilfen setzen frühzeitig und maßgeschneidert im Lebensumfeld der Betroffenen an.
- Hilfen werden so ausgestaltet, dass die betroffenen Menschen nachhaltige Unterstützung dabei erfahren, von öffentlicher Hilfe unabhängig zu werden.
- Bezüglich ihrer Wirkung werden Hilfen effektiver und effizienter geleistet. Die Zielerreichung wird auf der Grundlage von Kennzahlen dargestellt.

Auf der Grundlage eines Parallelbetriebs sollten „best practice"-Strukturen in den Segmenten

- dezentralisierte / zentralisierte Standorte der Sozialen Dienste und
- gemeinsame / getrennte Budgetverantwortung mit freien Trägern ermittelt und durch die Einführung fiktiver Ausgabenbudgets erprobt werden, ob die Jugendhilfetransfer-Leistungen grundsätzlich budgetierbar sind.

Die dreijährige Modellphase war durch laufende prozesshafte Weiterentwicklungen geprägt.

2003	
März	Umorganisation: Bildung von 3 Sozialraum-Sachgebieten in der Abteilung Soziale Dienste mit Kommunalem Sozialen Dienst, Jugendgerichtshilfe und Wirtschaftlicher Jugendhilfe
Juli	Umzug eines Sachgebietes in den Sozialraum
	Start der „HzE-Sozialraumbudget-Verträge" mit gemeinsamer Budgetverantwortung öffentlicher + freier Träger in 2 Sozialräumen
	Bildung fiktiver Ausgabenbudgets für die 3 anderen Sozialräume
	Beginn des „HzE"-Controlling
September	Beginn des AK „HzE-Kooperation Stadt/freie Träger"
	Gründung der (5) Sozialraumteams: Kommunaler Sozialer Dienst, Jugendgerichtshilfe, Wirtschaftliche Jugendhilfe, Schulsozialarbeit, offene Kinder- und Jugendarbeit, Mobile Jugendarbeit, Erziehungshilfe, z.T. Schule + KiTa
November	Beginn der MitarbeiterInnenqualifizierung
Dezember	Umstellung der Jugendhilfeplanung auf die Sozialraumorientierung

2004	
Januar	Beginn der Jugendhilfeplanungsgremien in den Sozialräumen
April	Auswertung des ersten Projektjahres anhand der Kennzahlen
Juli	Ausweitung des „HzE-Sozialraumbudgets“ auf alle Ausgaben der Jugendhilfe-Transferleistungen
	Abschluss des Budgetvertrages mit einem freien Träger in einem 3. Sozialraum
	Sozialraumorientierte Konzeption der offenen Kinder- und Jugendarbeit

2005	
Februar	Umstellung der Berichterstattung in den gemeinderätlichen Gremien auf „Sozialraumberichte der Jugendhilfe“
April	Auswertung 2004 anhand der Kennzahlen; erste Bildung von Zeitreihen
Juli	Abschluss eines Kontraktes zur Personalausstattung im Kommunalen Sozialen Dienst
August	Zusammenlegung der bis dahin getrennten Abteilungen Soziale Dienste und Jugendarbeit
	Bildung von 5 Sozialraumsachgebieten
Oktober	Umzug aller Sozialraumsachgebiete in die Sozialräume
November	Abschluss von Übergangsverträgen 2006 zum „HzE-Sozialraumbudget“ mit den freien Trägern

Abbildung 1

2. Entwicklung von HzE-Sozialraum-Budgetverträgen

Die konkrete Planungsphase des sozialraumorientierten Umbaus begann in Ulm im November 2001. Bereits im Januar 2002 wurden die freien Träger der Jugendhilfe in den zunächst ausschließlich verwaltungsintern ablaufenden Prozess eingebunden. Ab Mitte 2002 stand das Thema „Sozialraum-Budgetverträge“ auf der Tagesordnung. Zu diesem Zeitpunkt war das dazu erforderliche Detailwissen – rückblickend betrachtet – gleich Null. Völlig unklar war, wie eine Umsetzung den Ulmer Gegebenheiten Rechnung tragen könnte.

Einige Kommunen hatten zu diesem Zeitpunkt bereits Sozialraum-Budgetverträge abgeschlossen, so dass es sinnvoll erschien, deren Erfahrungen und Vereinbarungen abzufragen. Dabei stellte sich jedoch heraus, dass zwar allen gemeinsam die Bezeichnung „Sozialraumorientierung“ war, die Verfahren sich jedoch erheblich unterschieden (siehe dazu Josupeit-Teschke 2004).

3. (Keine) Trägerbudgets

Eine Übertragung der umfassenden Budgetverantwortung auf einen freien Träger oder Trägerverbund kam für Ulm nicht in Betracht. Ausschlaggebend war, sich nicht durch die umfassende Übertragung der Budgetverantwortung an Dritte aktive und unmittelbare Steuerungsmöglichkeiten zu nehmen. Zudem wurde dieser Zugang als Widerspruch zur propagierten Haltung, gemeinsam und „auf Augenhöhe“ die Verantwortung in der Jugendhilfe wahrzunehmen, verstanden. Spezifische Fachlichkeit in der Jugendhilfe halten beide Seiten - öffentlicher und freie Träger - vor. Beide Seiten sollten einen gemeinsamen Weg hin zur Sozialraumorientierung und ihren spezifischen sozialpädagogisch-fachlichen und organisatorischen Anforderungen entwickeln. Wird also von einer gemeinsamen Verantwortung ausgegangen, sollte sich dies im Sinne einer gemeinsamen Fach- und Ressourcenverantwortung auch in einer gemeinsamen Finanzverantwortung – und nichts anderes sind Budgetverträge, nämlich eine Regelung von Finanzströmen und Abrechnungsmodalitäten - niederschlagen.

Ulm wählte folglich den Weg einer gemeinsamen Budgetverantwortung; diese ist in den HzE-Sozialraumbudgetverträgen fixiert worden. Dabei gelten die folgenden Bedingungen:

Der Träger erhält kein Budget zur eigenen Bewirtschaftung. Bewirtschaftet wird das Budget durch die Wirtschaftliche Jugendhilfe als „kontoführende Stelle“. Realisiert wird die gemeinsame Verantwortung - neben den konkreten Planungen in den Sozialraumteams - in regelmäßigen, in 4 – 8 wöchigem Turnus stattfindenden Controlling-Sitzungen, an denen die Geschäftsführer der freien Träger und die Jugendamtsleitung teilnehmen. Vorbereitend zu diesen Sitzungen werden die aktuelle Ausgabenentwicklung und deren Hochrechnung zur Verfügung gestellt und Detailinformationen zu Fallentwicklung und erforderliche Analysen aufbereitet. Der öffentliche und die freien Träger ergänzen dies mit Informationen aus den jeweiligen Sozialräumen, soweit diese für die grundsätzliche Steuerung relevant sind.

Theoretisch hätte in dem oben beschriebenen Verständnis auch der freie Träger die „kontoführende Stelle“ sein können. Die Zuordnung zum Jugendamt hatte schlicht auch ressourcenschonende Aspekte:

- Die Kapazität dafür hält der freie Träger in seiner Buchhaltung nicht vor; im Gegensatz dazu wurde bislang diese Aufgabe von der Wirtschaftlichen Jugendhilfe des öffentlichen Trägers wahrgenommen.
- Bescheid-Erteilung, Kostenbeitrags-Berechnung und Kostenerstattung verbleiben ohnehin beim öffentlichen Träger. Diese Aufgaben sind eng mit der Ausgabenabwicklung verknüpft.

Die Probleme, die bis dahin bei der Finanzsteuerung der Jugendhilfeleistungen entstanden sind, lagen ohnehin nicht darin begründet, dass die Wirtschaftliche Jugendhilfe diese Aufgaben wahrnimmt. Problematisch waren ggf. Abrechnungssysteme, Verfahrensweisen und die Kooperation zwischen öffentlichem und freien Trägern, die die Aufgabenwahrnehmung der Wirtschaftlichen Jugendhilfe erschwerten. Sie ist damit Symptomträger (und nicht Verursacher) nicht stimmiger Verhältnisse. Diese Aufgabenwahrnehmung und das dafür erforderliche Fachwissen einer anderen Instanz (z.B. einem freien Träger) zu übertragen, würde daran nichts verändern. Entscheidend ist, die dort wahrgenommenen Aufgaben den Erfordernissen der Sozialraumorientierung anzupassen. Diese Anpassung gelingt nur, wenn die Kooperation zwischen dem Jugendamt und freien Trägern auf allen Hierarchieebenen der beteiligten Organisationen auf Augenhöhe und auf der Grundlage gemeinsamer Ziele transparent und vertrauensvoll gelebt wird.

4. Abrechnungssystematik

Trotz HzE-Sozialraum-Budgetvertrag wird weiterhin jeder Einzelfall auf der Grundlage der §§ 78 a ff. SGB VIII abgerechnet, zumal für alle Hilfen, auch die ambulanten, Leistungs- und Entgeltvereinbarungen vorliegen. Um diese Rechtssystematik nicht zu verlassen, ist vertraglich vereinbart, dass für Hilfeangebote, die aus der Entwicklung von „Maßanzügen" entstehen, entsprechende Vereinbarungen dann abzuschließen sind, wenn daraus nicht nur in einem Einzelfall eine spezifische Leistung resultiert. Dies war zum Beispiel sinnvoll, als sich in der laufenden Umsetzung zeigte, dass die teilstationären Hilfen in einer Tagesgruppe deshalb stark rückläufig waren, weil zunehmend Kombinationen aus Tagesgruppe und Familienhilfe entstanden. Der Träger hat daraufhin das Angebot einer 5-Tage-Tagesgruppe entsprechend umstrukturiert und neue Vereinbarungen abgeschlossen.

Die Regelungen der §§ 78 a ff. SGB VIII konsequent in allen Hilfeformen umzusetzen, hat - nebenbei bemerkt - auch deshalb Sinn, um Kostenerstattungen durch andere Jugendämter und Hilfeformen für die nicht vertraglich eingebundenen freien Träger transparent zu gestalten.

5. (Keine) Ausschreibung

Es erübrigt sich an dieser Stelle fast, sich zum Thema Ausschreibungen zu positionieren. Der Vollständigkeit halber erfolgt dies dennoch, zumal diese Diskussionen auch in Ulm geführt worden sind.

Zeitgleich mit der angestrebten Neuausrichtung der Jugendhilfe schrieb seinerzeit ein benachbarter Landkreis seine ambulanten erzieherischen Hilfen aus und die Agenturen für Arbeit bereiteten Ausschreibungen für Maßnahmen der beruflichen Wiedereingliederung vor, die im wesentlichen die Jugendberufshilfeträger betrafen. Erkenntnisse daraus lagen zwar zum damaligen Zeitpunkt noch nicht vor, aber deutlich wurde bereits im Vorfeld die verschärfte Konkurrenzsituation zwischen den Anbietern und somit die vorrangige Grundlage der Entscheidung über das Geld.

Dies aber entsprach nicht der Philosophie, künftig gemeinsam mit den Trägern die Jugendhilfe in Ulm gestalten zu wollen. Nicht Konkurrenz und Wettbewerb, sondern Kooperation und Abstimmung waren angestrebt. Die Alternative zur rein fiskalischen Ausschreibung wäre ggf. eine Qualitätsausschreibung gewesen; der Budgetbetrag X steht zur Verfügung, wie und mit welchen Qualitätsmerkmalen würde ein freier Träger die geforderte Leistung erbringen. Das aber hätte ein Trägerbudget vorausgesetzt – und genau das war nicht gewollt.

6. Schwerpunktträger und fallunspezifische Arbeit

Ulm blieb bei der Abrechnungssystematik von einzelfallbezogenen Entgelten, ein Budget wurde nicht einem Träger oder Trägerverbund übertragen, die Verwaltung des Budgets lag weiterhin beim öffentlichen Jugendhilfeträger – was also soll dabei einem HzE-Sozialraumbudget entsprechen?

Zunächst einmal ist dieser Begriff nicht geschützt, so dass sich erst einmal jeder Versuch so nennen darf, solange man von Budgets in einem regional begrenzten Gebiet spricht. Das aber war nicht der Hintergrund für die spezifische Ulmer Umsetzung. Aus dem vorangegangenen Text ist deutlich geworden, dass eine Entwicklung, die auf der gewollten Umsetzung der Sozialraumorientierung basierte, zu diesen vertraglichen Modalitäten geführt hat.

Nun kann berechtigterweise die Frage gestellt werden, warum sowohl das Jugendamt als auch ein freier Träger sich einer Vertragsform bedienen, die sich zwar der Sozialraumorientierung verschreibt, aber sonst nur das regelt, was das SGB VIII vorgibt. Doch das trifft in folgenden Punkten nicht ganz zu:

1. Der freie Träger verpflichtete sich, in die gemeinsame Verantwortung der Ausgaben der Jugendhilfe gemeinsam mit dem öffentlichen Jugendhilfeträ-

ger einzutreten und dabei die Einhaltung des zur Verfügung gestellten Finanzrahmens zu beachten.
2. Der öffentliche Jugendhilfeträger verpflichtete sich, die für eine gemeinsame Steuerung erforderlichen Daten regelmäßig zur Verfügung zu stellen.
3. Alle Entscheidungen waren auf allen Hierarchieebenen im Konsens zu treffen.
4. Der Vertrag ließ zu, nicht für Einzelfälle verwendete Finanzmittel innerhalb des HzE-Sozialraumbudgets bis zu einer bestimmten jährlichen Maximalsumme für die fallunspezifische Arbeit einzusetzen.

Im Vertrag wurde deshalb der Begriff „Schwerpunktträgerschaft" gewählt. Der Schwerpunktträger ist in dem im Vertrag benannten Sozialraum dafür mit verantwortlich, dass sozialraumorientierte Strukturen und Verfahrensweisen entwickelt und umgesetzt werden, und zwar unter Einhaltung des dafür zur Verfügung gestellten Finanzrahmens. Im Gegenzug wird ihm quartalsweise im Voraus eine Abschlagszahlung, die sich aus der im vorangegangenen Quartal durch ihn selbst geleisteten abrechenbaren Leistungen berechnet, gewährt. Und: Er kann grundsätzlich fallunspezifische Leistungen abrechnen.

Die fallunspezifischen Leistungen unterliegen engen Regelungen. Aus dem Budget sind zunächst und vorrangig alle Einzelfallhilfen zu finanzieren. Wenn danach Gelder „übrig" sind, kann eine fallunspezifische Leistung nach festgelegten Kriterien dann abgerechnet werden, wenn diese vorher durch das Sozialraumteam[1] einstimmig beschlossen ist. Die Abrechnung der Leistung erfolgt durch den Schwerpunktträger. Reduzierungen in den Einnahmen, die der Träger z.B. durch eine frühere Beendigung von Hilfen hat, können damit ggf. ausgeglichen werden. Gleichzeitig hat er das Risiko zu tragen, fallunspezifische Leistungen zu erbringen, ohne dass das Budget eine Abrechnung zulässt, wenn dieses bereits durch die Einzelfallhilfen ausgeschöpft wäre.

7. Trägerpluralität und die Kooperation mit freien Trägern

Alle Ulmer Träger der Erziehungshilfe, die nicht nur eine spezifische Leistung[2] anbieten, wurden mit Beginn der Umstrukturierung an dem Prozess beteiligt.

Die Definition „Ulmer Träger" begrenzte von Beginn an den Kreis der Beteiligten. Ulmer Träger war, wer seinen Standort in Ulm hatte oder schwer-

1 TeilnehmerInnen siehe Abb. 1; in einzelnen Teams sind auch die Schule, KiTa oder Kinder- und Jugendpsychiatrie vertreten.

2 Z.B. Legasthenietherapie, Familientherapie, Erziehungsbeistandschaft

punktmäßig Leistungen in Ulm anbot und damit in der Arbeitsgemeinschaft nach § 78 SGB VIII mitarbeitete.

Die Diskussion um Sozialraumorientierung und Sozialraumbudgets wurde in diesem Kreis zunächst nur zögerlich geführt. Einerseits wollte man sich als möglicher Schwerpunktträger nicht in eine Verpflichtung begeben, die mit unkalkulierbaren Risiken behaftet ist, andererseits befürchtete man, sollte ein anderer Träger diesen Weg gehen, ggf. mit weniger Aufträgen bedacht zu werden.

Beidem wurde Rechnung getragen. Im Vertrag ist festgehalten, dass zum Abschluss der Modellphase ggf. entstandene Mehrausgaben von der Stadt ausgeglichen werden. Die Sicherung der Trägerpluralität ist als Aufgabe des öffentlichen Trägers ebenfalls vertraglich fixiert. Damit wird den anderen Trägern ihre Beteiligung an der weiteren Entwicklung zugesichert. Die Träger der Erziehungshilfe verständigten sich darauf, dass einer der Träger in dem Modellversuch als Schwerpunktträger und städtischer Vertragspartner in die gemeinsame Budgetverantwortung einsteigt.

Entscheidend waren aber – rückblickend – nicht die damals getroffenen formalen Regelungen, sondern vielmehr der Prozess der Entwicklung und das in den folgenden Jahren entstandene Procedere.

In der Entwicklungsphase der HzE-Sozialraum-Budgetverträge informierten sich die Stadt Ulm und freie Träger gleichermaßen und unabhängig voneinander bei „ihresgleichen“ über Erfahrungen und Schwierigkeiten der Realisierung. Diese Erkenntnisse wurden in gemeinsamen Terminen zusammen getragen, auf ihre Relevanz für Ulm hin bewertet und daraus gemeinsam der Budgetvertrag entwickelt. Jedes Element, das einem der Beteiligten dabei regelungsbedürftig schien, wurde im Vertrag berücksichtigt.

Durch die Festschreibung der gemeinsamen Budgetverantwortung erübrigte sich bereits eine Sorge im Binnenverhältnis der Träger untereinander, dass nämlich ggf. die nicht als Vertragspartner beteiligten Erziehungshilfeträger zu Subunternehmern des Schwerpunktträgers werden könnten.

Zur Sicherung der Trägerpluralität wurde ein Kooperationsgremium der Erziehungshilfeträger installiert, das sich ausschließlich mit deren Beteiligung, dem aktuellen Fallvolumen, der sozialraumorientierten Leistungserbringung und den sich verändernden Hilfebedarfen widmet. Angestrebt ist dabei der „Maßanzug“ für jeden jungen Menschen, der eine Hilfe zur Erziehung erhält. Dieser Arbeitskreis war zunächst in dieser Form nicht vorgesehen. Alle Träger hatten sich bereit erklärt, in den Sozialraumteams mit zu arbeiten, in denen die jeweiligen Einzelfälle eingebracht wurden, um diese Maßanzüge zu entwickeln. Hier stellte sich aber nach mehreren Wochen heraus, dass die fachlichen Beratungen doch durch die Frage einer (erhofften) Auftragserteilung an freie Träger überlagert wurden.

Um dies zu vermeiden – und damit ausschließlich fachlich-inhaltliche Beratungen zu ermöglichen – wurde das Kooperationsgremium gegründet. Der Arbeitskreis legt im Konsens fest, welche freien Träger in welchem Umfang künftig anstehende Hilfen durchführen. Für die entsprechende Fallvergabe ist der jeweilige Sozialraumteamleiter verantwortlich. Abweichungen sind möglich, z.B. wenn der Hilfeempfänger dies wünscht oder besondere Anforderungen an die Leistungserbringung gestellt werden, die der Träger nicht sicherstellen kann. In diesem Gremium werden auch besondere Probleme der Träger thematisiert und gemeinsam angegangen. Rückgänge in der Auslastung einzelner Träger (die nicht nur von Ulm, sondern auch von angrenzenden Landkreisen in Anspruch genommen werden) und wirtschaftliche Schwierigkeiten werden eingebracht und gemeinsam nach Lösungen gesucht. Das beinhaltet auch, dass Träger von sich aus in solchen Phasen anbieten, einstweilen auf Durchführung neuer Hilfen zu verzichten oder nur reduziert in Anspruch genommen zu werden.

Darüber hinaus gilt der Grundsatz, dass das wirtschaftliche, personelle oder fachliche Problem jeden freien Trägers auch das Problem des öffentlichen Jugendhilfeträgers ist und als solches gemeinsam angegangen wird, genauso wie die freien Träger sich den Schwierigkeiten der öffentlichen Jugendhilfe stellen und bereit sind, diese mit zu bearbeiten.

8. Spektrum der Hilfearten

Der sozialraumorientierte Umbau widmete sich - wie eingangs beschrieben - verschiedenen Segmenten. Dies bezog sich zwar auf alle Transferleistungen, aber nicht alle Bereiche unterlagen den gleichen Ausgangsbedingungen. Um realistisch die Steuerbarkeit untersuchen und erproben zu können, wurden zunächst folgende Bereiche ausgenommen:

1. Fälle, in denen sich die örtliche oder sachliche Zuständigkeit änderte, ohne dass diese bereits in der neuen Zuständigkeit übernommen wurde. Oftmals zog sich die Übernahme von Fällen durch neu zuständige Träger über Monate hin. Der bis dahin zuständige Leistungsträger hat gem. § 86 c SGB VIII die Verpflichtung, die Hilfe bis zur Übernahme fortzusetzen und entsprechend die Kosten so lange zu übernehmen. Nach Abschluss der Übergabe werden zwar rückwirkend die Kosten ab dem Datum des Zuständigkeitswechsels erstattet, diese fließen aber nicht dem Ausgabebudget zu, sondern werden als Einnahme verbucht. Budgetiert wurden in Ulm aber nur die Ausgaben. Dieses Verfahren zu beschleunigen, ist nicht möglich.

2. *Inobhutnahmen* liegen in der Regel Notsituationen mit kurzfristigem, intervenierendem Hilfebedarf zugrunde. Sowohl hinsichtlich der Fälle mit akuter Kindeswohlgefährdung als auch bzgl. der Minderjährigen, die „auf Trebe" aufgegriffen und untergebracht werden, wurde unterstellt, dass diese nicht steuerbar seien.
3. Ambulante Fälle der Eingliederungshilfe für seelisch behinderte Kinder und Jugendliche. Die Fälle ambulanter Eingliederungshilfe waren - im Vergleich zu den Hilfen zur Erziehung - in den früheren Jahren exorbitant gestiegen. Eine Ursache war, dass sich die Jugendhilfe nach Einführung des § 35 a SGB VIII zunächst nicht oder nur sehr zögerlich das fachliche Know How zugelegt hat, um eine Behinderung und ihre Folgen beurteilen zu können. Dieses Defizit machten andere wett, indem sie die Definitionslücke füllten – und die Jugendämter oftmals nur nachvollzogen. Während dies bei den teilstationären oder stationären Hilfen, die daraus resultierten, allenfalls in der Hilfeausgestaltung, nicht aber in der Entscheidung, ob eine Hilfe gewährt wird, relevant war, expandierte insbesondere der ambulante Therapie-Sektor. Dieses traf 2002 uneingeschränkt auf Ulm zu. Ein Einbezug in das HzE-Sozialraumbudget hätte die Beurteilung, inwieweit Jugendhilfe steuerbar ist, entsprechend verfälscht.

Die erste Kennzahlen- und Zwischenauswertung in 2004 führte jedoch zu einer Anpassung der vertraglich einbezogenen Hilfearten. Zum einen stellte sich ein enger Bezug zwischen der regulären Hilfegewährung und –ausgestaltung und der Entwicklung von Inobhutnahmen heraus. Diese waren nach dem ersten Modelljahr erheblich rückläufig. Dies war zu Beginn unterschätzt worden. Zum zweiten war es im vorangegangenen Jahr gelungen, mittels Strukturmaßnahmen die Entwicklung in der Eingliederungshilfe für seelisch Behinderte in den Griff zu bekommen. In der Konsequenz stagnierte die Fallentwicklung. In den „Erstattungsfällen" zeichnete sich Kalkulierbarkeit ab, da der Betrag, der dafür jährlich verwandt werden musste, keinen erheblichen Schwankungen unterlag.

Zum 01.07.2004 wurden deshalb alle Ausgaben der Jugendhilfetransferleistungen in das Sozialraumbudget aufgenommen. Unterschieden wurde hier auch nicht zwischen Neu- und Altfällen. Alle Hilfen und Hilfearten (§§ 19 - 21, 27, 29 - 35 a, 41 und 42 SGB VIII) sind Bestandteil der HzE-Sozialraumbudgets.

Die Altfälle wurden einer systematischen Überprüfung unterzogen; das Augenmerk wurde insbesondere auf die außerhalb Ulms untergebrachten Kinder und Jugendlichen gerichtet.

Bei der Altfallüberprüfung waren die spezifischen Kompetenzen der freien Träger unersetzlich. Aus der Binnensicht des Leistungsanbieters ließen sich beschriebene Hilfeverläufe und daraus folgender weiterer Handlungsbedarf anders bewerten, als wenn der öffentliche Jugendhilfeträger dies allein aus „Auftraggebersicht" getan hätte, und die Bereitschaft, Maßanzüge zu entwickeln, führte auch für diesen Personenkreis zu einer Vielzahl von kreativen individuellen Lösungen vor Ort.

9. Auswertung der Modellphase und daraus folgende Konsequenzen

Die Auswertung der Modellphase liegt inzwischen vor. Die (Kennzahlen-) Auswertung ergab, dass

- sich die Laufzeit von Hilfen verkürzt hat, ohne `Drehtüreffekte´ auszulösen
- mehr Minderjährige eine Hilfe erhielten
- stationäre Hilfen zugunsten von Hilfen, die vor Ort geleistet werden, zurück gingen
- insbesondere die Unterstützung, die im Vorfeld von erzieherischen Hilfen möglich wurde, erstaunlich anstieg und
- im Ergebnis nicht nur die bis 2002 ständig zu verzeichnende Ausgabensteigerung gestoppt werden konnte, sondern die Aufwendungen für Transferleistungen um ca. 8 % zurückgingen.

Ulm bleibt bei der Sozialraumorientierung. Aber: Eindeutige ausschließlich quantitative Belege, die für den Abschluss von HzE-Budgetverträgen sprechen, konnten nicht ermittelt werden. Mal waren die Ergebnisse in Sozialräumen mit Vertrag besser als die ohne, mal schlechter. Erst in der qualitativen Untersuchung wurde deutlich, dass eine derartig positive Entwicklung ohne die aktive Beteiligung der freien Träger nicht hätte erreicht werden können – und zwar auch in den Sozialräumen, in denen ein Vertrag nicht abgeschlossen wurde, sondern die Stadt allein verantwortlich blieb.

> „Die freien Träger der Erziehungshilfe in Ulm haben die sozialraumorientierte Ausrichtung der Jugendhilfe fachlich-inhaltlich und organisatorisch mit vollzogen. Sie sind auch in den Sozialraumteams der Sozialräume vertreten, in denen keine HzE-Sozialraumbudgetverträge abgeschlossen wurden.
> Die gewünschte einzelfallbezogene Wirkung der Sozialraumorientierung, der so genannte ‚Maßanzug', setzt die Flexibilität und das Engagement dieser Träger voraus. Eine Finanzierung erfolgt dafür nicht.
> In diesem Punkt sind die Sozialräume mit und ohne Budgetvertrag deshalb inzwischen auch nicht (mehr) als ‚Parallelbetrieb' vergleichbar.
> Inhaltlich unterschieden sich die Sozialräume im wesentlichen darin, dass
> - die HzE-Budgetverträge die ‚fallunspezifische Arbeit' und deren Finanzierung ermöglicht. Mit dieser fallunspezifischen Arbeit sollen projektierte über Einzelfälle

hinausgehende Maßnahmen entwickelt und umgesetzt werden, die gezielt einem prospektiven Hilfebedarf entgegenwirken.

- sich die Schwerpunktträger (...) aktiv interdisziplinär und institutionsübergreifend in das Sozialraumgeschehen einmischen, sich an entsprechenden Aktivitäten mit sachlicher oder personeller Unterstützung beteiligen und damit selbst Ressource des Sozialraums geworden sind." (Stadt Ulm 2006)

10. Gebrauchsanweisung für HzE-Sozialraumbudgets?

Die organisatorischen Voraussetzungen für die Sozialraumorientierung beinhalten – einfach formuliert - die Organisationseinheiten in der Jugendhilfe nicht auf spezifische Zielgruppen, nicht auf Spezialwissen, nicht auf Institutionen auszurichten, sondern – als Team, in dem die unterschiedlichen Fachlichkeiten zusammenwirken - auf den Sozialraum. Da in der Jugendhilfe durch die gesetzliche Verankerung der Subsidiarität nicht nur die öffentlichen, sondern auch die freien Träger der Jugendhilfe tätig sind, gilt diese Anforderung für beide Instanzen gleichermaßen. Wird dieses ernsthaft angegangen, bedeutet dies eine grundlegende organisatorische Veränderung, die nicht allein über einen Beschluss zu erreichen ist, sondern einen gemeinsam mit allen Beteiligten zu beschreitenden Weg erfordert.

Obwohl die freien Träger der Jugendhilfe von der öffentlichen Verwaltung abhängig sind, sich also letztlich über Entgelte, die der öffentliche Träger für die zu erbringenden Dienstleistungen zahlt, finanzieren, gelten nach wie vor die Autonomie der Träger und der Grundsatz des partnerschaftlichen Miteinanders der öffentlichen und freien Jugendhilfe, was nicht zuletzt auch in den §§ 78 bis 80 SGB VIII gesetzlich verankert ist. Da diese Norm nicht weiter inhaltlich gefüllt ist, kommt der Anforderung, eine vertrauensvolle Zusammenarbeit mit Leben zu füllen, eine besondere Bedeutung zu. Sie ist m.E. Grundlage, um zu einem gemeinsamen Verständnis und zu einer gemeinsamen Verantwortung von Jugendhilfe, Lebenslagen, Bedarfslagen usw. *und* des fachlichen Ansatzes der Sozialraumorientierung zu gelangen. Nun mag es dem öffentlichen Träger zunächst gleichgültig sein, wie der freie Träger organisatorisch seine Aufgaben erfüllt, wenn er sie denn erfüllt. Es mag irrelevant für ihn sein, ob dessen wirtschaftliche Tragfähigkeit durch entsprechende Einnahmen gesichert ist. Soweit sich beide Seiten darin einig sind, mag das funktionieren. Trifft dies aber nicht zu, sind Widerstände vorprogrammiert, die den Gesamtprozess der Entwicklung der kommunalen Jugendhilfe nachhaltig erschweren.

Das HzE-Sozialraumbudget findet inzwischen in diversen Kommunen in der Bundesrepublik in den unterschiedlichsten Modellen Anwendung. Daraus zu schließen, dass nach Abschluss der verschiedenen Erprobungen eine Gebrauchsanweisung für Sozialraumbudgets vorliegen könnte, halte ich für voreilig.

Die Ulmer Erfahrungen haben gezeigt, dass es zwar gut ist, von anderen zu lernen, aber noch wichtiger ist es, einen eigenen Weg zu finden. Der Ansatz der Sozialraumorientierung bietet einen Rahmen, aber kein Schema. Die Umsetzung ist erheblich von den lokalen Verhältnissen vor Ort abhängig; das gilt auch für den Baustein „Finanzen“. Dabei kann der Weg nicht sein, ein Dogma - das der defizitorientierten Einzelfallfinanzierung – durch das nächste – HzE-Sozialraumbudget nach Schema F – abzulösen. Entsprechend der Anforderungen der Sozialraumorientierung sind mittels diskursiv vor Ort zu klärender Fragestellungen die Finanzierungsformen angepasst auszugestalten. Gemäß dem Grundsatz „form follows function“ sind in diesem Diskurs folgende Eckpunkte von Bedeutung:

- Wie gestaltet sich die örtliche Jugendhilfestruktur?
- Welche Kooperationskultur zwischen öffentlichem und freien Trägern der Jugendhilfe wird gelebt?
- Welcher Veränderungsprozess wird damit in die Wege geleitet?

Erst diese Analyse ermöglicht, den vor Ort passenden Weg für ein HzE-Sozialraumbudget zu gestalten.

Literatur

Gillich, Stefan (Hrsg.)(2004): Gemeinwesenarbeit: Die Saat geht auf. Grundlagen und neue sozialraumorientierte Handlungsfelder. Gelnhausen

Joanni, Gabriele/ Lehmann, Dieter (2006): Der Beitrag der Jugendhilfeplanung zur sozialräumlichen Neustrukturierung der Jugendhilfe in der Stadt Ulm, in: Maykus 2006, S. 153-167

Josupeit Teschke, Angelika (2004): Sozialraumorientierung = Gemeinwesenarbeit? Ein Konzept für alle(s) in der Jugendhilfe? In: Gillich 2004, S.27-40

Maykus, Stephan (Hrsg.) (2006): Herausforderung Jugendhilfeplanung. Weinheim/ München

Stadt Ulm (2006): Abschlußbericht der Geschäftsprozessoptimierung. Ulm

Das Sozialraumprojekt in der Jugendhilfe des Kreises Nordfriesland

Birgit Stephan

Der Kreis Nordfriesland liegt im nordwestlichen Schleswig-Holstein an der dänischen Grenze. Zum Kreis Nordfriesland gehören die Inseln Sylt, Föhr, Amrum und Pellworm sowie die Halligen.

Nordfriesland hat eine Fläche von ca. 2000 qkm, etwa 165.000 Menschen leben hier. Das entspricht einer Besiedlungsdichte von 78 Personen pro qkm. Die Besiedlungsdichte ist die zweitdünnste in der Bundesrepublik. Nordfriesland gehört in die Raumordnungskategorie "Ländlicher Raum geringer Dichte".

In Nordfriesland gibt es 137 Dörfer und 8 Städte. Der größte Ort ist die Kreisstadt Husum mit ca. 20.000 Einwohnern, die nächstgrößere Stadt ist Westerland auf Sylt mit knapp 10.000 Einwohnern. Die anderen Städte haben zwischen 2.300 und 7.000 Einwohner.

Die Landwirtschaft spielt in Nordfriesland noch eine vergleichsweise große Rolle.

Das produzierende Gewerbe trägt deutlich weniger zur Wertschöpfung bei als in den anderen Landesteilen.

Nordfriesland ist stark vom Tourismus geprägt. Die Hochburgen sind die Inseln Sylt, Föhr und Amrum und auf dem Festland St. Peter-Ording, wo der Tourismus aus Sicht der Jugendhilfe besondere Probleme hervorruft:

- Hohe Mieten, Baulandpreise und Lebenshaltungskosten
- "High life" im Sommer, Leere im Winter
- Viele Eltern sind wegen Berufstätigkeit und Vermietung im Sommer überlastet und haben zu wenig Zeit für ihre Kinder.
- Kindern und Jugendlichen wird eine Urlaubs-Scheinwelt als Realität vorgelebt, der von den Touristen (z.T.) praktizierte Lebensstil bietet Kindern und Jugendlichen unrealistische Vorbilder.
- Im Sommer gibt es teilweise zu wenig oder gar keinen Platz für (einheimische) Kinder und Jugendliche (Kinderzimmer werden vermietet, Jugendräume gibt z.T. nicht, weil Raum zu teuer ist)

Die Angebote des öffentlichen Nahverkehrs sind dünn, diverse Versuche, zusätzliche (zum Schulkindertransport) Angebote einzuführen mussten wieder eingestellt werden, weil die Nachfrage zu gering war.

Angebote der Kinderbetreuung sind nicht vergleichbar mit denen in großen Städten. In Westerland gibt es schon seit vielen Jahren Hort- und Krippengruppen, in den anderen Regionen Nordfrieslands gibt es vereinzelte (Ganztags-) Kindergärten, die nachmittags auch Kinder, die schon die erste oder zweite Klasse besuchen, aufnehmen.

Seit Ende 2003 gibt es einen Hort mit 15 Plätzen in Husum, und seit Anfang 2004 gibt es einen Kindergarten, der auch Krippenkinder aufnimmt.

In den zentralen Orten gibt es meist ganztägige Kindergartenangebote, in den kleinen Dörfern nur Halbtagskindergärten.

In den Städten und einigen Dörfern gibt es Jugendzentren oder Jugendtreffs mit hauptamtlicher Leitung, nur in drei Städten ist mehr als eine Person im Jugendzentrum beschäftigt. Die Ein-Personen-Jugendzentren haben auch nicht alle eine ganze Stelle.

Recht gut ausgestattet sind die Freizeithäuser für die Kinder und Jugendlichen der dänischen Minderheit in Husum und Westerland.

"Stadtteile", in denen "Stadtteilarbeit" stattfinden könnte, gibt es in Nordfriesland nicht. In einigen Städten gibt es eine Straße bzw. ein paar Wohnblocks, die als soziale Brennpunkte angesehen werden, aber die Zahl der Einwohner dort beträgt maximal ein paar hundert, viel zu wenig für Förderprogramme wie E&C.

Wir haben zwar recht wenige Einrichtungen im Sozialraum, aber dafür viele funktionierende Nachbarschaften (und sicher auch einige, die dazu tendieren, die "Schmuddelfamilien" auszugrenzen), es gibt sehr viel ehrenamtliche Jugendarbeit in den Dörfern und viele Menschen, die bereit sind, Verantwortung zu übernehmen, wenn man ihnen die Gelegenheit dazu gibt.

Die soziale Kontrolle in den Dörfern wird manchmal beklagt, aber man kann sie auch als ein Netzwerk sehen, das verhindert, das Familien ganz abrutschen bzw. dass Jugendliche unbemerkt Drogen nehmen oder Vandalismus betreiben.

Insgesamt glaube ich, dass die Chancen für sozialräumliche Jugendhilfe im ländlichen Raum wesentlich größer sind als die Risiken oder Stolpersteine.

1. Ausgangssituation in der Jugendhilfe Nordfriesland vor der Sozialraumorientierung

1.1 Fragwürdige Paradigmen in der Jugendhilfe

Im Umgang mit den KlientInnen und bei der Gestaltung der Hilfen herrschte auch in der nordfriesischen Jugendhilfe häufig ein "Defizitansatz" vor, d.h. die professionellen HelferInnen legten ihr Augenmerk vor allem darauf, was ein Mensch oder eine Familie alles nicht leistete und wo deshalb Unterstützung von außen notwendig war, um eine optimale Entwicklung des Kindes zu gewährleisten.

Dabei wurden manchmal Maßstäbe angelegt, die mehr mit der Lebenswirklichkeit der professionellen HelferInnen als mit der der KlientInnen zu tun haben. Die Fähigkeiten und Stärken, die die hilfesuchenden Menschen außer ihrem Problem ja immer auch noch haben, ihre Wünsche und Ziele, die sie für ihr Leben haben, spielten bei der traditionellen "Fallbearbeitung" kaum eine Rolle. Dies alles geschah und geschieht in bester Absicht, aber der gute Wille kann auf die Dauer nicht darüber hinwegtäuschen, dass die Menschen auf diese Art nicht ernst genommen werden, dass ihr Lebensstil, ihre Möglichkeiten und Fähigkeiten nicht respektiert und wertgeschätzt werden.

1.2 Problematisches Finanzierungssystem in der Jugendhilfe

Die Finanzierung von Jugendhilfemaßnahmen im Bereich Hilfen zur Erziehung läuft traditionell ausschließlich über Einzelfälle und je größer das Problem, je langwieriger die Hilfe ist, desto mehr Geld kann der freie Träger, der mit der Durchführung der Hilfe beauftragt ist, verdienen. Wenn jedoch "HzE-Fälle" vermieden oder Hilfen kurz und effektiv gestaltet werden, weil z.B. auf die Ressourcen der KlientInnen und ihrer Lebenswelt zurückgegriffen wird, verdient der freie Träger, der die Hilfe durchführt, weniger Geld, obwohl er erfolgreicher arbeitet.

Das bisherige Finanzierungssystem in der Jugendhilfe verhindert also systematisch eine qualitative Weiterentwicklung der Hilfen zur Erziehung.

Hinzu kam, dass es in Nordfriesland lange Zeit keine Rückmeldung der Wirtschaftlichen Jugendhilfe (WJH) an die SozialarbeiterInnen gab, welche Kosten die von ihnen beschlossenen Maßnahmen verursachten. Dadurch wurde verhindert, dass SozialarbeiterInnen Kostenbewusstsein und Kostenverantwortung entwickeln konnten.

Der finanzielle Spielraum des Kreises Nordfriesland ist seit vielen Jahren extrem eng. Dennoch gab es Kostensteigerungen in der Jugendhilfe von bis zu 15 % pro Jahr und das über Jahre hinweg. Der Kreis Nordfriesland hatte von allen Landkreisen in Schleswig-Holstein die höchsten "pro-Kopf-Ausgaben" in der Jugendhilfe.

Wir mussten uns überlegen, wie wir mit dieser Situation umgehen und die Hilfen zur Erziehung fachlich besser und effektiver gestalten können.

2. Planung und Vorbereitung des Sozialraumprojektes

Die MitarbeiterInnen des Amtes für Jugend und Familie sprachen sich bereits im Januar 1997 in einer großen Zukunftswerkstatt für eine sozialräumliche Teamstruktur aus, d.h. sie wollten in sachgebietsübergreifenden, regional zuständigen Teams zusammenarbeiten. Die detaillierte Erarbeitung dieser neuen Struktur dauerte knapp zwei Jahre, und am 1.1.1999 wurde sie umgesetzt. Damit waren auch die Sozialräume in Nordfriesland festgelegt.

Die Verantwortung für die HzE-Kosten wurde auf die Teams verlagert, d.h. der ASD musste darauf achten, mit dem Geld, das im Haushalt für die Region vorhanden war, auszukommen. Dieses Vorgehen ist als Vorläufer der Sozialraumbudgets anzusehen. Im September 1999 gab es eine ASD-Fortbildung mit Prof. Hinte von der Universität Essen, der von seinen Vorstellungen einer sozialräumlich orientierten Jugendhilfe berichtete und deutlich machte, dass eine nachhaltige Jugendhilfe in den bestehenden Finanzierungsstrukturen so gut wie unmöglich ist. Nach einigen internen Diskussionen sprach sich der ASD dafür aus, nach dem Konzept der sozialräumlich orientierten Jugendhilfe zu arbeiten.

Der Jugendhilfeausschuss des nordfriesischen Kreistages setzte sich seit Jahren auf hohem fachlichen Niveau mit der Problematik der beschränkten Haushaltsmittel bei steigenden Fallzahlen auseinander. Er forderte mehr Prävention und eine Stärkung der Eltern, damit diese ihre Erziehungsaufgaben erfüllen können. Die Idee einer sozialräumlich orientierten und budgetfinanzierten Jugendhilfe wurde im Jugendhilfeausschuss vorgestellt und diskutiert. Im September 2000 beschloss der JHA eine Umstrukturierung von Haushaltsmitteln, um ein Verhältnis von HzE-Ausgaben zu Präventions-Ausgaben von 70 : 30 zu erreichen (damaliges Verhältnis war 93 : 7). Um dieses Ziel zu erreichen, sollte das neue Sozialraum-Konzept in der Jugendhilfe umgesetzt werden.

Im November 2000 wurde dieses Konzept bei der AG nach § 78 KJHG der freien Träger der Jugendhilfe vorgestellt und zunächst sehr kontrovers diskutiert. Nach mehreren Sitzungen der AG 78 und der Beantwortung vieler Fragen durch das Jugendamt waren die Träger zum großen Teil bereit, den neuen Weg mitzugehen. Es wurden im März und Mai 2001 zwei Veranstaltungen organisiert, in denen Frau Weißenstein (Projektleiterin auf Trägerseite des ersten Sozialraumprojektes in Stuttgart) und Prof. Hinte den Beteiligten (Freie Träger, MitarbeiterInnen des Amtes für Jugend und Familie und Verwaltungsspitze des Kreises) Rede und Antwort standen und sich durch intensive Diskussionen immer deutlicher zeigte, wie ein solches Projekt in Nordfriesland aussehen könnte.

Die Verwaltungsspitzen des Kreises Nordfriesland (Landrat, Hauptamt, Kämmerei und Rechtsamt) standen dem "Sozialraumprojekt" von Anfang an aufgeschlossen gegenüber und unterstützten das Amt für Jugend und Familie in juristischen, arbeitsrechtlichen und finanziellen Fragen.

Ende Mai begab sich das Leitungsteam des Jugendamtes vier Tage in Klausur und arbeitete ein Konzept für das Sozialraumprojekt in Nordfriesland aus, das nach interner juristischer Prüfung an alle Träger der AG 78 verschickt und später die Grundlage der Verträge wurde.

In Nordfriesland gab und gibt es keine festgefahrene Trägerlandschaft und keine großen Wohlfahrtsverbände, die die Jugendhilfelandschaft prägen. Wir haben zahlreiche kleine Heime in privater Trägerschaft und einige kleine freie Träger, die ambulante Hilfen anbieten. In den Heimen sind überwiegend Kinder un tergebracht, die nicht aus dem Kreis Nordfriesland stammen.

Alle Freien Träger der Jugendhilfe, die in der AG § 78 KJHG vertreten sind, hatten die Möglichkeit, sich um einen oder mehrere Sozialräume zu bewerben, indem sie ihre Konzeption einer sozialräumlich orientierten Jugendhilfe darlegten und insgesamt 16 gezielte Fragen des Amtes für Jugend und Familie beantworteten.

Für fünf Sozialräume gingen insgesamt 11 Bewerbungen ein. Das Leitungsteam prüfte alle Bewerbungen gründlich, lud die Bewerber zu Gesprächen ein, erarbeitete ein quantifizierbares Anforderungsprofil und kam nach über 250 Arbeitsstunden zu einem einstimmigen Ergebnis, das vom Jugendhilfeausschuss mitgetragen wurde.

Während des ganzen Jahres 2001 bekamen alle sozialpädagogischen und WJH-MitarbeiterInnen in den Teams je 10 (5x2) Tage Fortbildung vom ISSAB (Institut für Stadtteilbezogene Soziale Arbeit und Beratung, Universität Essen), in der die Grundsätze der Fallbearbeitung (s.o.) und das neue Verfahren (Zielerarbeitung mit den KlientInnen, Aushandlungsprozess in der Familie, standardisierte Falleingabe und –besprechung, Kontraktgespräch mit allen Beteiligten usw.) vermittelt und geübt wurde. An diesen Fortbildungen nahmen auch VertreterInnen der freien Träger teil.

3. Konzept des Sozialraum-Projektes

Wir setzen zur Erfüllung des KJHG-Auftrages bei gleichbleibenden Mitteln auf eine durch verschiedene Maßnahmen zu erreichende Qualitätssteigerung im Bereich der Hilfen zur Erziehung. Dazu gehört auch, das bisherige kontraproduktive Finanzierungssystem in der Jugendhilfe so zu verändern, dass pädagogische und ökonomische Notwendigkeiten und Ziele sich nicht länger entgegenstehen.

Das Konzept der sozialräumlichen Arbeit in Nordfriesland basiert auf den folgenden Grundsätzen.

3.1 Ziele und Ressourcen der Betroffenen bestimmen die Hilfe

Jeder Mensch (und jede Familie) hat Ressourcen, also Stärken und Fähigkeiten, Wünsche und Ziele für sein Leben, und jeder Mensch hat auch gewisse Schwächen und Probleme. Jeder Mensch hat aber das Recht darauf, gemäß seinen Möglichkeiten und seinen (realistischen) Zielen behandelt und gefördert zu werden, wenn er es wünscht. Jeder Mensch trägt die Verantwortung für die Gestaltung seines Lebens, jeder Elternteil hat Verantwortung für seine Kinder.

Die Aufgabe des ASD im Kontakt mit den KlientInnen ist es, mit den Familienmitgliedern gemeinsam zu erarbeiten und auszuhandeln, wer welche Ziele hat und wer welche Handlungsschritte unternehmen wird, um diese Ziele zu erreichen. Außerdem wird mit der Familie gemeinsam überlegt, welche Unterstützung es in der Lebenswelt der Familie geben kann, z.B. durch Freunde, Verwandte, Nachbarn, Jugendzentrum u.v.m.

3.2 Betroffene sind Co-Produzenten der Hilfe

Wenn die Familie über das bisher Verabredete hinaus Unterstützungsbedarf hat, bringt der ASD den Fall zur Fachberatung im Regionalteam ein.

Für die kollegiale Beratung wird ein standardisiertes Verfahren genutzt, das sicherstellen soll, dass alle wesentlichen Informationen, die das Regionalteam zur Fallbesprechung benötigt, auch in der Falleingangsphase erhoben und entsprechend aufgearbeitet werden.

Insbesondere ist es wichtig, dass vorher mit den KlientInnen ihre Ziele (Ziel = positiver zukünftiger Zustand, auf den Betroffene selber Einfluss nehmen können) und Ressourcen erarbeitet werden.

Dabei muss die Arbeit der SozialpädagogInnen von Respekt für den Willen und die Ziele der KlientInnen geprägt sein. Die Hilfe darf sich ausschließlich daran orientieren, was die KlientInnen (durchaus mit der respektvollen Unterstützung der SozialarbeiterInnen) für sich als sinnvolle Ziele erkannt und formuliert haben und wofür sie auch die Verantwortung übernehmen wollen. (Im Falle von Kindeswohlgefährdung gilt diese Aussage nicht uneingeschränkt, hier muss das Jugendamt notfalls auch gegen den Willen der Eltern im Interesse des Kindes handeln.)

Auch Kinder haben einen Willen und Ziele, auch sie können diese ab einem gewissen Alter formulieren, auch sie können (und sollen) Verantwortung für ihr Handeln übernehmen.

Selten wird es so sein, dass in einer Familie alle Personen die gleichen Ziele haben. Es ist die Aufgabe der professionellen HelferInnen, einen Aushandlungsprozess in der Familie zu moderieren, an dessen Ende ein Ergebnis steht, mit dem alle leben können.

3.3 Lebensweltorientierung und -verbesserung

Die gesellschaftliche Wirklichkeit ist geprägt von strukturellen Rücksichtslosigkeiten. Fehlende oder nicht ausreichende Kinderbetreuungsangebote, Schulen, die aus Eltern Nachhilfelehrer machen müssen, um ihre Lehrziele zu erreichen, Wohngebiete, in denen Kinder nicht gefahrlos spielen und ihre Umwelt erobern können, unflexible und familienfeindliche Arbeitszeiten, Teilzeitarbeit nur für Frauen und in wenig verantwortlichen Positionen, keine Treffpunkte und Möglichkeiten zum Erfahrungsaustausch für Eltern, zu wenig Freizeitangebote für Jugendliche usw.

Unsere Gesellschaft macht es Eltern nicht leicht, ihre Kinder zu erziehen. Jugendhilfe muss sich auf allen Ebenen, aber besonders vor Ort, dafür einsetzen und daran mitwirken, die Lebenswelten für Kinder, Jugendliche und Familien konkret zu verbessern. Innerhalb des Sozialraumprojektes versuchen ASD und Sozialraumträger, durch Ressourcenaktivierung im Sozialraum, fallübergreifende und fallvermeidende Projekte die Arbeit im HzE-Bereich zu optimieren, kleine lebensweltbezogene Hilfen zu ermöglichen und Selbsthilfepotenziale zu erweitern und zu stärken.

3.4 Vermeidung der Aussonderung von Kindern und Jugendlichen

Kindern und Jugendlichen soll im Sinne des SGB VIII ermöglicht werden, in ihrer Lebenswelt, innerhalb ihrer sozialen Bezüge aufzuwachsen und dort eine optimale Förderung zu bekommen. Ausgrenzung in jeder Form wird daher im Sozialraumprojekt prinzipiell abgelehnt. Wenn es stationäre Unterbringungen gibt, sollen diese nach Möglichkeit wohnortnah erfolgen, so dass Beziehungsabbrüche nicht automatisch damit einhergehen.

3.5 Stärkung von Regeleinrichtungen

Unabhängig von Einzelfällen halten die Mitglieder der Regionalteams den Kontakt zu allen Regeleinrichtungen im Sozialraum, um eine Möglichkeit für schnellen und informellen Austausch, kleine Beratungen und Vernetzung zu schaffen.

Zur Vermeidung von Ausgrenzung gehört, dass "schwierige" Kinder und Jugendliche in Kindergarten und Schule, aber auch im Jugendzentrum, Verein u.ä. getragen und integriert werden müssen.

Im Hilfeverlauf werden die MitarbeiterInnen von Jugendamt und Sozialraumträger daher frühzeitig den Kontakt mit den Regeleinrichtungen suchen und durch Beratung von LehrerInnen, ErzieherInnen und JugendarbeiterInnen versuchen, diese so zu stärken, dass ein konstruktiver Umgang mit dem betreffenden Kind möglich wird.

Der enge Kontakt mit den Regeleinrichtungen trägt auch dazu bei, dass Eltern frühzeitig die Unterstützung der Jugendhilfe in Anspruch nehmen.

Um die Kooperation vieler Einrichtungen und Institutionen, die mit Kindern und Jugendlichen arbeiten, zu fördern, unterstützen die Regionalteams Vernetzungsveranstaltungen und gemeinsame Fortbildungen.

3.6 Zielgerechte Finanzierung (effektive Hilfen und fallunspezifische Arbeit)

Bisher gab es kaum Möglichkeiten, auf den erkannten Zusammenhang zwischen HzE-Bedarf und Lebenswelt finanziell zu reagieren, d.h. fallvermeidende oder fallübergreifende Projekte zu finanzieren.

Darüber hinaus war es für die freien Träger der Jugendhilfe ökonomisch eher von Nachteil, effektive und ressourcenorientierte Fallarbeit zu leisten, welche die KlientInnen nicht auf lange Zeit von der professionellen Hilfe abhängig macht und entmündigt. Es kann nicht sein, dass pädagogisch sinnvolle Maßnahmen ökonomisch unvernünftig und ökonomisch lohnende Maßnahmen pädagogisch völlig verfehlt sein können.

Qualitätsentwicklung in der Jugendhilfe bedeutet unserer Auffassung nach auch, dass Ökonomie und Pädagogik keine Widersprüche mehr bilden, d.h. gute Arbeit muss sich auch wirtschaftlich lohnen und schlechte Arbeit muss ökonomische Nachteile haben.

4. Umsetzung des Sozialraumkonzepts

Projektstruktur

Seit 14. Januar 2002 arbeiten die fünf Regionalteams nach dem neuen Verfahren. Sie sind das Herz des Projektes und bilden die *"Ebene 1"*. Die Regionalteams tagen jede Woche drei bis vier Stunden.

Jedes Team hat zwei Projektverantwortliche, die die Teamsitzungen leiten und auf die Einhaltung der Regeln achten, ein(e) Projektverantwortliche(r) ist vom Amt für Jugend, Familie und Soziales und eine/r vom freien Träger. Zu den Regionalteams gehören die MitarbeiterInnen des ASD, der Wirtschaftlichen Jugendhilfe und des freien Trägers. Nur an den Terminen für die fallunspezifische Arbeit nehmen darüber hinaus alle MitarbeiterInnen der besonderen sozialen Dienste und des Teams für Jugendarbeit und Jugendschutz teil.

Die *"Ebene 2"* (Clearingebene) des Projektes wird jeweils von den beiden Projektverantwortlichen des Regionalteams gebildet, die eine Entscheidung finden müssen, wenn es im Team nicht zu einer Einigung über eine Hilfe oder andere Maßnahmen gekommen ist. Sollten diese beiden keine gemeinsame Entscheidung fällen, entscheidet die Projektleiterin des Amtes für Jugend, Familie und Soziales. (In den vergangenen 52 Monaten gab es weniger als 10 Clearingfälle, die alle von den Projektverantwortlichen geklärt werden konnten).

Die *"Ebene 3"* (Projektsteuerung) wird von allen Projektverantwortlichen gebildet. Ebene 3 tagt alle 4 Wochen und bespricht alle Fragen, die im operativen Geschäft des Sozialraumprojektes auftauchen, insbesondere auch Verfahrensfragen. Aber auch die inhaltlich-strategische Weiterentwicklung des Sozialraumprojektes ist Thema für Ebene 3.

Die *"Ebene 4"* (Projektleitung) besteht aus den entscheidungsbefugten VertreterInnen der Träger, der Projektleiterin, dem Finanzverantwortlichen für das Sozialraumprojekt sowie der Amtsleiterin und trifft sich nach Bedarf, in der Regel vier mal im Jahr. Hier werden vor allem finanzrelevante Fragen besprochen.

5. Qualitätsentwicklung

Von einem auf den anderen Tag war plötzlich alles anders (zumindest in der subjektiven Wahrnehmung der meisten MitarbeiterInnen): Die ASD-MitarbeiterInnen mussten ihre Falleingangsarbeit im Regionalteam zur Diskussion stellen, die freien Träger waren auf einmal gleichberechtigte Partner, Falldarstellung und -besprechung mussten nach standardisierten Verfahren erfolgen, die freien Träger bekamen nur noch einmal im Monat eine große Summe Geld, ohne dass der öffentliche Träger genau wusste, was mit diesem Geld passiert (s. dazu "Ist-Kostenfinanzierung") u.v.m.

Auch das Gefühl "Alles was wir bisher gemacht haben, wird von der Leitung als schlecht angesehen" darum haben "die ja was Neues eingeführt", rief viele Widerstände hervor. Es war auch plötzlich scheinbar vergessen, dass es sich bei dem ganzen Sozialraumprojekt um einen Prozess gehandelt hatte, der von unten nach oben lief. Aber offenbar hatten nicht alle MitarbeiterInnen damit gerechnet, dass die Leitung die vielen neuen Ideen auch wirklich umsetzt.

Der emotionale Stress, den so grundlegende Veränderungen wie die Umsetzung des Sozialraumprojektes für die beteiligten MitarbeiterInnen bedeuten, darf nicht unterschätzt werden.

Die Bearbeitung der vielen Themen im Beziehungsbereich wäre ohne kompetente externe Hilfe nicht möglich gewesen.[1]

Zu Beginn jeden Jahres wird ein Controlling-Workshop durchgeführt, in dem alle MitarbeiterInnen des Projektes die Gelegenheit haben, sich über das bisher Erreichte auszutauschen und die Optimierungspunkte für das kommende Jahr zu bestimmen. Diese Optimierungspunkte bieten die Grundlage für den Leistungsbonus, der an die Teams ausgezahlt wird, wenn sie bestimmte inhaltliche Qualitätsziele erreicht haben. Dafür werden neben den Zielen auch Indikatoren, Kennzahlen und Zielgrößen definiert und je nach Zielerreichungsgrad werden Punkte verteilt. Der Leistungsbonus spornt die MitarbeiterInnen an, sich um bestimmte Ziele besonders zu bemühen (z.B. die Steigerung der Ressourcenkompetenz der Regionalteams oder die Verbesserung der Zusammenarbeit mit Nicht-Sozialraumträgern oder die Schaffung von Strukturen, die Familien einen früheren Hilfezugang ermöglichen), und er zeigt, dass soziale Arbeit sehr wohl messbar ist. Das Geld des Leistungsbonus kann für Teamentwicklung und fallunspezifische Projekte genutzt werden.

Weiterhin werden bedarfsorientiert Fortbildungen angeboten (z.B. kreative Methoden in der Fallbesprechung / Family-Group-Conference / Aushandlungsprozesse in Familien begleiten / Gesprächsführung in schwierigen Situationen / neue Formen der Zielerarbeitung mit KlientInnen).

---

1 Von Anfang an begleiten das ISSAB und Prof. Hinte das Projekt. Für jedes Team gibt es im Jahr vier (ab 2003 drei) Tage "Training on the job" zur Perfektionierung und Verankerung des neuen Verfahrens der Fallbearbeitung, für die Projektverantwortlichen zwei bis drei Veranstaltungen zur Klärung offener Fragen. Darüber hinaus werden für alle Teams zwei- bzw. dreitägige Teamentwicklungsworkshops mit dem Unternehmensberater und Psychotherapeuten Dr. Martin Müller-Wolf durchgeführt. Diese Workshops haben sehr zur Klärung von Spannungen und Konflikten beigetragen und Energie für die Realisierung des Sozialraumprojektes freigesetzt.

6. Fallbearbeitung

Erster Ansprechpartner ist und bleibt für alle Hilfesuchenden der ASD.

Er erarbeitet in der Falleingangsphase, die 5 –10 Kontakte nicht überschreiten sollte, zunächst den Willen und die Ziele der KlientInnen und erkundet ihre Ressourcen.

Entweder kann der Fall schnell beendet werden, weil eine kurzfristige Beratung ausreichend war, Selbsthilfemöglichkeiten gefunden wurden oder eine Hilfe unterhalb des HzE-Niveaus im Lebensumfeld der KlientInnen installiert werden konnte.

Möglicherweise wird die Hilfe aber auch nicht mehr gewünscht, z.B. wenn der ASD den Hilfesuchenden deutlich gemacht hat, dass die aktive Mitarbeit der KlientInnen notwendig ist, damit sie bestimmte Ziele erreichen können.

Wenn der ASD in der Falleingangsphase aber den Eindruck hat, dass eine intensivere und längere Hilfe notwendig sein könnte, dass "der Fall nach HzE riecht", bringt er ihn in einer standardisierten Form im Regionalteam ein und formuliert zu dem Fall die "Aufmerksamkeitsrichtung", die das Team einnehmen soll. Die Aufmerksamkeitsrichtung soll das Augenmerk auf den Aspekt des Falles legen, um den es wirklich geht bzw. soll deutlich machen, welche Frage der/die FalleingeberIn vom Team beantwortet haben möchte.

Jeder Fall wird nach einem festgelegten Verfahren besprochen:

1. Falldarstellung
2. Informationsfragen der Regionalteammitglieder
3. Ideenbörse
4. Konkretisierung
5. Reflexion

Jede Fallbesprechung wird moderiert und protokolliert (ebenfalls standardisiert). Sehr wichtig ist die Rolle des "Perspektivwechslers". Er oder sie nimmt von Anfang an die Rolle eines/einer Hauptbetroffenen (z.B. des Kindes oder eines Elternteils) ein. Welche Perspektivwechsler gebraucht werden, bestimmt der Falleingeber bzw. die Falleingeberin.

Der Perspektivwechsler hört sich die gesamte Fallbesprechung mit den Ohren der Person an, die er oder sie vertritt und nimmt während der Ideenbörse zu den Ideen / Hilfevorschlägen Stellung.

Dieses einfache Mittel führt oft zu überraschenden Erkenntnissen. (Beispiel: Perspektive eines 17;9-Jährigen "Das ist ja klasse, dass ihr mir noch mal 6 Monate Zeit gebt. Da brauche ich mich ja nicht weiter anstrengen, um mit meinem Geld klar zu kommen und eine Wohnung zu finden. Ich verlasse mich lieber darauf, dass ihr mir immer wieder weiter helft!")

Die Fallbesprechung endet mit dem Festhalten der konkreten nächsten Schritte und Absprachen zur Umsetzung.

Die Vorschläge des Regionalteams zur Gestaltung der Hilfemaßnahme werden der Familie unterbreitet, diese kann Änderungswünsche äußern, die sofort aufgenommen werden, solange das Richtungsziel der Hilfe dadurch nicht verändert wird. Sollte sich eine Änderung des Richtungsziels ergeben, muss der Fall erneut im Regionalteam beraten werden.

Im sog. Kontraktgespräch (entspricht dem Hilfeplangespräch nach § 36 KJHG) werden die Ziele der einzelnen Familienmitglieder festgehalten und alle Bestandteile der Hilfe, inkl. der Beiträge der Betroffenen zur Zielerreichung sehr konkret und in Umgangssprache (!) aufgeschrieben und von allen Beteiligten wird der Kontrakt unterschrieben.

Danach beginnt die Durchführung der Hilfe durch den Sozialraumträger oder einen Kooperationspartner. In allen Fällen bestimmt die Familie darüber, wer (welcher Träger) die Hilfe durchführt, da ohne ihre Unterschrift unter den Kontrakt gar keine Maßnahme zustande kommen kann. Im Falle der Kindeswohlgefährdung wird das Jugendamt wie bisher notfalls auch gegen den Willen der Eltern handeln, wenn es zum Wohle des Kindes erforderlich ist. Das heißt aber nicht, dass mit diesen Eltern dann gar nicht mehr über ihren Willen und ihre Ziele gesprochen werden kann. Inwieweit Eltern, die das Wohl ihres Kindes gefährden, als "Co-Produzenten" in die Hilfe einbezogen werden können, muss immer im Einzelfall beraten und entschieden werden. Wenn die MitarbeiterInnen des Sozialraumträgers (oder eines anderen freien Trägers) feststellen oder vermuten, dass eine Kindeswohlgefährdung vorliegt, sind sie verpflichtet, unverzüglich das Jugendamt zu informieren, wo dann die notwendigen Schritte eingeleitet werden.

7. Erschließung von Sozialraumressourcen im ländlichen Raum

In Nordfriesland hat man oft das Gefühl, hier "kennt jeder jeden". Bei bestimmten Fortbildungs- oder Vernetzungsveranstaltungen trifft man immer wieder dieselben Leute aus den Bereichen Jugendhilfe, Schule und Kindergärten.

So gab es sicher auch bei vielen SozialarbeiterInnen die Überzeugung: "Ich kenne meinen Sozialraum (=Bezirk) wie meine Westentasche". Wenn dann aber in Fallbesprechungen im Team die Frage nach den Sozialraumressourcen gestellt wurde, merkten wir häufig, dass unsere Kontakte oft weit weg sind von der Lebenswelt der Betroffenen. Es gab wenig Kontakt von ASD-MitarbeiterInnen zu Menschen, die nicht in der Jugendhilfe und angrenzenden Bereichen hauptamtlich tätig waren.

Die ehrenamtlichen BürgermeisterInnen, die Jugendwarte bei Feuerwehr und Sportverein, die ehrenamtlichen Gleichstellungsbeauftragten und die Vorsitzenden der Landfrauen und der Sozialausschüsse waren den meisten MitarbeiterInnen des ASD nicht bekannt. Um die eigene Sozialraumkenntnis zu verbessern, schlugen die Regionalteams verschiedene Wege ein:

7.1 Gründung von oder Teilnahme an bestehenden Runden Tischen

Teilweise waren sog. Runde Tische als "kriminalpräventive Räte" von Gemeinden selber gegründet worden oder sie sind aus der Jugendhilfeplanung hervorgegangen. Die Runden Tische gibt es überwiegend in größeren Orten. Sie sind fast ausschließlich mit Hauptamtlichen besetzt.

Der Vorteil eines Runden Tisches ist, dass die Beteiligten sich ohne großen Aufwand über bestimmte Problemlagen und Bedarfe austauschen und Lösungen dazu erarbeiten können. Das Jugendamt (bzw. die Jugendhilfe) trägt nicht die Hauptverantwortung für Maßnahmen in den Gemeinden, sie soll schließlich auch nur dazu *beitragen*, die Lebenswelt von Kindern, Jugendlichen und Familien zu verbessern.

Wenn ein Runder Tisch erst durch die Initiative des Regionalteams gegründet wird, muss aber trotzdem darauf geachtet werden, dass die Verantwortung für den Runden Tisch beim Gemeinwesen bleibt.

Dies ist immer dann einfach, wenn es in einer Gemeinde Probleme gibt und diese sich deshalb ans Jugendamt wendet (Beispiele: mehrere heftige Schlägereien unter Beteiligung von ausländischen Jugendlichen bei Dorffesten oder die drohende Schließung eines Jugendtreffs, weil das Innenministerium den defizitären Gemeindehaushalt nicht genehmigt und die Streichung der "freiwilligen Leistung" fordert).

Das Regionalteam initiiert und unterstützt dann eine konzertierte Aktion, um das Problem aus der Welt zu schaffen.

Eine qualitativ gute Moderation des Runden Tisches greift die Ideen und Vorschläge der Beteiligten auf. Die RegionalteamvertrerInnen tragen dazu bei, gute Maßnahmen zu entwickeln und können schließlich auch dank der finanziellen Spielräume des Sozialraumbudgets für fallunspezifische Projekte die Umsetzung von Maßnahmen fördern.

Damit ist ein Gremium geschaffen, das die geballte "Schlüsselkompetenz" einer Region darstellt und ein gewinnbringender Ansprechpartner für das Regionalteam ist.

7.2 Sozialraumbereisung

Diese Form der Sozialraumerkundung wurde erst innerhalb des Sozialraumprojektes entwickelt (auch angeregt durch den Leistungsbonus, der entsprechende Aktivitäten belohnte).

Das ganze Regionalteam macht sich auf den Weg und besucht an einem Tag zwei oder drei Dörfer, vorzugsweise solche, die sehr abseits liegen und daher auch wenig bekannt sind.

Der Besuch wird aufwändig vorbereitet, denn das Regionalteam wird nicht nur vom Bürgermeister empfangen, sondern von allen anderen Personen, die eine Schlüsselrolle für Kinder und Jugendliche im Dorf spielen. Wer das sein sollte, wird vorher mit dem Bürgermeister besprochen, die organisatorischen Aufgaben teilen sich Regionalteam und Bürgermeister.

Der Besuchstermin dauert ca. 2 bis 3 Stunden, das Regionalteam stellt sich und seine Arbeit dar, die Schlüsselpersonen berichten über sich und ihr Engagement (das in der Regel ehrenamtlich ist) und es gibt einen Austausch über die Situation von Kindern, Jugendlichen und Familien im Dorf.

Auf diese Weise gelingt es, Namen, Funktionen und Telefonnummern mit Gesichtern, Meinungen, Menschen in Verbindung zu bringen, was zukünftige Kontakte sehr erleichtert, wenn nicht gar erst ermöglicht.

Wenn sich weitere Kontakte nicht sowieso fallspezifisch ergeben, sollte darauf geachtet werden, dass eine Pflege der Kontakte stattfindet. Das muss nicht aufwändig sein - ein Anruf, ein kurzer Besuch, wenn man sowieso in der Gegend ist, reichen aus. sozialraumkundigen MitarbeiterInnen wird auch immer ein Thema einfallen, das mit der jeweiligen Person zu besprechen ist.

7.3 Sozialraumkonferenz

In einem Regionalteam (RT) wurden bestimmte Probleme immer wieder thematisiert, z.B. die Situation von Familien, in denen die Erziehungsperson aufgrund psychischer Krankheit ausfällt oder die zunehmende Zahl minderjähriger Mütter, die meist einen problematischen Familienhintergrund haben.

In einer FuA-Sitzung wurden die nach Ansicht des RT "heißen" Themen zusammen getragen und es wurde nach Wegen gesucht, wie diese in Kooperation mit anderen Stellen angegangen werden könnten.

Der ganze Prozess der Entwicklung der Sozialraumkonferenz wurde im "Training on the Job" gründlich durchgearbeitet und in mehrere Schritte untergliedert:

1. Den “gefühlten Bedarf” verifizieren.
2. Dazu wurden andere Fachleute in der Region befragt, ob sie das Thema auch als problematisch erleben und wenn ja, ob sie bereit seien, dieses Thema lösungsorientiert zu bearbeiten.
3. (Kleine) Arbeitsgruppen zu den Themen bilden und die effektive Behandlung des Themas auf der Sozialraumkonferenz vorbereiten.
4. Festlegung des Programms der Sozialraumkonferenz mit fachkundigen ReferentInnen und ModeratorInnen, Entwurf und Herstellung einer professionellen Einladung.
5. Einladung an alle Fachleute, Institutionen und Ehrenamtlichen in der Region, bei denen ein Interesse für die (insgesamt sechs) Themen angenommen werden konnte.
6. Durchführung der Konferenz mit insgesamt 170 TeilnehmerInnen.
7. Alle Themen werden nach der Konferenz in Arbeitsgruppen weiter verfolgt mit dem Ziel, bedarfsgerechte Lösungen zu schaffen.

Die Planung und Durchführung der Konferenz war ein hartes Stück Arbeit für das Regionalteam, aber letztendlich ein großer Erfolg. Neben den Erfolgen für die inhaltliche Arbeit hat dieses Projekt das Regionalteam als Team zusammengeschweißt, das Team ist stolz auf seine Leistung und hat durch sein professionelles Agieren ein hohes Ansehen gewonnen.

7.4 Vom Feld zum Fall

Auch bei guter Kenntnis des Sozialraums ist es nicht so leicht, Sozialraumressourcen für die konkrete Fallarbeit zu nutzen. Es erfordert von den Teams viel Mut und Kreativität, “nicht-professionelle” HelferInnen in die Fallbearbeitung mit einzubeziehen.

Gute Erfahrungen wurden mit den dänischen Freizeithäusern gemacht, die es in Husum und Westerland gibt. Sie bieten eine hortähnlich Betreuung für Kinder der dänischen Minderheit an. Die Kinder gehen jeden Tag nach der Schule ins Freizeithaus und werden dort mit Mittagessen versorgt, bei den Hausaufgaben betreut und bekommen Freizeitangebote. Für einen Jungen, der besonders verschüchtert war und kaum Selbstbewusstsein hatte (und sehr unter seinem raumgreifenden, gewalttätigen Bruder litt, welcher der “eigentliche” HzE-Fall war), konnte mit dem Freizeithaus ein „Übungsprogramm" zur Steigerung des Selbstwertgefühls verabredet werden, das mit viel Engagement und Geduld sowohl des Jungen als auch des Mitarbeiters des Freizeithauses durchgeführt wurde. Der Junge sagte, was ihm besonders schwer fiel und er ändern wollte (z.B.

anderen Menschen in die Augen gucken können), es wurden "Übungseinheiten" verabredet und durchgeführt, bis der Erfolg sichtbar war. Man könnte es "Verhaltenstherapie im Feld" nennen.

In anderen Fällen werden die Kinder oder Jugendlichen in Vereinsangebote integriert und mit dem Fußballtrainer oder der Zugführerin des Spielmannzuges wird besprochen, worauf bei dem Kind besonders zu achten ist, wo der Jugendliche besondere Unterstützung braucht.

Schule und Kindergarten werden so weit wie möglich über eine HzE informiert, und es wird versucht, sie in die Hilfegestaltung einzubeziehen. Die Teilnahme von Lehrkräften an Kontraktgesprächen und die aktive Übernahme von Verantwortung durch sie ist aber noch die Ausnahme. Die Einbeziehung von Sozialraum- und Umfeldressourcen ist ein Thema, bei dem es in unserem Projekt noch viel Optimierungspotential gibt. Wir gehen das Thema konkret durch zwei Projekte an:

7.5 Freiwilligenarbeit im HzE-Bereich

Wir konnten eine Freiwilligen-Agentur gründen, die uns dabei unterstützt, Freiwillige (Ehrenamtliche, Volunteers) zu suchen, die HzE-Maßnahmen im Feld absichern und stärken können.

So konnten etwa 20 ehrenamtliche Hausaufgabenhelfer aktiviert werden, die jetzt für einzelne oder mehrere Kinder eine Mischung aus Nachhilfelehrer, Ansprechpartner für schulische und andere Probleme und Lebensbegleiter sind.

Der erfolgreiche Einsatz der Freiwilligen erhöht die Aufgeschlossenheit der Regionalteams für den Einsatz von Freiwilligen und fordert die MitarbeiterInnen im professionellen Umgang mit ihnen.

Die Schulungskonzepte für die Freiwilligen werden mit den Regionalteams (bzw. mit einzelnen VertreterInnen der Regionalteams) erarbeitet und in Kooperation mit der Freiwilligen-Agentur durchgeführt.

7.6 Family-Group-Conference

Wir hatten das große Glück, dass nicht nur Frank Früchtel und Wolfgang Budde aus Bamberg nach Nordfriesland gekommen waren, um uns über das Konzept der "Family-Group-Conference" zu berichten. Sie brachten auch Alan MacRae aus Neuseeland mit, den "Vater aller Family-Group-Conferences". An dieser Fortbildung haben 30 Personen (von insgesamt ca. 50) aus den Regionalteams teilgenommen und alle waren von dem Ansatz begeistert und konnten sich vorstellen, ihn in Nordfriesland umzusetzen.

Es gab in der Folge einige „kleine" Familienräte (wie wir heute sagen), die bereits sehr erfolgreich waren. Es zeigte sich, dass Lösungen, die von Familien selber entwickelt wurden, viel stabiler sind als all die vielen Hilfen, die vorher von den Professionellen für die Familie erdacht wurden.

Im Jahr 2005 haben 5 Mitarbeiterinnen der Sozialraumträger und eine Mitarbeiterin des Kreises an einem 5-tägigen Training zur "Familienrat-Koordinatorin" teilgenommen, das von Alan MacRae in Bamberg durchgeführt wurde, so dass jetzt Familienräte verstärkt in den Regionalteams angeboten werden können.

8. Steuerung der Arbeit

Die Arbeit von öffentlichem und Sozialraum-Träger wird zu 95% im Regionalteam gesteuert. Das Regionalteam entwickelt die Hilfen für die einzelnen Betroffenen, definiert den Bedarf im fallunspezifischen Bereich und plant und realisiert entsprechende Maßnahmen.

Alle Maßnahmen (einzelfallbezogene und fallunspezifische) werden alle 6 Monate im Regionalteam besprochen. Personalentscheidungen treffen die Sozialraumträger in Absprache mit den Projektverantwortlichen, die ja Mitglieder des Regionalteams sind.

Finanzierungslogik und Finanzcontrolling

Als ob es nicht erlaubt sei, in der Jugendhilfe die" finanziellen Beziehungen" einfach zu gestalten, haben auch wir die Sozialraumfinanzierung zunächst hoch kompliziert organisiert - mit vier verschiedenen Budgets pro Sozialraum, mit Fachleistungsstunden u.v.m.. Die Tatsache, dass ich das komplizierte System selber nicht mehr verstand, veranlasste mich, das "Ist-Kosten-Modell" (intern auch einfach „Hausfrauenmodell" genannt) zu entwickeln.

Dieses Modell geht von der einfachen Tatsache aus, dass der Sozialraumträger ein bestimmtes Budget hat (so wie die Hausfrau früherer Zeiten eine bestimmte Summe an Haushaltsgeld zur Verfügung hat).

Von diesem Budget muss der Sozialraumträger bestimmte Kosten begleichen, z. B. seine Personalkosten, Mieten, Rechnungen für Fälle, die von anderen Trägern bearbeitet werden usw. (so wie die Hausfrau Brot, Milch und Waschmittel einkauft und bezahlen muss).

Wenn der Träger alle Kosten, die ihm entstehen, bezahlt hat, dann weiß der Träger (und das Jugendamt), wie viel Geld am Ende des Monats bzw. des Jahres vom Sozialraumbudget übrig ist.

Da die Sozialraumbudgetierung als Kernpunkt enthält, dass der freie Träger erst dann Gewinn macht, wenn er Einsparungen erzielt hat, kann der öffentliche Träger beruhigt davon ausgehen, dass der Sozialraumträger kein Interesse daran hat, das Geld unnötig zu verschleudern. Denn dieses Geld wäre ja einfach weg. Er müsste es für bestimmte Dinge ausgeben, die er dem öffentlichen Träger gegenüber nachzuweisen hat, d. h. er könnte nicht Immobilienbesitz anhäufen oder ähnliches, da dies vom öffentlichen Träger nicht mitgetragen wird. Investitionen gehen auch nicht in voller Höhe, sondern als Abschreibung nach den üblichen Regeln in das Ist-Kosten-Modell ein.

Passend zum Hausfrauenmodell wurde das „Schema F" entwickelt, nachdem die Sozialraumträger dem öffentlichen Träger monatlich den Budgetverbrauch darstellen.

In diesem Schema F werden eingetragen:

- die Personalkosten (ausschließlich für pädagogisches Personal) in der Höhe, wie sie tatsächlich anfallen (d. h. ein Sozialpädagoge, 50 Jahre alt, 4 Kinder, ist eben teurer als eine Berufsanfängerin mit 24 Jahren, ledig und ohne Kinder)
- alle Rechnungen, die der Sozialraumträger zu begleichen hat (für Fälle, die von anderen Trägern abgearbeitet werden, in Nordfriesland insbesondere stationäre Maßnahmen)
- Sachkosten, die im Zusammenhang mit Fällen entstehen, z. B. Hilfe zum Lebensunterhalt oder das berühmte Paar Fußballschuhe, das die Tagesgruppe ersetzt, weil der junge Mann statt in der Tagesgruppe auch gut im Fußballverein untergebracht ist
- Kosten, die fallunspezifische Projekte verursachen. (sowohl Honorarkosten als auch Sachkosten)
- Kosten, die die HüTN-Einrichtungen verursachen (Miete, Nebenkosten, Abschreibungssummen für Möbel, Auto und ähnliches).

Diese Kosten sind die tatsächlichen Ausgaben, die der Sozialraumträger hat. Es sind keine „kalkulierten" Kosten dabei. Als kalkulierte Kosten fallen die so genannten Insgemeinkosten und Kosten des Arbeitsplatzes an. Hier wurde eine Pauschalsumme vereinbart, die pro fester Stelle als so genannte Overheadkosten bzw. zusätzliche Personalkosten in Rechnung gestellt werden kann. Diese Summe beträgt weniger als 50 % von dem, was die KGST dem öffentlichen Dienst an zusätzlichen Personalkosten zubilligt.

Wichtig ist, dass es diese Overheadkosten nur für fest angestelltes (pädagogisches) Personal gibt, denn der öffentliche Träger hat ein Interesse daran, dass das Personal beim Sozialraumträger einen sicheren Arbeitsplatz hat und keine Angst haben muss, dass der Arbeitsplatz gefährdet ist, wenn Fälle schnell und effektiv bearbeitet werden,.

Das Schema F ist zwar vom Prinzip her ganz einfach. Für das Finanzcontrolling musste es dann aber doch etwas ausgefeilter gestaltet werden. So finden automatische Hochrechnungen statt, die jederzeit darüber Auskunft geben, wie sich der Budgetverbrauch nicht nur zum aktuellen Zeitpunkt, sondern auch bis zum Ende des Jahres darstellt. Dazu sind weitere Angaben notwendig, z. B. ob die Beschäftigung vom 01. bis zum 12. Monat des Jahres geplant ist, ob eine stationäre Unterbringung beim anderen Träger evtl. schon Mitte des Jahres beendet werden soll usw. Diese Angaben werden in die Excel-Liste eingearbeitet, so dass die Hochrechnung relativ genau ist.

Pro Sozialraum gibt es jetzt nur noch ein Budget. Es ist quasi das gemeinsame Budget von Sozialraumträger und Jugendamt. Das Jugendamt nimmt vor Überweisung an den Sozialraumträger die so genannten Vorwegabzüge vor, d. h. die Rechnungen, die sinnvollerweise von Seiten des Jugendamtes beglichen werden müssen, werden abgezogen. Der Rest geht an den Sozialraumträger. Auch alle weiteren Einnahmen, die evtl. noch erzielt werden können durch Kostenheranziehung von Eltern und anderen Kostenträgern, werden an den Sozialraumträger weitergegeben.

Am Ende des Jahres ist dann klar, wie viel Geld tatsächlich ausgegeben worden ist und was vom Budget übrig bleibt.

Der Gewinn des Trägers beträgt 20 % der Einsparungen, maximal jedoch 51.000 €. (Die Sozialraumbudgets betragen zwischen 1,2 und 2 Mio. € pro Jahr.)

Mit diesem einfachen Finanzierungsmodell sind wir in den letzten drei Jahren sehr gut gefahren. Es ist absolut transparent. Es bietet dem Sozialraumträger Planungssicherheit, den Arbeitnehmern des Sozialraumträgers Arbeitsplatzsicherheit, dem öffentlichen Träger ein Höchstmaß an Transparenz und die Gewissheit, dass der Sozialraumträger kein finanzielles Interesse daran haben kann, möglichst viel Geld auszugeben, weil sich der Gewinn immer erst an der Höhe der Einsparungen bemisst. Wer keine Einsparungen erzielt hat, hat auch keinen Gewinn, aber er hat seine Kosten legitimer Weise erstattet bekommen.

Wenn die monatliche Hochrechnung ergibt, dass der Budgetverbrauch bei über 95% liegt, wird "Finanzalarm" ausgerufen. Die Projektverantwortlichen so wie die Finanzverantwortlichen beider Träger setzen sich zusammen und überlegen, mit welchen Maßnahmen eine Einhaltung des Budgets erreicht werden kann. Ab 2006 soll das ganze Regionalteam in den Finanzalarm einbezogen werden, um die Ideen aller MitarbeiterInnen zu nutzen.

Diese transparente Form der Budgetabwicklung trägt sehr zu einem vertrauensvollen Verhältnis zwischen öffentlichem und Sozialraumträger bei, denn beide Seiten haben ein Interesse an einem möglichst niedrigen Budgetverbrauch bei gleichzeitig guter Qualität der Arbeit.

9. Fazit

9.1 Das Sozialraumprojekt in Nordfriesland entspricht dem SGB VIII

Das Konzept der sozialraumorientierten und budgetfinanzierten Jugendhilfe wird bundesweit heftig diskutiert. Stichworte dazu sind vor allem "Monopolisierung der Trägerlandschaft", "Wunsch- und Wahlrecht der KlientInnen" und "Rechtsanspruch auf HzE wird durch Budgetierung ausgehöhlt".

Zum Thema Monopolisierung können wir feststellen, dass es heute mehr freie Träger der Jugendhilfe in Nordfriesland gibt als vor dem Beginn der Sozialraumdiskussion. Alle Sozialraumträger arbeiten mit anderen Trägern zusammen, natürlich unter Berücksichtigung qualitativer Maßstäbe und des Wunsch- und Wahlrechts der KlientInnen.

Das Wunsch- und Wahlrecht der KlientInnen stand noch nie so sehr im Zentrum der praktischen Fallbearbeitung wie seit Einführung des neuen Verfahrens. Oberstes Ziel des ganzen Projektes ist ja die strenge Ausrichtung der Hilfen an Willen und Zielen der KlientInnen. Was die Wahl oder Ablehnung eines bestimmten Trägers angeht, so hat sich nichts für die KlientInnen verändert. Alle Sozialraumträger sind verpflichtet, die notwendigen und geeigneten Maßnahmen zu organisieren; eine Maßnahme, die der Klient aufgrund eines bestimmten Trägers ablehnt, kann deshalb nicht geeignet sein.

Jeder Haushaltsplan, der einigermaßen ernst genommen wird, ist eine Budgetierung, denn das Ziel der Verwaltung ist es immer, mit dem geplanten Ansatz auszukommen. Es ist bisher so gewesen und wird auch in Zukunft so sein, dass es einen Nachtragshaushalt geben muss, wenn das vorgesehene Geld nicht ausreicht, um Rechtsansprüche zu decken. Nachverhandlungsmodalitäten sind daher im Sozialraumvertrag vereinbart.

Die Kosten für HzE bewegten sich in den ersten vier Jahren im Rahmen des Budgets, wobei zu bedenken ist, dass es mehr Output aus den vorhandenen Mitteln gibt als früher.

9.2 Veränderung war notwendig

Wenn neue Wege kritisiert werden, wird oft stillschweigend davon ausgegangen, dass die alten Wege perfekt waren. Wenn dem so gewesen wäre, hätte es weder für den Kreis Nordfriesland noch für eine der vielen anderen Kommunen in Deutschland, die sich in der Jugendhilfe neu orientieren, einen Grund für diesen Veränderungsprozess gegeben.

Gerade weil wir festgestellt haben, dass Hilfen nicht immer wirklich den Interessen der KlientInnen entsprechen, dass mehr Geld ausgegeben wurde als vorhanden war, dass Hilfemaßnahmen viel länger dauerten als es eigentlich notwendig war und so Familien entmündigt wurden, dass Träger sich in der Praxis nicht immer an die vereinbarten Hilfepläne hielten usw. haben wir uns auf den Weg gemacht, durch neue Verfahren bessere Hilfen im Sinne der KlientInnen und auch im Sinne der SteuerzahlerInnen zu entwickeln.

Wie viel Arbeit für uns alle dadurch verbunden war und ist, ahnten wir zunächst nur. Aber wir haben angefangen, weil wir von der Notwendigkeit einer Veränderung zutiefst überzeugt waren. Der professionelle Leidensdruck war so hoch, dass wir uns auf das Risiko einer anstrengenden und mit vielen Unwägbarkeiten verbundenen "Therapie" eingelassen haben. Wir vollzogen einen Veränderungsprozess, den wir von unseren KlientInnen tagtäglich verlangen, selber aber vermieden haben. Die Arbeitsbelastung ist in diesen ersten Jahren sehr hoch gewesen, doch die Motivation, den eingeschlagenen Weg fortzusetzen, ist ungebrochen oder durch die positiven Erfahrungen in den Regionalteams sogar gestärkt worden.

Wir haben nicht den Anspruch, ein "Modellprojekt" für andere zu sein. Wir versuchen, bestimmte Grundüberzeugungen in der Nordfriesischen Jugendhilferealität umzusetzen. Bisher haben wir den Eindruck, dass der eingeschlagene Weg der richtige ist, um die o.g. Ziele zu erreichen.

Hilfen zur Erziehung im Wandel begreifen – Ein Erfahrungsbericht aus dem Stuttgarter Reformprojekt

Jürgen Strohmaier

1. Reform der Erziehungshilfen als reflexiver Prozess

Dieser Beitrag reflektiert den Reformprozess der Hilfen zur Erziehung in Stuttgart aus der Sicht der Jugendhilfeplanung. Die vielschichtigen Facetten der Reform werden auf dem Hintergrund gesellschaftlicher Wandlungsprozesse betrachtet. Im Focus der Kinder- und Jugendhilfe zeigen sich deren Ausformungen insbesondere in den komplexen Herausforderungen der Alltagsgestaltung, die von Familien bewältigt werden müssen.

Aber auch die in den letzten Jahren stark gestiegenen Ausgaben für Jugendhilfeleistungen, die viele Städte und Kommunen dazu zwingen, neu über das Verhältnis von fachlichen Ansprüchen *und* der Finanzierung von Hilfeleistungen nachzudenken[1], sind ein Indikator für den psychosozialen Belastungsdruck, dem Kinder und junge Menschen in ihren Lebenswelten ausgesetzt sind. Die rücksichtslose Praxis ökonomischer Begehrlichkeiten und die damit verbundene Deregulierung des Arbeitsmarktes beeinträchtigen die Organisation der sozialen Welt erheblich.

Bei der Umsetzung des Stuttgarter Modells zeigte sich in den vergangenen Jahren, dass die Herausforderungen der Alltagsbewältigung nicht nur für die Fachkräfte im Zusammenwirken mit AdressatInnen der Erziehungshilfe spürbar sind. Sie fordern auch neue Wirkungskräfte der beteiligten Institutionen heraus und deuten auf den in Theoriediskursen häufig erwähnten Paradigmawechsel in der Sozialen Arbeit hin. Die Stuttgarter Reform bietet zahlreiche Bezugspunkte, die auf eine kritische Auseinandersetzung mit der allerorts thematisierten Flexi-

---

1 vgl. hierzu diverse Artikel zu Chancen sozialräumlicher Finanzierungsmodelle, in: Sozial Extra 6/2006

bilisierung und Sozialraumorientierung der Erziehungshilfen zielen. Die genannten Aspekte beinhalten überdies die Chance, sich über neue Handlungsmöglichkeiten und Denkbewegungen zu verständigen und sie - in struktureller wie in fachlicher Hinsicht – für die sozialpädagogische Praxis zu nutzen.

Wo Hilfe zur Erziehung im lebensweltlichen Koordinatensystem erbracht wird, handeln Städte (vgl. INTEGRA 2003) und Kommunen kurz gesagt im „Spannungsverhältnis zwischen Rechtsanspruchspolitik und Infrastrukturpolitik" (vgl. Münder 2005). Eben weil sie mit der Verzahnung von jugendhilferechtlichen Anforderungen und lebensräumlichen Gestaltungsmöglichkeiten neue Wege der Hilfeplanung in diesem Bereich beschritten haben.

In Stuttgart (vgl. Herweg/Strohmaier 2003; Früchtel u.a. 2001) hat die Reform der Erziehungshilfen zum Ausgangspunkt, dass BürgerInnen nachdrücklicher als Vertragspartner (Stichworte Adressatenorientierung und Ressourcenaktivierung) und AkteurInnen der Hilfeplanung betrachtet werden. Diese Betrachtungsweise wird durch das SGB VIII mehrfach angeregt. Öffentliche wie freie Jugendhilfe werden zur aktiven Gestaltung von Hilfeformen aufgefordert, die auf die unmittelbare Beteiligung von Familien, Kindern und Jugendlichen (möglichst) in deren Lebens- und Wohnumfeld zielt. Grundvoraussetzung dafür ist, AdressatInnen von Jugendhilfeleistungen als leistungsberechtigte Rechtssubjekte zu sehen und ihre Interessen dementsprechend wahrzunehmen.

Messmer (2004) hat in Anlehnung an Wiesner darauf hingewiesen, dass es sich bei diesem zunehmend durchsetzenden Verständnis von Hilfeplanung um ein reflexives Modernisierungskonzept handelt. Wesentlich in diesem Verständnis ist, dass auf fachlicher Ebene „partizipative Klärungs-, Entscheidungs- und Gestaltungsprozesse von Hilfemaßnahmen an die Stelle einseitig-expertokratischer Entscheidungen des Jugendamtes treten" (Messmer 2004, S. 75). Unsicherheitserfahrungen und erodierende Standardmodelle der Lebenslaufgestaltung erfordern lt. Messmer eine „reflexive Professionsethik (...), die sich gezielt an den Lebensumständen ihrer Nutzer orientiert" (Messmer 2004, S. 73). Es geht im Grunde darum, Erziehungsberechtigte einerseits stärker in die Verantwortung zu nehmen und ihnen diese nicht durch „professionelles" Eingreifen abzunehmen. Andererseits müssen Erziehungshilfen nicht nur an pädagogischen Orten erbracht werden, sondern eben an den Orten, an denen Familien, Jugendliche und Kinder ihren Alltag auch selbst gestalten und organisieren können und wollen.

Wie das aussehen kann, wird im Folgenden anhand eines Beispieles beschrieben.

2. Vom System zur Lebenswelt und zurück

Frau Marx[2], Mitarbeiterin des Sozialen Dienstes (ASD) und Herr Neu, Mitarbeiter eines Leistungserbringers machen sich auf den Weg, um ein Kontraktgespräch[3] bei Frau Othello zu führen. Frau Marx hat mit Frau Othello im Vorfeld überlegt, wo das Gespräch stattfinden soll und diese hat eine Einladung zu sich nach Hause angeboten, „damit das Jugendamt mal sieht, in welchem Hasenstall wir wohnen!" Sie fahren vom Büro von Frau Marx aus zunächst zwei Stationen mit der U-Bahn und legen den Rest des Weges durch eine urbane Hochhaussiedlung eines Stuttgarter Stadtteiles zu Fuß zurück. Frau Othello bewohnt dort mit ihren drei Kindern eine 3-Zimmer-Wohnung, die sie von der städtischen Wohnungsbaugesellschaft zugewiesen bekam. Ihre drei Kinder stammen von drei verschiedenen Vätern und sind sieben, fünf und ein Jahr alt.

Die Wahl des Ortes für Kontraktgespräche ist eine fachliche Abwägung. Sie bietet in diesem Fall die Möglichkeit für Frau Marx und Herrn Neu, mit offenem Blick durch das Wohngebiet zu gehen und einen Einblick in lebensweltliche Zusammenhänge der Familie Othello zu bekommen. Dieser Schritt ist gleichzeitig ein Bestandteil fallunspezifischer Arbeit, weil er auch als Erkundung der Lebenswelt und für persönliche Kontakte genutzt werden kann. Beobachtungen, die dabei gemacht werden, können in die Fallarbeit rückgebunden werden bzw. im Stadtteilteam weiter gegeben werden. Dieses Vorgehen ist ein gewolltes Instrument bei der Stuttgarter Hilfeplanung und Teil des fallunspezifischen Arbeitsauftrages: Stadteilkenntnisse sollen systematisch genutzt werden, nicht nur in diesem Fall.

Unterwegs richten Frau Marx und Herr Neu ihre Aufmerksamkeit auf Orte, die für die Arbeit mit Familien von Bedeutung sein können: u.a. eine Kinderarztpraxis, einen Second-Hand-Shop, einen umzäunten Spielplatz, eine Bushaltestelle, einen Discounter und eine Bäckerei. Die Bäckerei wirkt nicht nur wegen des Duftes nach frisch gebackenem Brot etwas nostalgisch. Sie ist, so erfährt Herr Neu unterwegs, noch eine der wenigen Bäckereien, die nicht einer Kette zugehört. Vom Laden kann man direkt in Backstube schauen. Der Bäckermeister kommt manchmal mit mehligen Händen in den Verkaufsraum und füllt Backwaren in die Körbe, aus denen seine Gattin verkauft. Auf den Tüten steht: „Bäckerhandwerk mit Tradition, seit 1906", über der Kühltruhe hängt der Meisterbrief der Handwerkskammer. Frau Marx erzählt, dass diese Bäckerei beim letzten Stadtteilfest Brötchen und Brezeln zum Sonderpreis geliefert hat und der Bäcker im Vorstand des Sportvereins ist, der den Namen des Stadtteils trägt.

---

2 Alle Namen sind frei erfunden.

3 In Stuttgart Bezeichnung für Hilfeplangespräch.

Frau Othello, die nun besucht wird, hat samstags zeitweise in dieser Bäckerei als Verkäuferin ausgeholfen. Sie ist 25 Jahre alt und lebt fast zu 100% vom Staat, wie sie zu sagen pflegt, weil keiner der drei Väter zu einem ordentlichen Familienvater tauge. Nur der Vater von Kevin, ihrem ältesten Sohn, ließe sich ab und zu blicken, wenn er gerade mal Geld in der Tasche hat. Dann geht er mit Kevin auf den Killesberg, ein familientaugliches Freizeitgelände auf einer Stuttgarter Anhöhe. Priscilla sei ihr „Soldatenkind", mit ihrer Geburt habe sie die Hoffnung verbunden, mit dem Vater des Mädchens in den USA ein neues Leben zu beginnen. Dieser hätte einen krisensicheren Job bei der in Stuttgart stationierten US-Army gehabt, aber schon drei Jahre nichts mehr von sich hören lassen – „vielleicht liegt er tot in der Wüste"! Und der Jüngste, Noah, sei ein „Discounfall" gewesen: „Da geht man einmal richtig aus und kommt mit einem neuen Balg zurück...". Auf die Männer im Allgemeinen ist sie schlecht zu sprechen, weil die angeblich nur ihren Spaß haben wollen und nicht verhüten. Herr Neu erzählt von seinem Sohn, der auch ein Jahr alt ist. Er lässt einfließen, dass er viel Zeit mit ihm verbringt und sich mit seiner Frau bei der Betreuung so gut wie möglich abwechselt. Herr Neu macht eine Mutterschaftsvertretung und hofft über diesen Weg bei seinem Arbeitgeber Fuß zu fassen. Wenn er sein Halbtagesgehalt mit dem Geld, das seine Partnerin mit Nachtdiensten als Krankenschwester verdient, in einen Topf wirft, dann reicht es gerade so für ein Leben zu dritt. Auch er wohne mit Lebensgefährtin und Kind in einer 3-Zimmer-Wohnung, die nicht wesentlich größer sei als die Othellowohnung, sagt er.

3. Kontraktgespräch: Fachkräfte werden an der Erziehung beteiligt

Dem nun statt findenden Kontraktgespräch gingen bereits mehrere Gespräche zwischen Frau Marx und Frau Othello voraus. Teilweise war daran auch die Klassenlehrerin von Kevin, Frau Barelli, beteiligt. Sie war es auch, die Frau Othello dazu bewegen konnte, sich beim zuständigen ASD zu melden. Kevin war ihr des Öfteren aufgefallen, weil er Mitschüler erheblich körperlich traktierte, aber auch weil er selbst mehrfach blaue Flecken an Unter- und Oberarmen aufwies. Es ist nicht eindeutig, wie diese Male entstanden sind bzw. ob Kevin sie auch in anderen Körperregionen aufweist. Es besteht die Vermutung, dass es sich um handgreifliche Spuren handelt, die möglicherweise auch bei seinen jüngeren Geschwistern festgestellt werden können. Deshalb werden auch Kriterien des Kinderschutzes Beachtung finden, die mit Frau Othello erörtert werden.

Frau Marx wird versuchen, Frau Othello, die die Schuld gerne bei anderen sucht, zu mehr Eigenverantwortung zu ermutigen. Die Sozialarbeiterin möchte mit der jungen Mutter Ideen entwickeln, die diese selbst zur Klärung und Entzerrung ihrer für sie schwierigen und unübersichtlichen Lebenssituation befähigen. Frau Othello, seit Jahren in Unterhaltsstreitigkeiten verwickelt, soll aus ihrer defensiven Haltung herausfinden und dazu befähigt werden, ihren komplexen Alltag neu zu strukturieren. Ein schwieriges Unterfangen für alle Beteiligten.

In der Wohnung von Frau Othello war Frau Marx bisher nicht. Vor laufendem Fernseher, in den die drei Othello-Kinder gebannt starren, soll heute zwischen den Gesprächsteilnehmern ein Kontrakt ausgehandelt werden, der Frau Othello bei der Erziehung ihrer drei Kinder unterstützt. Es könnte ein neues Skript für Frau Othellos Lebensplanung erstellt werden, das auf der eine Seite Entlastung bringt und auf der anderen Seite Frau Othello Freiräume eröffnet, in denen sie sich z.B. beruflich qualifiziert. Insbesondere soll sich Herr Neu um Kevin kümmern. Das „Fernsehzimmer" weist Frau Othello als ihr Wohnzimmer aus. Es ist übersät mit Spielzeug, Werbeprospekten, Verpackungen von Lebensmitteln, Lebensmittelresten und Kleidungsstücken. Der Dreisitzer muss erst noch von McDonalds-Abfällen und Pappgeschirr frei geräumt werden. Alle Erwachsenen helfen mit. Für die Klassenlehrerin, die dazu kommt, stellt Frau Othello einen Kinderstuhl bereit. Frau Marx hätte gerne noch die allein stehende Nachbarin, „die Oma", zum Gespräch eingeladen, weil sie gelegentlich die drei Kinder zu sich nimmt und für sie kocht. Nur dann hat Frau Othello, die in Stuttgart keinerlei Kontakte zu Verwandten hat, Zeit für sich und für Erledigungen, die ohne Kinder geschickter zu bewerkstelligen sind. Die Nachbarin ist aber zurzeit im Krankenhaus.

4. Was tun?

Das Kontraktgespräch bei Frau Othello hat über zwei Stunden gedauert. Es war für alle Anwesenden mit Anstrengung verbunden, weil alle zu Wort kommen sollen. Natürlich gehören auch die Kinder dazu, die ständig dazwischen plappern. Dieses Plappern hat Frau Marx wiederholt aufgegriffen und dadurch Kontakt zu den Kindern hergestellt. Die vielen Erwachsenen in dieser kleinen Wohnung haben irgendwann doch stärker das Interesse der Kinder auf sich gezogen als der laufende Fernseher; Noah saß nach einer Phase des Abtastens plötzlich auf Herrn Neus Schoß.

Kevin konnte sich mit dem Gedanken anfreunden, dass er sich mit ihm zweimal die Woche trifft. U.a. wird Herr Neu den Kontakt zum Sportverein in die Wege leiten, dort könnte Kevin an einer Spiel- und Bewegungsgruppe teilnehmen. Frau Barelli, die Lehrerin, holt sich von ihrem Schulleiter das Einverständnis, damit Herr Neu (der Gitarre und Klavier spielt) sie sozusagen als ihr Ko-Lehrer an Weihnachten bei der Klassenfeier assistieren kann. Herr Neu hat den Vorschlag gemacht, den Vater von Kevin einzubeziehen, deshalb möchte er ihn gerne zum nächsten Kontraktgespräch einladen. Vielleicht lässt sich dieser regelmäßiger in den Familienalltag einbinden und könnte dadurch zur Entlastung von Frau Othello beitragen.

Priscilla wird halbtags im Hort angemeldet, sie ist in keinem Kindergarten mehr angemeldet und war deshalb ständig bei ihrer Mutter. Den Kleinsten möchte Frau Othello noch bei sich behalten. Sie hat sich bereit erklärt, noch einmal beim Bäcker vorzusprechen und nach einer stundenweisen Beschäftigung im Laden nachzufragen. Ihr Ziel ist es aber, ihre vor Jahren wegen Schwangerschaft abgebrochene Ausbildung zur Rechtsanwaltsgehilfin wieder aufzunehmen und fügt lakonisch hinzu: „Eine Ausbildung kann man abbrechen, eine Schwangerschaft... das krieg ich nicht übers Herz". Ob sie zur Kontaktgruppe allein erziehender Mütter, die der Leistungserbringer ins Leben gerufen hat, geht, möchte sie noch in Ruhe überlegen. Frau Marx hat die genannten Vorhaben in einem „Kontraktgesprächsbogen" dokumentiert, der mit Einverständnis von Frau Othello an alle Beteiligten zugesandt wird. Der Kontraktgesprächsbogen ist ein wesentlicher Bestandteil des Stuttgarter Dokumentationssystems. Er wird nicht nur für den Hilfeprozess verwendet, sondern ist wie andere Bögen auch ein Controllingdokument. Der Bogen enthält sinngemäß folgende Vereinbarungen:

Wer	*macht was?*	*Bis wann?*
Frau Othello	• Meldet Priscilla im Hort an • Macht Gesprächstermin mit Bäckerei aus • Ruft bei ihrem früheren Rechtsanwaltsbüro an und erkundigt sich nach Möglichkeiten, ihre Ausbildung fortzuführen • Geht mit allen drei Kindern zum Kinderarzt zur Aktualisierung der Vorsorgeuntersuchungen • Fragt Nachbarin, ob sie bereit ist, einmal in der Woche für die Kinder mitzukochen bzw. hilft ihr im Gegenzug beim Einkaufen o.ä.	Alle Punkte werden innerhalb der nächsten vier Wochen erledigt.
Kevin	• Macht seine Schulaufgaben dreimal wöchentl. in der Kernzeitbetreuung und legt sie daheim seiner Mutter vor • Geht mit Herrn Neu zum Sportverein („Probetraining")	Probetraining nächste Woche Mittwoch.

Frau Marx	• Ruft parallel im Hort an • Führt zweimal im Monat Gesprächstermine mit Frau Othello zu Erziehungsfragen durch	Anruf im Hort kommenden Montag
Herr Neu	• Ruft die Trainerin (ehem. Studienkollegin) beim Sportverein wg. Kevin an • Ruft Herrn Koster, Vater von Kevin, an • Spricht Kollegin der „Müttergruppe“ an und informiert sich über anstehende Wochenendfreizeit	Innerhalb einer Woche erledigen.
Frau Barelli	• Spricht mit Rektor wegen Weihnachtsfeier und mit Schulsozialarbeiter bezügl. Unterstützungsbedarf an der Schule. • Hat einen regelmäßigen Blick auf Kevins Schulsachen, Vesper usw. • Prüft, ob Kevin blaue Flecken hat • Telefoniert einmal wöchentl. mit Frau Othello	Gespräch mit Rektor am kommenden Freitag.

Nach dem Kontraktgespräch auf dem Weg zur U-Bahn zeigt sich Frau Marx erleichtert darüber, dass Frau Othello so offen über ihre „zupackende“ Art gesprochen hat. In angespannten Familiensituationen packt sie Kevin wüst und schüttelt ihn so heftig, dass er blaue Flecken davon kriegt. Sie sagt, dass sie diese Methode nur bei Kevin anwendet, weil dieser sie immer wieder zur Weißglut brächte. Herr Neu meint, wenn Frau Othellos Alltag übersichtlicher würde, dann müsste sie ihre Wut oder ihre Überforderung nicht immer an Kevin auslassen. Und dieser, vermutet Frau Barelli, lässt seine Aggressionen wiederum an seinen Mitschülern, vielleicht auch an seinen jüngeren Geschwistern, aus.

Es stellt sich die Frage, inwieweit die Lebenssituation von Familie Othello über das Hilfekonstrukt abgebildet und im Kontext ihres Wohn- und Lebensraumes eingebettet werden kann. Auf den ersten Blick erscheint die Aufgabenteilung als unspektakuläres Mosaik flexibler Erziehungshilfen. Welche Effekte sie hervorruft, wird sich spätestens in drei Monaten zeigen. Da findet das nächste Kontraktgespräch statt, der Termin ist bereits festgelegt. Alle getroffenen Vereinbarungen werden dann von den Gesprächsteilnehmern überprüft und die Ergebnisse ausgetauscht bzw. weitere Schritte abgesprochen.

5. Zwang der Flexibilität?

Herr Neu stellt am Beispiel von Familie Othello fest, wie stark gesellschaftliche Zwänge flexibles Handeln hervorrufen. Er meint, Flexibilität sei für ihn schon Teil der Normalität. Im Studium habe er „Risikogesellschaft“ von Ulrich Beck gelesen. Hier sei ihm klar geworden, dass Menschen nicht mehr selbstverständlich gemeinschaftlichen Verbindungen angehören. Sie seien einer Individualisierungslogik unterworfen, der nur mit einem stabilen sozialen Netz entgegen gewirkt werden könne. Das ist für ihn auch eine Erkenntnis, die er sich bei seinem Geschäft als Sozialpädagoge immer wieder vor Augen führt. Er meint zu erkennen, dass Frau Othello in besonderem Maße der „Individualisierungslogik“ unterworfen sei.

Frau Marx sieht sich als Vertreterin des Systems, sprich des Jugendamtes. Sie weiß aus eigener Erfahrung, dass die Organisation des Familienlebens in der heutigen Zeit jedem einzelnen Mitglied ein hohes Maß an Flexibilität abverlangt. Sie findet es deshalb auch folgerichtig, wenn sich staatliche Institutionen besonders auf solche Familien einstellen, die ohne Unterstützung auf sich selbst zurück geworfen und von sozialen Bindungen isoliert sind. Die Stuttgarter Reform der Erziehungshilfen findet sie richtig und notwendig. Ihr und ihren Kolleginnen und Kollegen vom ASD ist es gerade durch die unorthodoxe und direkte Kooperation mit engagierten Fachleuten des Leistungserbringers möglich, zeit- und wohnortnah – also flexibel - auf kritische Lebenslagen von Familien zu reagieren. Die Hilfen orientieren sich an der unmittelbaren Lebenssituation von Familien, nicht an sozialpädagogischen Angeboten und Maßnahmen.

Richard Sennett beschreibt flexibilisierte Lebenslagen als „Drift“ (Sennett 2000). Gemeint ist damit ein Dahintreiben zwischen der Hartnäckigkeit von romantisch gefärbten Bildern familiärer Entwürfe und durchkapitalisierten Marktinteressen, die genau das erschweren, was auch von Frau Othello verlangt wird: das Steuer für das eigene Leben (wieder) in die Hand zu nehmen; oder besser gar nicht aus der Hand zu geben. Sennett spricht vom Zwang der Flexibilität, der „flexible Kapitalismus“ zwinge im Grunde jede und jeden zur flexiblen und fragmentierten Lebensweise, die auch als notwendiges Arrangement mit dem hiesigen Wirtschaftssystem gedeutet werden kann. Um markt- und konkurrenzfähig bleiben zu können und erst gar nicht auf eines der sozialen Abstellgleise zu geraten, müssen sich Individuen so aufstellen, dass sie möglichst kurzfristig auf die Launen des Marktes und der Ökonomie reagieren können. Bei derart flexiblen Lebensgestaltungen wird oft genug übersehen, dass sozio-ökonomische Faktoren Wirkungskräfte in Gang setzen, die den Bestand sozialer Beziehungen eher gefährden denn stabilisieren. Flexibilität wird in vielen Lebenslagen nicht nur als eine kontinuierliche Wandlung erlebt, die auf dem Vorausgegangenen aufbaut.

Sie ist auch das Resultat von Handlungen und Brüchen in Biographien, die das Leben unwiderruflich verändern können. Offen bleibt an dieser Stelle die Frage, wie „reflexiv" Frau Othello aufgrund ihrer Bedingungen sein kann und wie viel Freiheit sie angesichts ihrer strukturellen Schieflage besitzt, ihre Lebensgeschichte neu zu gestalten.

Eine Antwort des (Jugendhilfe-)Systems darauf sind Hilfen aus einer Hand. Dies setzt voraus, dass der ASD in den einzelnen Stadtbereichen auf einen Leistungserbringer als Kooperationspartner bauen kann, der nicht nur fallbezogen, sondern auch feldbezogen agiert. Dies setzt fundierte Sozialraumkenntnisse voraus. D.h. in Stuttgart sind kooperationsbedingte flexible Hilfen systematisch gewollt und dies hat zur Folge, dass in allen Stadtbereichen ein bestimmter Leistungserbringer seine Ressourcen (ambulant und stationär) am Bedarf der Leistungsberechtigten ausrichtet. Die Leistungsberechtigten entscheiden letztendlich, ob sie mit dem jeweiligen Kooperationspartner zusammen arbeiten oder nicht.

6. Das Stadtteilteam als Ort „reflexiver Professionsethik"

Frau Marx und Herr Neu treffen sich einmal wöchentlich mit ihren jeweiligen Kollegen/innen (acht an der Zahl) im für ihren Arbeitsbereich zugeordneten Stadtteilteam[4]. Vor dem Kontraktgespräch mit der Familie Othello hat Frau Marx (mit dem Einverständnis von Frau Othello) eine Falleingabe vorbereitet. Mit ihren Kolleginnen und Kollegen hat sie die Lebenssituation von Familie Othello entlang der Frage: „Was trägt zur Entlastung der Familie Othello bei?" erörtert und mehrere Ideen zur Hilfegestaltung für das inzwischen durchgeführte erste Kontraktgespräch mitgenommen. Außerdem wurden Aspekte des Kinderschutzes von Frau Marx eingebracht, weil bis dato noch nicht klar war, wie schwerwiegend die Verletzungen von Kevin sind und woher sie kommen. Auch Frau Barelli, die Lehrerin von Kevin war zu diesem Fall anwesend und wurde gehört. Die Grundschule liegt in erreichbarer Nähe von Familie Othello. Kevin braucht zehn Minuten zu Fuß dorthin.

Frau Marx schätzt die Beratung der vorliegenden Fakten und die vorgeschlagenen Optionen für die Fallarbeit. Die TeilnehmerInnen dieses Stadtteilteams sind sich einig darüber, dass es prinzipiell einen Erkenntnisgewinn bezüglich der eingebrachten Themen und Fälle geben muss – dann hat sich die Sitzung gelohnt!

---

4 In Stuttgart gibt es 24 Stadtteilteams, verteilt auf zehn Stadtbereiche. Stadtteilteams gelten als Garant für die Hilfeplanung und stellen ein wesentliches Strukturelement der HzE-Reform dar.

Die Systematik und Grundlage für die Stadtteilteams – der fallbezogenen wie fallunspezifischen Hilfeplanung und das erforderliche Dokumentationssystem – ist in der Rahmenvereinbarung (Landeshauptstadt Stuttgart 2005) festgehalten, die das Jugendamt mit Stuttgarter Leistungserbringer gemeinsam umsetzt. Dort heißt es: „Die Stadtteilteams sind die Orte, an denen gegenseitige Transparenz des (sozial-)pädagogischen Fallverstehens und die Umsetzung sozialräumlicher Arbeitsstrategien unmittelbar eingelöst werden. Durch die neue Form der Zusammenarbeit zwischen dem ASD/Beratungszentrum, der wirtschaftlichen Jugendhilfe als Vertreter der öffentlichen Jugendhilfe und den jeweiligen sog. Schwerpunktträgern erfolgt eine Perspektivenerweiterung für fachlich optimales und wirtschaftlich vertretbares Handeln“ (S. 11).

Die Einrichtung von Stadtteilteams hat zu neuen Kommunikationsformen im Stuttgarter HzE-Bereich geführt: die Kommunikation und Gestaltung sozialer Strukturen und Prozesse mit Familien und AkteurInnen in den sozialstrukturell recht unterschiedlichen Stadtteilen wird im Zusammenhang mit der Bereitschaft anderer Institutionen (Schulen, Vereine, Betriebe, ÄrztInnen, Initiativen, Verbände usw.) gesehen, sich ebenfalls mit den Wirklichkeiten betroffener AdressatInnen und deren Lebensumfeld auseinander zu setzen. Stadtteilteams signalisieren einen Paradigmenwechsel in der Sozialen Arbeit und kommunizieren das Spannungsfeld von System und Lebenswelt.

Bei der Etablierung neuer Informations- und Kommunikationswege müssen Stadtteilteams als zentrale Strukturelemente der Hilfeplanung begriffen werden. Die Frage ist z.B., welchen Nutzen sozialräumliche Kenntnisse für die Arbeit mit Kinder und Jugendlichen haben. Fallunspezifische Arbeit bedeutet „Feldforschung“ zugunsten der Alltagsbewältigung komplexer Familien- und Lebenssituationen im Quartier. Es werden Zusammenhänge, die das Anliegen der Familien betreffen, und die Lebensqualität ihres sozialen Umfeldes in den Blick genommen. Können Ressourcen genutzt werden, die außerhalb des Einflusses sozialarbeiterischer Aktivitäten liegen und sich dabei zugunsten einer lebensweltorientierten Reproduktion leistungsberechtigter Familien erschließen lassen?

7. Das Votum der Leistungsberechtigten

Das häufig verwendete Stichwort ´Adressatenorientierung` in der Erziehungshilfe zielt ja auf die bereits erwähnte Eigenverantwortung, die ein zentraler Begriff im Hinblick auf die Organisation der Bürgergesellschaft darstellt. Der Philosoph Otfried Höffe (vgl. Höffe 2004a u. 2004b) rückt in seiner Theorie des Bürgers den Menschen als selbstverantwortliches Subjekt der Bürgergesellschaft ins Zentrum. Er sieht den Paternalismus des Wohlfahrtsstaats als Bedrohung für die Eigenverantwortung und betont die aktive Mitwirkung von BürgerInnen. Bezogen auf unser Beispiel erweist sich dieser Anspruch als schwieriges Unterfangen, weil hier – wie in vielen anderen Fällen auch – die Erwartung an die Profis (gewissermaßen als Repräsentanten des Staates), schon entsprechende Lösungen im Gepäck zu haben, relativ hoch ist: „Jetzt sagen Sie mir doch, was ich tun soll!“. Deshalb erfordert die Hilfeplanung viel Sensibilität, Geduld und Geschick, Leistungsberechtigte als selbstverantwortliche AkteurInnen ihrer Lebensplanung zu sehen, ohne sie gleichzeitig dadurch zu entmündigen.

Die Förderung der Eigenverantwortung kann paradox wirken, wenn stillschweigend davon ausgegangen wird, dass „AdressatInnen“ zu wenig eigenverantwortlich handeln. Eine häufige Beobachtung ist jedenfalls, dass die Verantwortung (die „Schuld“) für Brüche und Fallstricke des eigenen Lebens gerne bei anderen gesucht wird. Deswegen macht es Sinn, Leistungsberechtigte im Kontraktgespräch danach zu fragen, welches Ziel für sie am Ende des Hilfeprozesses stehen muss und welche konkreten Beiträge sie zur Zielerreichung leisten. Die 2005 vorgelegte Evaluationsstudie von Finkel/Findeis (2005) kommt bei diesem Punkt („Aktive Mitwirkung der AdressatInnen am Hilfeprozess“) zu dem Resultat, „dass die Aktivierung der AdressatInnen angesichts der Vielschichtigkeit ihrer Problemlagen ein große Herausforderung darstellt. Gerade die Komplexität dieser Probleme und die damit zusammenhängende prekäre Lebenssituation, in denen sich NutzerInnen häufig befinden, erschwert die Formulierung konkreter Ziele in besonderer Weise“.

Die Evaluationsstudie, die die Sicht der interviewten Leistungsberechtigten bezüglich der HzE-Reform umfassend dokumentiert, zeigt deutlich, dass diese auf das neue Stuttgarter Hilfeplanverfahren überwiegend positiv reagieren, z.B. gerade weil die Hilfen mehrheitlich in ihrem lebensweltlichen Radius stattfinden und sich prekäre Familiensituationen aufgrund der zeitnahen sozialräumlichen Erziehungshilfen spürbar und nachhaltig entspannt haben. So ist anzunehmen, dass ein adressaten- und familienorientiertes System der Erziehungshilfen dazu beiträgt, Misstrauen und Hemmschwellen, die eine Kooperation zwischen BürgerInnen und Jugendhilfe-Institutionen erfahrungsgemäß erschweren, abzubauen. Das Kontraktmanagement als zentraler Baustein der Stuttgarter Hilfeplanung muss also auch als Beitrag zur Bürgergesellschaft verstanden werden, der Desintegrationstendenzen (wie Verarmung, Arbeitslosigkeit, Vereinsamung, Krankheit usw.) denen in Not geratene Familien oft ausgeliefert sind, entgegenwirkt.

8. Kurswechsel?!

Zu Beginn des Reformprozesses war die Rede vom „Versuch den Tanker zu wenden“ (vgl. Früchtel/Scheffer 1999). Das Experiment bestand darin, die im KJHG verankerten Anspruchsrechte der Leistungsberechtigten aus der Perspektive ihrer Lebenslagen auszuschöpfen. Dies bedeutete die Abkehr von klassischen Hilfeangeboten. Der so genannte HzE-Maßanzug sollte mit möglichst vielen Eigenkräften der Leistungsberechtigten nachhaltig geschneidert werden. Und dazu gehört wesentlich, dass möglichst viele Bezugspunkte im Lebensumfeld der Jugendhilfeadressaten genutzt werden, sofern sie sich stabilisierend auf die familiäre Lebenssituation auswirken. Das Stuttgarter Jugendhilfesystem wurde also noch als Tanker betrachtet, dem ein wellenschlagendes Wendemanöver bevor stand. Gemeint sind reformbedingte Systemveränderungen in fachlicher, struktureller und finanzwirtschaftlicher Hinsicht, die während der 4-jährigen gesamtstädtischen Projektphase umgesetzt wurden. Dazu gehörten im Wesentlichen folgende Reformschritte:

- die Etablierung einer stadtweiten Organisations- und Gremienstruktur, die eine gesamtstädtische Steuerung und Koordination der reformierten Erziehungshilfen ermöglicht;
- die Einführung des neuen Hilfeplanverfahrens;
- die Dezentralisierung der Sozialen Dienste;
- die Übernahme sozialräumlicher Verantwortung Stuttgarter Leistungserbringer,
- die stadtteilbezogene Kooperation zwischen Sozialen Diensten und Leistungserbringer;
- die Qualifizierung von ca. 400 Fachkräften für das neue Hilfeplanverfahren,
- der Aufbau und die bereichsübergreifende Anwendung des Fachcontrollings, das eine wesentliche Voraussetzung zur Steuerung der neuen Fachlichkeit in den Erziehungshilfen darstellt;
- die Entwicklung und Implementierung eines Finanzsystems (und – controllings), das die Fachziele in den Hilfen zur Erziehung unterstützt und zu mehr Wirtschaftlichkeit und zur unmittelbaren Kostensteuerung beiträgt;
- die Verzahnung von Fach- und Finanzcontrolling mit dem Ziel, die Qualität der Erziehungshilfen zu sichern und weiter zu entwickeln sowie die Kostenentwicklung zu beobachten und zu begrenzen. Dies ist nur mit effektivem Einsatz fachlicher Ressourcen und der effizienten Verwendung von Finanzmitteln zu erreichen;
- der durch den Umbau begünstigte Lernprozess, der fachliche und planerisch-gestaltende Möglichkeitsräume eröffnet hat, die auch nach der Projektzeit weiter ausgeschöpft werden müssen. Der Lernprozess hat nicht nur den organisatorischen und strukturellen Systemumbau entschieden voran ge-

bracht hat, er hat auch zu einer vertieften Kommunikation im System selbst beigetragen.

Als sich der „Tanker“ mit der stadtweiten Übertragung des Experiments von zwei auf neun Stadtbereiche in eine andere Richtung zu bewegen begann, dürfte das Ausmaß der Reform erst richtig deutlich geworden sein. Inzwischen ist die Metapher vom Tanker überholt, weil dieser selbst zu einer Art Flotte umgebaut wurde. Das Jugendhilfesystem in Stuttgart hat sich also von innen heraus selbst verändert und umgebaut. Mit einem Tanker wäre die Erziehungshilfereform kaum praktikabel gewesen, weil er die AdressatInnen in ihren komplexen wie vielgestaltigen Lebenszusammenhängen erst gar nicht erreicht hätte. Dies zeigt, dass eine fachliche Reform eine strukturelle Reform geradezu bedingt und die Instrumente für das operative Geschäft verändert bzw. neu geschaffen und erfunden werden müssen.

9. Von der Projekt- zur Regelstruktur

Das Stuttgarter Modell kann demzufolge als System gesehen werden, das sich in den Umbaujahren permanent mit sich selbst konfrontieren musste, um die eigene Reformphilosophie überhaupt verwirklichen zu können. Die Dynamik des Umbaus wirkte regel- und strukturverändernd. Zu den geplanten Umbauschritten kamen immer wieder unvorhergesehene – aber nicht unerwünschte - Effekte aus der Dynamik selbst:

- Zum Beispiel gab es zahlreiche Verbesserungsvorschläge für das neu eingeführte Hilfeplanverfahren aus der Praxis heraus. Das Fach- und Finanzcontrolling, für das projektbedingt zusätzliche Personalressourcen geschaffen wurden, ermöglichte einen differenzierteren Blick auf Fallverläufe und führte flächendeckend zu energiegeladenen Diskussionen über die Fallbearbeitung und –steuerung. Diese wurden von der Jugendhilfeplanung koordiniert und über die Gremien verzahnt, um so zu verwertbaren und produktiven Strategien und Lösungen führen zu können.
- Hilfeplanung und -gestaltung, die auf dezentrale, integrative und lebensweltbezogene Hilfebausteine für Familien und junge Menschen in den Stadtteilen zielt, benötigt systemübergreifende Strukturelemente, die die fachliche Umsetzung vor Ort unterstützen. In Stuttgart wurde ein jährlicher Steuerungskreislauf generiert, der durch das Fachcontrolling abgesichert ist und über die Gremien (v.a. HzE-Konferenz, Steuerungs- und Bereichsleitungsrunden) koordiniert wird. Hier kommt es darauf an, die aus der Praxis erhobenen Daten nicht nur zu erheben und auszuwerten, sondern die gewonne-

nen Ergebnisse mit den Fachleuten, die vor Ort tätig sind, zu kommunizieren und ihre Verwertbarkeit für den sozialen Prozess zur Diskussion zu stellen.

- Parallel zum fachlichen Prozess wurde im Laufe des Projektes ein neues Finanzierungskonzept erprobt, das die Ausgaben für Erziehungshilfeleistungen systematisiert und damit steuerbar macht. Zum jetzigen Zeitpunkt lässt sich sagen, dass dieses Konzept insgesamt noch verfeinert werden muss und nicht den Anspruch einer idealen Lösung erhebt. Immerhin wurde aber ein sehr stabiles Fundament für die Steuerung und das Haushalten mit Ausgaben für Erziehungshilfen gelegt.

Durch die Verknüpfung von Finanz- und Fachcontrolling hat sich die Sicht der MitarbeiterInnen auf ihr fachliches Handeln verändert. Die Verknüpfung unterstützt im Endeffekt ein breiteres Spektrum von Lösungen, da sie darauf aufmerksam macht in welchen Lösungsformaten (etwa Pflegeeltern, Patenschaften, Einsatz von Volunteers, Nutzung sozialräumlicher Ressourcen…) Weiterentwicklungen möglich sind. Auskunft über die erreichten Resultate gibt der jährliche Benchmarkingbericht, aus dem die aktuellen Fach- und Finanzdaten zu entnehmen sind und der aufgrund Gegenüberstellungen und Vergleichen von z.B. Fallzahlen und Fallkosten einen differenzierten Überblick über die Jahresentwicklung gibt.

2004 wurden die Bausteine des Controllingsystems im Auftrag der Jugendamtsleitung evaluiert. Der Evaluationsprozess hat verdeutlicht, dass die Identifikation und die Verantwortung der Mitarbeiter-/innen für Steuerungsaufgaben in dem Maße wächst, wie sie mit Controllinginhalten und -ergebnissen vertraut gemacht werden und diese als Basisinformation in ihre fachliche Arbeit einbauen. Die Identifikation mit der Reformphilosophie wird also auch über die Einbindung der AkteurInnen in den Steuerungskreislauf erreicht.

Der in den Jahren 2002 bis 2006 gestaltete Systemumbau ist geprägt von der Lern- und Veränderungsbereitschaft seiner AkteurInnen und auf ständige Weiterentwicklung und Innovation angelegt. D.h. die Verfeinerung der Strukturelemente, gekoppelt mit einer in allen Arbeitsbereichen vorhandenen Lern- und Kritikbereitschaft sind systemimmanent und damit Bestandteil der neuen Regelstruktur – und Arbeitskultur. Die fachliche Qualifikation der MitarbeiterInnen auf allen Ebenen des Projektes und ihr persönliches Engagement für die Erbringung der best möglichsten Hilfen sind der Treibstoff für die Dynamik des HzE-Gesamtsystems in Stuttgart.

10. Veränderung inbegriffen

Aus der Perspektive der Jugendhilfeplanung ist der Umbauprozess gleichzeitig ein Lern- und Veränderungsprozess aller HzE-AkteurInnen.

- Die Stuttgarter HzE-Leistungserbringer bspw. haben ihre Binnenorganisation umgestellt. Die Zuordnung von Sozialpädagogen/innen zu bestimmten Säulen der Erziehungshilfe (z.B. Tagesgruppe, BJW, Sozialpäd. Familienhilfe, ISE usw.) wurde teilweise ganz aufgegeben und durch flexible ambulante Hilfen ersetzt. D.h. es wird mit tagesstrukturierenden Ideen unmittelbar auf die Bedarfslage von Kindern und Jugendlichen reagiert. Dies setzt auch die gezielte alltagsorientierte Einbeziehung von Eltern voraus. In manchen Einrichtungen der Jugendhilfe übernehmen „stationäre Mitarbeiter" auch ambulante Hilfebausteine und umgekehrt.
- Das pädagogische Denken der Fachkräfte hat bezüglich der geforderten sozialräumlichen Handlungsorientierung andere Richtungen eingeschlagen: die Suche nach fallunspezifischen, lebensweltlichen Ressourcen in scheinbar ressourcenarmen Familiensystemen. Dies erfordert eine erweiterte Herangehensweise im pädagogischen Prozess und stellt routinierte Strategien der Fallarbeit grundsätzlich in Frage.

Selbstverständlich rufen solche Veränderungen mancherorts Widerstände gegenüber der Reform hervor. Die Angst vor dem Verlust erreichter Standards und Privilegien bei Veränderungsprozessen spielt immer mit. In der Tat wurde und wird von allen Fachkräften eine neue Flexibilität in fachlicher wie zeitlicher Hinsicht verlangt, die notwendig ist, um auf komplexe Familiensituationen zu reagieren.

Der von externen Beratern durchgeführte Qualifizierungsprozess für das neue Hilfeplansystem und der durch die Reform erweiterte Handlungsspielraum zur Erbringung von Hilfeleistungen, hat u.a. viel dazu beigetragen, dass bei den meisten pädagogischen Fachkräften die Identifikation mit der Stuttgarter Reform eindeutig gewachsen ist. Entscheidend in diesem Lern- und Veränderungsprozess dürfte die Balance zwischen kontinuierlicher Umbildung bzw. Innovation der beteiligten Organisationen und Möglichkeiten der Rückversicherung auf vertraute wie bewährte Arbeitsmethoden sein. In allen Arbeitsbereichen ist neues Wissen entstanden, das in neu geschaffene Kommunikationsnetze transportiert und an entsprechenden Orten (z.B. Controlling-Workshops) ausgetauscht wird.

Gerade in den Controllingveranstaltungen wird deutlich, wie sich aufgrund differenzierter Dokumentation von Praxisabläufen andere fachliche Perspektiven herstellen lassen. Exemplarisch kann hier die sozialräumliche Versorgung bei bzw. nach der Inobhutnahme (so genannter Krisenfälle), die Altersgruppenanalyse oder die Falldauer, die nach Versorgungsarten aufgeschlüsselt wird, genannt werden. In allen drei Punkten wird im Rahmen des Controllings eine ganzjährige Statistik geführt. Die Zahlen regen Fachleute dazu an, ggf. Verbesserungsvorschläge für die pädagogische Praxis zu erarbeiten. Produktiv sind dabei die unterschiedlichen Sichtweisen und Hypothesen aus den zehn Bereichen[5]: Führt die präventive Arbeit in Kooperation mit Ganztageseinrichtungen dazu, dass z.B. 0 bis unter 6-jährige in manchen Stadtteilen überproportional stark vertreten sind? Hat dies dann zur Folge, dass in denselben Stadtteilen die Zahl der 6 - 12-jährigen vergleichsweise geringer ist? Hat die Altersgruppenspezifik etwas mit der Angebotsstruktur der jeweiligen Leistungserbringer zu tun?

Lernen in Organisationen geschieht erfolgreich, wenn quer durch Hierarchien alle Ebenen von einander lernen und Controlling- und Qualitätskreisläufe systematisch aufgebaut werden. Entscheidungen aber können nicht losgelöst von Funktionen und Positionen getroffen werden. Kurz gesagt: die Stuttgarter Reform zeichnet sich dadurch aus, dass sie keine vertikale Einbahnstraße ist und dass sie eine auf Dauer angelegte horizontale Entwicklung genommen hat, die in die sozialarbeiterische Fläche geht und dort Anreize zur Reflexion schafft. Kurz und knapp ausgedrückt: „Die Lernfähigkeit triumphiert über das Gelernte, das Lernen wie-man-lernt über die gelernten Inhalte“ (Becker 2004, S. 11).

11. Ausblick

Inzwischen sind drei Monate seit dem Kontraktgespräch bei Frau Othello vergangen, und die Beteiligten haben sich zu einem weiteren Kontraktgespräch in den Räumen des Leistungserbringers, die Frau Othello zu Fuß in zehn Minuten erreichen kann, getroffen. Für das zweite Kontraktgespräch hat sich auch Kevins Vater (Herr Köster) angemeldet, der ein zwar überraschendes, aber auch nachvollziehbares Anliegen hat: er möchte Kevin zu sich nehmen. Seine Begründung ist, dass er mit seiner Partnerin (sie hat ein Kind in Kevins Alter) in einen angrenzenden Stadtteil gezogen ist und Kevin „aus der engen Wohnung herausholen möchte“. Es tut sich also eine neue „Ressource“ für die Hilfeplanung auf. Die ist allerdings nicht frei von Reibung, weil Frau Othello ihre Familie zusammenhalten will und „Kevins Zeuger“ die Erziehung überhaupt nicht zutraut. Wie soll es weitergehen mit Familie Othello? Welche Lösung ist „die Beste“? Wer gehört denn zur Familie? Wer wird beteiligt bei der Hilfe bzw. „Familienplanung“?

---

5 Stuttgart gliedert sich in zehn Stadtteile, in denen mehrere Sozialraumteams arbeiten. Diese Stadtteile werden (Steuerungs-)Bereiche genannt.

Der Verlauf dieses Hilfeplanungsprozesses zeigt, dass in Familiensystemen zuweilen Unvorhersehbares und Verblüffendes passieren kann. Das kann auch gerade dann geschehen, wenn AkteurInnen – aus dem familiären Umfeld oder anderen sozialen Bezügen (Nachbarschaft, Bekannte, Vereinspersonen usw.) – motiviert und mobilisiert werden können, Verantwortung im Prozess zu übernehmen. Es könnte nun ein Richtungswechsel eintreten, der dadurch bedingt ist, dass einer der drei Väter sich aktiv in das Familiengefüge einschaltet. Die Einbeziehung Herrn Kosters in den Hilfekontrakt ist für die Prozessdynamik umso bedeutender, weil sich bis zu diesem Zeitpunkt keiner der drei Väter kontinuierlich an der Erziehung beteiligt hat.

Eine weitere Akteurin ist Frau Olhäuser, die mit ihrem Mann die genannte Bäckerei führt und bei der Frau Othello zwischenzeitlich wieder stundenweise beschäftigt ist. Frau Olhäuser wurde von Frau Othello gebeten, beim Kontraktgespräch mit zu wirken. Von ihr erhofft sie sich Rückendeckung v.a. im Interessenskonflikt mit Herrn Koster. Das zweite Kontraktgespräch ist also üppig besetzt: Frau Othello mit drei Kindern, Herr Koster, Frau Olhäuser (Bäckerei), Frau Barelli (Schule), Frau Marx und Herr Neu.

Frau Marx und Herr Neu werden nicht nur gefordert sein, ihre fachliche Position zu vertreten, sondern auch in verhandelnder und vermittelnder Hinsicht Fingerspitzengefühl zu beweisen. Die Prozessdynamik bildet nicht nur eine professionell angelegte Fall- und Familienarbeit ab, sondern auch lebensweltbezogene Ressourcen, die auf ein reflexiv angelegtes Hilfeplanverfahren hindeuten. Und das meint, dass ein wechselseitiger Austausch zwischen System und Lebenswelt stattfindet, der nicht nur biographisch-lebensweltliche Perspektiven von festgefahrenen Mustern befreit. Hinzu kommt, dass sich das System institutionell, organisatorisch, strukturell usw. von Zeit zu Zeit einer Selbstüberprüfung unterzieht, will es in derart komplexen sozialen Prozessen noch handlungsfähig bleiben.

Nicht nur in dieser Hinsicht hat die Stuttgarter Reform der Erziehungshilfen zu einem Perspektivenwechsel beigetragen, der sich auf unterschiedlichen Ebenen auswirkt:

- Zum einen spüren die AdressatInnen, dass durch neue Beteiligungsformen ein hohes Maß an Eigenverantwortung für ihre Lebenssituation eingefordert wird, die mit sozialstaatlicher Unterstützung neue Horizonte eröffnen.
- Zum anderen müssen sich sozialpädagogische Fachkräfte vom Maßnahmedenken und daran gekoppelten gesellschaftlichen Leitbildern verabschieden (von der Maßnahme zum Maßanzug!).
- Zum dritten müssen öffentliche wie freie Institutionen, die mit Erziehungshilfen befasst sind, ihre Binnenstruktur reorganisieren und

- viertens muss sich die politische Ebene aktiv mit den Wirkungen dieser Reform befassen, wenn daraus wiederum neue (sozial-)politische Handlungsmöglichkeiten erwachsen sollen.

Seit 2006 ist das HzE-Projekt in den Regelbetrieb überführt worden und schon heute zeigt sich, dass es eine Vielzahl von Ideen und Vorschlägen bspw. bezüglich des aktuellen Benchmarkingberichtes gibt, die zur Gestaltung sozialer Prozesse und zum kritischen Fachdiskurs im Bereich Hilfen zur Erziehung ermutigen. In diesem Zusammenhang stellen sich etwa Fragen zur Dauer von Erziehungshilfen, die trotz jahrelanger Sozialarbeit keine erkennbare Wirkung erkennen lassen. Haben jene AdressatInnen in der Tat die Bereitschaft, bestimmte Dinge an ihrer Lebenssituation zu verändern? Wie steht es mit der Erziehungsverantwortung betroffener Eltern? Welche Funktion erfüllen sozialpädagogische Fachkräfte, wenn sie „nur" betreuen? Welche Risiken gehen sie ein, wenn sie der Familie nahe legen, eine laufende Hilfe zu beenden, weil diese nicht mitzieht und nur „machen lässt"?

Es stellen sich weitere Fragen, die gesellschaftliche Bedeutung erlangen und die sich auch Richard Sennett stellt: Wie lassen sich langfristige Ziele in einer auf Kurzfristigkeit angelegten Gesellschaft anstreben? oder: Wie sind dauerhafte Beziehungen aufrechtzuerhalten bzw. was muss getan werden, damit Leistungsberechtigte jenseits von Helfersystemen in stabile soziale Netze finden? Um schlüssige Antworten darauf zu finden, muss m.E. eine in Strukturen eingelassene Diskursbereitschaft hergestellt werden, die im Spannungsfeld zwischen Flexibilität und Reflexivität nachhaltige Lösungen und den Willen zur Umsetzung erzeugt. Dafür sind im Rahmen des Umbaus der Hilfen zur Erziehung in Stuttgart beste Voraussetzungen geschaffen worden.

Literatur

Becker, Thomas (2004): Nichts Neues ohne Blick zurück, in: Organisationsentwicklung 23. 4/2004, S. 4-13

Finkel, Margarethe/ Findeis, Hagen (2005): Umbau der Hilfen zur Erziehung in Stuttgart – Evaluation zu den Wirkungen des Reformprozesses. Stuttgart

Früchtel, Frank/ Scheffer, Thomas (1999): Vom Versuch den Tanker zu wenden, Kurzbeschreibung des Umbauprojektes. Stuttgart

Früchtel, Frank/ Lude, Werner/ Scheffer, Thomas/ Weißenstein, Regina (2001): Umbau der Erziehungshilfe. Weinheim und München

Herweg, Oliver/ Strohmaier Jürgen (2003): Umbau der Hilfen zur Erziehung, in: Rundbrief INTEGRA, März 2003, S. 46-50

Höffe, Otfried (2004): Wirtschaftsbürger, Staatsbürger, Weltbürger. München

Höffe, Otfried (2004): Interview, in: Stuttgarter Zeitung vom 13.11.2004

Internationale Gesellschaft für erzieherische Hilfen (IGFH)(2003): Abschlussbericht zum Modellprojekt „INTEGRA – Implementierung und Qualifizierung integrierter, regionalisierter Angebotsstrukturen in der Jugendhilfe am Beispiel von fünf Regionen". Frankfurt

Landeshauptstadt Stuttgart (2005): Rahmenvereinbarung zur Hilfeplanung und Leistungserbringung der Hilfen zur Erziehung in Stuttgart. Stuttgart

Messmer, Heinz (2004): Hilfeplanung, in: Sozialwissenschaftliche Literatur Rundschau 27. 48/2004, S.73-93

Münder, Johannes (2005): Sozialraumkonzepte auf dem rechtlichen Prüfstand, in: Zentralblatt für Jugendrecht 92. 3/2005, S. 89-98

Sennett, Richard (2000): Der flexible Mensch. Frankfurt/M.

Rosenheim – der sozialraumorientierte Umbau der Erziehungshilfen

Maria Klausner, Gerd Rose, Heinz Schätzel, Ulrike Stehle

Will eine Kommune Erziehungshilfen so gestalten, dass dabei erstens die Stärken von Betroffenen im Mittelpunkt stehen sowie zweitens die Ressourcen ihrer Netzwerke und die Gelegenheiten des Stadtteils der Stoff sind, aus dem Problemlösungen gemacht werden, so braucht sie: eine sozialraumbezogene Steuerung, eine Finanzierung, die präventiv statt fallproduzierend wirkt, eine sozialarbeiterische Methodik, die mit dem Willen von Betroffenen respektvoll und effektiv umzugehen imstande ist, Hilfeplanungen, die Heimspiele für AdressatInnen sind, und Evaluation, die mit einfachen Mitteln die Alltagsroutinen qualifiziert.

Der Artikel ist ein Abriss des Umbaus der Stadt Rosenheim, wo sich Jugendamt, Diakonisches Werk, Kinderschutzbund, Katholische Jugendfürsorge und Startklar Schätzel gGmbH zusammen auf den Weg gemacht haben, die Erziehungshilfen sozialräumlich zu qualifizieren. Exemplarisch wird ein Hilfeplanverfahren (wozu wir heute lieber Lösungsplanung sagen) und ein Evaluationswerkzeug näher erläutert.

1. Der Verwandtschaftsrat[1]

„Bitte, Frau Jellesen, kommen Sie! Es geht hier drunter und drüber. Kein Schwein hört mehr auf mich." Der Anruf gilt der Verwandtschaftsrat-Koordinatorin (vgl. Früchtel/Budde 2003). Er kommt von Frau Zeitlers Bruder, den die Familie zum Moderator bestimmt hatte. Frau Zeitler hatte sich vor ein paar Wochen an das Jugendamt gewandt, weil die Lehrerin der 9-jährigen Tochter, aber auch die Erzieherin der 5-jährigen ihr dazu rieten. Vor vier Monaten

1 Wir danken Frau Beate Jellesen und Herrn Gabor Roll, Regionaler Sozialdienst des Jugendamtes Rosenheim, für die zur Verfügung gestellte Falldokumentation des beschriebenen Verwandtschaftsrates.

hatte sie sich von ihrem Mann getrennt, wegen der jahrelang andauernden Streitereien, unter denen nicht zuletzt die drei Kinder stark gelitten hätten. Allerdings ist die Lage dadurch nicht besser geworden. Die Eltern zerfleischen sich nach wie vor, nun im Kampf um die Kinder. Die Familie ist hoch verschuldet. Zeitlers droht eine Räumungsklage. Die Schulleistungen der Großen sind miserabel. Die Kinder wirken nach Aussage von Lehrern und Erzieherin vernachlässigt: offenbar kein Frühstück, keine Pausenbrote, muffig riechende Kleidung. Die Mutter kämpft mit ihrer Überlastung, der Vater mit seiner Alkoholsucht, derzeit in stationärer Therapie.

Herr Roll vom RSD (Regionaler Sozialer Dienst) – ebenfalls Teilnehmer der Konferenz – hat mit den Eltern versucht, eine Lösung zu finden, dabei gelang es nicht einmal, das Sorgerecht einvernehmlich zu regeln. Die immer noch gemeinsame Wohnung wirkt wie ein im Chaos untergehendes Schiff, auf dem die tapferen Matrosen bereits resigniert zu haben scheinen. Der Einzige, der sich halbwegs verlässlich um die Kinder kümmert, ist der Untermieter. Auch die Großeltern haben sich bei ihm gemeldet, als die Kinder die Krätze hatten und die Eltern sich wenig darum kümmerten. Sie machen sich Sorgen um ihre Enkel: So könne es nicht mehr weitergehen.

In Rosenheim heißt Hilfeplanung in so einem Fall manchmal, einen Verwandtschaftsrat organisieren, wobei man sich von zwei Prinzipien leiten lässt. Erstens: Die Betroffenen sind Experten. Sie wissen selbst am Besten, was passt und funktioniert. Zweitens: Familien finden Lösungen, wenn man ihnen gute Gelegenheiten dazu bietet, ihre Ressourcen einzusetzen. Je mehr Familienmitglieder mittun, desto wahrscheinlicher wird eine Lösung, weil mehr Ressourcen und mehr Perspektiven zusammenkommen. Deswegen wurden von Frau Jellesen zehn Lebensweltexperten zusammengetrommelt, aus Bayern und Nordrhein-Westfalen. Das Jugendamt darf in der Konferenz nur sagen, was aus Sicht der Profis Anlass zur Sorge gibt. Lösungsvorschläge sind jedoch nicht die Aufgabe der Fachkräfte, weshalb diese auch gar nicht bei der Planung dabei sind, sondern die Konferenz verlassen, nachdem gesagt wurde, für welche Probleme die Familie eine Lösung finden soll.

Der Anruf kam aus einer solchen Exklusiv-Familien-Zeit, in der Profis auf Abruf bereit stehen, sich den Plan der Familie anzuhören oder – wie heute – in verfahrenen Situationen weiterhelfen. Als die Koordinatorin zurückkommt, übergibt ihr Frau Zeitlers Bruder wieder die Verhandlungsführung. Er fasst dabei zusammen, was die Koordinatorin dann auf eine Wandzeitung schreibt: Frau Zeitler, die Mutter, will, dass die Kinder bei ihr bleiben. Dafür würde sie sich nolens-volens auf eine Familienhelferin einlassen. Herr Zeitler behauptet hingegen, seine Frau wäre überhaupt nicht in der Lage, die Kinder zu versorgen. Deswegen sollen sie zu ihm kommen, nach der Therapie. Er hätte schließlich, weil arbeitslos, auch mehr

Zeit für sie. Alle vier anwesenden Großeltern sind einhellig der Meinung, zurzeit seien weder Mutter noch Vater fähig, einzulösen, was sie versprechen. Deswegen sollen die Enkel zu den Großeltern väterlicherseits, wo sie sowieso in Ferien- und Krisenzeiten unterkamen. Die beiden Brüder der Eltern, die Schwägerin und der Untermieter sind nicht so vehement, aber doch eindeutig der Meinung der Großeltern. Die Meinungsverschiedenheiten darüber, zu wem die Kinder sollen, lassen sich auch nach nochmaliger Diskussion nicht ausräumen, zumal im Vorfeld die Kinder selbst sich nicht für das eine oder andere ausgesprochen haben. Frau Jellesen fragt, ob eine weitere Familienkonferenz nach angemessener Bedenkzeit weiterhelfen könnte. Das kann sich niemand vorstellen, sondern es gibt einen gewissen Konsens darüber, dass man die Entscheidung nach außen, an einen quasi Unparteiischen verlagern sollte. Alle zehn Lebenswelt-TeilnehmerInnen können sich schließlich darauf verständigen, ihren Fall vor den Familienrichter zu bringen und diesem die Entscheidung zu überlassen, der man sich dann fügen wolle. Insofern ist die Koordinatorin ganz zufrieden mit dem Ausgang. Die Familie hat entschieden, das Gericht entscheiden zu lassen. Dazu sollen die Positionen auf der Wandzeitung dem Richter vorgetragen werden. Die Familienmitglieder meinen am Schluss, die Konferenz habe sich gelohnt. Obwohl heftig gestritten wurde, seien nun alle auf dem gleichen Wissensstand und man sei sich einig, was zu tun wäre. Zur Verhandlung erscheinen noch mal alle zehn Beteiligten. Bemerkenswert ist, dass keiner einen Anwalt mitbringt. Der Richter arbeitet seinen Auftrag ab, indem er „bestimmt“, alle drei Kinder sollen bis auf weiteres bei den Großeltern leben. Mutter und Vater akzeptieren das. Man hatte sich ja im Vorfeld verständigt, die Entscheidung einem Unparteiischen zu überantworten und wenigstens wären die Kinder nicht an den Ex-Partner „verloren“.

Wahrscheinlich hätte es nicht einmal der Gerichtsverhandlung bedurft. Man hätte auch mit einer Entscheidung des Jugendamtes leben können, weil man diese nicht als von oben aufgezwungen, sondern als „in Auftrag gegeben“ erlebt hätte. Das macht einen himmelweiten Unterschied und daraus resultiert das Potenzial des Verwandtschaftsrats. Er ist eine radikale Form von Beteiligung, weil erst mal die Fachleute durch das Verfahren ausgeschlossen und in einem zweiten Schritt erst wieder von den Betroffenen beteiligt werden. Lösungssuche ist Sache der Lebenswelt in der neuen Rosenheimer Jugendhilfe. So heißt es in der Entwicklungs-Vision:

„Wir gehen davon aus, dass Hilfen zur Erziehung dann erfolgreich sind, wenn sie an den Stärken und Ressourcen der Betroffenen ansetzen. Entscheidend für die Ausgestaltung der Hilfe sind der junge Mensch, seine Familie und sein Umfeld. Der Wille der AdressatInnen ist dabei entscheidender Gestaltungs- und Erfolgsfaktor. Wir betrachten junge Menschen, Familien und deren soziales Netz und Umfeld als Basis und Motor der Hilfeentwicklung.“ (Stadt Rosenheim 2004a, S. 1)

2. Fachliche Anforderungen und organisatorische Konsequenzen

An den Stärken von Betroffenen anschließen, diese nicht zu beteiligen oder zu motivieren, sondern deren Willen (vgl. Hinte 1980) von vorneherein zentral zu stellen, heißt in Rosenheim „Jugendhilfe von den AdressatInnen her denken." Das ist aber nur die halbe Miete. Damit die Stärken der Leute zum Tragen kommen, braucht es den Anschluss an tragfähige Strukturen der Normalwelt. Im geschilderten Fall waren das die Lehrer und Erzieher, die den Verwandtschaftsrat mit vorbereitet haben und auch bereit waren, bei der Umsetzung der Lösung mitzuwirken.

„Erziehungshilfe soll in Rosenheim grundsätzlich in der Lebenswelt realisiert werden. Dieser Ansatz ermöglicht erst, dass die Potenziale der Betroffenen genutzt werden und eine normalisierende Wirkung entfalten können. Leistungen von Regelangeboten wie Kindertagesstätten und Schulen sind Teil des professionellen Netzwerkes im Sozialraum und werden in ihrer Leistungsfähigkeit gestärkt und einbezogen. Unser fachliches Ziel sind passgenaue, angemessene und flexible Hilfearrangements, die nicht aussondern, sondern integrieren (...). Der Sozialraum und die Lebenswelt beinhalten Mittel zur Lösung, die z.B. die Nachbarin, der Schulleiter, die Freundin oder ein Stadtrat sein können, denn Integration geschieht nicht durch Experten, sondern kann nur durch die Lebenswelt selbst geleistet werden. Wir versprechen uns durch diese Verankerung Nachhaltigkeit. Es geht uns um die Stärkung lebensweltlicher Unterstützungsressourcen statt um deren Substitution. Darin sehen wir einen entscheidenden Beitrag zur Prävention, denn funktionierende Strukturen der Region helfen, die Entstehung von Krisen zu verhindern." (Stadt Rosenheim 2004a, S. 2)

„Jugendhilfe im Gemeinwesen verankern", heißt das dann programmatisch. Um diese gemeinsamen fachlichen Ziele des Jugendamtes und der freien Träger zu erreichen, wurde die Jugendhilfelandschaft in Rosenheim organisatorisch umgestaltet. Begonnen hat das mit der Auflösung der Fachabteilungen im Jugendamt. Stattdessen gibt es jetzt „eine am Raum orientierte Aufbauorganisation, in der die Fachkräfte der früheren Organisationseinheiten ASD, Wirtschaftliche Jugendhilfe, Schulsozialarbeit, Kindertagesstätten und Jugendgerichtshilfe in drei Regionalteams des Regionalen Sozialen Dienstes (RSD) gemeinsam für einen Stadtteil (ca. 20.000 EW) verantwortlich sind." (Stadt Rosenheim 2004b, S. 2)

Die Rosenheimer freien Träger der Erziehungshilfe haben regionale Verantwortung und Strukturen übernommen. Als Schwerpunkt-Träger oder als Trägerverbund sind sie jeweils in einer der drei Regionen dafür zuständig, passgenaue und ressourcenorientierte Lösungsarrangements im Einzelfall zu schaffen und durch fallunspezifische Arbeit Ressourcenlager für die Fallarbeit aufzubauen.

„Dem *öffentlichen Träger* obliegt die Verfahrensverantwortung, d.h. der öffentliche Träger trifft die Entscheidung, ob ein Anspruch auf Erziehungshilfe vorliegt, fertigt eine ressourcenorientierte Situationsbeschreibung und sorgt in Kooperation mit dem Schwerpunktträger für eine Lösungsplanung. Darüber hinaus prüft der RSD die Zuständigkeit und informiert die AdressatInnen über Kosten der Hilfen bzw. deren Heranziehung. Der öffentliche Träger arbeitet auch fallunspezifisch und fallübergreifend, um ressourcenorientierte, lebensweltnahe Lösungssettings zu entwickeln. Der *freie Träger*(verbund) der Jugendhilfe übernimmt den Versorgungsauftrag für alle Hilfen zur Erziehung nach den §§ 27 ff. KJHG und die Hilfen nach den §§ 19, 20, 35 a, 41, 42 KJHG in seiner Region (…) Dem Schwerpunktträger obliegt die Durchführungsverantwortung bei allen Lösungsarrangements (…) Der Schwerpunktträger arbeitet auch fallunspezifisch und fallübergreifend, um ressourcenorientierte, lebensweltnahe Lösungssettings zu entwickeln." (Stadt Rosenheim 2005, Grundlagenvertrag zwischen den Freien Trägern der Jugendhilfe und der Stadt Rosenheim, S.2)

Sozialraumteams sind die neue Kooperationsform zwischen öffentlichen und freien Trägern, wo in wöchentlichen Treffen fallspezifische Lösungsplanung und fallunspezifische Arbeit koordiniert wird. Das Sozialraumteam setzt sich aus folgenden Mitgliedern zusammen: Regionalleiter und Regionalleiterin des Schwerpunktträgers, Regionalleiter und Regionalleiterin des Amtes für Kinder, Jugendliche und Familien, die MitarbeiterInnen des jeweils zuständigen Regionalteams des öffentlichen und freien Trägers. Das Sozialraumteam hat feste Mitarbeiter und Mitarbeiterinnen, die nicht ausgetauscht werden sollen. Ziel ist es, dass die MitarbeiterInnen ihre gesamte Arbeitszeit im Sozialraum einbringen. Die *MitarbeiterInnen des RSD* haben Verfahrensverantwortung. Das bedeutet im Einzelnen die rechtzeitige, ergebnisoffene Eingabe von Anfragen nach Erziehungshilfen, fallunspezifische Arbeit und die Arbeit mit AdressatInnen an „kleinen Lösungen".

Die *MitarbeiterInnen des Schwerpunktträgers* haben Verantwortung für die Durchführung der Leistung. Sie unterstützen und befähigen die Familie zur Entwicklung von Lösungen, setzen zusammen mit den Betroffenen den Lösungsplan um, arbeiten fallunspezifisch und übernehmen Verantwortung für das ihnen übertragene Budget.

„Ziel aller professionell Beteiligten ist es, der Familie keine Lösungsvorschläge anzubieten, sondern sie dazu zu befähigen, Lösungen selbst zu erarbeiten. Wir betrachten Lösungsplanung als Prozess, welcher zwischen Betroffenen und Fachkraft im regelmäßigen Kontakt permanent weiterentwickelt wird. Diese Entwicklung wird in einer prozessnahen Dokumentation in der Sprache der Adressaten festgehalten (…). Es gibt von allen Beteiligten unterschriebene Dokumente, in denen die Ziele, der Wille, Stärken, Ressourcen, Schritte und Erfolge in der Sprache der Betroffenen benannt sind." (Stadt Rosenheim 2005, S. 2)

„Das Spektrum an möglichen Lösungssettings, die ein Sozialraumträger realisiert, wird all das und mehr umspannen, was heute zwischen ambulant und stationär von Fachkräften auf die Beine gestellt wird. Die Leitidee „form follows function“ heißt, dass Hilfeplanung, die wir Lösungsplanung nennen, immer auch Organisationsentwicklung sein wird. Erfolgreich sind Lösungs- oder Lebensarrangements, wenn Rosenheimer Kinder und Jugendliche in Rosenheim bleiben können, wenn Lösungssettings die sich weiter entwickelnden Anforderungen der Kinder und Jugendlichen flexibel nachvollziehen. Durch die Stärkung der Integrationskraft von Schulen und Kindertagesstätten können Desintegration und Beziehungsabbrüche vermieden werden.“ (vgl. Stadt Rosenheim 2004a, S. 3) Erziehungshilfen werden im sozialen Raum gebaut werden und zwar so, dass dessen funktionierende Strukturen, die Nachbarschaften, Vereine, Kirchengemeinden, Jugendhäuser, Gewerbe und Selbsthilfegruppen Teil der Bausubstanz sein werden. Ressourcen des Sozialen Raums nutzen heißt, BürgerInnen, deren Netzwerke, Interessen und Kompetenzen einzuplanen. Profis sind die Zulieferer von außen, BürgerInnen sind die Schätze des Gemeinwesens. Diesen Plan umzusetzen braucht methodisches Können in fallunspezifischer Ressourcenarbeit, die die Aufgabe der Sozialraumteams sein wird. (vgl. Stadt Rosenheim 2004a, S. 4)

Um im konkreten Einzelfall auf Ressourcen des Stadtteils zurückgreifen zu können, ist es Aufgabe des RSD, Potenziale des Stadtteils zu erkennen, zu erfassen, zu pflegen oder aber über gezielte Projekte zu entwickeln. Mit Stadtteil-Projekten werden aber nicht nur Ressourcen des Stadtteils für die Fallarbeit gewonnen, sondern auch die Infrastruktur des Stadtteils verbessert. Diese Weiterentwicklung geschieht in Stadtteilkonferenzen gemeinsam mit den BürgerInnen und Organisationen der Region. Aktivierende Befragungen, One2ones und „Organisationen gewinnen“ gehören zum Methodenrepertoire des RSD. BürgerInnen sind nicht nur NutzerInnen des RSD. Als Ressourcenträger der Stadtteile werden sie zu MitarbeiterInnen (Volunteers) in der Arbeit des RSD. Die kontinuierliche Arbeit in Stadtteilkonferenzen macht den RSD zum wichtigen Informanten und Lobbyisten für die BürgerInnen, was Sozial-, Wohnungs- und Bildungspolitik betrifft. Die Fachkräfte des RSD mischen sich in öffentliche Diskussionen ein, um beispielsweise Stigmatisierungsprozesse zu reduzieren, bürgerschaftliche Strukturen zu unterstützen und kommunalpolitische Handlungsbedarfe fachlich kompetent aufzuzeigen. Der RSD kooperiert hier sehr eng mit dem Projekt Soziale Stadt und den Quartiermanagern. (vgl. Stadt Rosenheim 2004a, S. 5)

3. Zur Chronologie des Projektes (Sarsky 2005)

30.7.2002	Grundlagenbeschluss des Jugendhilfeausschusses zur Regionalisierung der Jugendhilfe. Der Jugendhilfeausschuss begleitete den Umbau bisher im Rahmen von 11 Sitzungen zwischen 3/2000 und 2/2005.
12/2002	Zukunftswerkstatt: mit den Leitungskräften des Jugendamtes „Jugendhilfe 2010 in Rosenheim". Vereinbarung von Entwicklungszielen.
12/2002–3/2003	Entwicklung einer Projektstruktur: Leitungsteam, erweitertes Leitungsteam, Projektkoordinator, Mitarbeiterplenum im Jugendamt
6/2003	Aufteilung der Stadt in drei Regionen Nord, West und Ost mit je ca. 20.000 Einwohner
6/2003	Entwicklung eines Profils für einen im Sozialraum arbeitenden Regionalisierten Sozialdienst
6/2003	Umorganisationen der Fachabteilungen des Jugendamtes in eine raumbezogene Organisation mit Regionalleitungen für die Regionen Nord, Ost, West
7/2003	Zuordnung von ASD-Stellen nach Fallaufkommen und Sozialraumindikatoren zu drei Regionalteams des JA, Umbenennung des ASD in RSD,
7/2003	Kick Off-Workshop mit den Mitarbeitern des Jugendamtes. Zusammenstellung eines Literaturkurses zur Sozialraumorientierung für die Fachkräfte des Jugendamtes
7/2003	Einberufung der ersten Trägerkonferenz, bestehend aus den Geschäftsführern der sieben freien Träger, die in Rosenheim Erziehungshilfe anbieten und durchführen; Vereinbarung einer gemeinsamen Vision für den sozialräumlichen Umbau der Jugendhilfe mit allen Freien Trägern, Anfertigung von Visionstext, Postern und Powerpoint-Präsentationen zur Darstellung des Umbauprojekts.
2–7/2004	Entwicklung und Durchführung des Fallprototypings als Fachcontrolling und Verfahren zur Bestimmung von Schwerpunktträger(verbünden)
4/2004	Entwicklung und Abschluss eines Grundlagenvertrages zwischen Jugendamt und Freien Trägern
4–7/2004	Hospitationen von Regionalleitern in anderen Umbauprojekten Deutschlands
Sommer 2004	Fortbildungen zu sozialräumlicher Arbeitsweisen

8/2004	Durchführung des ersten Verwandtschaftsrates (Family Group Conference)
10/2004	Aufforderung an interessierte Träger, sich für die Mitwirkung im Umbauprojekt zu bewerben, Bewerbungsgespräche und Auswahl von Trägern für die drei Regionen. Für zwei Regionen werden jeweils ein Schwerpunktträger (Diakonisches Werk und Startklar Schätzel gGmbH), für eine Region ein Trägerverbund (Katholische Jugendfürsorge, Lobby für Kinder/Kinderschutzbund, St. Zeno) zuständig.
ab 11/2004	Regionaler Umbau der Freien Träger entsprechend ihrer Zuordnung zu den Regionen Nord, Ost, West. Benennung von Regionalleiterinnen der Freien Träger
2/2005	Erweiterung der Projektstruktur um den Interregio (Ebene der Regionaleiter öffentlicher und Freie Träger)
2–8/2005	Entwicklung des Finanzierungsmodells (Sozialraumbudget), Budgetvertrags zwischen Jugendamt und Freien Trägern und Finanzcontrollings
4/2005	Start der Sozialraumteams mit Kick Off Workshops
5-12/2005	Erweiterung der Trägerkonferenz auf die Finanzverwaltung der Stadt Rosenheim, Abschluss der Budgetverträge
9/2005	Entwicklung von Fortbildungskonzepten für die Sozialraumteams

Das Jahr 2006 ist durch eine für alle ProjektteilnehmerInnen ganz neue Situation geprägt. Die für die Hilfen zur Erziehung zur Verfügung stehenden Mittel werden im Wesentlichen von den freien Trägern verwaltet. Beim Jugendamt ist lediglich eine Rücklage verblieben, um mögliche finanzielle Probleme in einer Region auffangen zu können.

Die Zusammensetzung der für eine Region gebildeten Trägergemeinschaft hat sich verändert. Ein Träger ist ausgeschieden. Ein anderer Träger, der allerdings schon bei der Entwicklung der Vision beteiligt war, wird in das Projekt einsteigen. Zurzeit werden in den Sozialraumteams Fortbildungskonzepte erstellt, um die Mitarbeiter des öffentlichen Trägers und der freien Träger für sozialraumorientierte Sozialarbeit zu stärken.

Intensiv wird konzipiert, wie im Rahmen fallunspezifischer Arbeit Ressourcen von engagierten BürgerInnen, Vereinen, Kirchengemeinden etc. für die Fallarbeit nutzbar gemacht werden können, wie Regeleinrichtungen wie Kindertagesstätten und Schulen für das Umbauprojekt gewonnen und so gestärkt werden können, dass sie nicht aussondern müssen, sondern Kinder und Jugendlich da unterstützen, wo sie leben: in Rosenheim.

Literatur

Früchtel, Frank/ Budde, Wolfgang (2003): Familienkonferenzen. Oder: Ein radikales Verständnis von Betroffenenbeteiligung, in: Sozialmagazin 28. 3/2003, S. 12-21

Hinte, Wolfgang (1980): Non-direktive Pädagogik. Opladen

Sarsky, Thomas (2005): Dokumentation der Projektmeilensteine. (Arbeitspapier) Rosenheim

Stadt Rosenheim (2004a): Profil des Regionalen Sozialen Dienstes (RSD) des Amtes für Kinder, Jugendliche und Familien in Rosenheim (Grundlagenpapier). Rosenheim

Stadt Rosenheim (2004b): Vision für die Rosenheimer Jugendhilfe (Grundlagenpapier der im Umbauprozess engagierten Träger und der Stadt Rosenheim). Rosenheim

Stadt Rosenheim (2005a): Geschäftsordnung der Sozialraumteams. Rosenheim

Stadt Rosenheim (2005b) Grundlagenvertrag zwischen den Freien Trägern der Jugendhilfe und der Stadt Rosenheim. Rosenheim

C

Fallunspezifische Arbeit und Fallarbeit

Wie funktioniert fallunspezifische Ressourcenarbeit? Sozialraumorientierung auf der Ebene von Netzwerken

Frank Früchtel, Wolfgang Budde

Professionelle wissen häufig viel über die *Lern*felder ihrer KlientInnen, noch mehr über die *professionellen* Ressourcen, weniger über die Stärken ihrer KlientInnen und oft nichts über die Ressourcen in den verschiedenen Sektoren ihrer Lebenswelt: Beruf, Freizeit, Familie, Nachbarschaft, Freundeskreis (Budde/ Früchtel/ Loferer 2003). Natürliche Vernetzungen ins Singuläre zu zerschlagen und KlientInnen quasi ins Freie zu stellen, nennen wir dann Einzelfallhilfe, was der Strategie gleichkommt, von einem einzelnen Zahnrad eines Uhrwerks die Zeit ablesen zu wollen. Mary Richmond, die gemeinhin als Pionierin der Einzelfallarbeit gilt, wusste schon vor fast 100 Jahren, dass gelingende Einzelfallarbeit über den Einzelfall hinausgehen und Fall mit Feld verbinden muss.

In Richmonds Case Work ist die menschliche Persönlichkeit ein komplexes Arrangement individueller Anlagen, Fähigkeiten und Kräfte UND sozialer gesellschaftlicher Einflüsse, die in einem permanenten Prozess wechselseitiger Formung und Beeinflussung stehen (wider self). Erfolgreiche Soziale Arbeit nutzt dementsprechend „Kräfte" aus beiden Sphären und kennt sich aus mit den:

- Family Forces, den Kräften der Kernfamilie
- Personal Forces, den Kräften von Verwandten und Freunden
- Neighbourhood Forces, den Kräften von Nachbarn, Vermietern, Arbeitgebern, Pfarrern, Bekannten aus der Kirchengemeinde, ÄrztInnen, Gewerkschaften, Vereinen, Abendschulen, Sparvereinen, Wohnungsbaugesellschaften,...
- Civic Forces, den Kräften von LehrerInnen, BeratungslehrerInnen, Polizei, Bewährungshelfern, Besserungsanstalten, Postboten, ...
- Charitable Forces, den Kräften von Kirchengemeinden, einzelnen Wohltätern, Selbsthilfegruppen, Arbeitsprojekten, Kinderschutzvereinen, Gemeindeschwestern, Suppenküchen, ...
- Public Relief Forces, den Kräften von Sozialämtern, Krankenhäusern, ... (vgl. Sachße 2003, S. 253 ff.)

Wenn wir diese Zusammenhänge wegfiltern bleibt ein hilfebedürftiges, saft- und kraftlos anmutendes Etwas namens Klient übrig, umfeldentwurzelt und ins Treibhaus wohlmeinender Einzelfallhilfe umgetopft. Das macht SozialarbeiterInnen mit ihrem Instrumentarium mächtig und Kontexte bedeutungslos, in ihrer „Verantwortung" wie in ihren Potenzialen. So versucht die Fallarbeit in der klassischen deutschen Sozialarbeit AdressatInnen für ein Leben fit zu machen, das aber oft nur mit einem guten Beziehungsnetz gemeistert werden kann. Sozialraumorientierte Arbeit hingegen fragt, ob nicht unsere gesellschaftlichen Vorstellungen vom Erfolg die Rolle des Einzelnen übertreiben und die Potenziale von Netzwerken unterschätzen. Im Sozialkapitalmodell wird dieses Netzwerkpotenzial konzeptionell zu fassen versucht.

Unsere dominierende gesellschaftstheoretische Vorstellung geht von einer Menge unabhängiger Individuen aus, die alle nach Zielen streben und sie unabhängig voneinander erreichen. Die ausgesprochen produktive Koordination dieser Einzelkämpfer geschieht durch die unsichtbare Hand des Marktes. So elegant die ökonomische Theorie sein mag, kann sie nicht einmal erklären, warum sich Menschen überhaupt auf ökonomische Verträge einlassen, oder warum sich kaufen anders anfühlt als beschenkt werden. Mit der Metapher „soziales Kapital" wird der ausgesprochen untersozialisierte Begriff der ökonomischen Theorie erweitert und gleichzeitig die Wesenszüge des Phänomens „Kapital" weiterverwendet.

> Der Kindergarten im Wohngebiet der Hubers hat einen schlechten Ruf, eine genauso schlechte Ausstattung und demoralisierte Erzieher. Die Hubers überlegen, ob sie ökonomisch oder sozial investieren wollen, indem sie für Sven entweder einen Platz in einer Elite-Kita am anderen Ende der Stadt suchen oder sich im Elternbeirat des besagten Kindergartens um die Ecke engagieren. Ihr Erfolg im Elternbeirat wird davon abhängen, wie viel Soziales Kapital sie mitbringen und wen sie neu mobilisieren können. Je mehr Nachbarn, Freunde und Promis sie gewinnen, desto wahrscheinlicher werden sie neue Ressourcen locker machen, sowie Beziehungen und Betriebsklima im Kindergarten ändern. Sie werden natürlich auch individuelle Vorteile davon haben, z.B. lernen wie man eine Gruppe führt, oder wie man Geld bei Politikern und Sponsoren locker macht. Ganz nebenbei werden die Hubers im Stadtteil bekannt werden und ihr soziales Netz erweitern, was später einmal nützlich werden kann und schließlich springt für ihren dreijährigen Sohn eine bessere Kinderbetreuung heraus. Wenn der neue Elternbeirat gut funktioniert, hat das dort entstandene Soziale Kapital Wirkungen, die nicht nur seinen Mitgliedern zugute kommen, sondern auch anderen, wenn beispielsweise die Qualität steigt oder sich das Image der Einrichtung verbessert. Die wieder stattfindenden Feste des Kindergartens werden den Stadtteil aufwerten, Leute werden herziehen weil die Kinderbetreuung einen guten Ruf hat. Wenn so neue Gruppen entstehen, schafft das sogar Arbeitsplätze … (vgl. Colemann 1991, S. 411)

Soziales Kapital ist der Stoff, aus dem unsere Netzwerke sind. Es zeigt sich – wie dargestellt - in *Beziehungen*, aber auch in *Vertrauen*: Wer sich bemüht vertrauenswürdig zu sein, hat nicht nur seinen eigenen Vorteil davon, sondern begünstigt auch vertrauensvolles Verhalten anderer, was das Vertrauenspotential einer ganzen Gruppe erhöht. Dadurch entstehen mannigfaltige, auch ökonomische Vorteile innerhalb dieser Gruppe.

Soziales Kapital ist das *Element, das Normen ihre Bindungswirkung verleiht*, vor allem dann wenn sie nicht im unmittelbaren Eigeninteresse liegen: Eine Mutter zieht von einer Großstadt in ein Dorf um mit der Begründung, es sei dort sicherer für die Kids, alleine draußen zu spielen, weil die Norm gilt, dass die Nachbarn ein Auge auf Kinder haben, die ohne Begleitung Erwachsener sind. Man könnte diesen Unterschied der unterschiedlichen Menge sozialen Kapitals beiden Orten zuschreiben.

Soziales Kapital besteht aus *sozialen Kreditbeziehungen*. So schaffen wir Verpflichtungen, indem wir etwas für andere tun. Wir erwerben uns so einen sozialen Kredit und bezahlen in einer für uns in dem Moment schwachen Währung (Eine Steuererklärung ist einfache Sache für mich als Steuerberater), bekommen aber den Gewinn vielleicht in einer für uns starken Währung zurück (Obstbäume trimmen kann der Nachbar, dem ich mit seiner Steuererklärung geholfen habe).

Kapital ist akkumulierte Arbeit. Kapital versorgt, produziert Profite und wächst indem es sich selbst reproduziert. Analog dazu lässt sich soziales Kapital borgen: Wenn A nicht weiß, ob er B vertrauen soll, ermöglicht es vielleicht der gemeinsame Bekannte C, die Vertrauenswürdigkeit von B herzustellen. *Soziales Kapital ist* tauschbar in ökonomisches oder kulturelles Kapital, d.h. es gilt das Prinzip der Erhaltung Sozialer Energie. Und s*oziales Kapital wächst durch seine Nutzung*. Unser Begriff „Nimmkraft" meint, dass Leute, die sich von Leuten helfen lassen, nicht nur sich selbst einen Gewinn verschaffen, sondern auch anderen die Möglichkeit geben, ihr soziales Sparguthaben aufzustocken (soziale Kreditbeziehungen). Wenn der Staat hilft, verliert sich dieser Effekt und das soziale Kapital der Gemeinschaft wird nicht vergrößert.

Soziales Kapital ist *kein Naturprodukt*, sondern Ergebnis fortlaufender Aufbau- und Investitionsarbeit. Dabei werden Zufallsbeziehungen in Beziehungen umgewandelt, die dauerhafte Verpflichtungen nach sich ziehen. So bedarf soziales Kapital unaufhörlicher Beziehungsarbeit, wobei es sich umso schneller akkumuliert, je größer der vorhandene Grundstock bereits ist.

Schließlich ist soziales Kapital ein Machtverstärker, wenn es Schwachen gelingt, sich für die gemeinsame Sache zusammen zu tun und so Einfluss auf wichtige Entscheidungen zu nehmen. Die ganze Gewerkschaftsgeschichte ist dafür Beispiel.

Robert Putnam hat in akribischer empirischer Fliegenbeinezählerei versucht soziales Kapital zu messen (Putnam 2000, S. 31-182) und in Vergleichsstudien dann nachgewiesen, dass die Lebensbedingungen in den einzelnen amerikanischen Bundesstaaten enorm von der Menge des sozialen Kapitals abhängen. Das gilt für den Lebensstandard von Kindern (Mortalität von Säuglingen, Kindern und Jugendlichen, untergewichtige Neugeborene, Schwangerschaften Jugendlicher, vorzeitiger Abgang von höheren Schulen, Jugendkriminalität, Jugendarbeitslosigkeit, Ein-Elternfamilien und Kinder in Armutsverhältnissen) genauso wie für die Gesundheit der Gesamtbevölkerung (ebd. S. 330), die Ausbildungsqualität (S. 300), das Wirtschaftswachstum (S. 320), die öffentliche Sicherheit (S. 309), die soziale Gerechtigkeit (S. 360) und die Lebenserwartung der Menschen (S. 330). Der Zusammenhang zwischen sozialer Vernetzung und Lösung sozialer Probleme ist evident.

Netzwerke sind das organische Gewebe des sozialen Raums, indem sie soziale Einheiten verbinden oder gegeneinander abschließen und so gleichsam das Feld erst schaffen, die wir dann als weiten/engen, vertrauten/fremden Raum erleben. Wenn wir den sozialen Raum vom Einzelnen aus betrachten, sehen wir das egozentrierte Netzwerk. Die Bezugspersonen von Ego haben natürlich auch wiederum Beziehungen miteinander, von denen Ego vielleicht gar nichts weiß. Schließlich sind Netzwerke auch viel größer, denn die Bezugspersonen von Ego verfügen auch über jeweils „eigene" Netzwerke. So ergibt sich ein außerordentlich üppiges Gewebe, das verdeutlicht, wie komplex dieser Soziale Raum ist.

Netzwerke unterscheiden sich auf eine merkwürdige Art von Gruppen, Familien oder Organisationen. Sie werden uns immer nur in Ausschnitten bewusst, denn wir aktualisieren sie immer nur anlassbezogen. Wenn mein Auto kaputt ist, kommen mir andere „Helfer" in den Sinn, als wenn das gleiche mit meiner Beziehung passiert. Sie sind dadurch dem Ego nicht in jeder Situation verfügbar, sondern kontextabhängig. Der Umfang dieser Netzwerke kann leicht unterschätzt werden. So verfügt der Durchschnittsbürger in Deutschland über ca. 1000 Kontaktpersonen in seinen Netzwerken zweiter Ordnung (Kähler 1983a, S. 226). d.h. jeder von uns könnte durch die Mobilisierung seines Netzwerkes eine stattliche Demonstration auf die Beine stellen – eine Erkenntnis, die sich vor allem das amerikanische Community Organizing zu eigen macht wenn auf den Snow-Balling-Effekt von Einzelkontakten gesetzt wird (vgl. Brand 1995; Chambers 2004, S. 44).

Auf eine weitere erstaunliche Eigenschaft von Netzwerken hat der amerikanische Soziologe Mark Granovetter aufmerksam gemacht. Seiner Theorie nach überschätzen wir – wenn wir an unsere Netzwerke denken – immer unsere starken Beziehungen und unterschätzen das Leistungspotential unserer schwachen Beziehungen, weil wir meinen, es sind unsere guten Freunde und Verwandten, auf die es ankommt. Das stimmt deswegen nicht, weil es etwas komplizierter ist: Starke Beziehungen bringen uns wenn nötig den Kamillentee ans Bett, über schwache Beziehungen hingegen bekommen wir einen neuen Job (Granovetter 1973). Das ist so, weil es die schwachen Beziehungen sind, die die Brücken zwischen verschiedenen Netzwerken herstellen. Man kann auch sagen, dass schwache Beziehungen besser dazu taugen, Menschen verschiedener Gruppen oder Milieus zu verbinden als starke Beziehungen. Das ist natürlich eine wichtige Erkenntnis für Soziale Arbeit, wo es ja oft um Integration ausgeschlossener Menschen in Regelsysteme und in den Mainstream geht. Wenn jemand sich verändern will, braucht es dabei mit hoher Wahrscheinlichkeit schwache Beziehungen, denn die Verbindung zu Netzwerken, die nicht das eigene sind, geschieht – wenn die obige Darstellung stimmt – über schwache Beziehungen. Freunde unserer Freunde (starke Beziehungen) sind meist auch unsere Freunde. Was sie wissen, wissen wir of auch. Schwache Beziehungen hingegen bringen uns in Kontakt mit Leuten und Information, die im eigenen Netzwerk nicht verfügbar sind (Granovetter 1973; Keupp/ Röhrle 1987, S. 24-29).

Starke Beziehungen und schwache Beziehungen haben unterschiedliche Stärken. Starke Beziehungen verfügen über hohe Unterstützungsmotivation, schwache Beziehungen schaffen Verbindungen zu Möglichkeiten oder Ideen, die wir selbst nicht haben.

Werkzeuge der Sozialraumorientierung auf der Ebene Netzwerk

Sozialraumorientierung arbeitet mit sozialem Kapital. Als methodische Ansätze wie SozialarbeiterInnen an die Ressourcen des sozialen Raumes herankommen werden nun für das Arbeitsfeld der Einzelfallarbeit die fallunspezifische Arbeit und für das Arbeitsfeld der Stadtteilarbeit die Kompetenzkartierung näher erläutert.

1. Die Fall*un*spezfische Arbeit als Gelegenheitsakkumulator der Fallarbeit

In der *Fallarbeit* konzentrieren sich die Fachkräfte auf Einzelfälle (einen Mann ohne Wohnung, eine Familie in Erziehungsproblemen, eine vereinsamte alte Dame,...) und versuchen fallbezogen eine geeignete Unterstützung zu leisten oder zu vermitteln. Die *fallunspezifische Arbeit* hingegen versucht Potenziale des Stadtteils, der Straße, des Dorfes, der Gewerbe etc. in den Blick zu bekommen, die in der Fallarbeit zum Tragen kommen können. Dadurch kommen Möglichkeiten in den professionellen Blick, die das Gemeinwesen um den einzelnen Fall herum bietet oder zumindest bieten könnte, würde man sie mobilisieren. Damit die Fachkräfte diese Potenziale in der Fallarbeit nutzen können, müssen sie sie kennen, oder vielleicht sogar erst aufbauen. Dies kann nicht erst geschehen, wenn ein Fall „vor der Tür steht" und nach Lösungen schreit, also Zeitdruck besteht. Damit solche Ressourcen schnell und unkompliziert eingesetzt werden können, muss man sie quasi in der Hinterhand haben. Das heißt, optimalerweise verfügen Fachkräfte über eine Art Ressourcen-Lager, das aufgebaut und kontinuierlich gepflegt werden muss und im Einzelfall hat man dann - wenn alles gut geht - etwas auf Lager. „Die Fachkraft erschließt sich Kenntnisse in einem sozialen Raum, ohne schon darauf gerichtet zu sein, diese Ressourcen für einen bestimmten Fall abzurufen. Es geht hier um den Aufbau, die Unterstützung sowie das Aufspüren von lebensweltlichen Kapazitäten - vom Sportverein über den lokalen Schrotthandel bis hin zu informellen Netzwerken und zum Kleinhandel und großen Unternehmen -, die einen wesentlichen - durchaus funktionierenden Teil - eines sozialräumlichen Milieus repräsentieren und die eine Vielzahl von Gestaltungsleistungen erbringen, ohne dass professionelle Sozialarbeit auch nur einen Finger rühren muss." (Hinte 1999, S. 85)

Fall*un*spezifische Arbeit geschieht demnach zu einem Zeitpunkt, da Fachkräfte noch nicht absehen können, ob und für welchen Fall sie die jeweiligen Ressourcen benötigen. Ihre Arbeit ist erstmal noch keinem spezifischen Fall zuzuordnen, geschieht aber durchaus mit Blick auf die Fallarbeit. Insofern ist sie etwas grundsätzlich anderes als Gemeinwesen- oder Stadtteilarbeit und auch keine Präventionsarbeit. Fallunspezifische Arbeit zielt nicht primär auf die Verbesserung der Lebensbedingungen im Stadtteil, unabhängig von der Einzelfallarbeit. Sondern sie ist Vorbereitung auf Fallarbeit. Sie bedient sich oft Methoden der Gemeinwesenarbeit, hat aber fallbezogene Ziele. Wohl können die hier gemachten Erfahrungen der Fachkräfte wertvolle Hinweise auf Veränderungsnotwendigkeiten im Stadtteil geben. Diese werden dann in die zuständigen Gremien bzw. Organisationen eingespeist und dort weiterbearbeitet. Die eigentliche Veränderungsarbeit im Stadtteil gehört nicht mehr in den Rahmen der fallunspezifischen Arbeit.

Grundsatz der fallunspezifischen Arbeit ist es, anderen nichts abzunehmen, andere nicht zu verdrängen, besonders nicht die Lebenswelt, sondern deren Ressourcen zu nutzen, sie wo nötig zu unterstützen, sich erkenntlich zu zeigen, aber eher zurückhaltend zu sein im Selbermachen von Angeboten. Fallunspezifische Arbeit macht es nötig über vieles Bescheid zu wissen, mit vielen in Kontakt zu stehen, ein interessanter Gesprächspartner zu sein, das eigene Gesicht immer wieder vorbeizutragen, vieles anzapfen zu können und laufende Prozesse zu verstärken, einzelne oder Gruppen wo nötig zu qualifizieren. Dreh- und Angel-Punkt des fallunspezifischen Arbeitens sind Gespräche mit BürgerInnen und

Schlüsselpersonen des Stadtteils. Diese Kontakte haben einen sehr alltagsweltlichen Charakter, sind meist kurz, dafür aber häufig, lassen sich nur zum Teil exakt planen, aber gezielt provozieren, sind mitunter zufällig oder spontan, versuchen möglichst viele unterschiedliche Leute zu erreichen, und Beziehungen zu ihnen herzustellen. Einflugschneise zu solchen Connections können bestehende Gruppen sein, wobei die Gruppen- oder Gremienarbeit eher das Mittel, aber nicht der eigentliche Kern der fallunspezifischen Arbeit ist, genauso wenig wie die Vernetzung der Profis untereinander um der Vernetzung willen geschieht. Die Qualität fallunspezifischer Arbeit zeigt sich daran, ob durch sie zusätzliche lebens-weltliche Ressourcen für die Fallarbeit mobilisiert werden konnten.

Eine Fachkraft muss einige Voraussetzungen mitbringen, um zum erfolgreichen Ressourcensucher zu werden. Grundvoraussetzung ist natürlich, davon überzeugt zu sein, dass der soziale Raum etwas zu bieten hat, das besser sein kann als das eigene professionelle Engagement. Ressourcensucher tanzen auf vielen Hochzeiten, müssen sich folglich auch in so unterschiedlichen Systemen wie einer Gesellschafterversammlung, einem Hausfrauenverein, einem Altenclub und einer Eckkneipe sicher bewegen können. Darüber hinaus gilt es Leute ins Boot zu bekommen. Das gelingt, wenn man herausbekommt, wofür Leute sich sowie so begeistern, wenn man schlau genug ist in diesen Vorlieben Gelegenheiten zu sehen, wenn die eigene Botschaft und die eigene Person überzeugend sind. Ausstrahlung ist gefragt, ein Geschick, die eigene Merkwürdigkeit zu kultivieren und die Fähigkeit schnell zu erkennen wofür andere brennen und zu gewinnen sind. Die Bereitschaft zu ungewöhnlichen Arbeitszeiten ist selbstredend. Und wenn man bedenkt, wie lange es dauert, ein nutzbares Beziehungsnetz zu knüpfen, muss von Ressourcensuchern auch eine längerfristige Perspektive im Stadtteil verlangt werden. Nur für die Fachkräfte, die im Stadtteil bleiben wollen, lohnt es sich, diesen beziehungsmäßig zu erschließen.

Es gibt natürlich jede Menge Ansatzpunkte für fallunspezifische Arbeit. Ressourcen lassen sich immer und überall mobilisieren, beim Einkaufen, im Fußballverein, in Amtsstuben, in der Kneipe, am Telefon, im Fachdiskurs, im Gespräch mit KlientInnen,... Dass es deswegen einfach sei, Ressourcen zu mobilisieren, soll damit nicht gesagt sein. Im Folgenden nun einige Techniken.

2 Aktivierende Beratung durch fallunspezifische Fragen

Die alltägliche Einzelfallarbeit bietet zahlreiche Möglichkeiten, mit geringem Aufwand an das Expertenwissen Betroffener zu kommen, was ihren Stadtteil, ihre Nachbarn, subjektiv wesentliche Themen, Quellen für Material, Kontakte zu Personen usw. betrifft. An die üblichen persönlichen Einzelgespräche lassen sich meist ganz einfach Ressourcengespräche anschließen. So kann man zehn Minuten reservieren für Fragen, die den Stadtteil oder die den Betroffenen als mögliche Ressource betreffen. Oftmals sind KlientInnen die kompetentesten Experten für ihren Sozialraum und werden dadurch auch als solche anerkannt. Wer in Gesprächen nur nach Problemen fragt, kriegt auch welche. Wer weiter fragt, kriegt u. U. viel mehr. Man bittet die Leute einfach nach dem Beratungsgespräch um ein paar Minuten Zeit, weil man gerne etwas von ihnen möchte, was nichts mit dem bisherigen Gespräch zu tun hat. Üblicherweise bekommt man gerne die Zeit und meistens noch viel mehr. Am besten ist es, zunächst offene Fragen zu stellen, über den Stadtteil, die Wohnqualität, über das, was hier gut läuft und was nicht so gut. Nach den offenen Fragen, die Betroffenen Gelegenheiten zur eigenen Meinungen geben und der Fachkraft zu neuen Perspektiven, lassen sich auch ganz gezielt eigene Interessen ansprechen, z.B. ob jemand jemanden weiß, der beim Stadtteilfest noch mithelfen könnte, oder wo man Möbel unterstellen könnte, wer Leute für Gelegenheitsjobs sucht usw.[1]

Fallunspezifische Fragen in der Fallarbeit haben einen doppelten Effekt. Sie machen aus Betroffenen Experten und sie geben „Hilfesuchenden" die Möglichkeit selbst zu helfen. Das entwürdigende Element von Hilfe – bei Simmel (1983, S. 345) und bei Sennett (2002, S. 264) nachzulesen - ist die Asymmetrie. Wer nur nimmt, der hat ein unausgeglichenes Konto, was nicht nur am Selbstwert kratzt, sondern auch – ob man das als Profi will oder nicht – den Wert in den Augen der andern schmälert. Die Möglichkeit sich zu revanchieren, etwas zurückzugeben hat also sowohl psychologisch als auch sozial einen hohen Wert und quasi nebenbei entstehen auch noch Gelegenheiten an Infos und Ressourcen heranzukommen.

3. Profi-Vernetzung

Gute Fachkräfte wissen, welche Möglichkeiten die professionelle soziale Infrastruktur im Stadtteil bietet, welche Schwerpunkte, Angebote und Aktionen im Jugendhaus, im Stadtteilzentrum oder in der VHS laufen. Um das in der Einzelfallhilfe nutzen zu können, haben die Fachkräfte auch einen Draht zu den Profis dort. Man kennt sich, weiß um die Stärken des anderen, wo dessen Grenzen liegen und wie man die KollegInnen vor Ort ins Boot holen kann. Dazu sind regelmäßige Kontakte notwendig und vielleicht auch das ein oder andere gemeinsam bestrittene Projekt. Außerdem lassen sich auch Hospitationszeiten organisieren.

1 vgl. dazu die anschauliche Darstellung von Lüttringhaus/Streich 2004

Neueinsteiger können ihre Arbeitsstelle mit einer Hospitation bei wichtigen Bezugsorganisationen (*Einsteigerhospitation*) beginnen und so zu allererst eine Außensicht auf das eigene Betätigungsfeld und eine Innensicht auf Kooperationspartner gewinnen und den Grundstein für wertvolle berufliche Beziehungen ganz nebenbei legen. Stadtteilrunden bzw. –konferenzen bieten eine gute Plattform, KollegInnen kennen zu lernen, was dann allerdings in Einzelgesprächen vertieft werden muss. Dort nicht Organisierte findet man über psychosoziale Führer oder Sozialatlanten oder schlicht im Telefonbuch oder Internet. Wesentlich ist hier wie bei allen fallunspezifischen Aktionen: zuerst herausbringen, worauf die KollegInnen stolz sind, was ihre Stärken und fachlichen Steckenpferde sind, denn darin liegt das Potenzial für mehr. Genaueres zu diesen Gesprächen im Abschnitt zu One-to-Ones.

4. Einklinken in Gruppen

Gute Fachkräfte kennen die im Stadtteil aktiven Verbände, Vereine, Clubs, Initiativen und Kirchengemeinden. Sie wissen um deren Zielsetzungen, Traditionen, Angebote, Räume und Grundphilosophie. Man hat Ansprechpartner dort, weiß z.B. wer für Jugendarbeit zuständig ist und hat mit relevanten Personen schon das ein oder andere Gespräch geführt oder Bier bzw. Kaffee (je nach Gruppierung) getrunken, so dass eine von Wertschätzung getragene Beziehung existiert. Natürlich kann nicht jede Fachkraft alles und jeden kennen. Hier ist Arbeitsteilung und Koordination im Team gefragt. Dort wird besprochen, welche Gruppen angesprochen werden und wie man am besten an sie herantritt, wer vielleicht schon bestimmte ausbaufähige Kontakte hat oder jemanden kennt, der jemanden kennt usw. Damit jeder einen Überblick hat, werden alle Ansprechpartner (inkl. desjenigen aus dem Team, der sie persönlich kennt), deren „Einsatzgebiet" und Stärken in einer *Ressourcenkartei* (siehe unten) gesammelt. Auch über die einzelnen Kontakte der Teammitglieder und deren Ergebnisse wird dort Buch geführt, um systematisch zu sehen, welche Bereiche und Personen bereits „bearbeitet" wurden, oder dringend Kontaktpflege brauchen.

> So weiß z. B. der Übungsleiter im Fußballverein Rot-Weiß-Rund, über das Flattichhaus Bescheid und dessen Bemühen, Jugendlichen Chancen zu vermitteln. Mit entsprechender Vorbereitung oder Unterstützung ist er dazu bereit, immer wieder mal einen Jugendlichen in sein Training aufzunehmen, wohl wissend, dass ihm dieser Jugendliche vielleicht einiges an Aufmerksamkeit abverlangen wird. Er weiß aber gleichzeitig, dass er jederzeit einen Profi als Ansprechpartner hat, und er hat Lust auf die Sache, die ihn ja auch für seinen Normal-Übungsleiterjob pädagogisch qualifiziert. Die Profis bleiben mit ihm in Kontakt, erkundigen sich nach dem Stand der

Dinge, lassen diese fallbezogenen Kontakte aber seltener werden mit zunehmenden Integrationsgrad des Jugendlichen. Mindestens einmal im Jahr gibt es ein Fest für alle diese Volunteers, und für die Interessierten werden auch spezielle Fortbildungen angeboten.

5. Events nützen

Die Fachkräfte eines Teams werten den Veranstaltungsteil von Tages-, Stadtteil- und Werbezeitungen permanent systematisch aus, was zur Folge hat, dass man weiß, wann Versammlungen einberufen werden, Gremien tagen, Vereine Jubiläen feiern, Stadteil-, Schul-, Kirchengemeinde- oder Kindergartenfeste stattfinden. Solche Events werden genutzt, um der Arbeit dieser Gruppen Wertschätzung zu zollen, indem man z.B. kommt, sich vorstellt, Feedback gibt oder auch mal einen Leserbrief schreibt. Andererseits kann man bei solchen Anlässen auch Schlüsselpersonen oder „interessante Typen" gezielt ansprechen, bzw. Telefonnummern oder Visitenkarten austauschen. Nach diesem ersten Schritt der Kontaktaufnahme geht alles weiter wie beim „Einklinken in Gruppen".

6. Sozialraumprojekte machen

Etliche Zielgruppen fallunspezifischer Arbeit sind nicht organisiert. Man muss sich deswegen an Einzelne wenden und kann nicht auf bestehenden Gruppen zurückgreifen. Z.B. können dies Hausfrauen oder Rentnerinnen sein, die Interesse an Kinderbetreuung haben, oder sich so etwas dazuverdienen wollen, Studenten, die Nachhilfe geben, Schüler, die einkaufen usw. Um nichtorganisierte „Ressourcen“ anzusprechen, muss man selbst mit Events aktiv werden. Leute werden angezogen durch Inserate, Flugblätter, aber auch durch Projekte und Aktionen im Stadtteil. Über ein Kinderfest am Sonntagnachmittag lassen sich z.B. Kontakte zu jungen Eltern herstellen und nebenbei lässt sich auch noch die eigene Institution vorzeigen. Wichtig ist, dass Aufwand und Ertrag solcher Projekte in einem guten Verhältnis stehen, dass sie im Hinblick auf die Zielgruppen geplant werden und dass der angestrebte Effekt, nämlich einzelne anzusprechen und zu interessieren, nicht im Vielerlei der Organisationsarbeit verloren geht, sondern dokumentiert, ausgewertet und weiterbearbeitet wird. Für die fallunspezifische Arbeit kommen zwei Typen von Projekten in Betracht:

Einzelaktionen bzw. punktuelle Projekte, wie z. B. ein Stadtteilfest oder eine Informationsveranstaltung einer Bezirkssozialarbeiterin zu einem interessanten Thema, haben den Vorteil, dass sich der Aufwand, was Zeit und Manpower betrifft, leicht begrenzen lässt und dass mehrere verschiedene Projekte an unterschiedlichen Standorten mit unterschiedlichen Zielgruppen ausprobiert werden können.

Beispiel: Sommerfest eines Kinderheimes. Üblicherweise bereiten die Mitarbeiter bei derlei Festivitäten alles bestens vor. Man will ein gutes Bild machen. Besonders stolz ist man auf das umsonst organisierte Zelt, die vom Hausmeister ehrenamtlich gezimmerten Infostände und das selbst geschriebene Theaterstück. Wenn Wetter und Werbung passen, kommen die Leute dann auch, trinken ihr Bier, verzehren ihr Steak, kaufen vielleicht noch drei Lose für das gute Gewissen und verschwinden dann wieder, mit dem Eindruck: „die Steaks waren nicht schlecht und gar nicht teuer." Das ist eine Verschwendung von Kontaktmöglichkeiten, aber leider eben das Übliche. Bei einem Sommerfest als Ressourcenmobilisierungsevent wird anders gearbeitet. Die Mitarbeiter bleiben nicht wie üblich hinter dem Holzkohlegrill oder unter sich, sondern sprechen gezielt Gäste an, nicht um den Leuten was aufzuschwatzen, was diese nicht wollen, sondern um herauszufinden, was sie wollen. Das kann ganz Unterschiedliches sein. Der eine will sich mal das Haus anschauen. Der andere will eine Fallgeschichte hören. Der Dritte will etwas vom Alltag mitkriegen. Der Vierte will wissen, wie das alles finanziert wird und den fünften interessiert, woher die guten Steaks sind. Nach dem Fest werden die Ergebnisse des „Fishings" ausgewertet, die da sind: Jeder Mitarbeiter hat etwa 15 neue Bewohner des Stadtteils kennen gelernt, bei diesen das Gefühl erzeugt: „interessanter Laden" oder „interessanter Typ", weiß von etwa der Hälfte die Adresse oder Telefonnummer und weiß auch bei jedem einzelnen, was Themen sind, die ihn/sie bewegen. Das kommt dann alles in die Ressourcenkartei und wird von dort aus weiterverarbeitet.

Kontinuierliche Projekte, wie z.B. ein Stadtteil- oder Schülercafé bieten den Vorteil einer höheren und andauernden Präsenz im Stadtteil und die Chance, dass sie sich verselbständigen (beim Aufbau von Selbsthilfegruppen wäre dies geradezu ein Konzeptbestandteil). Sie bergen aber immer das Risiko, viele professionelle Ressourcen dauerhaft zu binden, was in der fallunspezifischen Arbeit nur zu verantworten ist, wenn der lebensweltliche Ressourcen-Output hoch ist.

Quick & Simple: Eine Methode zum Entwickeln von Sozialraumprojekten aus dem Community Organizing ist die sog. Quick & Simple-Technik. Anders als zielbezogene Ansätze (man hat ein Ziel vor Augen und konzipiert das Projekt gewissermaßen als Mittel dazu, geht Quick & Simple erstmal von den Kompetenzen, Talenten und Vorlieben der Teammitglieder und Ressourcen der eigenen Organisation aus. Der erste Schritt ist eine Inventarisierung dieser Ressourcen (Stärkeninventur). Dabei begibt man sich auf die Suche nach möglichst außergewöhnlichen Dingen, denn mit ihnen steigt die Wahrscheinlichkeit einer außergewöhnlichen Aktion und wer nur tut, was er immer getan hat, bekommt auch nur, was er immer bekommen hat. Die Ressourcen werden möglichst spezifisch beschrieben. Im Schritt 2 (Koppeln) geht es darum, zwei oder mehrere Ressourcen zu einer Projektidee neu zu verbinden, für die auch gleich ein Projekttitel zu finden ist. Schritt 3 gilt dann der Pesonalrekrutierung, indem die Teammitglieder sich für die Mitarbeit an einem oder mehreren dieser Projekte entscheiden. In weniger als zwei Stunden hat man so mehrere neue Projektideen sowie die Leute, die sich für dieselbe Idee interessieren und auch gleich die Ressourcen, die genutzt werden können, um die Idee zu verwirklichen (vgl. ausführlich Snow 2004, S. 13-21).

7. Orgs gewinnen

Jeder Stadtteil beheimatet Organisationen wie Kirchen, Krankenkassen, Schulen, Industrieunternehmen, Wohnungsbaugesellschaften, Banken, Industrie und Handelskammer, Kitas, Polizei, Bibliotheken, Museen, Krankenhäuser, Altenheime, Jugendzentren, Universitäten, Sozialstationen. In der fallunspezifischen Arbeit werden ansässige Organisationen in erster Linie als Schatztruhen verstanden, in denen jede Menge Wertvolles zu finden ist: Organisationen haben Räume und Plätze, sie verfügen über Geräte, Material, Bücher, Zeitschriften, Internet und natürlich auch über menschliche Schätze in Form von Mitarbeitern, LehrerInnen, Trainern, die alle besondere Kompetenzen haben. Organisationen besitzen wertvolle Kaufkraft, wenn sie lokal einkaufen oder Personal bevorzugt lokal rekrutieren. Durch Organisationen sind aber auch Beziehungen zu anderen Organisationen herzustellen oder Zugänge zu neuen Finanzierungsquellen zu schaffen, über die man selbst nicht verfügt. Schließlich ist manchen Organisationen ein Renommee zu Eigen, das – je nach Zweck - viel wert sein kann. Die mit Abstand wertvollste Ressource von Organisationen (wenn sie Normaleinrichtungen sind) ist aber ihr Normalisierungspotenzial. Wenn auffällige oder schwierige Kinder dort bleiben können, wo es normal ist in ihrer Lebensphase zu sein, z.B. in einer Kita oder einer Hauptschule, dann ist das für deren Integration Gold wert, genauso wie wenn Jugendliche einen Ausbildungsplatz finden oder alte Leute durch einen Bringservice dabei unterstützt werden, daheim leben zu können.

Nun ist es aber so, dass Organisationen nicht selten gesteuert sind von Kräften und Interessen außerhalb des lokalen Gemeinwesens, was oft zur Folge hat, dass ihr Commitment zum und ihre Verantwortung für den Stadtteil dürftig ausfallen. Der fallunspezifischen Arbeit geht es darum, dieses Commitment zu erhöhen, indem Organisationen und Gemeinwesen beginnen, sich gegenseitig zu stärken. In dem Moment, wo es Externen gelingt, Organisationen Vorteile zu verschaffen und Verantwortung für deren Wohlergehen zu übernehmen – mag das auch noch so marginal sein – bauen sie Kredite auf, die zurückgezahlt werden müssen. Die Wirksamkeit des Lobbyismus ist ein Beispiel für diesen Effekt, wonach sich Investitionen in Organisationen mehr lohnen als voreilige Forderungen an sie. Die Strategie des „Orgs-Gewinnens“ funktioniert in 4 Schritten:

- Selektion: Organisationen anhand bestimmter Kriterien auswählen. Z.B. könnte ein Kriterium ihre bisherige Experimentier- oder Innovationslust sein, oder tragfähige persönliche Kontakte von Leitung zu Leitung, oder eine Angebotsstruktur bzw. nützliche Ressourcen der Organisation.
- In der „Erkundung“ geht es darum herauszufinden, was die Organisation bewegt und worauf man dort stolz ist. Wer das weiß, kann leichter die eigenen Themen an die der Organisation anschließen, als jemand, der mit Themen ankommt, für die sich dort keiner interessiert. Auch zu wissen, wer dort Einfluss hat, ist ein entscheidender Vorteil.
- Nun kommt der Fuß-in-die-Tür-Schritt, der ein so guter Türöffner sein muss, dass die Tür offen bleibt. Da lässt sich einiges von der Vertreterzunft lernen. Wichtig ist das Einstiegsgeschenk, was gar nicht materiell gemeint ist. Wer mit leeren Händen kommt, baut keine soziale Schuld auf, wer dagegen eine Kindergartengruppe mit Weihnachtsliedern mitbringt schon. Manchmal lässt sich auch über Dritte ein effektiverer Kontakt herstellen.
- Schritt 4 ist das Herstellen der berühmten „Win-Win-Konstellation“, was bedeutet, dass beide Beteiligten etwas von der neuen Kooperation haben müssen, weil jede Partei mit einer für sie schwachen Währung zahlt, die aber für den anderen eine starke Währung ist. Im Vorfeld ist also die Frage zu lösen, wie man ohne fachliche Arroganz Neues schmackhaft und lohnenswert darzustellen vermag.

Projektbeispiel: Ein Träger für Jugendwohngruppen sponsert Trikots für die Jugendmannschaft einer Schule (zu gewinnende Organisation). Dadurch wird eine Dauerkooperation etabliert, die im Gegenzug Sonderkonditionen für manche Jugendliche aus den Wohngruppen in dieser Schule ermöglicht, ohne die sie keine Chance dort hätten.

8. One-to-Ones als Geheimwaffe

Präsent sein im Stadtteil als interessierte/r Gesprächspartner/-in, kann man durch vielerlei. So lassen sich die eigenen Besorgungen des täglichen Lebens im Stadtteil machen; Friseur- und Ladenbesuche sind unerschöpfliche Quellen von Information und Tratsch, bieten zudem einfache Möglichkeiten bekannt zu werden und geben Leuten Gelegenheit, SozialarbeiterInnen anzusprechen. Ähnliches gilt für Kneipenbesuche. Aber auch schon die tägliche Brotzeit oder das Mittagessen lassen sich vielleicht aus der Kantine ans Büdchen um die Ecke und damit mitten in die Lebenswelt verlegen. Andere Ansatzpunkte der Schatzsuche im Stadtteil können wichtige Schlüsselpersonen aus unterschiedlichsten Bereichen sein. Das kann die Rentnerin von nebenan sein, die über alles und jeden Bescheid weiß, oder der Pfarrer, mit dessen Connections, Autorität oder Ressourcen eventuell einiges anzufangen ist. Geschäftsleute, Handwerker, Banken, Polizisten und andere kommen ebenfalls dafür in Frage.

Angesprochen ist hier auch das, was Ralf Brand die „Einzelhändlerstrategie" in der Gemeinwesenarbeit nennt (Brand 1995, S. 15). Entscheidend ist darin nicht, wen man kennt, sondern wen man kennen lernt und dass face-to-face mehr bewirkt als PR oder organisierte Versammlungen und Aktionen. Es geht darum, Dominoeffekte über One-to-Ones (1:1-Kontakte, Vier-Augen-Kontakte ohne Schreibtisch, auch schreibbar als One2ones), die sog. Geheimwaffe des Community Organizing zu erzielen. Die Strategie ist effektvoll (das beweisen die amerikanischen Erfahrungen) und zudem höchst ungewöhnlich für das berufliche Selbstverständnis deutscher SozialarbeiterInnen: „Man fühlt sich wie ein Staubsaugervertreter, Hausierer und noch schlimmer, als jemand, der den Leuten die letzten freien Minuten ihres Lebens rauben will." One2ones sind zwar irgendwie für jeden von uns das Selbstverständlichste der Welt, aber dennoch als sozialarbeiterischen Technik nicht ganz einfach. Erstens ist natürlich die Hemmschwelle der ungewöhnlichen Situation zu überwinden, in der der Profi auf BürgerInnen zukommt und etwas will. Normalerweise ist das ja immer umgekehrt. Zweites gibt es, was den Outcome von One2ones betrifft, auch hohe Qualitätskriterien. Es geht darum in kürzester Zeit (ca. 30 Min.), die Neugier, die Überzeugung, die Kraft, die Talente und die Connections des unbekannten Gegenübers herauszubekommen, um danach entscheiden zu können: Ist das ein Leader? Lohnt sich ein Follow-up? Gleichzeitig muss es dem Profi gelingen, ein Klima zu schaffen, das Lust auf einen weiteren Kontakt beim anderen weckt. One2ones haben zwei Ebenen. Auf der *Beziehungsebene* geht es darum, schnell eine Sympathie- und Vertrauensbeziehung zum Gegenüber aufzubauen, an der man später wieder anschließen kann. Gelungen ist der Kontakt, wenn der Angesprochene zu sich selbst sagt: „Das war ein gutes Gespräch. Mit der Frau würde ich gerne mal wieder quatschen? Die war interessiert an mir. Sie hat Fragen gestellt, die einem nicht jedem Tag gestellt werden, aber es waren wichtige Fragen…" Auf der *Inhaltsebene* muss ein One2one die folgenden Fragen beantworten können: „Wer ist dieser Mensch? Wer sind seine Helden? Was bewegt diesen Menschen? Worüber ärgert er/sie sich? Was sind seine Träume für seine Nachbarschaft, seine Gemeinde? Wann würde dieser Mensch sagen, sein Leben hätte Sinn gehabt? Warum tut er/sie, was er/sie tut? Gibt es bei diesem Menschen eine gesunde Spannung zwischen dem, was er für sein Gemeinwesen will und dem, was er derzeit beobachtet? Wie viel Einfluss hat der Mensch in seinem Betrieb, seiner Kirchengemeinde, etc? Was halten er/sie davon, wenn BürgerInnen im Stadtteil versuchen etwas zu bewegen? Was würde er/sie mitbringen? Ist er/sie jemand, der andere mobilisieren kann, auf den andere hören, dem andere folgen (Leader)? Ist er/sie jemand mit vielen Beziehungen und einem großen Netz (Zelle) oder jemand, der gerne etwas für andere tut, Freude am Service hat und spürt, was andere mögen, wie es ihnen geht (Perle)?

Während des Gesprächs eignen sich Fragen wie „Was bedeutet das für Sie?“ oder „Das scheint Ihnen wichtig zu sein. Erzählen Sie mir bitte, warum das so ist?“, um tiefer an die Inhalte zu kommen, die wesentlich sind. One2ones decken die persönlichen Ursachen für zivile Aktivität bzw. Inaktivität auf. Es geht bei One2ones nicht um Small Talk oder ums Finden neuer Freunde, sondern um den Aufbau „öffentlicher Beziehungen“ zwischen Menschen. Deswegen gehen sie tiefer als Alltagskonversationen, obgleich sie am Stil des Alltagsgespräches anschließen und nichts von Profi-Klient-Gespräch haben sollen. Es geht um das Herausfinden von Werten, persönlichen Sichtweisen, Eigeninteressen und Motivation (Häcker 2003, S. 96), die dann in die Ressourcenkartei kommen (siehe unten). Und One2ones lohnen sich nicht mit jedem, sondern sind am ertragreichsten mit Leadern, also Personen, die die Interessen ihrer Nachbarn bündeln und artikulieren können und weil sie weitere Kontakte mobilisieren können. Von hohem Interesse sind auch One2ones mit sogenannte Zellen, also Personen die Brückenfunktion zu anderen Personen haben und Perlen, Menschen, die bereit sind ihre Kompetenzen für eine gute Sache einzusetzen.

Wer nicht zu diesen Kategorien gehört, mit dem ein One2one allenfalls eine interessante Feldstudie zur Lage der Nation, aber kein Weg zur Ressourcenmobilisierung. Wenn man auf so jemanden trifft, gibt es nur einen Ausweg, nämlich sich von ihm zu dem bringen lassen, dem er/sie folgt (Chambers 2004, S. 52).

One2ones sind ein zwar anstrengender aber außerordentlich effektiver Weg mit wandelnden Ressourcen des Stadtteils in Kontakt zu kommen. Von einem guten Community Organizer werden etwa 25 One2ones pro Woche erwartet. Gesetzt den Fall in einem 8-köpfigen ASD-Team würde jede Fachkraft lediglich eine One2one pro Woche durchführen, wären das im Jahr ca. 240 neue Kontakte in der fallunspezifischen Arbeit. Selbst wenn nur 20% davon erfolgreich sein sollten, ist allein das Rechenexempel ein Argument One2ones ins Methodenarsenal zu integrieren. Erfolgreiche SozialarbeiterInnen wissen das sowieso.

9. Ressourcenkartei

Auf die Ressourcenkartei wurde ja bereits öfters hingewiesen, da die Notwendigkeit der systematischen und nutzungsfreundlichen Speicherung von Ressourcen, Personen, Kontakten etc. eine zentrale Notwendigkeit ist. Nur wenn sie gelingt, wird es möglich werden, dass die Eroberungen, die ein Kollege macht, andern KollegInnen zur Verfügung stehen. Wenn dagegen das fallunspezifische Wissen der Fachkräfte in den Köpfen der Fachkräfte bleibt, ist das besser als nichts, bleibt aber weit unter den Möglichkeiten des fallunspezifischen Arbeitens. Mit Ressourcenkartei ist deswegen zweierlei gemeint, nämlich einmal eine technisch ausgefuchste Speicherung und andererseits eine methodisch trainierte Art und Weise, wie ein Team Informationen aufbereitet, ablegt, abruft, pflegt und im Team präsent hält. Der zweite Aspekt ist der wichtigere. Welche Mittel und Wege sich für ein Team eignen, fallunspezifische Arbeit am Kochen zu halten, sind unterschiedlich. Als vorteilhaft haben sich riesige Pinwände herausgestellt, die immer wieder bestückt, beschaut und gepflegt werden. Manche Teams arbeiten mit vorgefertigten Formularen, die helfen, Informationen zu dokumentieren. Andere Teams haben die fallunspezifische Arbeit immer fest auf der Tagesordnung und zwar zeitlich immer vor der Fallarbeit. Schließlich gibt es ein ausgearbeitetes Karteikartensystem zum Speichern und Sortieren von Ressourcen, das kurz dargestellt werden soll.

Man braucht dazu vier Kartentypen. Auf der Vorderseite der *Organisations-Karte* (Org-Karte) werden wichtige Grundinfos über kontaktierte Organisationen eingetragen, wie Adresse, Telefon, E-Mail, Zielgruppe/ Kunden, Ausstattung, Angebote / Produkte, die Schlüsselperson, durch die man Zutritt hat und mindesten eine Machtperson, die etwas zu sagen hat. Das Aktualisierungsdatum dieser Infos ist am unteren Rand. Auf der Rückseite der Org-Karte wird vermerkt, wofür die Organisation mögliche Ressourcen bieten könnte, aber auch, was für die Organisation mögliche Ressourcen sein könnten, über die man selbst verfügt. Das ist die Karotte, die den Hasen zähmt. Auch wird vermerkt, welche Ressourcen die Organisation gebrauchen könnte, weil das ein Ansatzpunkt sein kann, eine neue Verbindung für die Organisation zu schaffen. Im unteren Teil der Org-Karte stehen die Aktionen, also das, was man mit der Organisation getan hat.

Die *Bürger-Karte* nimmt auf der Vorderseite die Infos einzelner Menschen auf, wie deren Adresse, Erreichbarkeit, Geburtstag (um eine Karte schreiben zu können), Kompetenzen und Nimmkraft (potenzielle Nachfrage nach etwas, was sie gebrauchen könnten). Auf der Rückseite der Bürger-Karte stehen wiederum die Aktionen, gegliedert nach Datum, Fachkraft, Inhalt, Ergebnis. Die Kategorie „Matching“ dokumentiert wie und wo dieser Bürger Ressourcen eingebracht hat.

Die *Kompetenz-Karte* umfasst verschiedene Rubriken alltagsweltlicher Fähigkeiten wie Hausarbeiten, Gesundheitspflege, Kinderbetreuung, Handwerkerarbeiten, Bürotätigkeiten, Verkaufstätigkeiten, Organisieren, Kochen, Musisches, Sprachen, etc. Für jeden Bürger werden je nach der Anzahl seiner Stärken, die er/sie abrufbar machen möchte, Kompetenzkarten angelegt. Hier wird nur die Kompetenz näher beschrieben und eventuelle Präferenzen beim Einbringen erläutert. Dann steht noch der Name des Kompetenzträgers darauf, der die Verknüpfung zur Bürger-Karte ist.

Die *Nimmkraft-Karten* ähneln den Kompetenzkarten, nur dass darin nachgefragte Stärken dokumentiert werden.

Literatur

Brand, Ralf (1995): Vom Großhändler zum Einzelhändler: Erfahrungen und Einsichten nach einem Jahr Community Organizing in den USA, in: Sozial Extra 19. 9/1995, S. 15-16

Budde, Wolfgang/ Früchtel, Frank/ Loferer, Andrea (2003): Ressourcencheck – ein strukturiertes Gespräch über Stärken und was daraus zu machen ist, in: Sozialmagazin 29. 6/2004, S. 14-22

Chambers, Edward (2004): Roots for Radicals. Organizing for Power, Action, and Justice. New York

Coleman, John (1991): Grundlagen der Sozialtheorie. Band 1: Handlungen und Handlungssysteme. München

Granovetter, Mark (1973): The Strengths of Weak Ties, in: American Journal of Sociology, Vol. 78, Issue 6, (May 1973), S. 1360-1380

Häcker, Walter (2003): Power durch das Community Organizing – Das Organisieren von Bürgerengagement auf breiter Basis – kann man das in den USA lernen? in: Stiftung Mitarbeit 2003: Praxis der Bürgerbeteiligung. Ein Methodenhandbuch. Bonn, S. 95-99

Hinte, Wolfgang (1999): Fallarbeit und Lebensweltgestaltung – Sozialraumbudgets statt Fallfinanzierung, in: Institut für soziale Arbeit (ISA)(Hrsg.)(1999): Soziale Indikatoren und Sozialraumbudgets in der Kinder- und Jugendhilfe. Soziale Praxis, Heft 20. Münster, S. 82-94

Kähler, Harro Dietrich (1983a): Der professionelle Helfer als Netzwerker – oder beschreib mir dein soziales Netzwerk; vielleicht erfahren wir, wie dir zu helfen ist. in: Archiv für Wissenschaft und Praxis der sozialen Arbeit 14/1983, S. 225-244

Keupp, Heiner/ Röhrle, Bernd (Hrsg.)(1987): Soziale Netzwerke. Frankfurt/M.

Lüttringhaus, Maria/ Streich, Angelika (2004): Das aktivierende Gespräch im Beratungskontext – eine unaufwendige Methode der Sozialraum- und Ressourcenerkundung, in: Gillich, Stefan (Hrsg.)(2004): Gemeinwesenarbeit. Die Saat geht auf. Gelnhausen, S. 102-108

Putnam, Robert D. (2000): Bowling Alone. The Collapse and Revival of American Community. New York

Sachße, Christoph (2003): Mütterlichkeit als Beruf. Sozialarbeit, Sozialreform und Frauenbewegung 1871-1929. Kasseler Studien zur Sozialpolitik und Sozialpädagogik, Weinheim

Sennett, Richard (2002): Respekt im Zeitalter der Ungleichheit. Berlin

Simmel, Georg (1983): Der Arme. In: Simmel, Georg: Soziologie: Untersuchungen über die Formen der Vergesellschaftung. Berlin, S. 345-374

Snow, Luther (2004): The Power of Asset Mapping. How your Congregation Can Act on Its Gifts. Herndon, Virginia

Wie funktioniert fallspezifische Stärkenarbeit? Sozialraumorientierung auf der Ebene von Individuen

Frank Früchtel, Wolfgang Budde

Das Stärkemodell ist ein künstlicher Blick und nicht der Blick unseres Alltagsverstandes. Denn der ist ein notorischer Problemlöser. Dagegen ist das Stärkemodell eine professionelle Sicht, die sehr disziplinierend mit unserem Alltagsverstand umgeht und unsere Perspektive konsequent auf Stärken einstellt. Bei einer Mutter, der 14 Jahre lang eine gute Erziehung gelungen ist, fällt uns plötzlich die Erziehung als problematisch auf, wenn der Sohn beginnt, nicht mehr in die Schule zu gehen und mit seinen Freunden um die Häuser zu ziehen. So etwas nimmt unsere Aufmerksamkeit derart in Anspruch, dass wir die wichtigere Tatsache, dass nämlich 14 Jahre lang alles gut geklappt hat, gar nicht mehr wahrnehmen. Wir sind derart auf die Wahrnehmung von Schwierigkeiten trainiert, dass wir Leute eher als „Hilfsbedürftige" wahrnehmen, denn als „Sich Helfende". Die Stärkensicht ist uns nicht in die Wiege gelegt, sondern harte berufliche Qualifizierungsarbeit.

Wir wollen hier Techniken und Methoden, die im Stärkemodell üblich sind vorstellen. Zunächst werden wir allerdings schlaglichtartig vier Prinzipien von Stärkenarbeit einführen.

Prinzip 1: Kontextualisieren von Stärken: Schwächen sind immer auch Stärken, denn entscheidend ist der Kontext!

Ein allein erziehender Vater ist ein Fall eines Jugendamtes geworden, weil er sein dreijähriges Kind ab und zu nachts ins Krankenhaus gebracht hat und erst am nächsten Tag nachmittags wieder aufzufinden war. Das kann man als grobe Sorgepflichtsverletzung sehen. Der zuständige ASD hat es allerdings geschafft, das nicht zu tun. Der junge Vater hatte sich erst vor kurzer Zeit von seiner Partnerin getrennt, kam öfters an einen Punkt, wo er sich nicht mehr imstande fühlte gut für seinen Sohn zu sorgen, spürte das aber und suchte dann nach einem sicheren Platz für sein Kind. Das Krankenhaus war für ihn der sicherste Platz, den er sich vorstellen konnte. So gesehen spricht sein Verhalten von großem Verantwortungsbewusstsein. Problem ist jetzt das Krankenhaus, das nicht in der Lage ist, nachts Dreijährige zu versorgen. Stärkenorientierte Sozialarbeit schafft es, Verhalten so zu sehen, dass der darin enthaltene Lösungsversuch wertgeschätzt wird. Da des Vaters Ziel sich jetzt mit dem des Jugendamtes deckt, lässt sich nun mit der Motivation des Vaters eine Lösung mit weniger unerwünschten Nebenfolgen finden.

Prinzip 2: Gelegenheiten schaffen, damit Stärken zu Lösungen werden

Robin, ein 60-jähriger, hagerer, allein stehender Mann mit guten Manieren hält sich unangenehme Gespräche und Leute vom Hals, indem er ihnen von den schlechten Wellen erzählt, die er aus jedem Winkel des Universums erhält, mit dem er ständig in Verbindung steht. Die Strategie ist so zu seiner Routine geworden, dass sich ein normales Gespräch mit ihm fast nicht mehr führen lässt. Mit Robin ist man ständig als Anhalter durch die Galaxis unterwegs. „Normale" klinken sich irgendwann aus, weil Robins Geschichten den Alltagsverstand zum Schwindeln bringen.
Robins neuer Sozialarbeiter war da eher die Ausnahme. Er schrieb die Geschichten auf, weil darin Phantasie und Groteske stecke, aus der man vielleicht etwas machen könne. Bald begannen beide ein Theaterstück zu schreiben. Der Sozialarbeiter sorgte für die Gründung einer Theatergruppe. Robins Stücke waren der absolute Renner und er selbst entpuppte sich als begnadeter Schauspieler, der kein Auge trocken ließ.

Prinzip 3: Nicht motivieren, sondern Motivationen suchen!

Wir hatten einen Jugendlichen in einer Wohngruppe, dessen Körperhygiene ein erhebliches „Problem" darstellte. Nicht so sehr für ihn selbst, denn alle pädagogischen Bemühungen aufklärend, verstärkend oder über Verträge etwas daran zu ändern schlugen fehl. Er wollte sich nicht motivieren lassen und wir waren es, die den Schweiß auf der Stirn hatten, während er interessiert, wohlwollend, durchaus kooperativ beobachtete, was sich das Team – zu seinem Besten – ausgedacht hatte. Er ließ sich stets davon überzeugen, etwas auszuprobieren, aber nichts hielt sich außer dem Geruch, gegen den das ganze Bemühen gerichtet war. Plötzlich war dieser dann von einem Tag auf dem anderen weg und zwar nachhaltig. Was war passiert? Der Jugendliche hatte eine Freundin gefunden und deren bloße Existenz machte anscheinend eine völlig andere Körperpflege und Outfitgestaltung notwendig.

Prinzip 4: Verhandeln auf Augenhöhe

„Meine Sozialarbeiterin hat mir gesagt, ich wäre der Chef. Obwohl sie vom Gesundheitsamt bezahlt würde, wäre ich es, der sie angestellt hätte. Das machte mich stolz. Ich kam mir richtig gut vor. Ich war noch nie Chef gewesen. Als ich eines Tages die Schnauze voll von ihr hatte, feuerte ich sie. Nachdem ich mich am nächsten

> Tag wieder beruhigt hatte, stellte ich sie wieder ein. Ich hatte noch nie in meinem Leben jemand gefeuert oder angeheuert. Das war ein irres Gefühl." (Ausschnitt aus einem Beratungsgespräch)

Nun zu den Techniken und Methoden. Dabei sollte betont werden, dass man Stärkenarbeit nicht technisch sauber machen kann, sondern sie muss der inneren Überzeugung entsprechen. Unsere KlientInnen verhalten sich meist so wie wir es erwarten. Wer an deren Stärken glaubt, dem eröffnen sich Möglichkeiten, wo jemand, der hauptsächlich Problembündel sieht, ständig Grenzen entdeckt. Insofern gibt es zwischen Stärken- und Defizitblick keine Brücken oder ein Kontinuum, das dazwischen liegt und der ausgeglichene Blick ist nicht der, der Stärken und Defizite sieht. Vielmehr scheint es sich um zwei einander ausschließenden Paradigmen zu handeln, wie Fachkräfte die Schwierigkeiten von Betroffenen lösen.

1. Eco Mapping als Ressourcenfinder[1]

Eine Möglichkeit die Chancen, die in Beziehungen liegen, in den Blick zu nehmen, ist das Eco Mapping (vgl. Colorado Child Welfare 2001; Evangelische Jugendhilfe Borken o.J.; Seeger 1992). Da Netzwerke latent sind, helfen die *Segmente der 8-Felderkarte* dabei, den Blick auf verschiedene Ausschnitte des Alltags zu richten: familiäre Beziehungen, ArbeitskollegInnen oder Mitschüler, Nachbarn, Freunde, Mitglieder in Vereinen oder Verbänden, denen die Leute angehören oder aber auf das Segment der Professionellen, zu denen Kontakt besteht. Die Kategorien dürfen aber beim Gespräch nicht im Vordergrund stehen. Sie sind nur Findestrategie, nie Ordnungsmittel. *Netzwerkfragen* können zudem helfen, den Blick auf unterschiedliche Situationen des Alltags richten. Der nächste Schritt der Schatzsuche ist, die Potenziale, die im Netzwerk stecken, ausfindig zu machen. *Ressourcenfinder* sind eine Art spezifischer Fernrohre, die Netzwerkmitglieder unter dem Gesichtspunkt spezifischer Ressourcen ins Visier nehmen. Jede Erfahrung, jedes Hobby, jede besondere Fähigkeit, jede gute Beziehung, die in einer Verwaltung helfen kann, jeder VW-Bus oder Schlagbohrer, jeder biographische Erfolg, sei es in der Auseinandersetzung mit einer Krise, sei es eine Auseinandersetzung mit einem Vermieter oder Arbeitgeber kann das Material sein, in dem der Adressat eine Innovation entdeckt, etwas, an das er bisher nicht gedacht hat und aus dem einen aktuelle oder zukünftige Lösung gemacht werden kann. Man weiß eben im Voraus nicht, welche Ressource später einmal

1 Ausführliche Beschreibung in Budde/Früchtel 2005

für eine Lösung gebraucht wird. Manchmal ist es auch so, dass besonders ungewöhnliche Ressourcen auch zu ungewöhnlichen Lösungen inspirieren, auf die man mit seinem professionell limitierten Repertoire nie gekommen wäre.

2. Genogramme als Ressourcenfinder[2]

Familien und Sippen sind fast immer üppige Ressourcenlager. Genogramme suchen nicht die unterschiedlichen Bereiche des Alltags ab, sondern gehen systematisch Verwandtschaftslinien nach. Das hat einen ähnlichen Effekt wie die Zerlegung des Alltags in einzelnen Segmente: Man blickt in ungewohnte Richtungen, in denen sich gar nicht selten neue, gangbare Wege auftun. Da taucht plötzlich der Onkel in einer Firma für Landschafts- und Gartengestaltung auf, der über ein beträchtliches Arsenal von Werkzeugen und Kumpels verfügt, oder die Cousine, die es bei Ihrer Scheidung mit einer Selbsthilfegruppe versucht hat und jetzt ein Freak in der Szene ist.

Genogramme als Ressourcensucher bieten noch zwei zusätzliche Effekte. Sie wirken, so unsere Erfahrung, durchgängig stärkend. Dies liegt zum einen an der Entdeckung, dass die Verwandtschaft größer als gedacht (und gefühlt) ist und in ihr eine ansehnliche Fülle materiellen, kulturellen und sozialen Kapitals steckt. Die Entdeckung einer mächtigen Familie ist ein Projekt, das den allermeisten Leuten Spaß macht und bemächtigend wirkt.

Um Genogramme mit Stärken zu bestücken, werden auch hier die Ressourcenfinder eingesetzt. Solche Genogramme verändern auch den Blick der Profis. Jemand mag zwar einen Sozialdienst aufsuchen, weil er in einem oder mehreren ernsthaften Problemen steckt und hier momentan nicht mehr weiter kommt, aber er wird eben nicht auf diese Probleme reduziert, sondern die Fachkräfte erschließen systematisch sein Netzwerk und die darin dem professionellen Blick erstmal verborgenen Schätze.

3. Der Ressourcencheck[3]

„Ressourcencheck" ist eine Technik, mit deren Hilfe Kompetenzen und Ausstattung bei Menschen ins Rampenlicht gebracht und mobilisiert werden können. In vier Schritten werden Menschen empowert, indem sie entdecken, dass sie ihren

2 Ausführliche Beschreibung in Budde/Früchtel 2005
3 Ausführliche Beschreibung in Budde/Früchtel/Loferer 2003

Problemen nicht hilflos gegenüber stehen, sondern selbst viele Ressourcen besitzen. Zuerst stellen wir im Ressourcencheck mit jemandem ein „Kompetenz-Team“ zusammen. Wir fragen nach Menschen, die der Betroffene gut kennt und die „Experte“ für ihn sind, in der Schule, im Verein oder im Freizeitbereich. Das Kompetenzteam gewinnt an Potenzial, wenn es aus ganz verschiedenen Ausschnitten des Alltags kommt. Wer ins Kompetenzteam kommt, legt jeder Betroffene selbst fest, denn es hat auch eine soziale Dimension, wen man zur Bewältigung einer solchen Aufgabe an sich heranlassen will. Im zweiten Schritt, dem „Strengths Storming“ wird ganz unsystematisch, nach dem Motto „so viel wie möglich“, nach Stärken, Kompetenzen und Ausstattungen gesucht. Das können Begabungen, Eigenschaften aber auch Eigentum oder Beziehungen sein. Alles, was dem Kompetenzteam einfällt, wird auf Stärketapeten aufgeschrieben. In der dritten Phase, dem „Feedback zum Feedback“, werden die Stärken räumlich und zeitlich gerahmt. So wird aus der Eigenschaft von Schritt zwei - „Du kannst sehr gut auf Menschen zugehen“ - eine kleine Geschichte, die sich gestern im Jugendtreff abgespielt hat, als der „blöde Nachbar“ von nebenan Stunk machen wollte und X ihn sich „geschnappt“, reingezogen und bequatscht hat, bis er butterweich und zahm wie ein Lamm war. Solche empirischen Daten belegen, dass keine Komplimente gemacht wurden. Das macht es Leuten leichter, die eigenen Stärken auch als solche zu erkennen und anzunehmen. Im vierten Schritt wird dann nachgedacht, was sich aus den plastisch dargestellten Stärken machen lässt, welche Gelegenheiten in ihnen stecken, oder durch welche Lösungsplanungs-Zutaten sie zu Gelegenheiten werden könnten.

4. Vom Willen zum Ziel verhandeln

Was treibt uns an? Wir leben nicht, *um zu* leben, sondern *weil wir* leben. In unserem Innern brodelt es – schreibt Bloch. Sobald wir dieses Drängen fühlen, wird es zum Sehnen. Es ist zwar blind und orientierungslos, aber bereits nach außen gerichtet. Richtet sich das Sehnen auf etwas Bestimmtes, so wird es zum Suchen. Das bewusste Suchen ist die Leidenschaft, die sich vom Trieb unterscheidet, weil sie nicht gesättigt werden kann, weil sie mit Vorstellungskraft aufgeladen ist, von Zukunft lebt. Wird die Vorstellung von etwas zu einer Vorstellung von etwas Besserem, so wird das Begehren zum Wünschen. Im Wünschen liegt noch nichts von Tätigkeit, vom Tunwollen. Man kann sich wünschen, dass morgen die Sonne scheint, dass man mehr auf eine bereits geschriebene Prüfung gelernt hätte. Solch ein Wunsch mag Sinn haben, aber es wäre sinnlos, ihn verwirklichen zu wollen. Auch lässt sich Unvereinbares zugleich wünschen, oder es lässt sich wünschen, was man nie ernsthaft zu tun beabsichtigt, vielleicht deshalb um es nicht zu tun. Wollen hingegen heißt, seine Wahl getroffen zu haben, ist ein aktives Fortgehen zu einem gewünschten Ziel und misst sich an gegebenen Dingen (vgl. Bloch 1985, S. 49-52). Wer mit Menschen arbeitet, muss deren Willen ernst nehmen, erstens weil die Kraft, die darin steckt, erst wesentliche Veränderungen bewirken kann und zweitens weil der menschliche Wille das sichtbare Merkmal menschlicher Freiheit ist. Diese nicht ernst zu nehmen hieße, Menschen ihre vornehmste Fähigkeit abzusprechen, nämlich die sich zu entscheiden, dem eignen Leben zu jedem beliebigen Zeitpunkt eine neue Wendung geben zu können, unabhängig was vorher war.

Die Verfahren „Vom Willen zum Ziel“ beruht auf vielen methodischen Einzelaspekten. So geht es immer darum, durch passende Fragestellungen Hoffnung, Kompetenz, Ausnahmen und Möglichkeiten auftauchen zu lassen. Wenn jemand der Meinung ist, schon alles versucht zu haben, ist die Hoffnung, die im heutigen Versuch steckt, herauszufragen. In jedem noch so zähen Problem gibt es Ausnahmen (Fragen nach Ausnahmen und Unterschieden). Irgendetwas klappt immer. In jedem Tun stecken Erfahrungen und Kompetenzen. Es lässt sich immer eine Zukunft phantasieren, in der die momentanen Schwierigkeiten schon gemeistert wurden (Wunderfragen). Von da aus lässt sich dann erforschen, was man für die vorgestellten Erfolge getan hat (vgl. z.B. Berg 1992).

Zweitens ist es wesentlich, Wünsche – für deren Erfüllung allenfalls der Weihnachtsmann zuständig ist – vom Willen zu unterscheiden (Hinte 2004). Bei Wünschen sollen andere etwas machen. Den Willen erkennt man an eigener Tätigkeit. Erst wenn es gelingt, den Willen in Ziele zu transformieren, können mehrere Leute sich gegenseitig unterstützen. Erst Ziele sind kommunizierbar und verhandelbar. Ziele kann man nach Wichtigkeit ordnen, grobe Ziele lassen sich verfeinern zu kleinen, leicht gehbaren Schritten. Bei letzteren kann man leichter sehen, wie weit man gekommen ist.

Drittens geht es aber auch darum, den Willen nicht mit Maßnahmen zu verwechseln. Letztere fragen, was Menschen brauchen oder sollen, werden von Experten festgestellt, haben deswegen etwas Asymmetrisches, tendieren zur Standardisierung, lassen sich auch nicht verhandeln. Auch wenn Sozialarbeit nie ohne Maßnahmen – mitunter sogar Zwangsmaßnahmen auskommen wird, z.B. wenn ein Jugendamt sich mit der Kraft seiner staatlichen Macht gegen Eltern durchsetzen muss, um ein Kind zu schützen, unterscheiden sich professionelle Maßnahmen von stümperhaften dadurch, dass sie die Arbeit mit dem Willen der Betroffenen nicht verhindern oder verunmöglichen, sondern bereits von Anfang an einplanen und fördern. Das ist nicht die Quadratur des Kreises, sondern eine normative Hierarchisierung von staatlichen Handlungsoptionen, ausgehend von einem Klientenbild des freien Bürgers, mit dessen Freiheit verhandelt wird, auch dann, wenn sie im Moment eingeschränkt ist.

Viertens sind die richtigen Formate für Ziele wesentlich. Wohlgeformte Ziele sind SMART-geprüft: Sie müssen spezifisch, d.h. konkret, auf ein spezifisches Verhalten hin bezogen sein. Das „Näher-ans-Ziel-kommen" soll für die Beteiligten erkennbar evt. sogar messbar sein. Was für den Kopf wichtig ist, muss auch zum Bauch passen. D.h. die Aufladung mit Willen muss spürbar sein, was sich in der positiven Formulierung zeigen soll. Als besonders wirkungsvoll haben sich Um-zu- und Weil-Formulierungen erwiesen: „X will in Mathe eine bessere Note, weil er den Quali schaffen will, den er braucht um bei Bosch eine Lehrstelle zu finden, weil er später seiner Familie etwas bieten will. Durch „Um-zu's" werden kleine banale, oft nicht besonders reizvolle Schritte, mit dem Reiz und der Aura des dahinter liegenden Großen verbunden. Welches Speichermedium zum Dokumentieren benutzt wird ist auch nicht unwesentlich für den Erfolg. Eine verwandtschaftsöffentliche Erklärung, ein Handschlag oder eine Gravur ins Kruzifix nutzen kulturelle Verstärker und wirken besser als das Verschwinden in anonymen Akten. Ziele sollen weiter klein genug sein, um sofort anfangen zu können und sie sind so zu bemessen, dass ihre Erreichbarkeit realistisch, d.h. im Rahmen der Möglichkeiten des Akteurs ist. Schließlich ist zu terminieren, bis wann man was geschafft haben will. (vgl. Hekele 2005, S. 165, wobei die Kategorie „akzeptabel" bei uns anders belegt ist).

5. Heimspiele organisieren

Fußballmannschaften gewinnen doppelt so viele Spiele im eigenen Stadion wie auswärts. Die Technik des Heimspiels geht davon aus, dass Menschen dann am leistungsfähigsten sind, wenn sie unter ihren Bedingungen Probleme bearbeiten. Sicherlich ist auch das vertraute Publikum bei einem Fußballmatch ein wesentlicher Faktor. Die eigenen Fans haben hohe Erwartungen, welche die Spieler nicht enttäuschen wollen. Von den Fans bekommen die Spieler andererseits auch jede Menge lautstarke Unterstützung. Wahrscheinlich ist auch der Rasen des eigenen Stadions vertrauter und das subjektive Gefühl hier Hausherr zu sein, tut sein übriges u.v.a.m. Trotz des unglaublich starken statistischen Zusammenhangs verlieren Heimmannschaften bisweilen. Wenn das nicht passierte, verlöre der Fußball natürlich seinen Sinn. Dass es möglich ist, dafür sorgt ein Reglement, das sehr viele – wenn auch keineswegs alle – Einflussgrößen für beide Mannschaften gleich macht, z.B. die Anzahl der Spieler, der Seitenwechsel, genormte Bälle, Spielfelder, Tore, Schiedsrichter von außerhalb, etc. Überträgt man die Sportmetapher „Heimspiel" in die Soziale Arbeit, so lässt sich ableiten: AdressatInnen Sozialer Arbeit sind dann am stärksten, wenn sie sich auf dem zur Diskussion stehenden Gebiet auskennen, bzw. sich selbst als Experten sehen und auch gesehen werden, wenn die stärkenden sozialen Beziehungen ihrer Lebenswelt zum Tragen kommen und wenn Regeln gelten, deren Gralshüter sie selbst sind.

AdressatInnen Sozialer Arbeit werden systematisch in die Situation eines Auswärtsspiels manövriert, wenn sie in ihrer Expertenschaft nicht respektiert werden und andere als sie selbst als Experten gelten, wenn bei Gesprächsrunden die stärkenden Bezugspersonen fehlen, wenn die Regeln der Interaktion von anderen gesetzt sind, z.B. durch standardisierte Verwaltungsvollzüge, die zwar immer noch besser sind als unkalkulierbare Willkür, aber eben nicht das Optimum an Stärkung bieten.

In der griechischen Mythologie gilt der Riese Antheus als unheimlich stark. Wenn er aber hochgehoben wird, d.h. die Bodenhaftung in seiner Welt verliert, verschwindet seine ganze Kraft. Die Technik „Heimspiel organisieren" versucht in diesem Sinne systematisch Bedingungen herzustellen, die zur Welt von AdressatInnen passen. Dass dies mitunter dann auch Bedingungen sein können, die Profis schwächen, gilt als gewollter Effekt. Im Community Organizing beispielsweise lässt sich hervorragend beobachten, wie Heimspiele für Beteiligte in Versammlungen hergestellt werden, zu denen mächtige PolitikerInnen und Verwaltungsspitzen geladen werden. So wird der Ablauf von den Beteiligten minutiös geplant, was Inhalte und Zeit betrifft. Die „Gäste" erhalten keinerlei Gelegenheit, die Veranstaltung in ihrem Sinne zu prägen, sondern werden von einer starken Moderation oder vom Publikum sofort wieder in die ihnen zugestandene Rolle gedrängt. Die Forderungen der Beteiligten werden in ungewöhnlicher Klarheit zum Ausdruck gebracht, unklare Erwiderungen und Ausflüchte sofort konfrontiert. Überlange Redebeiträge der „Gäste" werden selbstbewusst gekappt, die Pressemitteilungen selbst oder von sympathisierenden Reportern geschrieben. Der geplante Ablauf wird intensiv vorbesprochen und im Rollenspiel einstudiert, bis er sitzt (vgl. Mohrlok o.J.; Chambers 2004). Gleiches lässt sich natürlich auch in der Fallarbeit arrangieren, wenn Fachkräfte beginnen, die Bedingungen systematisch an ihre KlientInnen anzupassen. Das sind dann Fragen von Ort und Zeit: Wo, wann, wir lange treffen wir uns? Welche Pausen gibt es? So macht es wahrscheinlich einen himmelweiten Unterschied, ob eine Beratung im Büro oder beim Billardspiel geschieht. Und weiter: Wer ist dabei? Wer lädt ein, wer ist Gastgeber? Welche Rituale, welches Protokoll wird befolgt? Wer legt die Themen und den Weg der Bearbeitung fest? Welche Form der Dokumentation passt? (vgl. Hinte 2004)

Lässt man sich von solchen Fragestellungen bei der Organisation von ambulanten, teilstationären oder gar stationären Hilfeformen und bei der Hilfeplanung leiten, so entsteht im Handumdrehen eine deutliche Hinterfragung bislang fragloser Konventionen, die sich – so unsere Beobachtung - meist den Gepflogenheiten der Fachkräfte verdanken und diese stark machen, nicht selten auf Kosten der Durchsetzungskraft der AdressatInnen

Auszug aus einem Hilfeplan nach § 36 SGB VIII der zeigt, wie Selbstbewusstsein bedroht ist pathologisiert zu werden, sobald es die Heimspielatmosphäre der Profis in Frage stellt: „... Situations- und Problembeschreibung, Psycho-sozialer Bereich: Gerhard (8 J.) hat sich, nach den üblichen Anfangsschwierigkeiten, zunächst gut in die HPT eingelebt. Sein Verhalten in der HPT hat sich im Herbst und Winter gut entwickelt. Er konnte zunehmend auf andere Kinder zugehen, sie zum Spielen auffordern und sich mit diesen gemeinsam beschäftigen. Er zeigte immer weniger Ängste und wirkte motiviert und offen. Gerhard ist selbstbewusster geworden. Derzeit hat Gerhard jedoch eine „rebellische Phase". Er möchte durchweg seine eigenen Bedingungen durchsetzen und es fällt ihm sehr schwer, Grenzen seitens der Erwachsenen zu akzeptieren."

6. Der Verwandtschaftsrat

Ein Planungsprozess, der in radikaler Form versucht, die Bedingungen von Beteiligten für Lösungsplanungen zu realisieren, um so Kolonialisierungsrisiken durch Professionen und Verwaltungen entgegenzuwirken, ist das neuseeländische Family Group Conferencing, zu deutsch: Verwandtschaftsrat. Dieses Verwaltungsverfahren der Hilfeplanung in der Jugendgerichtshilfe und in den Hilfen zur Erziehung beruht auf der Erkenntnis, dass klassische Hilfeplanungsverfahren zu expertenlastig sind und folglich Ergebnisse zeitigen, die oft besser zu den Hilfsorganisationen und Fachkräften passen, als zu den Beteiligten. Familien sind in den allermeisten Fällen durchaus selbst imstande, Lösungen zu entwickeln, allerdings nur dann, wenn die folgenden vier Rahmenbedingungen gelten:

- Die am Prozess beteiligte Familiengruppe (Verwandte, aber auch gute Freunde) ist genügend groß. D.h. es konnten genügend Leute aus dem Netzwerk der direkt Betroffenen zur Problemlösungs-Sitzung (Verwandtschaftsrat) mobilisiert werden. Mitunter ist dieses Netzwerk auch erst für den Verwandtschaftsrat neu auszubauen.
- Die Kultur der Familie kann für die Problemlösung verfügbar gemacht werden, indem beispielsweise die Bedeutung von Religion oder Tradition, durch anwesende Würdenträger einbezogen werden oder von der Verwandtschaft praktizierte Zeremonien, oder wichtige Rituale von Familien ein zentrales Medium bei Lösungsplanungen werden. Dadurch wird der Verwandtschaftsrat quasi spirituell aufgeladen und es entstehen Energien, von denen man in Amtsstuben nur träumen kann.
- Orte, Zeiten und Ablauf werden von den Beteiligten selbst bestimmt

- Und schließlich: Die Fachkräfte dürfen bei der Lösungsentwicklung selbst nicht mittun, ja nicht einmal dabei sein. Sie haben lediglich die Funktion, klar die Fakten darzustellen, die ihnen Sorge bereiten, dürfen sich aber nicht dazu äußern, wie die Schwierigkeiten zu lösen sind. Allerdings wird von den Fachkräften eine sichtbare positive Erwartungshaltung verlangt und konkrete Forderungen zum Nachbessern erwartet (falls man mit den Plan der Familie nicht zufrieden ist), für deren Entwicklung allerdings wiederum die Familiengruppe Autorität ist.

Zwischen den Fachkräften existiert eine strikte Arbeitsteilung: Das Jugendamt stellt die Probleme dar und formuliert einen dementsprechenden Lösungsauftrag. Der aus einer anderen Organisationseinheit stammende Koordinator wacht nur über die Prinzipien des Verwandtschaftsrates, mobilisiert viele Leute zur Teilnahme und tut alles, damit der Prozess ein Heimspiel der Familie wird, also das Beste aus den Leuten rausholt, die Besitzerschaft für die Lösung bei den Beteiligten liegt und Stolz entsteht über das selbst Erreichte. Voraussetzung für eine gelingende Koordination ist, die Problemlösungskultur der Familiengruppe zu erfassen und über so viele fallunspezifische Ressourcen zu verfügen, dass sich Netzwerklücken der direkt Beteiligten durch Ressourcen des sozialen Raumes schließen lassen (Genaueres zum Verwandtschaftsrat in: Früchtel/Budde 2003; Früchtel 2002; MacRae 2004; MacRae/Zehr 2004).

Literatur

Berg, Insoo Kim (1992): Familien – Zusammenhalt(en). Dortmund

Bloch, Ernst (1985): Das Prinzip Hoffnung. Frankfurt/M.

Boomgaarden, Theo (Hrsg.)(2001): Flexible Erziehungshilfen im Sozialraum - Theoretische Grundlagen und praktische Erfahrungen. Münster

Budde, Wolfgang/ Früchtel, Frank/ Loferer, Andrea (2003): Ressourcencheck – ein strukturiertes Gespräch über Stärken und was daraus zu machen ist. in: Sozialmagazin 29. 6/2004, S. 14–22

Budde, Wolfgang/ Früchtel, Frank: Fall und Feld. Oder was in der sozialraumorientierten Fallarbeit mit Netzwerken zu machen ist, in: Sozialmagazin 30. 6/2005, S. 14-23

Chambers, Edward T./ Cowan, Michael A. (2004): Roots for Radicals. Organizing for Power, Action, and Justice. New York

Colorado Child Welfare (2001): Practice Handbook. Appendix D: Assessment (The Culturagram; Eco-Map, Social Network Mapping). Colorado

Evangelische Jugendhilfe Borken (o.J.): Das Soziale Atom/ Modellprojekt Flexibilisierung erzieherischer Hilfen (unveröffentlicht)

Früchtel, Frank/ Budde, Wolfgang (2003): Familienkonferenzen oder: Ein radikales Verständnis von Betroffenenbeteiligung, in: Sozialmagazin 28. 3/2003, S. 12-21

Früchtel, Frank (2002): Die Moral des Verfahrens: Family Group Conferences als Alternative zum Hilfeplangespräch, in: Forum Erziehungshilfen 8. 2/2002, S. 13-18

Hekele, Kurt (2005): Sich an Jugendlichen orientieren. Ein Handlungsmodell für subjektorientierte Soziale Arbeit. Weinheim

Herwig-Lempp, Johannes (2004): Die VIP-Karte - ein einfaches Instrument für die systemische Sozialarbeit, in: Kontext Band 35, 4/2004, S. 353-364

Hinte, Wolfgang (2004): Kunden, Klienten und Betroffene. Über den Umgang der Sozialbürokratie mit benachteiligten Milieus. Vortrag zur Absolventenfeier des Fachbereichs Soziale Arbeit an der Universität Bamberg

MacRae, Alan (2004): Familienkonferenzen, ein neuseeländisches Modell. In: Verein für Kommunalwissenschaften e.V., Dokumentation der Fachtagung am 22. und 23.4.2004, S. 46–65, Berlin

MacRae, Alan/ Zehr, Howard (2004).: The Little Book of Family Group Conferences. New Zealand Style, o.O.

Mohrlok, Marion (2001): Die Politik beginnt bei den Leuten! Organizing im Stile der "Industrial Areas Foundation", in: www.stadtteilarbeit.de (o.D.)

Seeger, Uwe (1991): Die Angst des Drachentöters: Praxis und Konzept des Sozialen Atoms in der psychodramatischen Therapie, in: Psychodrama 4, Dezember 1991, S. 229–253

Budgetgestützte ressourcenorientierte Hilfegestaltung und fallunspezifische Arbeit im ländlichen Raum

Birgit Stephan

1. Yvonne Müller

Herr Müller, allein erziehender Vater (geschieden) einer 15-jährigen Tochter nimmt Kontakt mit dem Jugendamt auf, weil er schwer krebskrank ist und sich Sorgen um seine Tochter macht, wenn er ins Krankenhaus muss. Auch wenn er nicht im Krankenhaus ist, geht es ihm gesundheitlich sehr schlecht; er ist sehr abgemagert, kann tagelang kaum aufstehen, kann die Wohnung nicht verlassen. Seine Tochter versorgt unter seiner Anleitung praktisch den gesamten Haushalt.

Beim ersten plötzlichen Krankenhausaufenthalt hat die Nachbarsfamilie sich um die Tochter Yvonne gekümmert, d.h. sie konnte dort Mittag essen und sich aufhalten, wenn sie nicht allein zu Hause sein wollte. Dieser Notlösung hat Herr Müller zwar zugestimmt, möchte das aber nicht auf Dauer installiert haben, da er befürchtet, die Nachbarsfamilie sei kein gutes Vorbild für Yvonne. Dort läuft den ganzen Tag der Fernseher, es wird sehr viel Alkohol getrunken und es handelt sich um einen eher unordentlichen Haushalt.

Bei weiteren Gesprächen mit dem Vater stellte sich heraus, dass Herr Müller sich auch sonst manchmal mit der Erziehung seiner Tochter überfordert fühlt, insbesondere was die Fragen der Sexualität, Liebe und Freundschaft, Frauenarztbesuche etc. betrifft. Er hat Befürchtungen, dass Yvonne nicht damit zurecht kommt, wenn sie längere Zeit ohne Aufsicht ist, zumal ihr ein weibliches Vorbild fehlt.

Yvonnes Verhältnis zu ihrer Mutter ist nachhaltig gestört, seit diese wieder einen neuen Lebenspartner hat. (Seitdem lebt Yvonne bei ihrem Vater, der auch das Sorgerecht für sie bekommen hat.)

Bei weiteren Gesprächen mit dem Vater, Yvonne, der Klassenlehrerin, der Familie ihrer Freundin, der Nachbarin usw. stellt sich heraus, dass Yvonne altersgemäß selbständig ist, in der Schule (8. Klasse Hauptschule) durchschnittliche Leistungen zeigt, sehr tierlieb ist und auch das Verhältnis zu ihrem Freund, der 12 Jahre älter ist als sie, scheinbar verantwortungsbewusst gestaltet.

Allerdings beobachten die Beteiligten, dass Yvonne während und nach dem Krankenhausaufenthalt ihres Vaters zunehmend deprimiert, übermüdet und überfordert wirkte. Sie verlor die Tagesstruktur, in der Schule war sie sehr unkonzentriert, und ihre Leistungen ließen stark nach.

Von allen Beteiligten, auch von Yvonne selbst, wird gesehen, dass sie sich in einer kritischen Situation befindet, bei deren Bewältigung sie eine zuverlässige Unterstützung braucht. Insbesondere dann, wenn ihr Vater plötzlich und längerfristig ins Krankenhaus muss; es ist auch nicht auszuschließen, dass er innerhalb eines Jahres sterben könnte.

Die Unterstützung sollte Yvonne befähigen, zunehmend selbständiger mit den Schwierigkeiten, die das Leben für sie bereithält, umzugehen.

Im Regionalteam wird über den Fall beraten mit der Aufmerksamkeitsrichtung: “Wie kann Herr Müller in der Erziehung Yvonnes unterstützt werden?”

Die Ziele des Vaters sind:

- Ich erziehe Yvonne zu einem selbständigen, verantwortungsbewussten Menschen.
- Ich bin entlastet, weil ich weiß, dass Yvonne eine zuverlässige Ansprechpartnerin hat, auch wenn ich im Krankenhaus bin.

Yvonnes Ziele sind:

- Ich schaffe meinen Schulabschluss.
- Ich habe eine berufliche Perspektive.
- Ich weiß, wo ich Hilfe bekomme, wenn ich sie brauche.
- Ich habe eine Freizeitbeschäftigung, die mich ausfüllt.

Als Ressourcen für die Zielerreichung wurden herausgearbeitet:

Persönliche Ressourcen von Herrn Müller

- Herr Müller kann gut kochen (“niemand kocht so gut wie Papa”).
- Herr Müller ist aufmerksam und einfühlsam seiner Tochter gegenüber.

- Herr Müller hat klare Vorstellungen über Regeln, die Yvonne beachten soll und kann diese seiner Tochter auch vermitteln (d.h. sie hält sich im Allgemeinen an die Regeln).
- Herr Müller vertraut seiner Tochter und traut ihr etwas zu.

Persönliche Ressourcen von Yvonne

- Yvonne kann gut reiten und auch sonst gut mit Tieren umgehen.
- Yvonne ist hilfsbereit, offen und freundlich.
- Yvonne kann Probleme ansprechen, wenn sie Vertrauen zu ihrer Gesprächspartnerin/ihrem Gesprächspartner gefasst hat.
- Yvonne hat eine intensive, liebevolle und vertrauensvolle Beziehung zu ihrem Vater.
- Yvonne unterstützt ihren Vater, wenn er durch seine Krankheit bedingt Hilfe braucht.
- Yvonne hält sich an die Regeln des Vaters.
- Yvonne rechtfertigt das in sie gesetzte Vertrauen des Vaters.

Ressourcen im Umfeld der Familie

- Die Familie in der Nachbarschaft, wo Yvonne essen kann, wenn der Vater im Krankenhaus ist. (Nur im äußersten Notfall, s.o.)
- Die Familie ihrer Freundin Natalie, die auch bereit wäre, Yvonne in einer schwierigen Situation beizustehen. (Allerdings haben die Mädchen manchmal heftigen Streit und in diesen Phasen könnte Yvonne dort nicht aufgenommen werden.)
- Tante Margot (Schwester der Mutter), bei der Yvonne Mittag essen könnte, wenn der Vater im Krankenhaus ist und die Herrn Müller auch bei der Haushaltsführung unterstützen würde. (Sie hat selber allerdings auch viele Probleme, die ihr manchmal auch über den Kopf wachsen. Dann ist sie keine Ressource mehr.)
- Melanies Freund, der ihr "Halt und Liebe" gibt und ein wichtiger Gesprächspartner für sie ist und gelegentlich auch in Haus und Hof von Familie Müller hilft, wenn der Herr Müller zu krank ist. (Das Vertrauen von Herrn Müller zum Freund seiner Tochter hält sich in Grenzen, da dieser ihm einen haltlosen Eindruck macht; er hat keinen Schulabschluss, ist häufig arbeitslos, trinkt (zu viel) Alkohol, seine Wohnung gilt im Dorf als "Sauftreff".)

Ressourcen im Sozialraum

- Frau Hansen, die Klassenlehrerin von Yvonne, ist engagiert und interessiert sich für die Situation ihrer Schülerin. Sie könnte Yvonne in der Schule stützen, wenn ihre Leistungen dort aufgrund persönlicher Krisensituationen nachlassen würden. Sie hat Yvonne auch schon bei der Suche nach einem Praktikumsplatz geholfen.
- Reiterhof Andersum, wo Yvonne bei der Pferdepflege helfen darf.
- Frau Petersen, reitet beim Reiterhof, mag Yvonne, bietet ihr eine Reitbeteiligung an, ist eine Ansprechpartnerin, zu der Yvonne großes Vertrauen hat. Frau Petersen hat Erfahrung im Umgang mit krebskranken PatientInnen und kann kompetent und angstfrei über dieses Thema mit Yvonne sprechen.

Wirtschaftliche Ressourcen der Familie

- Herr Müller bezieht Sozialhilfe.
- Yvonne bekommt 20 € Taschengeld im Monat und verdient sich durch Babysitten etwas dazu.

Gestaltung der Hilfe

Eine pädagogische Mitarbeiterin des Sozialraumträgers ist für Yvonne Ansprechpartnerin, wenn sie Probleme mit Behörden (Arbeitsamt, Schulwechsel o.ä.) hat (Umfang der Hilfe: ca. vier bis sechs Stunden im Monat, grundsätzlich aber bedarfsorientiert).

Es wird eine Reitbeteiligung für Yvonne bei Frau Petersen finanziert (Kosten: ca. 170 € im Monat). Frau Petersen steht darüber hinaus als Ansprechpartnerin (ehrenamtlich!) für Yvonne in allen Lebensfragen zur Verfügung. Wenn es größere Probleme geben sollte, kann sich Frau Petersen an die Mitarbeiterin des Sozialraumträgers wenden.

Verlauf der Hilfe

Die Hilfe ist verlaufen wie geplant. Herr Müller hat seine Krankheit nicht besiegt, aber er lebt noch.

Yvonne hat nach dem Schulabschluss keine Lehrstelle im Tierheim oder auf einem Reiterhof gefunden, wie sie es sich eigentlich gewünscht hatte. Stattdessen ging sie ein weiteres Jahr zur Schule, um den qualifizierten Hauptschulabschluss zu erwerben.

Von Frau Petersen und dem Sozialraumträger wurde sie bei der Suche nach einem Praktikumsplatz im örtlichen Kaufhaus unterstützt. Aus wirtschaftlichen Gründen sah sich das Kaufhaus nicht in der Lage, sie als Auszubildende zu übernehmen. Yvonne muss nun mit dem Arbeitsamt klären, welche Möglichkeiten es für sie beruflich gibt.

Yvonne ist inzwischen volljährig, die Hilfe wurde im Einvernehmen mit allen Beteiligten beendet. Frau Petersen wird auch weiterhin für Yvonne da sein, die Kontakte sind jedoch schon weniger geworden, da Yvonne zunehmend selbständig ist. Sie lebt weiterhin bei ihrem Vater, auch die Beziehung zu ihrem Freund besteht noch.

2. Nadine Hansen

Die Lehrerin Frau Petersen wendet sich an den ASD, um auf Nadine Hansen aus der ersten Klasse der Förderschule aufmerksam zu machen.

Nadine kommt unsauber und „unangemessen“ gekleidet in die (Förder-) Schule. Sie ist in ihrer Sprachentwicklung verzögert, kann sich kaum konzentrieren. Sie macht nur selten ihre Hausaufgaben und ist für den Schulbesuch nicht zu begeistern. Insgesamt macht sie den Eindruck eines freundlichen, aber entwicklungsverzögerten Mädchens.

In einem Gespräch mit den Eltern zeigen diese sich mit der Situation überfordert. Sie sind beide intellektuell sehr schwach, Frau Hansen ging auch zur Förderschule, Herr Hansen hat keinen Schulabschluss, er ist schon sehr früh zur See gefahren. Jetzt ist er arbeitslos, ebenso wie seine Frau. Beide würden gerne arbeiten.

Frau Hansen hat in ihrer Kindheit viel Gewalt erfahren und wird auch heute noch von ihrem Vater mit SMS-Nachrichten bedroht. Sie ist seelisch sehr labil und möchte eine Therapie machen.

Herr Hansen trinkt manchmal zu viel Alkohol.

Die Familie lebt außerhalb des Dorfes in einem allein stehenden Haus mit vier Wohnungen. Die anderen drei Wohnungen sind nicht bewohnt.

Nadine wird zunächst zweimal, dann viermal wöchentlich in einer Tagesgruppe aufgenommen. Dort fährt sie direkt nach der Schule mit dem Schulbus hin.

Herr und Frau Hansen werden in ihren Bemühungen unterstützt, den Hauptschulabschluss nachzumachen und eine Therapie zu beginnen (Frau Hansen) sowie den Führerschein zu machen (Herr Hansen).

Herr und Frau Hansen haben sich den professionellen HelferInnen gegenüber zwar etwas geöffnet und Vertrauen gefasst, aber sie mögen es nicht, wenn MitarbeiterInnen des Jugendamtes oder des Sozialraumträgers zu ihnen nach Hause kommen. Sie lassen sie nicht in die Wohnung und zeigen wenig Einsicht in die Notwendigkeit, Nadine sauber gekleidet zur Schule zu schicken. Völlig ausgeschlossen scheint es zu sein, dass sie ihrer Tochter bei den Hausaufgaben helfen.

Nadine bekommt nicht genug zu essen, weil die Eltern kein Geld zum Einkaufen haben. Der Vater trinkt manchmal zu viel Alkohol und schlägt dann seine Frau. Nadine kann das Geld für den Schulausflug nicht bezahlen.

Obwohl die Eltern die Hilfe durch die Tagesgruppe grundsätzlich positiv beurteilen, scheint Nadine sich hin- und hergezogen zu fühlen zwischen Tagesgruppe und Mutter. Die Mutter möchte ihre Tochter öfter zuhause haben, um mit ihr zu spielen.

Eine psychologische Diagnostik hat ergeben, dass Nadine unter massiven Ängsten leidet: Angst vor ihrer eigenen Ohnmacht und Hilflosigkeit, Angst von ihrer Mutter verlassen zu werden, weil sie den Kontakt zu ihr häufig als missbilligend und strafend oder gleichgültig erlebt.

Die Tagesgruppe empfiehlt, eine Hilfe vor Ort zu suchen. Das Regionalteam sieht den Fall im Graubereich, bei einer Beendigung der Hilfe wäre das Kindeswohl gefährdet.

Die *Aufmerksamkeitsrichtung* für das Regionalteam lautet:
"Mit welchen konkreten Schritten kann die Kindeswohlgefährdung für Nadine abgewendet werden?"
Die Zielerarbeitung mit der Familie war ausgesprochen schwierig, zumal Herr und Frau Hansen eine Ehekrise hatten.
Folgende *Ziele* konnten festgehalten werden:

Nadine:

- Ich verbringe schöne Ferien – keine Schule.
- Ich fahre mit Mama in Urlaub.
- Ich kann mit anderen Kindern spielen.

Frau Hansen:

- Ich mache meinen Hauptschulabschluss.
- Ich nehme mein Kind und ziehe zu Hause aus.

Herr Hansen:

- Ich bestimme selber, wann ich aufhöre zu trinken.
- Ich bin Hausmann.

Folgende *Ressourcen* der Familie konnten ermittelt werden:
- Beide Eltern haben ihre Tochter lieb und möchten, dass es ihr gut geht.
- Beide Eltern haben die Kraft, etwas Neues zu beginnen. In der Familie gibt es noch Freude und Hoffnung.
- Beide Eltern sind bereit, Auflagen des Jugendamtes zu erfüllen.
- Nadine ist ein freundliches Mädchen, das aufgeschlossen auf andere Kinder reagiert.
- Nadine ist tierlieb.

Abwendung der Gefährdung

Die Fallbesprechung fand kurz vor den Sommerferien statt. Das Jugendamt erteilte die Auflage, dass Frau Hansen die Ferien mit ihrer Tochter auf dem Hof ihrer ehemaligen Arbeitgeberin verbringt. Dort scheint die Ernährung von Nadine sicher gestellt zu sein.

Herr Hansen soll sich regelmäßig beim Jugendamt melden und über den Stand in der Familie berichten.

Während der Ferien sucht der Sozialraumträger eine Tagesmutter für Nadine in der Nähe des Elternhauses.

Gestaltung der Hilfe

Eine Tagesmutter konnte (durch Befragen von Schlüsselpersonen im Wohnort der Eltern) gefunden werden. Sie hat eine Tochter, die etwas jünger ist als Nadine und wohnt in der Nähe der Familie Hansen. Nadine und Meike, die Tochter von Frau Feddersen spielen gerne zusammen.

Nadine geht jetzt dreimal in der Woche zur Tagesmutter Frau Feddersen. Diese hilft ihr bei den Hausaufgaben und unterstützt Nadine dabei, sich im Sportverein zu integrieren. Bei den Freizeitaktivitäten achtet Frau Feddersen darauf, dass sie mit Nadine Dinge unternimmt, die den Eltern eher schwer fallen, so dass die Tagesmutter eine gute Ergänzung zum Elternhaus darstellt (z.B. Bücher in der Bücherei ausleihen und gemeinsam lesen).

Frau Feddersen bespricht mit den Eltern auch Dinge des Alltags, wie z.B. die Kleidungsfrage für Nadine. Sie nimmt die Eltern mit zum Second-hand-Markt für Kinderkleidung.

Frau Feddersen versucht, den Eltern so viel Verantwortung wie möglich zu überlassen. So bespricht sie mit Herrn und Frau Hansen genau, welche Aufgaben die Eltern zu übernehmen haben (z.B. mit dem Schulbusfahrer klären, an welchen Tagen Nadine bis zur Tagesmutter fährt und an welchen sie zuhause aussteigt).

Die Eltern bekommen weiterhin Unterstützung dabei, an ihrer beruflichen Qualifizierung zu arbeiten. So wird für Herrn Hansen ein Alphabetisierungskurs bei der Volkshochschule bezahlt und für Frau Hansen der Kurs zur Erlangung des Hauptschulabschlusses.

Die Eheleute Hansen werden ermutigt, die Schuldenberatungsstelle aufzusuchen und ihre finanziellen Angelegenheiten zu regeln.

Für die Eheleute Hansen ist es wichtig, für sich selber Erfolgserlebnisse zu haben, dann sind sie deutlich besser in der Lage, angemessen mit ihrer Tochter umzugehen.

Verlauf der Hilfe

Trotz gelegentlicher Rückschläge und Enttäuschungen (z.B. haben die Eltern Absprachen mit Frau Feddersen nicht eingehalten) läuft die Hilfe erfolgreich.

Nadine wird nach und nach durch die Unterstützung von Frau Feddersen selbständiger und selbstbewusster. Ihre Schulleistungen werden im Rahmen ihrer Möglichkeiten besser.

Die Hilfe kostet ca. 470 € im Monat. Sie ermöglicht ein Verbleiben von Nadine im Elternhaus und stellt gleichzeitig sicher, dass Nadine versorgt und gefördert wird.

3. Fallunspezifische Arbeit

Ferienprojekt für einheimische Kinder in der Hochsaison

Im Regionalteam Inseln wurde aufgrund der Beobachtung, dass viele Kinder im Sommer sich mehr oder weniger selbst überlassen sind, weil die Eltern als Saisonkräfte im Tourismus 12 und mehr Stunden am Tag arbeiten, ein Ferienprojekt (nur) für einheimische Kinder installiert. (Es gibt in den Tourismus-Hochburgen im Sommer zahlreiche Angebote für Kinder, aber die einheimischen Kinder nutzen diese nicht, weil sie genau wissen, dass sie nicht für sie, sondern für die Touristen-Kinder sind.)

Am Standort des Waldkindergartens, der in den Ferien geschlossen hatte, wurde für zwei Wochen ein Bauspielplatz installiert (in einer großen Sandkuhle). Die Kinder konnten dort von 10. 00 bis 18.00 Uhr mit Holz Hütten bauen, Fußball spielen, basteln, Lagerfeuer machen u.v.m.

Es kamen über 60 Kinder, die zwei Wochen lang viel Spaß hatten, neue Stärken an sich entdeckten, neue Freundschaften schlossen, Krisen bewältigten und vor allem das Gefühl hatten, an diesem Ort erwünscht zu sein.

Das Regionalteam hat sehr viel Arbeit darauf verwendet, die Inselbevölkerung so weit wie möglich in das Projekt mit einzubeziehen. Das Holz wurde von den örtlichen Tischlereien und dem Baumarkt gespendet, die Verpflegung wurde vom örtlichen Lebensmittelmarkt geliefert, dessen Besitzer Vorsitzender eines Jugendfördervereins ist, viele Bastel- und Spielangebote wurden von einzelnen Eltern und älteren Jugendlichen organisiert und durchgeführt.

Eltern brachten morgens Kuchen und Kaffee für die Betreuer mit. Ein Bäcker spendete den Teig für Stockbrot, der Förster führte die Kinder durch den Wald und erzählte ihnen viel über die Tiere und Pflanzen des Waldes. Der Kindergarten stellte seinen Bauwagen samt Spielgeräten als "Zentrale" zur Verfügung. Das Jugendzentrum verlegte seine Aktivitäten in die Sandkuhle und stand für den Fall von "Schietwetter" als Ausweichquartier zur Verfügung. Die evangelische Jugend stellte ihr Spielmobil zur Verfügung. Der Leiter der örtlichen Verwaltung setzte sich dafür ein, dass die Kinder ihre Hütten nach zwei Wochen nicht wieder abreißen mussten.

Im ersten Jahr mussten noch 6 feste Betreuungspersonen vom Festland anreisen, weil auf der Insel nur 2-3 Personen bereit und in der Lage waren, eine Woche lang von morgens bis abends als Betreuer zur Verfügung zu stehen. Im zweiten Jahr reichten die personellen Ressourcen der Insel aus, um das Ferienprojekt mit noch mehr Kindern zu meistern.

Es war das erste Mal, dass es auf dieser Insel ein Angebot (nur) für die einheimischen Kinder gab. Es hat die erwachsene Bevölkerung für die Bedürfnisse der Kinder sensibilisiert, hat viele Menschen zu Mitstreitern gemacht, und es hat verhindert, dass sich die Situation von "HzE-Kindern" während der Ferien zuspitzt und womöglich eine Inobhutnahme notwendig gemacht hätte.

JuMP – Junge Mütter Projekt

Eine Hebamme nahm mit dem Jugendamt Kontakt auf, weil unter den von ihr betreuten Frauen zahlreiche Teenager-Mütter waren, die mit der Versorgung ihrer Babys überfordert waren und auch im familiären Umfeld keine Unterstützung hatten.

Mit Hilfe der Hebamme wurde das "Junge-Mütter-Projekt" entwickelt, bei dem junge Mütter sich einmal in der Woche mit ihren Kindern und einer Gruppenleiterin treffen, miteinander Erfahrungen austauschen, Fragen stellen und vieles über die Bedürfnisse ihrer Kinder lernen.

Die jungen Frauen schließen Freundschaften und unterstützen sich gegenseitig. Bei Problemen haben sie in der Gruppenleiterin eine Ansprechpartnerin, die sie auch außerhalb der Treffen erreichen können. Da es für die Frauen teilweise sehr schwierig ist, den Treffpunkt zu erreichen, weil sie kein Auto haben, wird ein Fahrdienst eingerichtet.

Gelegentlich werden Fachleute in die Gruppe eingeladen, um über ihre Arbeit zu berichten und die Fragen der Frauen zu beantworten, z.B. eine Kinderärztin und ein Mitarbeiter des Jugendamtes. Dadurch werden Hemmschwellen abgebaut, die sonst verhindert hätten, dass die Frauen sich (rechtzeitig!) Hilfe holen. Die erste JuMP-Gruppe war so erfolgreich, dass es inzwischen 4 Gruppen im Kreisgebiet gibt.

Beide Projekte mögen (insbesondere in großstädtischen Augen) nicht besonders spektakulär wirken. Spektakulär indes ist die Tatsache, das es vor Einführung des Sozialraumprojektes solche Aktivitäten nicht gab (denn es war weder Geld noch Personal vorhanden, um so etwas umzusetzen, und der ASD fühlte sich nicht dafür zuständig), und es heute aber 91 solcher kleinen (und größeren) Projekte im Kreis Nordfriesland gibt, ohne dass die Kosten für die Jugendhilfe gestiegen sind! (Dazu kommt noch die qualifizierte Teilnahme von RegionalteammitarbeiterInnen an über 15 Arbeitskreisen in den Regionen.)

Ohne Sozialraumbudget könnten diese Projekte genauso wenig finanziert werden wie die Qualifizierung der MitarbeiterInnen, die Teamentwicklung und der Leistungsbonus, denn all diese Ausgaben wurden durch effektivere Einzelfallbearbeitung aus dem vorhandenen Budget erwirtschaftet.

4. Beispiel für neue Formen der maßgeschneiderten Hilfen

Nur durch die Sozialraumbudgets war es den Schwerpunktträgern möglich, eine HüTN-Einrichtung im Sozialraum zu installieren. HüTN steht für “Hilfen über Tag und Nacht” (angeregt und abgeschaut vom Flattich-Haus in Stuttgart) und ermöglicht hochflexible Hilfeangebote mit und ohne Bett.

Die “HüTN” besteht zunächst einmal aus einem (großen) Haus, einem Hausmanager (der am besten im Haus wohnt) und einer Hauswirtschaftskraft, die mit 20 Stunden beschäftigt ist.

Mit dieser Ressource können wirklich maßgeschneiderte Hilfen realisiert werden. Der Träger plant nicht besonders ausgefeilte, differenzierte Angebote, er plant Flexibilität, denn mehr kann er nicht planen, wenn er wirklich auf die Bedürfnisse der Betroffenen eingehen will.

Wie das funktioniert, soll das Beispiel von Frau Hansen zeigen, die mit ihren vier Kindern im Alter zwischen 3 Monaten und 5 Jahren nach einem Wohnungsbrand auf der Straße stand. Frau Hansen hatte schon früher Hilfe zur Erziehung bekommen, war dann eine Zeit lang aus dem Kreis Nordfriesland weggezogen, kam wieder und schlief nach erheblichem Alkoholgenuss mit brennender Zigarette ein, wodurch der Wohnungsbrand ausgelöst wurde.

Was hätte das Jugendamt ohne Sozialraumbudget in diesem Fall getan? Die kleinen Kinder wären ohne Zweifel nicht in eine stationäre Einrichtung, sondern zu Pflegefamilien gekommen. Es gibt keine Pflegefamilie, die vier kleine Kinder auf einmal aufnehmen kann. Das heißt, die Kinder wären zu unterschiedlichen Pflegefamilien gekommen, wahrscheinlich zu 2 – 3 Pflegefamilien. Die Geschwister wären also auseinander gerissen und von ihrer Mutter getrennt worden. Schon allein das wäre ein deutliches Signal gewesen: “Wir trauen es Dir nicht zu, mit Deinen Kindern klar zu kommen. Du hast es ja auch bewiesen, sonst wäre die Wohnung nicht ausgebrannt.” Frau Hansen war über den Wohnungsbrand mit Sicherheit viel schockierter und erschrockener als das Jugendamt, ist ihr doch bewusst, dass sie durch eigene Unachtsamkeit das Leben ihrer Kinder aufs Spiel gesetzt hat. Wenn ihr in dieser Situation dann noch die Kinder weggenommen und auf verschiedene andere Familien aufgeteilt worden wären, hätte das kaum dazu beigetragen, Frau Hansen zu ermutigen, sich mit ihrem Alkoholmissbrauch auseinander zu setzen und daran zu arbeiten, so weit zu kommen, dass sie wieder alleine für ihre Kinder sorgen kann.

Nur durch das innerhalb des Sozialraumbudgets installierte HüTN-Projekt konnte eine Trennung von Mutter und Kindern verhindert werden. Frau Hansen wurde mit ihren 4 Kindern in der HüTN aufgenommen. Sie betreute dort ihre Kinder und konnte sich mit Hilfe der SozialarbeiterInnen um einen Therapieplatz kümmern, um gegen ihren Alkoholmissbrauch anzugehen.

Als nach einigen Wochen ein Therapieplatz frei war, konnte Frau Hansen beruhigt in die Klinik gehen. Sie wusste, dass ihre Kinder gut gemeinsam untergebracht sind, sie wusste, wer sich um ihre Kinder kümmert und vor allem wusste sie, dass ihre Kinder auf ihre Rückkehr warten und sich nicht in der Zwischenzeit an eine neue Familie gewöhnen.

Für die Kinder war es sicher schlimm genug, dass ihre Mutter in die Klinik ging, aber wenigstens hatte sie noch ihre Geschwister und wurden von Menschen betreut, die sie schon kannten, von denen sie wussten, dass auch Mama sie kennt und schätzt.

Nach dem erfolgreichen Abschluss der Therapie (3 Monate) kehrte Frau Hansen zu ihren Kindern in die HüTN zurück (natürlich hatte es zwischenzeitlich auch Besuche gegeben) und arbeitet jetzt daran, sich soweit zu stabilisieren, dass sie mit ihren Kindern wieder in eine eigene Wohnung ziehen kann, um sich dort, zunächst mit Unterstützung (genau der selben Person, die auch jetzt mit ihr arbeitet), wieder ein eigenständiges Leben aufzubauen.

D

Flexible Organisationen und Evaluation sozialräumlicher Arbeit

Fremdunterbringung im Sozialraum – eine Entwicklungs- und Lerngeschichte der Evangelischen Gesellschaft in Stuttgart

Regina Weißenstein

1. Der Rahmen des Geschehens: Der Umbau der Erziehungshilfen in Stuttgart

Das Reformprojekt startete im Sommer 1997 in Stuttgart damit, dass das Jugendamt und die Träger der Erziehungshilfen „Qualitätsziele" vereinbarten (zum Stuttgarter Projekt s. Früchtel u.a. 2001).

Diese beziehen sich ausdrücklich auf *alle* Hilfen und werden im Folgenden nur auszugsweise, und mit einem besonderen Blick auf Fremdunterbringungen skizziert:

- Alle Hilfen richten sich flexibel an der individuellen Situation der jungen Menschen und ihres Umfeldes aus. Einrichtungen der Erziehungshilfen übernehmen Verantwortung im sozialen Raum. Sie verändern sich gemeinsam mit den jungen Menschen und ihren Familien, mit denen sie arbeiten.
- Stärken und Lösungsideen der „Betroffenen" sind Ansatzpunkte aller Hilfen.
- Vorrangig werden ganze Familien und ihr Umfeld gestärkt.
- Im Hilfeverlauf erfolgen möglichst wenige Beziehungsabbrüche.
- Integrative Unterstützung beugt Ausgrenzungsprozessen vor.
- Alle Hilfen werden wohnortnah durchgeführt, wenn fachlich nichts dagegen spricht.
- Ein neu entwickeltes Finanzierungssystem unterstützt die fachlichen Ziele stark.

Das Stuttgarter Stadtgebiet ist in zehn regionale Bereiche aufgeteilt. Jeweils ein Träger verpflichtet sich dazu, schwerpunktmäßig sozialräumliche Hilfen zur Erziehung zu erbringen.

Es ist leider nicht selbstverständlich, dass stationäre Erziehungshilfen in sozialräumliche Umbauprozesse einbezogen werden (Peters/Koch 2004). Ähnliche Reformprojekte an anderen Orten arbeiten zum Teil mit Formeln wie „ambulante Hilfen *vor* stationärer Unterbringung" oder gar „ambulant *statt* stationär". Dies waren in Stuttgart keine vorgegebenen Projektziele, wohl aber erhoffte Effekte einer konsequent veränderten fachlichen Ausrichtung an den Qualitätszielen.

Neun Jahre praktische Erfahrung mit sozialräumlichen Umbauprozessen in Stuttgart machen deutlich, dass in einem gelungenen Einbezug der Hilfen in Wohnformen ein entscheidender Erfolgsfaktor für das gesamte Vorhaben liegt. Dafür gibt es fachliche und finanzielle Gründe.

Die fachliche Perspektive: Aus zahlreichen Untersuchungen (s. etwa JULE 1998) zur Wirksamkeit von Fremdunterbringungen im Bundesgebiet sind die Aspekte bekannt, die Erfolgschancen stationärer Hilfen erhöhen:

- Eltern und junge Menschen stehen hinter der Fremdunterbringung
- Eltern können ihre Elternrolle weiterhin aktiv wahrnehmen
- Es besteht ein regelmäßiger Kontakt zwischen jungen Menschen und Eltern
- Eltern und Fachkräfte stimmen sich für eine gemeinsame erzieherische Linie ab
- Eltern und Jugendliche können spezifische Ziele der Lebensgestaltung formulieren
- Das Hilfesetting wird in kurzen Abständen auf seine Sinnhaftigkeit überprüft
- Heimerziehung zeigt eine hohe Leistungsfähigkeit in Krisensituationen
- Die Qualität der Rückführungsarbeit ist hoch.

Die finanzielle Perspektive: Bundesweit ist ein großer Teil des Kostenaufwandes für Erziehungshilfen langjährig fest für stationäre Hilfen gebunden. Das hängt auch damit zusammen, dass gerade diese oftmals nicht wohnortnah geleistet werden.

Vor Projektbeginn, im Jahr 1996, wurden Hilfen für 25% aller Fälle außerhalb des Stadtgebiets von Stuttgart erbracht, dies geschah im Wesentlichen in stationären Einrichtungen. Die stationären Plätze Stuttgarter Träger wurden im Gegenzug oft durch Jugendämter anderer Landkreise belegt – die bei Fremdunterbringung traditionell vielerorts übliche Verschiebung junger Menschen.

Das Projekt startete 1998 in einem regionalen Bereich im Stuttgarter Norden als Experiment. Der Bereich setzt sich aus zehn Stadtteilen zusammen, in denen circa 72.000 Einwohner leben. Die Evangelische Gesellschaft (EVA) machte sich als Träger mit ihrer Einrichtung „Flattichhaus“ auf den Weg des sozialräumlichen Umbaus, der im Folgenden aus einer Binnenperspektive beschrieben wird.

2. Entwicklungsphasen des sozialräumlichen Umbaus bei der EVA

2.1 Ein Blick in die „Frühgeschichte" bis zum Projektbeginn im Januar 1998

Das „Flattichhaus" ist eine Einrichtung der Evangelischen Gesellschaft, die nach einem schwäbischen Pfarrer und Erzieher des 18. Jahrhunderts benannt ist. Sie wurde 1960 gegründet. Zunächst wurde sie als eine Auffangeinrichtung für DDR-Flüchtlinge genutzt, dann für ein Wohnheim für verhaltensauffällige Lehrlinge und „Sonderschüler". Anschließend wurde sie zur stationären Einrichtung für Kinder aus der ganzen Bundesrepublik. Der Einzugsbereich wurde mit den Jahren immer kleiner. In den 70er-Jahren wurde das Flattichhaus in der Jugendhilfe dadurch bekannt, dass es in einem „Heilpädagogischen Zentrum" neben der stationären Arbeit erstmals im süddeutschen Raum Tagesgruppen aufbaute. In den folgenden Jahrzehnten differenzierte die EVA das vorgehaltene Angebotsspektrum an Hilfen zur Erziehung laufend aus. Als zentrale Grundlagen der fachlichen Ausrichtung entwickelten sich neben der Heilpädagogik das systemische Vorgehen und erlebnispädagogische Ansätze.

Unmittelbar vor Projektbeginn gehörten zum Flattichhaus

- sechs lebensweltorientierte Tagesgruppen im Stadtgebiet
- drei stationäre Wohngruppen, davon zwei im Stuttgarter Norden
- ein heilpädagogischer Schulkindergarten
- Erziehungsstellen
- eine Kindertagesstätte mit integrierten Erziehungshilfen

Weitere Hilfeformen wie betreutes Jugendwohnen, mädchenspezifische Hilfen, ISE und auslandspädagogische Maßnahmen wurden durch andere Einrichtungen der EVA erbracht

Fachkräfte der stationären Hilfen fokussierten ihre Aufmerksamkeit im Flattichhaus oft auf die Binnenperspektive eines gut geordneten Gruppenlebens. Im Vordergrund der Bemühungen stand, das Kind in die Gruppe zu integrieren. Dies wurde begründet durch den heilpädagogischen Ansatz, den Kindern ein heilsames Zusammenleben in einem geschützten und gut strukturierten Milieu zu ermöglichen.

Besonders die Innenwohngruppe in der Zentrale wies eine eher überversorgende Alltagsstruktur auf. Aber auch in der Außenwohngruppe für Jugendliche, im „Sprungbrett" zeigte sich bei kurzfristigen Krisenunterbringungen, dass die Rundum- Versorgung die Suche nach Alternativen zur Fremdunterbringung erschwerte.

Wenn die Beziehungen im „häuslichen“ Rahmen der Gruppe stark in den Vordergrund gestellt wurden, brachen Außenkontakte eher ab.

Der Aufbau von Kontakten zum Stadtteil war für die Fachkräfte nachrangig, zumal die meisten Belegungen ohnehin aus anderen regionalen Bereichen oder gar Städten erfolgten (Einzugsgebiet im Radius von 20 bis 50 km).

Offene Elemente und flexible Settings wurden in stationären Gruppen kaum umgesetzt. Trotzdem vertrat das Flattichhaus auch bei dieser Hilfeform schon seit vielen Jahren den konzeptionellen Anspruch, sehr familienorientiert zu arbeiten (Öffnungszeiten in der Regel als Fünftagesgruppe, Eltern- Erzieherkreis). Die MitarbeiterInnen wollten den Eltern eine hohe Verantwortung für die Gestaltung des Alltags belassen, und sie in Entscheidungen mit einbeziehen. In der Praxis blieb die Beziehung zwischen stationären Gruppen und den Eltern oft dadurch belastet, dass sich Konkurrenzmuster zeigten. Es fiel dann schwer, vorhandene familiäre Ressourcen noch wahrzunehmen.

2.2 Die Flexibilisierung und sozialräumliche Ausgestaltung ambulanter Arbeit

Die Organisation veränderte sich ab Projektbeginn 1998 entsprechend der Herausforderungen, welche die Einzelfälle konkret stellten. Es ging darum, zunächst sehr pragmatisch und meist unter hohem Zeit- und Handlungsdruck im Einzelfall ein möglichst passendes Setting zu arrangieren, und damit praktische Erfahrungen zu sammeln. Hilfreich waren dabei eine sehr konsequente Ausrichtung an den Qualitätszielen, und der Mut zu Suchbewegungen, aber auch zur Fehlerfreundlichkeit.

Langwierige theoretische Konzeptionsentwicklungsprozesse waren nicht zu leisten. Wurde dennoch theoretisch geplant, dann führte die Realität meist sehr schnell wieder zurück in eine kaum vorhersehbare und tendenziell eher chaotische sozialräumliche Praxis (indem sich z.B. „Zielgruppen“ unvorhersehbar veränderten).

Der Impuls zur fachlichen Weiterentwicklung ging 1997 von den Tagesgruppen aus. Der Träger entschied sich, diese Angebotsform zu flexibilisieren, aufsuchende und integrative Ansätze auszubauen. Dieser Prozess endete nach einem Jahr mit der Auflösung aller Tagesgruppen. Dies war die logische Konsequenz einer radikalen Umsetzung der Qualitätsziele in jedem Einzelfall. Ab 1999 erbrachten Fachkräfte flexible ambulante Hilfen für vier Stadtteilteams.

2.3 Schritte zur Flexibilisierung stationärer Arbeit ab 1999 - Veränderungen im Fallverstehen

Im Vordergrund der Modifikation stationärer Arbeit standen zunächst nicht fachliche Beweggründe, sondern der *strukturell veränderte Kontext*:

- Die Zuständigkeit der EVA als verantwortlicher Träger für sozialräumliche Hilfen ist bezogen auf Alters- und Zielgruppen, sowie Hilfesettings wesentlich erweitert (SGB VIII § 20, §§ 27 ff., § 34, § 35 a, § 41, § 42).
- Bisherige Belegungen mit der traditionellen Zielgruppe aus anderen Landkreisen fallen weg. Belegungsschwankungen erhöhen sich drastisch, da sich der Einzugsbereich verkleinert.
- Durch den hohen Anspruch, kurzfristig für alle Bedarfe des Bereichs eine adäquate Hilfe zu erbringen, wird eine Belegungssteuerung faktisch unmöglich. Dies erfordert auch erweiterte Möglichkeiten eines flexiblen Personaleinsatzes.

Später kamen *fachlich begründete Fragen* dazu, die sich innerhalb der Einrichtung in Konfliktlinien verdeutlichten:

- Die Qualitätsziele verlangen, dass Hilfen im Prozess dauernd neu „erfunden", ausgestaltet und verändert werden können. Dies erfordert auch, die bestehende „Versaulung" der beiden Kategorien „ambulante" und „stationäre" Hilfen trägerintern aufzuheben, um konsequent flexible Hilfesettings (gerade auch in der Schnittstelle) schaffen zu können.
- Die bisherige Lebenswelt der Kinder und Jugendlichen war den „stationären" MitarbeiterInnen eher fremd, und sie wurde als bedrohlich gewertet. Soziale Ressourcen wurden kaum gesehen, oder aber nicht als solche geachtet.
- Zu Projektbeginn nahmen Fachkräfte stationärer Gruppen lediglich im Einzelfall am Stadtteilteam teil. Durch den Gaststatus erlebten sie sich nicht als gleichberechtigte Mitglieder. Wenn das Stadtteilteam die Hilfeoption einer Fremdunterbringung erörterte, dann bedeutete dies oft zugleich, dass der Fall damit pauschal abgearbeitet schien.
- Der Qualifizierungseffekt der Stadtteilteams fehlte den „stationären" Fachkräften außerdem. Sie bekamen wenige Grundlagen dafür, sich sozialräumliche Kenntnisse anzueignen. Sie nutzten verstärkt weiterhin ihre eigenen abgegrenzten Subsysteme (interne Teambesprechungen und Fallberatungen) und entwickelten dort eigenverantwortlich Hilfeansätze zur Bewältigung ihres Arbeitsalltags. Wenn sich die Hilfesettings durch eine Fremdunterbringung veränderten, blieben die ambulanten MitarbeiterInnen aufgrund tragender Beziehungen oft mit einer Teilaufgabe im Fall tätig. Zu viele

Subsysteme kommunizierten dann in den Hilfen „nebeneinander her". Die unterschiedlichen institutionellen Hintergründe führten zu ganz verschiedenen Ansätzen in Fallverstehen und Interpretation von Hilfebedarfen. Je mehr Professionelle zur internen Abstimmung kommunizieren müssen, umso weniger Raum bleibt aber oft für direkte Willensbekundungen der Familien. Diese müssen immer mehr Filter durch Hypothesen der Profis durchlaufen.

2.4 Beispiel: Erste Veränderungen im „Sprungbrett"

Im „Sprungbrett", der Außenwohngruppe für Jugendliche, wurde im Jahr 1999 der Personalstamm von bisher 3 Fachkräften (Grundlage früher: Fünftagegruppe) verdoppelt. 6 KollegInnen arbeiteten nun mit bis zu 7 Jugendlichen ab 12 Jahren, die im Sprungbrett wohnten.

Darüber hinaus ermöglichten diese MitarbeiterInnen flexible Hilfesettings, im Rahmen von Nachbetreuungen von Jugendlichen in Wohnungen im Stadtteil, in einer im Haus integrierten Wohneinheit, in einer ausgelagerten Wohngemeinschaft oder auch in ambulanter Form. Teilweise wurden die Unterstützungsfunktionen „Wohnen" und „Betreuung" personell voneinander entkoppelt. Die Fachkräfte führten erste offene Aktionen im Stadtteil durch. So richtete sich zum Beispiel das Sportangebot an einer Schule nicht nur an Jugendliche mit stationärer Erziehungshilfe.

Wir machten die Erfahrung, dass die fachlich gewollten fließenden Übergänge zwischen „ambulanter" und „stationärer" Arbeit noch systematischer strukturell unterstützt werden müssen.

3. Strukturmodelle für sozialräumliche Wohnformen: „HÜTN" und „TWG"

Die EVA löste die bestehende strikte „Versäulung" der beiden Kategorien „ambulant" und „stationär" im Jahr 2000 auf, um flexible Hilfesettings gerade auch in der Schnittstelle schaffen zu können.

Prämisse im Fallverstehen

Beziehungen und Verhalten können sich meist auch entwickeln, ohne soziale Bindungen an das Herkunftsmilieu abzubrechen. Unter der Bedingung eines strukturierten Alltags können Kinder und Familien in belastenden Alltagssituationen neue Erfahrungen machen und die Chance haben, ihre Lebenssituation zu verändern.

Elternarbeit heißt, Familien bei der Alltagsbewältigung zu unterstützen. Funktionierende elterliche Verantwortungsbereiche werden nicht von Fachkräften übernommen. In alltäglichen Situationen wird erprobt, wie Schwierigkeiten gemeinsam bewältigt werden können. Fachkräfte vermeiden es bewusst, in Konkurrenz zur Herkunftsfamilie zu treten.

Vorgehaltene Angebotsstruktur:

Die EVA traf die Entscheidung, im Stuttgarter Norden für Kinder und für Jugendliche unterschiedlich konzipierte Wohnformen vorzuhalten:

- Zwei „HüTN"-Einheiten (= *H*ilfen *ü*ber *T*ag und *N*acht)
- Zwei „TWGs" (= Teenie- Wohngruppen).

Alle Wohnformen sollten möglichst gut im jeweiligen Einzugsbereich verortet werden, um für Familien als Anlaufstelle gut erreichbar zu sein.

3.1 Das HüTN-Team

Allen vormals „stationären" Profis wurden klar abgegrenzten Sozialräumen und den jeweiligen Stadtteilteams zugeordnet. Nun bilden HüTN- Mitarbeiter als Fachkräfte mit stationärem Schwerpunkt gemeinsam mit den Fachkräften mit ambulantem Schwerpunkt das sozialräumliche Team der Hilfeerbringer. Die organisatorische Anbindung aller MitarbeiterInnen in die Stadtteile ermöglicht es, das Leben in den sozialen Räumen tatsächlich kennen zu lernen.

Erziehungshilfen durch das HüTN-Team sichern Unterbringung, pädagogische Alltagsbetreuung und Versorgung im Sozialraum der Leistungsberechtigten als Grundleistung.

In der Regel werden bis zu acht Schulkinder und Jugendliche bis zu 16 Jahren betreut, die vorübergehend nicht in der häuslichen Gemeinschaft der Herkunftsfamilien leben können.

Ein HüTN-Team ist mit fünf Pädagogen, einer Hauswirtschaftskraft und wechselnden Semesterpraktikantinnen besetzt. Vier pädagogische Fachkräfte übernehmen im Bezugsbetreuungssystem fallbezogen die Hilfeverantwortung. Im Dienstplan der HüTN-Einheit decken sie jeweils anteilig die Aufsicht und Betreuung sowie Grundleistungen im Gruppenalltag ab. Diese vier HüTN-Mitarbeiterinnen agieren im Spannungsfeld zweier Arbeitsschwerpunkte. Sie verantworten den Alltag in der HüTN-Einheit. Zugleich erfordert ihre Aufgabe eine hohe Aufmerksamkeit für Integrationschancen in die Herkunftsfamilien und das soziale Umfeld.

Die Freizeitgestaltung findet möglichst im Lebensfeld statt. Die Kinder werden unterstützt, die vor Ort bestehenden Möglichkeiten zu nutzen (z.B. Jugendhaus, Vereine, Gruppen, Jugendfarm, etc.). Die Präsenz der Wohngruppe im Stadtteil erleichtert eine Kooperation mit „Schlüsselpersonen", mit Kindertageseinrichtungen und Schulen. Auch die HüTN-Fachkräfte erschließen Ressourcen, weil die HüTN-Einheit durch vielfältige Aktionen vor Ort präsent ist. So entstehen Kontakte auf Gegenseitigkeit.

Durch die Zusammensetzung eines sozialräumlichen Teams aus Fachkräften mit „stationärem" und „ambulantem" Schwerpunkt erhöht sich die Flexibilität. Teamintern wird entschieden, wie die Aufgaben, die sich mit den konkreten Fällen stellen, verteilt werden. Vier HüTN-Fachkräfte eines Teams sind im Dienstplan wöchentlich acht Stunden für die flexible Arbeit im Stadtteil freigestellt. Dabei handelt es sich insgesamt um einen Zeitpool, der je nach Bedarf zwischen den Fachkräften verteilt wird.

Diese Organisationsstruktur ermöglicht es, auch in Hilfephasen der Fremdunterbringung sehr flexibel mit einer Vielfalt an Hilfesettings auf die unterschiedlichsten Individualbedarfe zu reagieren.

Ein Spannungsfeld ist damit allerdings nicht aufgehoben: Auch die auf eine Grundversorgung reduzierte „HüTN-Einheit" braucht als Gruppensetting noch einen klaren und geordneten Rahmen. Flexibilität ist nur auf dem Fundament einer stabilen Grundstruktur umsetzbar. Die erforderliche *Kontinuität* wird *auf drei Ebenen* abgesichert:

- In jeder „HüTN-Einheit" wurde die besondere Funktion eines *„Hausmanagers"* eingeführt. Diese fünfte Fachkraft eines HüTN-Teams übernimmt in der besonderen Rolle verbindlich Verantwortung für die Organisation einer „HüTN- Einheit" und für das Zusammenleben in der Gruppe. Er ist von Montag bis Freitag tagsüber kontinuierlich in der „HüTN-Einheit" präsent und sichert die grundsätzliche Verantwortlichkeit für das Zusammenleben der Gruppe. Die Kinder und Jugendlichen der HüTN-Einheit haben in dem Hausmanager eine verlässliche Ansprechperson, die für alle Anliegen des Zusammenlebens zur Verfügung steht. Er regelt den geordneten Tagesablauf im Alltag der Wohneinheit und sorgt für die Einhaltung bzw. bedarfsgerechte Anpassung von Zeiten, Ritualen und Regeln im Gruppengeschehen. Er organisiert jahreszeitliche Feste und Gruppenaktionen, gestaltet Tagesablauf und Räume ansprechend oder initiiert die Vereinbarung von Gruppenregeln. Deshalb kann er in der Regel keine Schichtdienste und Wochenendeinsätze mehr übernehmen. Hausmanager übernehmen keine eigene Fallverantwortung und haben Kontakte zu allen hilfeverantwortlichen Fachkräfte. Als zentrale Informationsstelle können sie Grundauskünfte zu allen Kindern und Jugendlichen geben. Im Stadtteilteam prüfen sie, ob Hilfeoptionen in der HüTN-Einheit umsetzbar sind. Außerdem übernehmen sie im administrativen und organisatorischen Bereich koordinierende Aufgaben.

- Die Zentralküche wurde aufgelöst. In jeder HüTN-Einheit kocht nun eine *Hauswirtschaftskraft direkt vor Ort* und bindet die BewohnerInnen dabei möglichst mit ein. So ist sie auch kontinuierlich als weitere Ansprechperson präsent, wenn die Kinder und Jugendlichen von der Schule kommen.

- Das HüTN-Konzept ermöglicht es den hilfeverantwortlichen Professionellen, die Kinder und Jugendlichen als *kontinuierliche Bezugspersonen* über unterschiedliche „Stationen“ eines Hilfesettings hinweg zu begleiten. Zunächst wird im Einzelfall geklärt, welche Aufgaben weiterhin Eltern oder das soziale Umfeld übernehmen können. Möglichst viel Verantwortung soll dort belassen bleiben, wo sie bisher wahrgenommen wurde. Die geringen Entfernungen (maximal 6 km) erlauben eine Arbeitsteilung zwischen Familie, Umfeld und Erziehungshilfe. Die familiären Möglichkeiten einer Verantwortungsübernahme verändern sich erfahrungsgemäß im Hilfeverlauf. Dies zwingt die Fachkräfte auch, zu eruieren, wer sonst im Netzwerk etwas beitragen könnte. Durch den erweiterten Personalstamm eines Teams können darüber hinaus die Herkunftsfamilien so flexibel unterstützt werden, dass bestehende Kontakte und Beziehungen stabilisiert werden und sich die Chancen auf eine baldige Rückführung erhöhen. Die Unterbringung in einer HüTN-Einheit ist also immer mit individueller Hilfe und meist mit Aufgaben der Eltern verbunden. Diese wird im Kontraktgespräch zusätzlich vereinbart. Die bedarfsgerechte Kombination der HüTN-Regelleistung mit flexiblen Hilfesettings ermöglicht eine deutlich verkürzte Dauer der Fremdunterbringung. Familien werden durch das pädagogische Team in den vereinbarten Bereichen entlastet. Neben der feststehenden HüTN-Regelleistung tritt die individuelle Hilfe dort in den Hintergrund, wo Familien wieder verstärkt die Verantwortung selbst übernehmen.

3.2 Die „TWG" – Teenie-Wohngemeinschaft

Diese Wohnform wurde für jeweils sieben Jugendliche (14 – 21 Jahre) konzipiert, für die ein enges stationäres Gruppensetting nicht mehr geeignet oder notwendig ist.

Das Setting fordert die Eigeninitiative und Selbständigkeit deutlich stärker. Die Jugendlichen finden eine Ausstattung vor, die es ihnen ermöglicht, sich selbst zu versorgen und ihre Wäsche zu waschen.

Die Zielsetzungen im Einzelfall beziehen sich stark auf eine Förderung der Selbständigkeit. (Beispiel: „x" einfache Mahlzeiten zubereiten...). Im Einzelfall werden Verantwortungsbereiche zwischen Pädagogen, Jugendlichen und Bezugspersonen abgestimmt.

Beim TWG- Konzept ging es ursprünglich vorrangig darum, den Übergang in die Zukunft zu gestalten. Danach ist die TWG kein Ort, der allzu „gemütlich" sein sollte. Es soll Anreize zu weiteren Bewegungen, Entwicklungen und Perspektiveklärungen geben. Zugleich sind die Jugendlichen noch zu jung bzw. zu unselbständig für den offenen Rahmen betreuten Einzelwohnens. Die damit verbundene Freiheit wäre mit einer Gefährdung durch Vereinsamung oder zu geringe äußere Struktur verbunden. Die TWG- Einheit zeichnet sich dadurch aus, dass die vorgehaltene Angebotsstruktur die tägliche Ansprechbarkeit von pädagogischen Fachkräften zum Tagesbeginn und in den Abendstunden, soziale Kontakte mit anderen Jugendlichen und verbindliche Regeln und Eckpunkte zur Tagesstrukturierung sichert. Es gibt eine klare Hausordnung. Eine Nachtbereitschaft unterstützt das Ziel, dass die Jugendlichen tagsüber einer Beschäftigung nachgehen können.

Das Team

Die TWG ist mit 4, 5 Pädagoginnen, einer Hauswirtschaftskraft und wechselnden Semesterpraktikantinnen besetzt. 3,5 pädagogische Fachkräfte übernehmen im Bezugsbetreuungssystem fallbezogen die Hilfeverantwortung. Die vierte Fachkraft hat die besondere Funktion Hausmanager. Sie ist montags – donnerstags in den Abendstunden in der TWG anwesend, leistet dann eine Nachtbereitschaft und den Frühdienst am Freitag. Die Jugendlichen und Heranwachsenden der TWG finden in dem Hausmanager eine verlässliche Ansprechperson. Zielsetzung dieser Funktion ist die Sicherung von Kontinuität, Konstanz und ordnenden Strukturen im Alltag der TWG.

3.3 Das HüTN/TWG-Konzept im Gesamtspektrum sozialräumlicher und überregional ausgerichteter Wohnformen in Stuttgart

Die HüTN-Einheiten bilden im Stuttgarter Norden das Herzstück der Fremdunterbringung, die zum Sozialraum hin geöffnet ist. Darüber hinaus hält das Flattichhaus Elemente für alternative Hilfesettings vor: In der Zentrale gibt es Räume zur flexiblen Nutzung (z.B. für Familienwohnen oder kleine Wohngemeinschaften). Diese sichern die manchmal erforderliche regelmäßige Präsenz von Fachkräften und bauen zugleich nicht auf der Gruppenpädagogik auf. Natürlich werden außerdem in allen Stadtteilen des Nordens Jugendliche individuell beim Einzelwohnen begleitet.

Aus fachlichen Gründen, aufgrund des Wunsch- und Wahlrechts oder mangels Platzkapazitäten bekommen nicht alle jungen Menschen mit Bedarf an Fremdunterbringung die Unterstützung im regionalen Bereich. Etliche Unterbringungen erfolgen in Pflegefamilien, Bereitschaftspflegeverhältnissen oder Erziehungsstellen. Stationäre Hilfen werden außerdem auch in überregional ausgerichteten Wohnformen mit spezialisiertem konzeptionellem Profil erbracht. Dazu zählen zum Beispiel gesamtstädtische Notaufnahmeheime, mädchenspezifische Wohngruppen, Unterbringungen nach § 35 a SGB VIII, Mutter- Kind- Heime oder hoch strukturierte Hilfen.

Stationäre Unterbringungen erfolgen nicht ausschließlich, aber doch in zunehmendem Maß in Stuttgart oder gar im regionalen Bereich. Eine gesamtstädtische Erfassung aller Hilfen nach § 34 SGB VIII spiegelte bereits für das Jahr 2004 deutliche Veränderungen: 66% der laufenden stationären Hilfen, die bereits vor der Reform begonnen hatten, wurden von Trägern außerhalb Stuttgarts versorgt.

Bei stationären Fällen, die bereits das sozialräumliche Verfahren der Hilfeplanung durchlaufen hatten, wurden dagegen lediglich noch 27% bei Trägern außerhalb Stuttgarts untergebracht.

4. Sozialräumliche Modelle sind nicht in Stein gemeißelt – die Organisation bleibt auch im Jahr 2006 in Bewegung

Auf dem Weg der sozialräumlichen Organisationsentwicklung haben Fach- und Leitungskräfte vom Flattichhaus mittlerweile neun Jahre Erfahrungen gesammelt, modifiziert und gelernt. Zu keinem Zeitpunkt konnten wir unsere Strukturmodelle für flexible stationäre Hilfen als nun endlich abgeschlossene Fertigprodukte betrachten. Es ging und geht nicht um einmalige und irgendwann beendete Veränderungsprozesse, sondern um stete Weiterentwicklung.

4.1 Welche Erfahrungen hat das Flattichhaus gemacht?

Die Verlaufskontrolle und bedarfsgerechte Anpassung einer Hilfe hat sich deutlich verbessert. Die Unterbringungsdauer in sozialräumlichen Wohnformen verkürzte sich dadurch wesentlich. Ein zentraler Grund dafür ist, dass eine Fremdunterbringung nicht mit biographischen Entfremdungsprozessen verbunden ist. Familien üben im Alltag weiterhin, Verantwortung für ihre Kinder zu übernehmen. Auch „Rückführungen" sind nicht wiederum mit drastischen Wechseln der alltäglichen Bezugspunkte (Schule, Vereine, Kindergarten, Freunde) verbunden. Eine anschließende ambulante Wegbegleitung durch die gleiche hilfeverantwortliche Fachkraft kann Übergänge erleichtern.

Selbst wenn kurzfristig (z.B. auf den Monat bezogen) Kosten im Einzelfall höher sein können, sinken die Gesamtkosten der stationären Hilfen im Jahresvergleich.

Flexibilisierung hat ihren Preis. Ein Beispiel dafür: Vor der Reform arbeiteten die Wohngruppen im Flattichhaus sehr eigenständig und selbstverantwortlich. Mit der Einbindung in den verbindlichen regionalen Kontext erwies sich die früher gut funktionierende Selbststeuerung schnell als gravierender Nachteil.

Der Einzugsbereich für die sozialräumlichen Wohnformen bezieht sich heute ausschließlich auf Stuttgart und überwiegend auf die Stadtteile im Norden. Kleinräumigkeit im Sinne von „Heim um die Straßenecke" stößt jedoch in manchen Fällen an Grenzen. Gründe dafür liegen auf mehreren Ebenen:

- Fachliche Überlegungen im Einzelfall (z.B. die aktuelle Gruppenzusammensetzung in einer sozialräumlichen Wohngruppe)
- Die finanzielle Systematik einer Budgetfinanzierung ermöglicht zwar die Umsetzung der fachlichen Ziele und sie vergrößert Gestaltungsräume für flexibles Handeln. Wirtschaftliches Handeln bleibt jedoch unumgänglich, und das bedeutet in einem gewissen Maß eben auch Auslastungsdruck.
- Logistische Grenzen der Flexibilität (z.B. die auf kleinräumiger Ebene besonders hohen Schwankungen an erforderlichen Plätzen)

Folglich müssen Kooperationsbezüge zu anderen Stadtteilteams aufgebaut und sozialräumliche Ressourcenkenntnisse aus anderen Quartieren genutzt werden. Eine alltägliche Begegnung und Zusammenarbeit mit der Herkunftsfamilie ist in diesen Fällen unter erschwerten Bedingungen zu gestalten.

4.2 Womit beschäftigt sich das Flattichhaus gegenwärtig?

Der äußere Rahmen – ein möglicher Stolperstein sozialräumlicher und flexibler Strukturmodelle

Eine Wohnform, die eng im sozialstrukturell belasteten Quartier eingebunden ist, ist kein heimeliges Paradies in ländlicher Umgebung. Da eine Zielsetzung ist, die stationäre und die innerfamiliäre Welt eng miteinander zu verzahnen, muss der Rahmen Brücken zu ungeordneten Welten bauen. Dies bringt pralles Leben, aber auch Unruhe und Unkalkulierbares in eine Gruppe. Die Unterschiede zwischen der stationären und der innerfamiliären Welt dürfen nicht unüberbrückbar groß sein.

Kinder und Familienangehörige haben in der Wohnform die Möglichkeit, andere Erfahrungen zu machen und den Schutz des Kindeswohls zu erfahren, aber es soll keine Gegenwelt aufgebaut werden. Die gewollte Nähe zu sozialräumlichen Ressourcen hat allerdings die Nebenwirkung, dass möglicherweise auch das schädigende Milieu nahe ist.

Junge Menschen werden sehr kurzfristig aufgenommen und durch unterschiedliche Veränderungen ihrer Lebenssituation hindurch flexibel begleitet. Ambulante Fachkräfte übernehmen einzelne Hilfeanteile. Die gewollte Beziehungskontinuität erhöht zugleich die Zahl der Profis in der Gruppe. Freunde und Familienangehörige gehen täglich aus und ein. Aufnahmen erfolgen manchmal sehr kurzfristig und unter hohem Krisendruck. Das alles ist fachlich gewollt - und es bringt Unruhe. Nicht immer sind vorherige konkrete Auftragsklärungen oder umfassende Prüfungen eventueller Auswirkungen auf die aktuelle Gruppendynamik möglich.

Zugleich wissen wir spätestens seit Bettelheim, dass die Gestaltung des äußeren Rahmens Auswirkungen auf die Seele hat. Jeder erfahrene Pädagoge hat schon leidvoll erlebt, wie schnell Unruhe und mangelnde Identifikation mit einem Ort zu Vandalismus und Eskalationsspiralen führen können. Die flexible Wohnform benötigt deshalb als Fundament eine wohnliche Umgebung, die Pflege einer Atmosphäre, die gut tut. Die sozialräumlich und flexibel ausgerichtete Wohnform braucht (vielleicht noch notwendiger als eine „klassische“ stationäre Gruppe) bewusst gesetzte Fixpunkte im Alltag, verbindliche Regeln und tragende Rituale. Alle stationären Fachkräfte müssen wahre Experten in Herausforderungen der Gruppenpädagogik und -dynamik sein. Wenn diese Verantwortung dafür durch das flexible Team allein dem Hausmanager angelastet wird, scheitert das Modell. Der Hausmanager ist zwar Anwalt dieses Themas, und er kann einen freieren Blick auf das Gesamte bewahren, um daraus Handlungsbedarfe abzuleiten. Diese beziehen sich dann jedoch auf das ganze Team.

Zwischen Hausmanager und sozialräumlichen Fachkräften mit ambulantem bzw. stationärem Schwerpunkt gibt es zwangsläufig unterschiedliche Interessenslagen und Rollen. Dies ist produktiv, wenn die Spannungsfelder artikuliert und ausgetragen werden und wenn jeder die Bereitschaft hat, erzielte Kompromisse zu akzeptieren und diese in der eigenen Arbeit verbindlich durchzusetzen. Es ist Leitungsaufgabe, diese Annäherung und einen gemeinsamen Teamgeist kontinuierlich zu fördern.

Die kritische Überprüfung, welche Rahmenbedingungen es dafür braucht, um sehr unterschiedliche individuelle Hilfeaufträge miteinander zu vereinbaren, hat zu einigen Veränderungen der Strukturmodelle im Flattichhaus geführt. Wir machten die Erfahrung, dass es im regionalen Bereich auch bezogen auf ein Gruppensetting unterschiedliche pädagogische Bedarfe gibt, die teilweise nicht miteinander vereinbar sind. In den HüTN leben immer wieder Kinder, bei denen sich bereits ab Hilfebeginn, oder im –verlauf abzeichnet, dass eine längerfristige stationäre Unterbringung möglicherweise nicht zu vermeiden ist (dies trifft v.a. bei suchtkranken, drogenabhängigen und psychisch kranken Elternteilen zu). Ein zentraler Auftrag an die HüTN-Einheit liegt dann darin, gelingende Gruppenerfahrungen zu ermöglichen. Für diese Kinder ist eine Atmosphäre zu schaffen, die nicht vom ständigen Wechsel durch Inobhutnahme- und Krisenkinder gekennzeichnet ist.

Folglich wurden in die beiden HüTN- Einheiten konzeptionelle Unterschiede eingeführt. Eine Wohngruppe bindet Eltern weiterhin sehr stark in die alltägliche Verantwortung mit ein. In diesem Team übernehmen die Fachkräfte wie bisher auch viele ambulante Hilfeaufträge im Einzelfall. Die andere Wohngruppe nimmt jedoch eher junge Menschen auf, die evtl. eine längere Aufenthaltsdauer haben werden. Eltern halten zwar in der Regel Kontakt, können oder wollen derzeit aber nicht mehr alltagspraktische Verantwortung übernehmen. Die pädagogische Arbeit bietet hier mehr Schutzraum und Ruhe.

Auch die beiden Teenie- Wohngruppen vom Flattichhaus haben sich unterschiedlich weiterentwickelt. An beiden Standorten zeigte sich, dass auch ein knapp vorgehaltener Betreuungssockel bewusst gestaltete Elemente eines Gruppenkonzeptes braucht. Beide Teams versuchen seitdem verstärkt, Jugendliche für gemeinsame Aktivitäten zu gewinnen.

Die Erfahrung zeigte aber außerdem, dass in einer der beiden Wohngruppen für Jugendliche aufgrund deren hohen Bedürftigkeit eine engere Struktur und mehr Angebote vorzuhalten sind, als ursprünglich geplant. Der Anspruch der TWG, dass sich bei Jugendlichen etwas bewegen muss, da diese Wohnform nur ein Übergang in die Zukunft ist, überfordert manche. Verselbständigung ist nicht immer das primäre pädagogische Ziel – zumal, wenn die Jugendlichen es selbst noch nicht haben und leben. Deshalb wurde in einer TWG die Betreuungszeit verändert. Diese beginnt nun bereits mit dem Schulende. Für die Arbeitsaufträge der Fachkräfte bedeutet das, dass sich die stationären Arbeitsanteile in diesem Team jeweils etwas erhöht haben.

Bewährte Elemente jedoch bleiben in allen vier sozialräumlichen Wohngruppen erhalten:

- Hausmanager als Garant für Kontinuität
- Hilfeverantwortliche im Einzelfall haben einen Blick auf das Gesamtsystem wie z.B. Schule, Ausbildungsstätte, Arbeits- und Wohnsituation der Eltern
- Flexible ambulante Aufträge im Einzelfall ergänzen die stationäre Grundversorgung
- Problemloser Wechsel in ein anderes Setting
- Zeitliche Befristung der Hilfe und sehr konkrete Zielvereinbarungen bei der Hilfeplanung
- Teilnahme auch stationärer Fachkräfte am Stadtteilteam
- Wohnortnähe der Fremdunterbringung

Neue konzeptionelle Entwicklungsrichtung: Familienwohnen

Das Flattichhaus hat die Chance, im Zentralgebäude weitere Räume für andere Wohnformen nutzen zu können. Derzeit wird an einem Einzelfall modellhaft und in kleinen Schritten entwickelt, wie sozialräumliches Familienwohnen in enger Zusammenarbeit zwischen der Jugendhilfe und dem sozialpsychiatrischen Dienst für Erwachsene sinnvoll zu gestalten ist.

Wir erleben dabei die Chance, unterschiedliche Hilfesysteme verbindlicher als bisher auf sozialräumlicher Ebene miteinander zu vernetzen. Dadurch können Fremdunterbringungen im Zwangskontext für alle Beteiligten ermutigender als bisher entwickelt werden.

5. Fazit

1. Sozialräumlich ausgerichtete Wohnformen bergen viele fachlichen Entwicklungschancen in sich, wenn *aus der Perspektive der AdressatInnen* folgende Voraussetzungen erfüllt sind:

- Die jungen Menschen wollen wohnortnah leben.
- Eltern sind bereit, irgendeine Form des Kontakts zu ihren Kindern zu halten oder zu finden.
- Familien sind bereit, mit Fachkräften eine Kooperationsbasis zu erarbeiten.

- Die wohnortnahe Hilfe richtet sich im Einzelfall an einer fundierten fachlichen Zielsetzung aus. Es geht also gerade *nicht* lediglich um Vorgaben im Geist bürgerlicher Klischees: *„Ein Kind gehört nachhause.“*

2. Eine Institution sozialräumlich auszurichten bedeutet, sich auf einen nicht mehr endenden Lernweg zu machen. Gerade wenn stationäre Hilfeformen mit den häufig sehr komplexen Konstellationen der Einzelfälle einbezogen werden, müssen hierarchieübergreifend tragende fachliche Grundhaltungen und Zielperspektiven wach im Blick bleiben und auf eine breite Basis gestellt werden. In der stationären Arbeit müssen Strukturelemente entwickelt werden, die auch *bei hohem Wellengang nicht sofort wieder über Bord geworfen* werden. Dies ist einfacher, wenn das immanente Spannungsfeld zwischen individuellen Hilfeanforderungen und institutionellen Strukturen bewusst wahrgenommen wird.

3. Förderliche strukturelle Bedingungen (eine Finanzierungssystematik, die Flexibilität ermöglicht – kleinräumige Kooperationsstrukturen mit dem Jugendamt usw.) müssen gerade bei stationären Hilfeformen mit hoch professionellen fachlich-methodischen Inhalten gefüllt werden. Team- und Personalentwicklung und die Gestaltung von Reflektionsräumen sind gerade in stationären Teams Themen von hoher Priorität.

4. Die konsequente Ausrichtung an sozialräumlichen Qualitätszielen darf nicht damit verwechselt werden, ideologisch zu agieren. Nicht alle Fremdunterbringungen sollen und können im Idealfall „um die Ecke“ stattfinden. Überregional ausgerichtete Einrichtungen mit speziellem konzeptionellem Profil werden weiterhin benötigt. Möglicherweise reduziert sich die Zahl der angefragten Fälle mittelfristig deutlich. Von einer verbindlichen und wertschätzenden Kooperation mit solchen Institutionen profitieren jedoch alle Seiten. Die Konzipierung einer bereichsbezogenen Infrastruktur ist deshalb um Instrumente zur bereichsübergreifenden Planung zu ergänzen.

5. Kein Strukturmodell lässt sich automatisch an einen anderen Ort verpflanzen und kopieren. Konzeptionen leben vor allem von Menschen, deren inneren Überzeugungen und praktischen Erfahrungen, und von dem Level der Kooperation mit Partnern. Vorgehaltene sozialräumlich ausgerichtete Hilfestrukturen können sich nur erfolgreich entwickeln, wenn sie auf einem stabilen Fundament gebaut sind. Zentrale Pfeiler dafür sind gemeinsame Planungs- und Entwicklungsprozesse mit allen Hierarchieebenen des sozialräumlichen Hilfeerbringers, ganz besonders aber auch mit dem regionalen Jugendamt (s. dazu Hinte u.a. 2003).

Literatur:

Früchtel, Frank/ Lude, Werner/ Scheffer, Thomas/ Weißenstein, Regina (Hrsg.)(2001): Umbau der Erziehungshilfen. Weinheim

Hinte, Wolfgang/ Litges, Gerhard/ Groppe, Johannes (2003): Sozialräumliche Finanzierungsmodelle. Berlin

JULE (Forschungsprojekt Leistungen und Grenzen von Heimerziehung)(1998): Leistungen und Grenzen von Heimerziehung. Ergebnisse einer Evaluationsstudie stationärer und teilstationärer Erziehungshilfen. Bonn

Peters, Friedhelm/ Koch, Josef (Hrsg.)(2004): Integrierte erzieherische Hilfen. Weinheim/München

Fallprototyping als Evaluationsmodell sozialräumlicher Fallarbeit

Maria Klausner, Gerd Rose, Heinz Schätzel, Ulrike Stehle

Ein Projekt der sozialräumlichen Neuausrichtung der Jugendhilfe wie in Rosenheim benötigt – neben effektivem Projektmanagement – drei technische Managementsysteme:

In der im Jahr 2003 zwischen den am sozialräumlichen Umbau der Erziehungshilfe beteiligten Träger vereinbarten gemeinsamen Vision wurde festgeschrieben: „Wenn die ressourcenorientierte Sicht der Fachkräfte sich in einem kompetenten *methodischen* Handeln konkretisiert, wird dauerhaft eine Erziehungshilfearchitektur entstehen können, die optimale Ergebnisse für die AdressatInnen wie auch eine hohe Mitarbeiterzufriedenheit möglich machen wird. Ein *Qualifizierungssystem* für Mitarbeiter ist daher ein wesentlicher Bestandteil unseres Umbaus der Erziehungshilfen. Wir werden zudem ein *Qualitätssicherungssystem* entwickeln, dass uns hilft zu überprüfen, ob wir unseren Anspruch einer adressaten- und sozialraumorientierten Arbeit erfüllen. Ein neues *Finanzierungssystem* ist zu entwickeln, das die Ziele der sozialräumlich orientierten Erziehungshilfe unseres Umbaus unterstützt“ (Stadt Rosenheim 2004, S. 3).

Fallprototyping als Qualitätssicherungssystem

Ein Teil unseres Qualitätssicherungs-Systems, das so genannte Fallprototyping, soll hier vorgestellt werden. Dabei handelt es sich um ein Quality Management Verfahren (vgl. Merchel 2004, S. 52 ff.) in dem *Prozess*- und *Ergebnis*qualität (vgl. Merchel 2004, S. 39) evaluiert und optimiert werden.

Seine quantitative Ausrichtung ermöglicht auch den Einsatz als Benchmarking zwischen den drei Regionen. Ursprünglich wurde das FPT als Übergangsverfahren bis zur Bestimmung von Regionszuständigkeiten freier Träger konzipiert.

Freien Trägern und dem RSD sollte schon vor der Bildung von Sozialraumteams Gelegenheit gegeben werden, nach den in der Vision benannten fachlichen Zielen zu arbeiten und Maßanzüge zu entwickeln. Die Rosenheimer Träger hatten dadurch Gelegenheit, ihre sozialräumliche Leistungsfähigkeit zu demonstrieren bzw. zu erproben und boten sich und dem öffentlichen Träger ein Hilfsmittel zur Festlegung von Schwerpunktträgern bzw. -verbünden. Schließlich konnten durch die Konzentration auf die im Projekt beteiligten Rosenheimer Träger die Mittel für Erziehungshilfe auch ohne Sozialraumbudget im Projekt gehalten werden.

Schritt 1: Etablierung eines Evaluationssystems und Vereinbarung von Evaluationskriterien

Für jeden vom RSD neu als Erziehungshilfe-Fall identifizierten Fall wurde ein Ressourcencheck (vgl. Budde/Früchtel/Loferer 2004) sowie eine Beschreibung der Situation gefertigt, die den Erziehungshilfe-Auftrag explizierte.

Die Situationsbeschreibung des Jugendamtes beinhaltet folgende Ebenen:

1. Personalien und Familienverhältnisse des Hilfeempfängers
Name (anonymisiert), Alter, Wohnort/Region
Eltern/Sorgeberechtigte/Geschwister (anonymisiert) Alter, Wohnort

Wer hat den Fall gemeldet? Was war Anlass des Erstkontaktes?

2. Beschreibung der Situation
aus der Sicht des Kindes/Jugendlichen, aus Sicht der Eltern, aus der Sicht des Jugendamtes, aus der Sicht weiterer Profis, z.B. EB, Schule, Gutachter (auch mit Blickwinkel auf den Sozialraumbezug)

3. Ressourcencheck (alle drei Punkte sind Pflichtbearbeitungspunkte für den RSD)
Stärken des Kindes/Jugendlichen
Ressourcen und Stärken der Familie und des Umfeldes
Ressourcen des Sozialraumes, die die Betroffenen oder der RSD in den Maßanzug einzubauen vorschlägt

4. Was will bzw. wollen das Kind, der Jugendliche, die Eltern, das Jugendamt
Hier auch diskrepante Vorstellungen benennen!

Allen sieben Rosenheimer HzE-Trägern wurden die anhand ihrer Stärken beschriebenen Fälle zur Bearbeitung angeboten. Fühlte sich ein Träger imstande, einen Maßanzug zu schneidern, machte er dies innerhalb von fünf Arbeitstagen durch eine Letter of Intent deutlich. Die erste Letter of Intent erhielt den Zuschlag. Danach erfolgte die Lösungsplanung im Sinne der Projektstandards zusammen mit den Betroffenen. In diesem Prozess entstehen insgesamt drei Dokumente:

1. Situationsbeschreibung des RSD
2. Lösungsplanungs-Dokumentation des freien Trägers oder RSD
3. Bericht des freien Trägers über Umsetzung und Fortschritt nach vier bis sechs Wochen

Diese drei Dokumentationen bilden dann das Rohdatenmaterial der Evaluation. Der Vorteil dieser Datenerhebung ist, dass es sich um Papiere handelt, die im Alltagsgeschäft entstehen und keinerlei Mehrarbeit der Fachkräfte verlangen. Der Nachteil ist: Die Qualitätssicherung des Fallprototyping bezieht sich ausschließlich auf verschriftlichtes Material. Auf das zusätzliche Erkenntnispotenzial von eigens durchgeführten Befragungen oder Beobachtungen wurde verzichtet, um die Qualitätssicherung ohne nennenswerten Mehraufwand durchführen und kontinuierlich realisieren zu können. Nur solche Verfahren lassen sich auf Dauer stellen, die im Alltag Platz haben und keine Extra-Klimmzüge verlangen (vgl. Merchel 2004, S. 107).

Nach jeweils 15 Fällen erfolgt ein Auswertungsworkshop, an dem alle Fachkräfte als Evaluateure teilnehmen. Die Kriterien für die Auswertung werden bei der Entwicklung des Fallprototypings (also vor Beginn der Fallarbeit) aus den beiden Projektzielen abgeleitet:

1. Stärken und Wille der AdressatInnen sind der Ausgangspunkt der Hilfen zur Erziehung.
2. Integrative Lösungen werden durch Einbezug von Regelsystemen und Sozialraum-Ressourcen erreicht.

Dabei handelt es sich um relativ ideale Zielvorstellungen, die natürlich nur mehr oder weniger realisierbar sind. Das Fallprototyping dient dazu zu erforschen, wie nah man den selbst gesteckten Zielen kommt, in welchen Bereichen das eher oder weniger gelingt und was die Gründe dafür jeweils sind.

Operationalisiert man die Projektziele, die als Merkmale für zielbezogenes professionelles Handeln gelten können und ordnet diese Evaluationskriterien anhand der Ebenen „Prozessqualität“ und „Ergebnisqualität“, so ergibt sich folgendes Vierfelder-Tableau, das natürlich von Anfang an allen Fachkräften bekannt sein sollte.

Evaluationskriterien		
Entwicklungsziele	*Prozessqualität*	*Ergebnisqualität*
Stärken und Wille der AdressatInnen sind der Ausgangspunkt.	1. Die Stärken, Talente und Kompetenzen des Adressaten sind klar formuliert: →SB[1] 2. Der Wille der Adressaten wird dokumentiert: →SB+LP 3. Es finden Bearbeitungen des Wunsches zum Willen und des Willens zu Zielen statt. 4. Die Beschreibungen und Ziele sind in einer positiven, herausfordernden Sprache formuliert, die die der AdressatInnen ist. 5. Die Stärken und Ressourcen der einzelnen Bezugspersonen/Familienmitglieder sind formuliert. 6. Der Prozess dieser Entwicklung ist als Heimspiel organisiert und Beteiligung wird maximiert: →LP 7. Die Hilfeplanung ist prozesshaft: → LP 8. Alle schriftlichen Dokumente sind in der Sprache der Lebenswelt formuliert.	9. Lösungsarrangements werden auf der Basis der Stärken und Ressourcen des Adressaten, seines Netzwerkes, seines Familiensystems entwickelt: →TB 10. Das Lösungs-Setting zeichnet Veränderungen der Situation des Adressaten zeitnah nach. 11. Die sich wandelnden Settings werden aus einer Hand und im Rahmen konstanter Bezugspersonen verwirklicht. 12. Die Arrangements werden innerhalb von fünf Arbeitstagen installiert. 13. Lebensweltexperten sind Leistungserbringer.

1 Die in der Tabelle enthaltenen Abkürzungen verweisen auf die Dokumente, die das Verfahren in diesem Ausschnitt nutzt: SB = Situationsbeschreibung, LP = Lösungsplanung, TB = Trägerbericht)

Integrative Lösungen durch Regelsystemen und Sozial-raum-Ressourcen	14. Die Beziehungen und Netzwerke des Adressaten sind im Detail bekannt und in ihrem Leistungspotenzial beschrieben: → LP 15. Die Stärken und Möglichkeiten des Sozialraums wurden gesucht: → LP	16. Auf der Basis der Ressourcen des Sozialraums werden Arrangements entwickelt 17. Der Maßanzug stellt Integration sicher, indem er an Regelangebote und Normaleinrichtungen anschließt. Lebensbezüge bleiben erhalten: → TB 18. Volunteers arbeiten mit. 19. Die Hilfen sind so klein und so kurz als möglich. 20. Die Wirkung der Fachkräfte ist nach Beendigung der Hilfe nicht mehr sichtbar, d.h. verselbstständigend und nicht abhängig machend und zwar von Anfang an. 21. Der Abschluss der professionellen Leistung ist von Anfang an eingeplant.

Schritt 2: Auswahl von Evaluationskriterien und Indikatorenkonstruktion

Aus diesen insgesamt 21 Kriterien wird je Evaluationsrunde eine Auswahl von 4 bis 8 Kriterien getroffen, die die Grundlage der jeweils aktuellen Auswertung bilden. Weiterhin wird festgelegt, in welchen der vorhandenen Datenquellen dieses Kriterium überprüft werden sollte (siehe Fußnote 1).

Um die Realisation der Ziele mess- und vergleichbar zu machen, bedarf es dann einer Übersetzung ins Quantitative. Darüber lässt sich streiten. Denn quantitative Ausdrucksformen von Messungen sind natürlich immer nur so gut, wie sie zu selbstkritischer und gründlicher Reflexion der eigenen Arbeit Teams positiv anregen und zur Weiterentwicklung der Erziehungshilfepraxis genutzt werden können.

Die folgenden Tabellen geben einen Überblick zu den entwickelten Indikatoren. Zugleich sieht man Auszüge aus einem Vollstandardisierten Fragebogen zur Erfassung der Indikatorenwerte. Wir haben die Teile des Fragebogens weggelassen, die sich doppeln, weil derselbe Indikator bei zwei verschiedenen Datenquellen angewandt wurde. Auch die Teile des Fragebogens, die rein der Erklärung dienen, was zu tun ist, sind nicht abgedruckt.

Ausgefüllter Erhebungsbogen für den Fall 1 zur Erfassung des Evaluationskriteriums 1 (Die Stärken, Talente und Kompetenzen des Adressaten sind klar formuliert) in den Situationsbeschreibungen

	1: Wie viele verschiedene Stärken des jungen Menschen werden genannt?	1: Wie viele dieser Stärken wurden konkretisiert, z.B. durch Darstellung des Kontextes oder Nennung eines Beispiels?	1: Aus wie vielen der u.g. Lebensbereiche wurden Stärken des jungen Menschen genannt?	
	→durchzählen, Gleiches aber nicht doppelt zählen	→durchzählen	→ erst ankreuzen, dann Kreuze zählen	
Ausgezeichnet:	30	20	8	
Fall Nr.: **1**	**3**	**3**	☒ Schule/ Arbeit ☐ Freunde ☒ Familie ☐ Freizeit ☐ Haushalt ☐ Nachbarn	☐ Verein ☐ Hobby ☐ Partnerschaft ☐ Stadtteil Anzahl: **2**

Der oben dargestellte Erhebungsbogen bezieht sich auf das Dokument „Situationsbeschreibung". Als Indikator für eine Fallarbeit, die an den Stärken der AdressatInnen anschließt, wurden für die Dokumentenanalyse die Indikatoren (1) Anzahl der genannten Stärken, (2) Beschreibung des Kontextes, in dem die Stärken als Stärken gesehen werden und (3) Lebensbereiche, in denen die Stärken beobachtet werden konnten, gewählt. Die dritte Zeile („ausgezeichnet") stellt den Theoriemaßstab dar. Wer einen Ressourcencheck nach allen Regeln der Kunst durchführt, kann ohne Probleme 30 Stärken seines Klienten nennen. Und erst der Indikator „Nennung des Stärkenkontextes" kann in etwa verhindern, dass einfach Stärkenattribute „von der Stange" genannt werden. Am Indikator „Herkunft der Stärken" kann schließlich deutlicher werden, wie viel „Lebenswelt" in Situationsbeschreibung und Lösungsplanung oder Trägerbericht steckt oder ob nur das an Stärken abgebildet wird, was Profis im Rahmen ihrer Hausbesuchsroutine oder Lehrer im Rahmen ihrer Unterrichtserfahrungen haben nennen können.

Die nachfolgenden Erhebungsbögen folgen dem oben dargestellten Muster und stellen nur eine Auswahl dar.

Erhebungsbogen für die Lösungspläne zur Erfassung der Evaluationskriterien 14 und 15, wobei 15 a nur als Vergleichswert zu 15 erhoben wird (Fall 8):

	14: Wie viele Ressourcen der Familie von X sind genannt? X selbst nicht mitzählen	14: Wie viele Ressourcen des sozialen Netzes von X sind genannt?	15a: Wie viele Ressourcen professioneller Hilfsorganisationen sind genannt?	15: Wie viele relevante Ressourcen von Regelsystemen sind genannt?
	→durchzählen, Gleiches aber nicht doppelt zählen			
Fall Nr.: **8**	**15**	**6**	**3**	**1**

Erhebungsbogen für die Lösungspläne zur Erfassung der Evaluationskriterien 6 und 7 (Fall 8):

	Erkennen Sie aus der Dokumentation, wie der Prozess der Lösungsplanung als Heimspiel organisiert wurde?		
→ LP Lösungsplanung	6: Ist genannt, wie man durch die Wahl von Ort und Zeit die Betroffenen stark machte?	6: Anzahl der anwesenden 2 Lebensweltleute: 4 Profis:	7 Wie oft ist die Rede von Weiterentwicklungen, Korrekturen der Vereinbarungen, Feedbackschleifen oder Auseinandersetzungen mit dem jungen Menschen?
Fall Nr.: 8	☐ eher ja ☒ eher nein	Verhältnis LW:P = 50%	→durchzählen 2

Erhebungsbogen für die Trägerberichte zur Erfassung der Evaluationskriterien 9 und 17 (Fall 8):

Wie beurteilen Sie…											
9: Nutzung der Ressourcen der Familie von X für die Lösung?				9: Nutzung der Ressourcen des Netzwerkes von X für die Lösung?				17: Einbindung der Lösung in Regelsysteme?			
Lösung ist aus Ressourcen der Familie geschneidert				Lösung ist aus Ressourcen des Netzwerkes geschneidert				Lösung ist in Regelsysteme eingebunden			
überhaupt nicht	eher nicht	eher schon	Ausschließlich	überhaupt nicht	eher nicht	eher schon	ausschließlich	überhaupt nicht	eher nicht	eher schon	ausschließlich
Nummer ankreuzen											
1	2	3 ×	4	1	2 ×	3	4	1	2	3 ×	4

Schritt 3: Messung

Die Daten für das Evaluationsverfahren stecken also in Dokumenten - Situationsbeschreibung (SB), Lösungsplanung (LP) und Trägerbericht (TB) - die im Rahmen von vier Monaten in den Sozialraumteams entstehen. Da nicht alle Hilfeprozesse sich so entwickeln, wie vom Verfahren idealtypisch angenommen, stehen schließlich nicht für alle Prozesse die erwartete Anzahl von Dokumenten zur Verfügung.

An dem sich anschließenden Auswertungsworkshop nehmen alle Leitungskräfte des Jugendamtes und der sieben freien Träger teil. Dies erscheint sinnvoll, weil das Verfahren ja neben der Evaluation auch eine Bedeutung bei der Auswahl der freien Träger für die Regionen hat. Sichergestellt wird, dass die Ergebnisse des Workshops mit den fallführenden SozialarbeiterInnen der beteiligten Träger besprochen werden.

Nach der Vorstellung des Verfahrens werden die Erhebungsbögen in Einzelarbeit eingesetzt. Das heißt: Jeder der anwesenden Profis erhält von den insgesamt vorliegenden 45 Dokumenten (15 Fälle mit je 3 Dokumenten) zwei bis drei anonymisierte Dokumente, die nicht in seiner Zuständigkeit erarbeitet worden sind. Die Bearbeitung der Dokumente dauert etwa 45 Minuten. In dieser Zeit prüfen die TeilnehmerInnen die Dokumente zum Beispiel auf die jeweils genannten Stärken der AdressatInnen oder die in der Lösungsplanung verwandten Ressourcen und tragen ihre Ergebnisse in den Bogen ein.

Interessant: Das Verfahren scheint einigermaßen verlässlich, die Indikatoren trennscharf. Dafür spricht, dass eine Kontrollgruppe aus Studierenden der Universität Bamberg, die die Fragebögen zwei Wochen vorher auf die Dokumente angewandt haben, zu sehr ähnlichen Ergebnissen kamen.

Nach der Einzelarbeit werden die Ergebnisse sofort von den TeilnehmerInnen auf DIN-A-0-Plakate übertragen, wodurch ein Überblick über alle Fälle entsteht.

Vor der Eintragung werden die WorkshopteilnehmerInnen allerdings noch gebeten, ihre eigene Prognose abzugeben: „Was glauben Sie: Wie viele Stärken werden im Durchschnitt pro Fall genannt?“ (Erwartungswert). Für die Bewertung der Ergebnisse kommt es vor allem auf den Maßstab an, den die Profis selbst an ihre Arbeit anlegen. Und nur aus einer Differenz zwischen ihrem Anspruch und ihrer Wirklichkeit kann der Ehrgeiz gewonnen werden, sich gründlich mit dem Ergebnis auseinander zu setzen.

In der Mittagspause des Workshops werden die Plakate ausgewertet, Mittelwerte gebildet und Mediane berechnet. Im letzteren Falle werden „Ausreißer“, also eine Anzahl besonders hoher und besonders niedriger Ergebnisse aus der Berechnung herausgenommen.

Schritt 4: Interpretation und Konsequenzplanung

Da die Evaluation nur Dokumente nutzt, sagt sie natürlich nur mittelbar etwas über die Qualität der Fallarbeit aus. Das schützt die jeweilige Fachkraft, und uns war die selbstkritische Bewertung der Ergebnisse im Dialog fast wichtiger ist als die Messung selbst (vgl. Lambach 2003, S. 101).

An dieser Stelle werden lediglich einige Daten interpretiert. Generell muss vorausgeschickt werden, dass der Anspruch, eine Fallbearbeitung zu demonstrieren, die den Kriterien einer an den Stärken, dem Willen und den Gelegenheiten des sozialen Raums orientierten Fallarbeit entspricht, am Beginn eines Projektes eine

Anforderung darstellt, die nicht so gelingen kann, wie sie gelingen wird, wenn die Fachkräfte über einen längeren Zeitraum in Sozialraumteams fallunspezifisch gearbeitet und ressourcenmobilisierende Techniken routiniert beherrschen.

Auf einem Plakat A haben wir ausgewertet, wie viele Stärken des jungen Menschen genannt wurden, ob sie in Kontexten beschrieben wurden und aus wie vielen Lebensbereichen sie stammen. Die TeilnehmerInnen des Workshops prognostizierten ihre Ergebnisse eher realistisch. Sie gingen vor der Evaluation davon aus, dass die Situationsbeschreibungen im Mittel eher wenige Stärken benennen und dass sie in der Regel auch nicht in den Beobachtungskontexten beschrieben wurden. Der Grund für die relativ überschaubare Anzahl der genannten oder gerahmten Ressourcen ist eher schlicht. Als standardisiertes Vorgehen im Rahmen des Fallprototyping war ein Ressourcencheck vorgesehen, ein Verfahren das systematisch Stärken sammelt und dabei VertreterInnen verschiedener Lebensbereiche einbezieht. Dieser Ressourcencheck sieht im sog. „Feedback zum Feedback" explizit die Kontextualisierung der genannten Stärken vor.

Die Werte legten nahe, dass die geforderten Ressourcenchecks selten durchgeführt wurden. Das nun wiederum kann verschiedene Gründe haben: mangelnde Routine in der Durchführung, keine Zeit, vermutete geringe Akzeptanz auf der Seite der AdressatInnen usw. Eine Spalte beurteilten wir aber als Erfolg: Im Durchschnitt bezog sich der Stärkenblick der Fachkräfte auf drei bis vier Lebensbereiche.

Das Plakat B: Ein Projektziel ist es, dass das Material, aus dem Lösungsarrangements gestrickt werden, Ressourcen sind, die die AdressatInnen in ihrer Lebenswelt gewinnen. Das schien bei den vorhandenen Lösungen der Fall zu sein. Auffällig ist der starke Anteil familiärer Ressourcen. Möglichkeiten, die in den sozialen Netzen der AdressatInnen stecken, tauchen in den Lösungen eher nicht auf. Das kann ein Hinweis auf die Leistungsfähigkeit der Familien sein. Sicher ist es aber auch sinnvoll darüber nachzudenken, inwieweit durch geeignete Verfahren (z.B. Eco-Mapping, vgl. Budde/Früchtel 2005) das Augenmerk auf soziale Netzwerke und deren Potenziale gelenkt werden könnte.

Das auf einem Plakat C ausgewertete Evaluationskriterium 17 beurteilt die „integrative Qualität von Lösungenssettings". Die TeilnehmerInnen wurden gebeten, auf einer Skala einzuschätzen, inwieweit die weiterentwickelten Lösungen aus Ressourcen der Familien, ihren Netzwerken, oder aus den Möglichkeiten von Regel- oder Spezialeinrichtungen bestehen. Das Ergebnis bestätigt, was die Evaluation der Lösungs*planungen* bereits erwies: Auch hier stützen sich Lösungen am ehesten auf die Ressourcen der Familien selbst und greifen die Ressourcen der Netzwerke der AdressatInnen kaum auf.

Das Plakat D greift die Frage auf, inwieweit die Fachkräfte Lösungsplanung so betrieben haben, dass diese ein Heimspiel für die AdressatInnen war. „Heimspiel" steht als Metapher für Gesprächs- und Verhandlungssettings, die AdressatInnen sicher machen, weil sie gewissermaßen das „Hausrecht" dabei haben. Das kann z.B. die Entscheidung für bestimmte Orte sein. Gespräche finden dann nicht im Besprechungsraum des ASD, sondern in der Kirchengemeinde oder in der (eventuell noch nicht geöffneten) Stammkneipe der AdressatInnen statt. Das kann aber auch die Auswahl der TeilnehmerInnen und deren Rolle und Rechte im Gespräch sein. Die Freunde sind dann eben mit dabei und der Klassenlehrer nur als Berichterstatter, der auch wieder gehen muss. Heimspiel meint alles, was aus Sicht der AdressatInnen passt und diese stärkt. Als weiterer Indikator wurde das Verhältnis Profivertreter : Lebensweltvertreter in Lösungsplanungsgesprächen gewählt (zur Bedeutung dieses Verhältnisses: vgl. Früchtel/Budde 2003, S. 12-21).

Die Evaluation der Dokumente macht eher deutlich, dass die Kategorie „Heimspiel" den Fachkräften wenig bekannt ist. Die Evaluatoren wurden zum Teil einfach nicht fündig. In nur acht Dokumenten war herauszulesen, wie die Lösungsplanungsgespräche zusammengesetzt waren. Die Profis waren in der Regel knapp in der Überzahl. In einem Fall saß ein Klient nicht weniger als fünf Professionellen gegenüber. Sicher wäre es sinnvoll, in unseren Teams darüber nachzudenken, welche Chancen für Besitzerschaft von Lösungen und deren Nachhaltigkeit in einem gewollten Übergewicht der Lebenswelt bei der Lösungsplanung liegen.

Die Interpretationen verdeutlichen einige Aspekte der Diskussion im Rahmen des lediglich dreistündigen Workshops. Die geringe Zeitinvestition sehen wir ausdrücklich als Stärke unseres Evaluationsverfahrens. Denn das Entscheidende ist immer die Konsequenzenplanung, die nicht in der wissenschaftlich ausgefeilten Auswertung geschieht, sondern im Diskurs der Beteiligten, angeregt durch eine methodische Provokation, wie sie das Fallprototyping schafft. Wenn Fachkräfte mit den Anregungen an ihre Werkbank, in ihr Team, in ihre Supervision gehen und Konsequenzen ziehen, dann erst hat sich die Qualität eines Qualitätsentwicklungsverfahrens bewiesen.

Literatur

Budde, Wolfgang/ Früchtel, Frank/ Loferer, Andrea (2004): Ressourcencheck. Ein strukturiertes Gespräch über Stärken und was daraus zu machen ist, in Sozialmagazin 29. 6/2004, S. 14–22

Budde, Wolfgang / Früchtel, Frank (2005): Sozialraumorientierte Soziale Arbeit – ein Modell zwischen Lebenswelt und Steuerung, in: Nachrichtendienst des Deutschen Vereins 85. 7/2005, S. 238-242 und 8/2005, S. 287-292

Früchtel, Frank/ Budde, Wolfgang (2003): Familienkonferenzen. Oder: Ein radikales Verständnis von Betroffenenbeteiligung, in: Sozialmagazin 28, 3/2003, S. 12-21

Lambach, Rolf (2003): Messung von Ergebnisqualität, in: SPI 2003, S. 95-103

Merchel, Joachim (2004): Qualitätsmanagement in der Sozialen Arbeit. Weinheim/München

Stadt Rosenheim (2004): Vision für die Rosenheimer Jugendhilfe (Grundlagenpapier der im Umbauprozess engagierten Träger und der Stadt Rosenheim). Rosenheim

E

Sozialraumorientierung in der Aus- und Fortbildung

Projektstudium: Sozialraumorientierung im Hochschul-Studiengang „Soziale Arbeit“

Gerhard Litges

Einleitung

Ohne eine theoretisch fundierte und möglichst praxisnahe Ausbildung kann niemand die Sozialraumorientierung in der Sozialen Arbeit begreifen, geschweige denn praktizieren. Dabei leuchtet die Erkenntnis heute unmittelbar ein, dass es im Rahmen einer solchen Ausbildung intensiver Praxiserfahrung und nicht nur theoretischer Erkenntnis bedarf, um den Anforderungen gerecht zu werden, die eine zunehmend komplexere Gesellschaft an die sozialen Berufe stellt. Umso befremdlicher, dass die dafür anerkanntermaßen besonders geeignete Form des Projektstudiums zwar in vielen anderen Fachbereichen durchaus üblich ist, in der Sozialen Arbeit jedoch eher ein Schattendasein führt.

„Lange schon ist es totgesagt. Aber an verschiedenen Stellen unserer Republik blüht es noch. Denn die Vorzüge sind unbestritten. Nur fordert es einiges an Engagement.“ So beschreibt die Fachzeitschrift sozial extra 6/88 schon zum Ende der 80er Jahre das Projektstudium in den Studiengängen Sozialarbeit und Sozialpädagogik als vermeintliches Auslaufmodell. Tatsächlich haben nur wenige Projekte überlebt; an dieser Stelle wird nun dargestellt, wie sich die Essener Stadtteilprojekte, die schon verschiedentlich der Fachöffentlichkeit präsentiert und diskutiert wurden, als sozialraumorientierte Projekte weiterentwickelt haben, welche ihre Wurzeln sind und wie sie sich angesichts aktueller fachlicher Tendenzen heute darstellen.

1. Projektstudium in Essen – Früher war alles besser, oder: Stadtteilbezogene Soziale Arbeit lernen

Die 70er Jahre hatten der sozialen Arbeit neben den aus der wirtschaftlichen Rezession erwachsenen Problemen Professionalisierung, Verwissenschaftlichung und einen erheblichen methodischen Reformschub gebracht: zwar wurde schon damals bezweifelt, dass der Sozialstaat weiterhin bezahlbar sein würde und die Argumente, die sich heute auf zu hohe Lohnnebenkosten, sinkende Standortqualität und die vermeintlich zahlreichen Missbräuche öffentlicher Transferleistungen beziehen, waren schon damals zu hören. Gleichzeitig jedoch erfuhr der Sektor der sozialen Arbeit auch einen erheblichen quantitativen Ausbau, der bis in die späten 90er Jahre hinein anhielt. Dabei waren Ansätze der Gemeinwesenarbeit, mit denen man seit den späten 60er Jahren versucht hatte, die Deklassierten und Besitzlosen zu mobilisieren, angesichts anhaltender Erfolglosigkeit etwas ins Abseits geraten. In Ausbildung und Praxis wies die allgemeine Tendenz vielmehr in Richtung Verwissenschaftlichung, und eine wachsende Spezialisierung der Fachkräfte, die als Professionalisierung verstanden wurde, erbrachte eine zunehmende Methodenvielfalt. Angesichts einer weitgehenden Ernüchterung bezüglich der Durchschlagskraft politischer Ansätze richteten die meisten ihre Anstrengungen auf eine Intensivierung der Einzelfallarbeit und wandten sich von weitergehenden gesamtgesellschaftlichen Zielen ab. In der Folge kam es im Bereich der Einzelhilfe tatsächlich zu einem erheblichen Qualitätszuwachs, sie vermochte jedoch keinerlei strukturelle Effekte in der Gesellschaft, etwa in Bezug auf das kontinuierlich wachsende Problem der Arbeitslosigkeit, auszulösen.

Zunächst vereinzelt, allmählich aber nahezu flächendeckend wurde als Alternative zu einseitig einzelfallorientierter Arbeit auf der einen und (offenbar chancenloser) auf die Gesellschaft als Ganzes bezogenen Aktivitäten auf der anderen Seite die lokale Ebene zumindest in der Theorie (wieder-)entdeckt. Studierende wie PraktikerInnen fanden hier ein Feld vor, das in Vergessenheit zu geraten drohte bzw. zuvor lange Zeit ignoriert worden war. In den wenigen Praxisprojekten - und hier spielten die Essener Projekte eine Pionierrolle - wurde bald deutlich, dass dieses Feld die Chance bot, zahlreiche Dimensionen privaten, sozialen, fachlichen und politischen Lebens miteinander zu verknüpfen und völlig neue, auf gelingendes Alltagshandeln zielende Lern- und Arbeitserfahrungen zu ermöglichen. Im Rahmen des in Essen entwickelten Konzepts der „Stadtteilbezogenen Sozialen Arbeit“, das im Rahmen eines Kooperationsprojekts zwischen Stadt Essen, Arbeiterwohlfahrt und Universität praktisch erprobt wurde, wurden Begriffe wie Kooperation, Selbsterfahrung, Beteiligung, Aktivierung (erneut) in die Debatte eingeführt und spielten eine tragende Rolle in der Essener Praxis und Ausbildung (vgl. dazu Hinte/Springer/Metzger-Pregizer 1982).

Die Tätigkeiten und Aufgaben von Studierenden erfuhren erhebliche Veränderungen: nicht mehr die passive, bereits existierende Konzepte rezipierende Haltung war gefragt, sondern es ging darum, auf der Basis eines erziehungskritischen Ansatzes und gemäß einiger weniger Prinzipien zu agieren, die als Wegmarken und Orientierungshilfen gedacht waren und nicht als unumstößliche Gesetze und Handlungsvorschriften. Damit waren weitgehende Experimentiermöglichkeiten eröffnet, die von Studierenden und Fachkräften vor Ort in unterschiedlicher Weise genutzt wurden. Für Studierende, die auf der Suche nach beruflicher Identität über die hergebrachten Helferrollen und -methoden hinauswachsen wollten, ergaben sich hier zahlreiche Möglichkeiten, die Hierarchien zwischen HelferInnen und vermeintlich Hilfesuchenden zu lockern und (mehr oder weniger subversiv) den Schulterschluss mit den StadtteilbewohnerInnen zu üben. Über die aktive und offensive Auseinandersetzung mit Personen und Institutionen des Stadtteils konnte so ein eigenes Profil gewonnen werden, und es bestand die Möglichkeit, die theoretischen wie praktischen Implikationen des Arbeitsansatzes der Stadtteilarbeit unmittelbar zu begreifen und weiterzuentwickeln.

Konkret sah dies beispielsweise so aus, dass eine von StudentInnen begleitete Gruppe von StadtteilbewohnerInnen aus Protest gegen den lauten Straßenverkehr einen Autobahnzubringer besetzte und sperrte, während gleichzeitig professionelle MitarbeiterInnen des Stadtteilprojekts mit aufgebrachten PolitikerInnen (die sich als einzig legitimierte VertreterInnen des Volkes sahen) Gespräche darüber führten, wie der Konflikt zu lösen sei. Oder NutzerInnen von Beratungen wurden jenseits des Beratungskontextes angeregt, eigene Initiativen im Freizeitbereich zu entwickeln. Oder belebte Plätze im Stadtteil wurden aufgesucht und Gespräche mit BewohnerInnen geführt, die lediglich der Kontaktaufnahme und dem Kennen lernen von Menschen und Stadtteil dienten und keinen unmittelbar sozialarbeiterisch-helfenden Zweck verfolgten.

Betroffenheiten aufzuspüren und BewohnerInnen des Stadtteils zu eigener Aktivität anzuregen trat an die Stelle einer ausschließlich nachsorgenden Hilfeleistung und ermöglichte den Studierenden u.a., Hierarchien abzubauen, die durch Hilfeleistungen häufig entstehen. Nicht mehr die hilfesuchende Person wurde als die Grundeinheit sozialarbeiterischen Handelns gesehen, sondern der Stadtteil rückte mit seinen Menschen, Strukturen, materiellen und institutionellen Rahmenbedingungen in den Mittelpunkt der studentischen Aufmerksamkeit. Erst dadurch wurde den Studierenden deutlich, dass Hilfesuchende nicht auf ihr Problem reduziert werden dürfen, sondern auch und gerade mit ihren Stärken und Interessen zur Entwicklung des Stadtteils beitragen können. Unterstützung im Sinne von Hilfe zur Selbsthilfe und Orientierung an Interessen und Betroffenheiten schlossen sich also nicht aus, sondern ergänzten einander.

Um die dazu notwendigen Fähigkeiten zu entwickeln, bedurfte es für die Studierenden einerseits der Fähigkeit, auf der theoretischen Ebene zu begreifen, was da vor sich ging, in welchem gesamtgesellschaftlichen, sozialen, politischen und fachlichen Rahmen man tätig war. Zu diesem Zweck konnte in kleinen und überschaubaren Gruppen Wissen erarbeitet werden und es wurden Diskussionen geführt, die im krassen Gegensatz zu den eher anonymen Seminaren in unpersönlichen und kühlen Räumen der Massenuniversität standen.

Andererseits aber bot dieser Rahmen die für die Ausbildung in einem kommunikativen Beruf entscheidende Möglichkeit, persönliche Kompetenzen zu erkennen, kritisch zu hinterfragen und auszubauen. Supervisionen und Methodentrainings, für die der kleine, eher intime Rahmen unverzichtbar ist, wurden im Rahmen der Projekte erst wirklich möglich, da hier Studierende nicht nur für 90 Minuten pro Woche zusammenkamen. Vielmehr fanden über mehrere Semester hinweg eine intensive Zusammenarbeit und fachliche wie auch persönliche Auseinandersetzung statt, wie sie im Rahmen des normalen Universitätsbetriebs undenkbar gewesen wäre.

Aus der Bereitschaft zum persönlichen Engagement, zum Sich-Einlassen auf persönliche Wachstumsprozesse erwuchs bei vielen Studierenden in den frühen Phasen der Essener Stadtteilprojekte das Bewusstsein, etwas Einzigartiges und Neues zu machen, in der bundesweiten Sozialarbeiterszene deutlich wahrgenommen (wenn auch nicht immer geliebt) zu werden und an einer grundlegenden Erneuerung der sozialen Arbeit beteiligt zu sein. Entsprechend selbstbewusst (oder auch arrogant oder übermütig) waren die Auftritte, die ProjektstudentInnen auf Fachtagungen und -kongressen ablieferten.

Spätestens im Verlauf der 90er Jahre jedoch wurden die Herausforderungen auch an die Stadtteilarbeit immer komplexer. Im Zuge der Weiterentwicklung des Arbeitsansatzes zur Sozialraumorientierung in der Sozialen Arbeit traten neben die Beteiligung an den herkömmlichen Feldern der sozialen Arbeit sowie an Prozessen der Stadtentwicklung, der politischen Willensbildung usw. Aktivitäten etwa im Rahmen der Verwaltungsreform, der Finanzierung oder der institutionellen Neuorganisation, die für StudentInnen immer weniger nachvollziehbar waren. Die Freiheiten und flexiblen Lernstrukturen, die im Rahmen des Projektstudiums offeriert wurden, drohten immer häufiger in Orientierungslosigkeit umzuschlagen und machten weitergehende, klarere, aber eben auch einschränkendere und begrenzendere Strukturen notwendig.

2. Projekte heute: Sozialraumbezug lernen - Studentische Ausbildung in klaren Projektstrukturen

Ausgehend von den Strukturen, die sich als funktional für die Vermittlung der Stadtteilarbeit erwiesen hatten, wurde im Verlauf der Weiterentwicklung von Arbeitsansatz und Studienordnung ein Rahmen für das Projektstudium entwickelt, der sowohl klare Orientierungshilfen für das Studium an der Hochschule insgesamt als auch Freiheiten zum Erwerb praktischer und theoretischer Kompetenzen im sozialen Raum bieten soll. Im Rahmen eines über drei Semester laufenden Projektstudiums werden seither in den Essener Stadtteilprojekten Studierende des Bachelor-Studiengangs Soziale Arbeit (sowie noch vereinzelt für die ehemaligen Studiengänge Sozialarbeit/Sozialpädagogik und Erziehungswissenschaft Eingeschriebene) ausgebildet. Das aus insgesamt 15 Modulen aufgebaute Studium umfasst nun auch ein Pflichtmodul „Praktikum II", in dem die praktische Arbeit in einem mindestens zweisemestrigen Theorie-Praxis-Projekt nunmehr genauso relevant für den erfolgreichen Abschluss des Studiums ist wie etwa die Module Recht oder Sozialwissenschaften.

Damit wird ein Projektstudium zwar nicht mehr ganz freiwillig aufgenommen; bei der Aufnahme ins Projekt muss nunmehr aber nicht mehr darauf hingewiesen werden, dass bezüglich einiger Regeln durchaus Verbindlichkeit besteht:

- Die regelmäßige Teilnahme an Projektgremien und (theorie-, praxis-, aber auch personenbezogenen) Lernforen ist nicht nur fachlich und didaktisch unverzichtbar, sondern auch formal verpflichtend.
- Die Praxis, also der unmittelbare professionelle Kontakt mit StadtteilbewohnerInnen und Professionellen vor Ort, ist nicht ins Belieben der Studierenden gestellt, sondern zwingender Bestandteil eines erfolgreichen Studiums.
- Auch schriftliche Routinen werden entwickelt, indem die regelmäßige Ausarbeitung von Protokollen und (Semester-)Berichten vorgeschrieben wird.
- Auch in der vorlesungsfreien Zeit ist ein mehrstündiger Arbeitsaufwand pro Woche zu erbringen.

Kernelement des Projektstudiums ist die Verbindung von Praxis, Lehre und Forschung, die sich daraus ergibt, dass Studienfächer, die zuvor in der Regel unverbunden studiert wurden, sinnvoll miteinander verknüpft werden können. Statt in wohnquartierfernen Seminarräumen vorrangig theoretisches Wissen anzuhäufen, werden in den Projekten durch praktische und theoretische Arbeit konkrete berufliche Handlungskompetenzen erworben. Unter Anleitung studentischer AusbilderInnen und unter Begleitung der in den sozialen Einrichtungen vor Ort (Allgemeiner Sozialdienst des Jugendamtes, Bürgerhaus, Kirchengemeinden o.ä.) tätigen Fachkräfte der sozialen Arbeit werden nicht nur grundlegende (kommunikative) Kompetenzen für die sozialarbeiterische Praxis in der unmittelbaren Auseinandersetzung mit StadtteilbewohnerInnen erworben. Vielmehr wird hier bereits ein sozialräumlicher Blick auf die Gesamtsituation eines Wohnquartiers entwickelt, der sich im Wesentlichen an folgenden Leitlinien ausrichtet (vgl. dazu Hinte/Litges/Springer 1999):

- Die Grenzen eines sozialen Raums werden (pragmatisch und in Abgrenzung zu abgehobenen Fachdiskussionen) als *von den BewohnerInnen* gezogene Orientierungsmarken erkannt und akzeptiert. Statt sich an Verwaltungsgrenzen oder auch natürlichen Grenzen allein zu orientieren, lernen die Studierenden, dass sich nach Gruppen und Individuen unterschiedene Bewegungs- und Aktionsräume, in denen sich die vielfältigsten Lebensvollzüge niederschlagen, in Wohnquartieren oder ähnlichen kleinen, überschaubaren Räumen überschneiden und damit etwas Neues, eben den Sozialen Raum, konstituieren.

- Diese Räume werden von den Studierenden in den unterschiedlichen Dimensionen des Materiellen, Sozialen, Politischen usw. erfahren und erlebt. Notwendig dazu ist die Kenntnis der Strukturen und Ressourcen des sozialen Raums sowie der intensive Kontakt zu Menschen, die hier leben und arbeiten sowie das Agieren innerhalb und außerhalb von Institutionen. Konkret bedeutet das, dass in Gruppen, die sich mit bestimmten Themen des Sozialen Raums befassen und/oder in vertragsgemäß kooperierenden Einrichtungen gearbeitet wird. Dabei kommen einer regelmäßig stattfindenden Spiel- und Freizeitaktivität mit 10jährigen Kindern auf einer Freifläche der gleiche Erkenntnis- und Informationsgehalt sowie die gleiche Bedeutung zu wie einer Arbeitsgruppe zur Verbesserung des Wohnumfeldes oder einer Beratung in Kredit- und Schuldenfragen.
- Von außerhalb definierte Defizite der BewohnerInnen spielen keine Rolle mehr und können demzufolge auch nicht die gleichberechtigten Kontakte „auf Augenhöhe" zwischen Studierenden und BürgerInnen beeinträchtigen. Statt dessen wird systematisch geübt und schließlich gelernt, Eigenschaften von Menschen und Einrichtungen im Sozialraum als Stärken und ggf. als gesuchte Ressourcen zu begreifen Aus dieser Sichtweise ergibt sich, dass Handlungs- und Problemlösungsstrategien entwickelt werden können, die an die Gegebenheiten der Realität des Alltags der BewohnerInnen angelehnt sind und nicht an vermeintlich sinnvolle pädagogische Absichten.
- Soziale Arbeit wird nicht mehr als an einigen wenigen Problembereichen und – gruppen orientierte Nachsorge erlernt und erlebt; vielmehr wird prinzipiell an allen Themen und mit allen Menschen und Gruppen kommuniziert und gearbeitet, die im sozialen Raum dazu bereit sind. Dies bedeutet eine grundsätzlich umfassende, bereichs- und zielgruppenübergreifende Arbeit, die auf Inklusion abzielt und Ausgrenzungen verhindert bzw. revidiert.
- Entgegen immer noch in der professionellen sozialen Arbeit – nicht zuletzt aufgrund finanzierungstechnischer Strukturen – zu beobachtender Abschottungstendenzen lernen Studierende, dass die Arbeit im Sozialen Raum kooperationsorientiert erfolgt. Zusammenarbeit bezieht sich hierbei nicht nur auf KollegInnen aus sozialen Institutionen, sondern grundsätzlich auf alle - professionell wie ehrenamtlich – Tätigen.

Von zentraler Bedeutung für das Erlernen einer auf den sozialen Raum ausgerichteten Grundhaltung ist daher das Praxisfeld der StudentInnen, in dem vor Ort Aktivitäten in direktem Kontakt mit den BewohnerInnen stattfinden. Diese Aktivitäten können im Spiel mit Kindern, im Gespräch mit Senioren, in der Moderation von Konflikten zwischen Nachbarn usw. bestehen und werden grundsätzlich von professionellen Fachkräften begleitet und verantwortet: Dadurch wird den Studierenden ein Raum geboten, sich in ungewohnten Situationen auszuprobieren und sich im Kontakt zu BewohnerInnen des Quartiers zu erleben. Neben dem Erlernen von Methoden etwa der aktivierenden Befragung und des offenen Kontakts mit BewohnerInnen können StudentInnen sich auch in der Moderation von Arbeitsgremien oder Bürgerversammlungen oder in der Konfliktmoderation zwischen unterschiedlichen Interessengruppen üben. Sie lernen den Umgang mit Politik und Verwaltung (und erleben dabei, dass es sich auch hier um Menschen handelt) und das Vermitteln zwischen den Ebenen, lernen die Kooperation und Vernetzung im Stadtteil kennen und sie zu nutzen. Darüber hinaus nehmen Studierende an Gremien bzw. Aktivitäten wie etwa Mitarbeiterkreisen, Bezirksvertretungssitzungen, Arbeitskreisen aus professionellen und ehrenamtlichen Kräften im Stadtteil teil. Ihre praktische Tätigkeit dokumentieren die StudentInnen nach jeder Praxistätigkeit in Protokollen, um - neben dem praktischen Effekt, dass Arbeitsschritte und Absprachen festgehalten und Probleme dargestellt werden - die eigene Arbeit schriftlich zu reflektieren und damit eine Grundlage für Praxisbegleitungs- und Orientierungsgespräche zu schaffen.

Darüber hinaus besteht das Projektstudium aus folgenden, den studentischen Alltag strukturierenden Elementen (detaillierter hierzu: Litges/Neuhaus 2004, S. 212 ff.):

- *Einführungsseminar:* wöchentliche Pflichtveranstaltung im ersten Projektsemester, in der grundlegende Theorien sowie praktische Grundlagen für das Praxisfeld vermittelt werden.
- *Theorieseminare:* die Inhalte des Einführungsseminars sowie weitere Themen werden hier aufgegriffen und vertieft.
- *Grundlagenseminar:* In Frühjahr und Herbst (außerhalb der Vorlesungszeit) wird die Projektarbeit in zweitägigen Klausurtagungen reflektiert und geplant.
- *Plenum:* StudentInnen und PraktikerInnen treffen sich in regelmäßigen Abständen, um die Arbeit im Stadtteil abzusprechen und anfallende Themen und Probleme zu verhandeln. Um Methoden der Moderation zu erlernen, übernehmen StudentInnen die Leitung dieser Runden.

Des Weiteren erfahren sich die Studierenden im Rahmen personenbezogener Trainings: Hier erhalten sie Unterstützung dabei, sich mitzuteilen, Standpunkte zu entwickeln und sich mit Themen und Personen auseinanderzusetzen sowie bei der Konfrontation mit den Rückmeldungen Anderer und beim Erlernen des Äußerns eigener Wahrnehmungen und Einschätzungen (s. auch Hinte 1994):

- *Supervision:* Aspekte der Selbstreflexion und Selbsterfahrung werden ab dem zweiten Projektsemester bearbeitet, indem Kontakte zu BewohnerInnen und PraktikerInnen in Gruppen reflektiert und persönliche Schwierigkeiten aufgearbeitet werden.
- *Methodentraining:* In einem geschützten Rahmen geht es um Selbsterfahrung, Selbstbehauptung, Kontakt und Wahrnehmung, indem Kontakt- und Kommunikationsformen geübt, Ängste und Unsicherheiten bezüglich Moderation, Kontaktaufnahme, freiem Reden, Abgrenzung usw. abgebaut werden.
- *Lernzielentwicklung:* In Zusammenarbeit zwischen StudentInnen und PraktikerInnen werden Ziele und Handlungsschritte nach professionellen Standards formuliert und vereinbart, deren Erreichung am Ende des Semesters überprüft wird.

Schließlich nimmt neben der theoretischen Ausbildung und der Anleitung durch Professionelle der sozialen Arbeit im Stadtteil die *studentische Anleitung* durch Professoren und wissenschaftliche MitarbeiterInnen des ISSAB[1] einen wichtigen Platz ein. Zu deren Aufgaben zählt u.a. die Begleitung der Lernprozesse, d.h. Reflexion und gemeinsame Planung von Lernschritten sowie regelmäßiges Feedback, die Unterstützung z.B. bei Konflikten oder persönlichen Schwierigkeiten und die Verknüpfung der erlebten Praxis mit relevanten Theorien.
Die Gremien, Arbeitsgruppen und Seminare lassen sich in der folgenden Grafik zusammenfassen:

1 Institut für Stadtteilbezogene Soziale Arbeit und Beratung der Universität Duisburg-Essen

Abbildung 1

In diesem Setting werden Fertigkeiten entwickelt, die in einem (zunächst erschreckend vielfältigen und unübersichtlichen) Kompetenzentableau zusammengefasst wurden. Unterschieden nach den Handlungsebenen „Personen", „Institutionen", „Soziale Räume" und „projektunspezifische Schlüsselqualifikationen" und unterteilt in die Bereiche „sich selbst und andere wahrnehmen", „analysieren und reflektieren", „kommunizieren" und „methodisch handeln" finden sich hier so unterschiedliche und weitgefasste Kompetenzen wie z.B.:

- (eigene und fremde) Grenzen, Stärken, Schwächen einschätzen
- Perspektiven wechseln
- Rechts-, Verwaltungs- und Organisationskenntnisse erwerben und anwenden (Anträge, Konzepte, Formulare, Protokolle, Berichte erstellen können)
- institutionelle Rahmenbedingungen kennen und einschätzen
- in unterschiedlichen Milieus angemessen kommunizieren
- selbständig arbeiten, sich selbst organisieren (Zeitmanagement, Pünktlichkeit, Zuverlässigkeit usw.)

- Informationsquellen erschließen und erweitern (Texte lesen und verstehen, Informationsmedien nutzen)
- Interesse an anderen Menschen, Lebenswelten, Lebensentwürfen etc. entwickeln und zeigen
- Interessen, Willen und Bedarfe erkennen und beachten
- Ressourcen nutzbar machen.

Dies stellt nur eine kleine Auswahl der Kompetenzen dar, über die ein versierter, sozialräumlich orientierter Sozialarbeiter verfügt. Anerkanntermaßen verlassen tatsächlich überdurchschnittlich gut ausgebildete Fachkräfte die Projekte, denen nicht nur Theorie und Praxis des sozialräumlichen Ansatzes vertraut sind. Erfahrungsgemäß besteht auch ein gewisser Kompetenzvorsprung zu vielen anderen StudentInnen insbesondere in den Bereichen Institutionenkenntnis, Fähigkeiten im Umgang mit KollegInnen und Vorgesetzten sowie im kreativen Umgang mit den wechselnden Situationen des sozialräumlichen Alltags. Nach Aussagen von AbsolventInnen (vgl. ISSAB 1989, S.57; Litges/Neuhaus 2004, S.220 f.) haben sie im Projekt insbesondere gelernt, Theorien prägnant und systematisch darzustellen und anzuwenden, Arbeitsabläufe zu verstehen und (auch schriftlich) zu kommunizieren, Vor- und Nachteile unterschiedlicher Arbeitsansätze für die Praxis einzuschätzen, Kontakt zu unterschiedlichen Individuen, Gruppen und Milieus aufzunehmen und zu halten, eigene Interessen, Bedürfnisse, Stärken und Schwächen zu erkennen und damit umzugehen und insbesondere die Bedeutung und das Funktionieren sozialer Räume sowie (sozialer und anderer) Institutionen zu verstehen und in die Entwicklung von Handlungsperspektiven einzubeziehen.

Außerdem scheint das Projektstudium besonders dazu geeignet, die unterschiedlichen Dimensionen des Lebens im sozialen Raum sowie die vielfältigen Verbindungslinien zu anderen Disziplinen sinnlich erlebbar zu machen. In Theorieseminaren muss etwa ein Programm wie die „Soziale Stadt“[2] ebenso reines Abstraktum bleiben wie die ökonomische oder die institutionelle Dimension Sozialer Arbeit; in den Projekten wird erfahrbar, wie sich ein solches Programm auf die betroffenen Menschen auswirkt, welche Aktivitäten dadurch in Gang gesetzt werden, wie PolitikerInnen und Institutionen damit umgehen usw.

2 Das Bund-Länder-Programm „Stadtteile mit besonderem Entwicklungsbedarf: Die Soziale Stadt“ ist ein Programm des Bundesministeriums für Verkehr, Bau und Stadtentwicklung (BMVBS), vertreten durch das Bundesamt für Bauwesen und Raumordnung (BBR), früher Bundesministerium für Raumordnung, Bauwesen und Städtebau (BMRBS), durch das gegenwärtig in mehr als 390 Programmgebieten in rund 260 deutschen Städten und Gemeinden neue Herangehensweisen in der Stadtteilentwicklung gefördert werden.

Auch klassische Praktika bieten kaum je die Möglichkeit, mehr als eine einzige Institution und Methode aus dem vielfältigen und unübersichtlichen Repertoire der oft nachsorgend operierenden Interventionsmöglichkeiten kennen zu lernen. Die in der Sozialen Arbeit weithin zu beobachtende frühe und (zu) weitgehende Spezialisierung, wird durch die orientierungsstiftenden Fixpunkte im Projekt vermieden. Individuelle Betreuung, gemeinsame Supervision von StudentInnen und PraktikerInnen, regelmäßige und sorgfältig begleitete Praxis sowie intensiver Austausch zwischen allen Beteiligten ermöglichen nicht nur eine tragende Atmosphäre für orientierungssuchende StudentInnen, sondern auch kurzfristig mögliche Modifikationen des Lehrangebots und einen flexiblen Zuschnitt von Praxisgruppen.

3. Das Beispiel Interkulturelles Konfliktmanagement: ein studentisches Praxisfeld?

Beispielhaft für die Entstehung eines Praxisfeldes, für seine Inhalte und den Verlauf sowie für die studentischen Aufgaben und Rollen wird hier die Praxisgruppe „Interkulturelle Wohnkonflikte" im Projekt Essen-Altendorf vorgestellt. Ausgangspunkt für die Entstehung waren Konflikte, die in einigen Wohnhäusern rund um einen Spielplatz auftraten, nachdem einige ausländische Familien hier eingezogen waren. Im Rahmen einer offenen Spielgruppe mit Kindern entstanden auch Kontakte zu weiteren Anwohner/innen, wodurch die ProjektmitarbeiterInnen und –studentInnen von Streitigkeiten erfuhren, die immer wieder zwischen einzelnen Personen und Familien auftraten und die Stimmung im Wohnquartier nachhaltig beeinflussten. Da die betreffenden Personen, Erwachsene wie auch Kinder, Ausländer wie auch Deutsche, oftmals keine anderen Konfliktbewältigungsstrategien kannten als die der Gewalt, fanden immer wieder Eskalationen statt, die von nicht unmittelbar Betroffenen als inakzeptabel betrachtet wurden. Daraus entstanden Situationen, in denen die Studierenden als ModeratorInnen von Konflikten gefragt waren und Diskussionen auch etwa über Erziehungsstile und –methoden führen mussten. Ein Beispiel aus einem studentischen Praxisbericht: „Aus meiner Sicht kamen wir nicht um den Ausschluss dreier Mädchen aus dem Spielangebot herum. Eine Woche nach dem Vorfall sind die drei wieder zum Spielangebot gekommen. Durch diese strenge Maßnahme haben wir den Kindern unsere Grenzen aufgezeigt – seitdem gibt es keine Grenzüberschreitungen mehr. Ich habe aus dieser Erfahrung gelernt, meine eigenen Grenzen zu erkennen und diese anderen Menschen (hier: Kindern) offen aufzuzeigen."

Im Wintersemester 2005/2006 wurden zwischen StudentInnen und Praxisanleitung, wie in allen Praxisgruppen der Projekte üblich, ein Richtungsziel („Themen der Kinder und deren Eltern im Quartier um den Spielplatz sind bekannt und werden bei Bedarf aufgegriffen"), mehrere Handlungsziele und darauf abgestimmte Handlungsschritte vereinbart, die zwar durchaus verbindlichen Charakter hatten, jedoch im Laufe der Aktivitäten gemäß den sich verändernden Rahmenbedingungen und Alltagsnotwendigkeiten modifiziert werden konnten. Zum Ende des Semesters wurden die Ziele auf ihre Erreichung überprüft. Die Themen, die im Rahmen dieser Aktivität aufgegriffen und bearbeitet wurden, drehten sich um Probleme mit libanesischen Jungen, Unterschiede der Kulturen, Gewalt als Mittel der Erziehung, das Angebot von Hausaufgabenhilfe im Stadtteil, Kennen lernen von Institutionen, in denen sich die Kinder und Jugendlichen bewegen. Wöchentlich wurde also mit den Kindern gespielt, es wurde ein Fest vorbereitet und durchgeführt, Kontakte zu Eltern wurden hergestellt und in zahlreichen Gesprächen gepflegt, im Unterricht an der Schule wurde hospitiert, und Informationen (z.B. über die Notwendigkeit, gezielt Sprachkurse für libanesische Eltern einzurichten) wurden an die betreffenden Institutionen weitergeleitet. Insbesondere konnten hier in Zusammenarbeit mit dem Allgemeinen Sozialdienst der Stadt gezielt auf einzelne Kinder zugeschnittene Jugendhilfemaßnahmen mitentwickelt bzw. es konnten wichtige Hinweise gegeben werden. Um die angetroffenen Problemlagen besser einordnen zu können, haben sich die StudentInnen Zahlen und Statistiken über die Stadt Essen und den Stadtteil Altendorf besorgt und ausgewertet.

Aus einer Spielaktivität mit Kindern wurde also ein Praxisfeld, das

- die Bereiche Kriminalprävention, Beratung, Jugendhilfe, Wohnsituation und -konflikte sowie Familie und Bildung berührt,
- Deutsche, Ausländer/innen, Kinder, Erwachsene, Schulen, Beratungsstellen und andere Institutionen miteinander in Kontakt bringt und
- einen Methodenkanon erfordert, der u.a. Hausbesuche, Gruppenarbeit, Beratungssituationen und Moderationen umfasst.

In ihren halbjährlichen Berichten beschreiben die Studierenden, wie spannend der Kontakt zu einer zunächst als völlig fremd erlebten Welt (nicht nur der zugewanderten BewohnerInnen) empfunden wird, wie viel verständlicher und nachvollziehbarer ihnen diese Lebenswelten durch den direkten Kontakt geworden sind, wie leicht es ihnen bereits nach kurzer Zeit gefallen ist, geäußerte Bedürfnisse auf dem Hintergrund der alltäglichen Probleme und Aufgaben zu verstehen und ernst zu nehmen und wie schwer es nach wie vor ist, nicht in herkömmliche – defizitorientierte - Helferrollen zu verfallen, sondern ressourcenorientiert den Blick auf die Stärken von Menschen und Stadtteil zu richten. In einem Semesterbericht heißt es dazu ganz pragmatisch: „Mir war nach kurzer Zeit ersichtlich, wo die Stärken und Schwächen der einzelnen Kinder liegen. Ein Kind habe ich z.B. mehrmals als Moderator eingesetzt, wenn ich mich um einzelne Kinder aus der Gruppe kümmern musste. Dies stellte sich als sehr nützlich heraus, da dieses Kind nun eine Aufgabe hatte und weniger den Ablauf des Nachmittags störte. Ein weiteres Beispiel ist, dass Kinder, die gut malen können, anderen Kindern, die Schwierigkeiten damit haben, helfen."

Die Arbeit in der Praxisgruppe hat also mehrere Dimensionen, die jeweils für sich betrachtet nichts Besonderes darstellen, in ihrer Gleichzeitigkeit, Überschneidung und wechselseitigen Beeinflussung aber eine neue, eben die sozialräumliche Qualität herstellen: zum einen findet eine regelmäßige, offene Spielaktion mit Kindern und Jugendlichen aus dem betreffenden Wohngebiet statt, wodurch zunächst einmal das Freizeitangebot im Stadtteil erweitert wird; durch am alltäglichen Erleben der Kinder orientierte Gespräche mit den Kindern, aber auch durch die Informationen, die sie durch zufällige Gespräche mit Eltern oder anderen Erwachsenen erhalten, bekommen die Studierenden darüber hinaus Kenntnis von Themen (z.B. also auch von Konflikten), die im Quartier als wichtig betrachtet werden; zum dritten wird dabei sowohl mit einem ehrenamtlichen Spielplatzpaten als auch mit dem Stadtteilzentrum, mit Schulen, Kindergärten und Jugendamt in unterschiedlicher Intensität zusammengearbeitet, so dass die Informationen aufgegriffen und ggf. in neue, sozialräumlich relevante Aktivitäten umgesetzt werden können. In Hausbesuchen wie auch in zufälligen oder gezielt gesuchten offenen Kontakten wird der soziale Raum erlebt, wird die Atmosphäre des Quartiers aufgenommen, wird die Relevanz von Themen, die die BewohnerInnen beschäftigen, sinnlich erfahren und damit erst nachvollziehbar. Diese intime Kenntnis der Lebenswelt ist es, die die Studierenden als Zugang zum sozialen Raum erleben und die ihnen die Weitergabe wichtiger Informationen an bzw. den Austausch mit ansässigen Institutionen aller Funktionsbereiche ermöglicht. Schließlich können sie in den entsprechenden Gremien ihren jeweiligen persönlichen Anteil an der Kontaktqualität reflektieren und bearbeiten. In einem Semesterbericht heißt es zu den Lernerfahrungen: „Der Ansatz hat in der Hinsicht mein Handeln verändert, als mir durch ihn bewusst wurde, dass ein Mensch immer eingebettet ist in Systeme und die Ursachen für sein Verhalten nicht nur in der Person selbst zu finden sind. Die einzelnen Systeme stehen untereinander in Kontakt und beeinflussen sich gegenseitig. Auch strukturelle Eigenschaften des Stadtteils beeinflussen das Leben und somit die Lebenswelt der Menschen. Ich habe in meiner Arbeit versucht, die Familien und den sozialen Raum, in dem die Kinder leben, zu berücksichtigen."

4. Aktuelle Probleme und Entwicklungslinien – zur Zukunft des Projektstudiums in Zeiten der Modularisierung

Einige wesentliche Einflussfaktoren bestimmen die Rahmenbedingungen (auch) des Projektstudiums in Essen:

1. Wesentliches und prägendes Element all dessen, was Studium derzeit ausmacht, ist die unter dem Begriff „Bologna-Prozess“ bekannte Serie von Absichtserklärungen europäischer Bildungsminister/innen, die vielfach als verbindliche Vorschrift bzw. unausweichlicher Sachzwang behandelt wird und demzufolge auch das Projektstudium berührt.
2. Darüber hinaus prägen eine insgesamt als unsicher empfundene materielle Situation und hier insbesondere die Ungewissheit über Studiengebühren und die Definition des Begriffs „Erststudium“ (sowie die Folgen, die sich daraus für BAFöG- und Kindergeldberechtigung ergeben) den studentischen Seelenhaushalt. Auf die derzeit in den Projekten Studierenden hat dies augenscheinlich den Effekt, dass sie sich in erhöhtem Maße bemühen, möglichst bald ihren Abschluss zu erreichen und das Anhäufen von Schulden zu vermeiden.
3. Des weiteren ergeben sich Effekte aus der Tatsache eines hochschulinternen Numerus Clausus in Duisburg-Essen.
4. Schließlich wird die fachliche Entwicklung nicht mehr hinter die Sozialraumorientierung zurückfallen, folglich muss die Debatte über Projektstudium wieder in Gang gesetzt werden.

Insgesamt erwachsen daraus eine Reihe positiver wie negativer Folgen für das Projektstudium.

Auf der einen Seite wurde zumindest in Essen die Absolvierung eines Projektes endlich auch formal festgeschrieben. Auf der anderen Seite steht eine so weitgehende Verschulung des Studienverlaufs, dass eine auch nur annähernd selbständige Ausgestaltung der Lerninhalte nahezu unmöglich wird. Entsprechend ist die Haltung vieler in den Projekten Studierender weniger davon geprägt, im kreativen Umgang mit der sozialräumlichen Orientierung eine gehaltvolle Ausbildung zu erhalten als vielmehr den formalen Anforderungen zu genügen. Dies wirkt sich auf die Stadtteilprojekte dahingehend aus, dass zum einen von vielen schon vorab auf das (3-semestrige) Theorie-Praxis-Projekt im Stadtteil zugunsten zweisemestriger Projektformen verzichtet wird. Zum anderen sind die Zeitpläne von Studierenden so eng gefasst, dass auf aktuelle Ereignisse im Sozialraum kaum noch angemessen reagiert werden kann und außerhalb der von Anfang an als verbindlich angegebenen Zeiten irgendwelche Termine nur noch unter erheblichen Schwierigkeiten vereinbart werden können. Dass außerhalb der pflichtgemäß abzuleistenden Aktivitäten vor Ort weitere, weniger zweckgerichtete Präsenz im Stadtteil oder Wohnquartier gezeigt wird (wodurch erfahrungsgemäß noch einmal andere, qualitativ sehr hochwertige Lernerfahrungen gemacht werden können), erscheint selbst bei gutem Willen der Studierenden recht schwierig.

Dagegen wiederum lässt sich ins Feld führen, dass der oftmals gegen den Bologna-Prozess erhobene Vorwurf, die neuen Bachelor-Abschlüsse bedeuteten durch den Wegfall etwa von Praxissemestern oder Auslandsaufenthalten eine Art „Bildung light" zumindest auf ProjektstudentInnen nicht zutrifft. Vielmehr zeichnet sich ab, dass grundlegende Qualifikationen und für den Beruf des Sozialarbeiters unverzichtbare Wissensbestände durch die Verschulung offenbar deutlich zuverlässiger vermittelt werden und folglich im Gegensatz zu früher weniger AbsolventInnen in das Berufsleben eintreten werden, denen selbst das einfachste Handwerkszeug fehlt. Aber auch diese Medaille hat eine Kehrseite: die notwendige Vermittlung dieser Lerninhalte geht offenbar sehr zu Lasten des Anteils praktischer Kommunikation mit BewohnerInnen und Fachkräften der Institutionen in den Stadtteilen.

Die als persönlichkeitsbildend geschätzte studentische Freiheit jedenfalls, die einst als zentrales, mitunter auch romantisch überhöhtes und verklärtes Wesensmerkmal von Studium galt, scheint auch für ProjektstudentInnen unwiderruflich dahin. Stattdessen stehen nunmehr Vergleichbarkeit und Normierung auf dem Programm, und so ist dafür gesorgt, dass die allenthalben zu hörende Klage über das Fehlen origineller Köpfe gerade auch in den Sozialraumprojekten nicht verstummt. Gerade diese Art des Studiums war ja ursprünglich darauf ausgelegt, selbstbestimmt Lernenden die größtmöglichen Spielräume zur Entfaltung von Kreativität und Persönlichkeit zu eröffnen. Das Ergebnis war ein stark gespreiztes Spektrum der studentischen Leistungsniveaus, dass von extrem engagierten, kreativen und ständig im Stadtteil präsenten Quasi-Professionellen bis zu StudentInnen reichte, die immer wieder daran erinnert werden mussten, dass die Projektstrukturen, -zeiten und -absprachen durchaus verbindlich waren. Derzeit zeichnet sich ab, dass auch die qualitativ nach oben oder unten Abweichenden in Reih und Glied gezwungen bzw. exkludiert werden, also die positiven wie die negativen Extreme unter den aktuellen Bedingungen abgeschnitten zu werden scheinen. Was bleibt, ist eine Art Mainstream, der aus durchaus anstelligen Studierenden besteht, deren Augenmerk vorrangig auf die formalen Notwendigkeiten gerichtet ist und deren Ernsthaftigkeit, mit der sie das Studium verfolgen, insgesamt auffallend zugenommen hat. Pünktlichkeit und Zuverlässigkeit sind mittlerweile wieder verbreitete Tugenden, über deren Erstarken sich der Autor aber nur bedingt zu freuen vermag.

Inwiefern der Bologna-Prozess sich letztlich auf die Projekte auswirkt, kann an dieser Stelle nicht abschließend beurteilt werden. Sicher scheint aber schon jetzt, dass zumindest einzelne Aspekte eher mit Blick auf andere Studiengänge entwickelt worden sind. Während der den Bachelor-Studiengang konstituierende stärkere Praxisbezug die Anliegen einer am Sozialen Raum orientierten Ausbildung zu fördern scheint und die ökonomistisch motivierten Effizienzorientierungen dem Projektgedanken nicht zwangsläufig zuwiderlaufen müssen, erscheinen die praktischen Ausgestaltungen häufig als Kreativitäts- und Motivationsbremse für Studierende, denen Soziale Arbeit nicht nur als Broterwerb wichtig ist. Ob die wachsende fachliche Hinwendung zu sozialräumlichen und damit kleinräumigen Strukturen und Konzepten sich mit einer europaweiten Durchlässigkeit und Kompatibilität verträgt, wie sie etwa im "Qualifikationsrahmen für Deutsche Hochschulabschlüsse" gefordert wird, bleibt abzuwarten. Verbindliche Qualitätskriterien, die konsequenterweise im Rahmen des Bologna-Prozesses entwickelt werden müssten, liegen für das Projektstudium jedenfalls noch nicht vor. Aber vielleicht macht die grassierende Regelungswut ja tatsächlich vor dem Projektstudium Halt.

Literatur

Buttner, Peter/ Katzenmayer, Karin (2006): Soziale Arbeit „und so weiter". Ein Überblick über die Studiengänge und Fachbereiche der Sozialen Arbeit in Deutschland, in: Blätter der Wohlfahrtspflege 152. 2/2006, S. 47-49

Grimm, Gaby/ Hinte, Wolfgang/ Litges, Gerhard (2004): Quartiermanagement. Eine kommunale Strategie für benachteiligte Wohngebiete. Berlin

Hinte, Wolfgang (1980): Non-direktive Pädagogik: eine Einführung in Grundlagen und Praxis des selbstbestimmten Lernens. Opladen

Hinte, Wolfgang (1994): Selbst-Erfahrung in unpersönlichen Strukturen. TZI und Projektstudium, in: Themenzentrierte Interaktion 17. 2/1994, S. 62-72

Hinte, Wolfgang/ Springer, Werner/ Metzger-Pregizer, Gerd (1982): Stadtteilbezogene Soziale Arbeit – ein Ausbildungsmodell für Ausbildung und berufliche Praxis, in: Neue Praxis 11. 4/1982, S. 345-357

Hinte, Wolfgang/ Springer, Werner (1987): Personale Kompetenzen und Professionelles Handeln, in: Neue Praxis. 16. 6/1987, S. 545-556

Hinte, Wolfgang/ Rauschenbach, Thomas (2002) : Soziale Berufe: Wachstum ohne Qualität? In: Weegen u.a. 2002, S. 275-286

Hinte, Wolfgang/ Litges, Gerd/ Springer, Werner (1999): Soziale Dienste: Vom Fall zum Feld. Soziale Räume statt Verwaltungsbezirke. Berlin

Institut für Stadtteilbezogene Soziale Arbeit und Beratung (ISSAB)(Hrsg.)(1989): Zwischen Sozialstaat und Selbsthilfe. Essen

Kietzmann, Björn/ Wrobel, Claudia (2006): Schöne neue Bologna-Welt. Bachelor- und Master-Abschlüsse in der Kritik. in: http://www.gew.berlin.de/blz/4891.htm. Zugriff am 02.05.2006

Litges, Gerd (1992): Besser Projektstudium als gar keine Ahnung, Oder: Ist Studieren im Projekt noch zeitgemäß? In: sozial extra 16. 1-2/1992, S. 5-6

Weegen, Michael/ Böttcher, Wolfgang u.a. (Hrsg.)(2002): Bildungsforschung und Politikberatung. Weinheim

Qualifizierung in Projekten sozialraumorientierter Jugendhilfe: Es ist noch kein Meister vom Himmel gefallen

Maria Lüttringhaus

Die Realität der bundesdeutschen Jugendhilfe ist leider noch immer wenig ressourcenorientiert oder sozialraumbezogen, sie ist vielerorts eher eingriffsorientiert, bürgerlich moralisierend, einzelfallbezogen und betreuend, was sich unübersehbar in Finanzierungssträngen, Strukturen, Verfahren und fachlicher Philosophie abbildet (s. dazu Hinte 2005). Konservative Traditionen prägen den Alltag deutscher Jugendämter erheblich nachhaltiger als das in zahlreichen Publikationen, Selbstdarstellungen und Kongressbeiträgen zu Tage tritt. Dort schwört man auf Sozialraum- und Ressourcenorientierung, flexible Unterstützungssettings, Prävention, Lebensweltnähe, integrierte und maßgeschneiderte Hilfen und wie die Schlagworte alle heißen. Doch zu viele Fälle, bürokratische Strukturen, unfähige Vorgesetzte oder kooperationsunwillige KollegInnen müssen als Gründe dafür herhalten, dass sich relativ unstrittige Theoriebestände („Was wir eh‘ schon alles wissen!“) in der Praxis beruflichen Handelns allenfalls zögerlich abbilden. Dieser Befund verweist auf die Grenzen von Qualifizierungsmaßnahmen jedweder Art - Traditionen sind nicht einfach über Bord zu werfen, sondern nur durch neue Prozesse und Erfahrungen aufzuweichen. Im Folgenden werden Erfahrungen aus der Arbeit in Kommunen berichtet, die sich entschieden haben, das „Fachkonzept Sozialraumorientierung“ (Hinte/Treeß 2006) umzusetzen, und dies insbesondere im Bereich der Hilfen zur Erziehung. Dabei werden durch typische Rückmeldungen (im Originalton) aus den Trainings punktuell die Sichtweisen von TeilnehmerInnen wiedergegeben.

> „Was Sie so darstellen, habe ich alles schon mal gehört und auch schon immer gut gefunden, und ich frage mich, warum das so verschüttet ist und ich es so wenig anwende. Ich glaube, weil es schwerer ist als es erscheint, gehen die Inhalte verloren, wenn wir im Alltag nicht alle zusammen am Ball bleiben.“

Selbst diejenigen Fachkräfte, die eine fortschrittliche konzeptionelle Programmatik konkreter mit Inhalt füllen können, werden immer wieder damit konfrontiert, dass ihnen grundlegende kommunikative Fertigkeiten („Schlüsselqualifikationen") fehlen, um dieses „träge Wissen" in Handeln umzusetzen. Es ist eben auch in der Jugendhilfe „noch kein Meister vom Himmel gefallen". Etwas zu „kennen" heißt nicht, es automatisch auch zu „können".

> „Ich habe gedacht, ich arbeite schon sehr ressourcen- und sozialraumorientiert, aber jetzt bei den Übungen merke ich erst, was da alles noch dahinter steckt und was das in der Arbeit bewirken kann."

Qualifizierung ist eine fortwährende Gestaltungsaufgabe in einer Institution. Anstatt das Personal vorrangig als Kostenfaktor zu betrachten, gilt es, in den MitarbeiterInnen die wichtigsten Ressourcen zu sehen (s. dazu Naschold 1993, S. 81). Die Erfahrungen der letzten Jahrzehnte zeigen, dass die größte Aufgeschlossenheit für moderne Konzepte und Reformen durch neue Personalgenerationen in die öffentlichen Verwaltungen getragen wurde. Im Zuge des Personalabbaus und des gleichzeitigen Verzichts auf betriebsbedingte Kündigungen bleibt dieses Innovationspotential derzeit in vielen Kommunen außen vor und muss durch entsprechende interne Maßnahmen kompensiert werden (Beyer u.a. 1993, S. 52).

1. Zur Struktur der Fortbildungsprozesse

Teamfortbildungen, bei denen nach Möglichkeit VertreterInnen aller eng zusammenarbeitenden Institutionen teilnehmen sowie deren Leitungskräfte, können die Verständigung über Vorgehensweisen befördern, die für alle Beteiligten verbindlich sind. Die Fortbildungen stellen somit ein gemeinsames Übungsfeld dar für erweiterte oder neu erworbene Kenntnisse und entsprechende Vorgehensweisen. MitarbeiterInnen, die als Einzelpersonen eine Langzeitfortbildung besuchen und mit dem Auftrag zurückkommen, die Inhalte nach der Fortbildung an die anderen MitarbeiterInnen weiterzuvermitteln, können nachhaltige Effekte nicht gewährleisten. Da wird den anderen KollegInnen, die die Fortbildung nicht besucht haben, zugemutet, neue Inhalte mal eben so nebenbei in einem „Crashkurs" zu lernen („Und wir anderen werden in der nächsten Teamsitzung auf den Stand gebracht, den ihr Euch in fünf Fortbildungstagen erarbeitet habt?") oder es wird sogar Zauberei erwartet („Ich habe alle Arbeitspapiere in die Fächer bekommen – und was soll ich jetzt damit?").

Sinnvoll sind Fortbildungen „aus einem Guss", an denen alle Mitglieder eines Arbeitsfeldes, deren Zusammenarbeit wichtig ist, teilnehmen. Durch die gemeinsam trainierte Umsetzung von fachlichen Standards kann diese Zusammenarbeit verbessert werden. Hier können über einen längeren Zeitraum (ca. 1 Jahr) immer wieder Impulse gesetzt, vertieft, geübt und die Ergebnisse gemeinsam betrachtet werden (z.T. durch Übungsaufgaben im Rahmen der Fortbildung). Nur so werden einzelne Lernerfahrungen zu geteiltem Kapital der Organisation.

Warum ist das gerade beim Thema Sozialraumorientierung so wichtig? Wer etwa den Vorsatz hat, die Ressourcen des Sozialraums intensiver für Lösungswege zu nutzen, hat als Einzelperson durch fallunspezifische Arbeit immer nur ein begrenztes Wissen über Ressourcen im Sozialraum. Ist fallunspezifische Arbeit dagegen im Team etabliert, steigen die Chancen, durch die Mithilfe der KollegInnen passende Ressourcen für die fallspezifische Ressourcenmobilisierung zu finden (gemäß dem Motto: Ich kenne wen, der wen kennen könnte). Oder wenn im Rahmen der fallübergreifenden Arbeit nach Themen gesucht wird, die den MitarbeiterInnen in der Fallarbeit „öfters über den Weg laufen" und die durch Bündelung effektiver (und meist auch zeitsparender) bearbeitet werden könnten, kann dies nur gelingen, wenn im Team mit Blick auf die Vielzahl der „Fälle" in einem Sozialraum nach solchen häufiger auftretenden Punkten bzw. Themen geschaut wird.

Solche und andere Inhalte einer Fortbildung müssen zwischen der Fortbildungsorganisation und den Führungskräften so klar abgestimmt sein, dass den VertreterInnen der Institution deutlich ist, was sich hinter den Fortbildungsinhalten verbirgt. Nur dann kann in den Fortbildungen deutlich vermittelt werden, dass diese Innovation in der Institution ausdrücklich gewünscht ist (s. dazu auch Hinte 2006, S. 131 f.).

> „Ich frage mich die ganze Zeit: Weiß unsere obere Leitungsebene eigentlich, was sie sich da eingekauft haben? Wollen die das wirklich so?"

2. Inhalte des Trainingskonzeptes

In der Fortbildung werden überwiegend Arbeitsweisen und Methoden vermittelt, die die MitarbeiterInnen der Jugendhilfe unterstützen, den „Fall *im* Feld" zu bearbeiten, also für Lösungswege nicht „nur" auf die Ressourcen der Person oder des sozialen Umfeldes, sondern verstärkt auch auf die Ressourcen des Sozialraums zurückzugreifen.

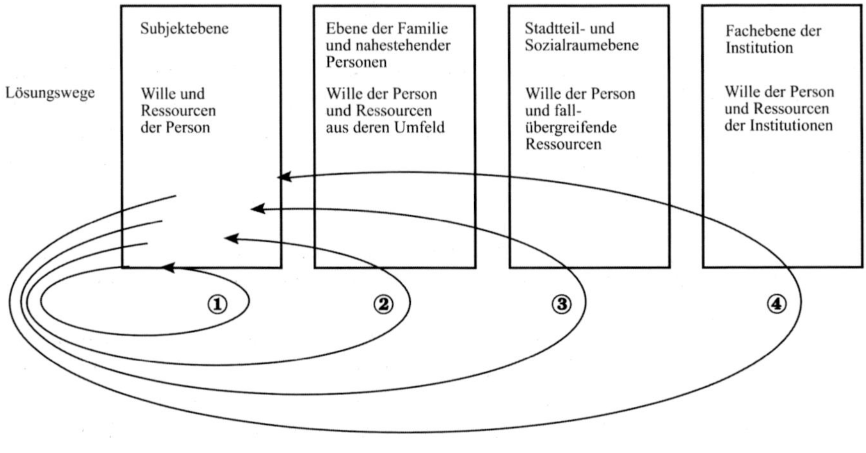

 res-02

Abbildung 1

Wir haben dabei für die Qualifizierung im Bereich der erzieherischen Hilfen systemische und lösungsorientierte Arbeitsweisen auf dem Hintergrund humanistischer Theorien verknüpft mit sozialräumlichen Handlungstheorien und Methoden. Vermittelt werden in den Trainings konzeptionelle, kommunikative und organisatorische Kompetenzen u.a. zur Erschließung von Sozialraumressourcen, zur lösungs- und ressourcenorientierten Gesprächsführung, zur respektvollen Erkundung von unterschiedlichen Lebenswelten sowie Fähigkeiten für die Entwicklung flexibler Hilfen, die konsequent orientiert sind an den Themen und Zielen der Leistungsberechtigten.

- Wir klären in den Fortbildungen zunächst die unterschiedlichen Ebenen sozialraumbezogener Fallarbeit (fallspezifische und fallübergreifende Arbeit, fallbezogene Ressourcenmobilisierung und fallunspezifische Arbeit), sowie grundlegende Standards des ressourcenorientierten Vorgehens.

Grundlagen der Krisenintervention beim individuellen Kinderschutz werden erläutert, um für die weitere Vorgehensweise Klarheit zu haben, ob es sich um die Überprüfung einer Meldung möglicher Kindeswohlgefährdung handelt, ob schon klar ist, ob das „Wächteramt" greift oder ob die Fallarbeit eine freiwillige

Leistung der Jugendhilfe ist. Wenn inhaltliche Kriterien und strukturelle Verfahren für die Falleinordnung (Leistungsbereich, Graubereich oder Gefährdungsbereich) fehlen, bleiben sozialraumorientierte flexible Hilfen, ressourcenorientierte Elternarbeit und Rückführungsanliegen oft auf der Strecke.

- In den ersten Fortbildungsmodulen steht die Erkundung des zentralen Anliegens aus der Sicht der KlientInnen im Vordergrund. Hier gilt es, Ansatzpunkte für die intrinsische Motivation zur Veränderung zu finden, um nicht später für die Anliegen, die den Professionellen wichtig erscheinen, extrinsisch zu motivieren.

> „Mit fiel auf, wie sehr ich durch meine Fragetechniken und Stichworte KlientInnen lenke und vermutlich so beeinflusse, dass sie das sagen, was ich hören will."

- Die Erkundung des Willens ist eine der großen Herausforderungen in der Praxis. Daher erhält das Thema in den Fortbildungen breiten Raum. Professionelle suchen nicht heraus, was ihnen am wichtigsten ist, sondern ihre Aufgabe besteht darin, herauszufinden, was zum jetzigen Zeitpunkt für die KlientInnen Priorität hat. Professionelle sind darauf angewiesen, dass Betroffene ihnen ihre Sichtweisen und Deutungen, also wesentliche Aspekte ihrer Lebenswelt eröffnen. Der Wille der Betroffenen ist die wichtigste Ressource im Prozess der Zielerarbeitung. Mit diesem „Schwung" werden Reserven mobilisiert, um eventuelle Hürden bei der Zielerreichung zu überwinden. Wenn Menschen merken, dass sie mit ihren Belangen ernst genommen werden, können Professionelle entlang dieses Weges weitere Themen anregen, um zu klären, ob und was KlientInnen diesbezüglich verändern wollen.

  Auch das beste Wissen um Ressourcen aus dem Sozialraum nützt nichts, wenn es KlientInnen nicht wirklich wichtig ist, an einer Situation etwas zu verändern.

- Wir trainieren mit den MitarbeiterInnen die Kompetenz, konkrete Ziele zu erarbeiten und diese von Wünschen, Aufträgen und Maßnahmen zu unterscheiden.

> „Wieso schulen Sie das als Sozialraumorientierung? Das müssten meine Leute doch eigentlich schon können?"

Die Praxis zeigt: Die „Zielerarbeitung" gehört zu den schwierigsten Herausforderungen im Alltag (s. Spiegel 2004) sowie im Training.

„Ich hab mal meine Hilfepläne durchgesehen. Da stehen nur Maßnahmen drin. Für mich bricht gerade ´ne Welt zusammen Ich hab gedacht, ich hätte kleinteilige Ziele erarbeitet – aber es sind nur kleinteilige Wege."

Deshalb bildet das Modul Zielerarbeitung ein „Herzstück" der Fortbildung. Nur wenn es *konkrete* Ziele gibt, die *konkrete* Situationen und/oder Bereiche des Alltags betreffen, können *konkrete* Ressourcen – auch die des Sozialraums - genutzt werden. Nur wenn man *konkrete* erste Ideen hat, kann ein Team in der Falleingangsphase - unter Rückgriff auf diese dann deutlich konturierten „Ideenpakete" - zukünftige Hilfen qualitativ und quantitativ möglichst passgenau „einstielen". Auf der Grundlage von nebulösen „Zielen" wie beispielsweise „weitere Verselbstständigung", „Mutter kann Grenzen setzen", „Stärkung der Erziehungsfähigkeit", die keine konkreten „Packenden" bieten, kommt man nur schwerlich auf Ideen, was im Sozialraum hilfreich sein könnte.

- Des Weiteren wird in den Trainingseinheiten das Methodenrepertoire zur Erkundung und Mobilisierung der persönlichen, sozialen, materiellen und sozialraumbezogenen Ressourcen erweitert. Wer nur auf ein kleines Methodenrepertoire zurückgreifen kann, um Ressourcen zu erkunden, gibt sich schnell mit den ersten auftauchenden Ressourcen zufrieden und flugs werden daraus Ideen entwickelt. Die „verschütteten" Ressourcen sowie die nicht so präsenten Sozialraumressourcen werden den KlientInnen (und auch den Fachkräften) oftmals erst auf den zweiten Blick bewusst. Gerade dies sind aber häufig die Ressourcen, die *neue* Wege eröffnen, die man bislang nicht beschritten hat. Wer keine sozialraumbezogenen Ressourcen erkundet, hat letztlich auch kein „Bastelmaterial" zur Hand für sozialraumorientierte Lösungen.

- In den Qualifizierungen werden alltagstaugliche Methoden für die Beteiligung der AdressatInnen am Hilfeplanprozess und lösungsorientierte Gesprächsführung trainiert (inklusive der Gestaltung von Aushandlungsprozessen bei unterschiedlichen Zielvorstellungen).

- Wir vermitteln zudem, wie Ziele und erste Handlungsspektren vor dem offiziellen Hilfeplangespräch mit den AdressatInnen in kleinem Kreis oder einzeln entwickelt werden können (auch als Grundlage für die Fallberatungen, wenn möglicherweise eine Hilfe zur Erziehung ansteht). Wer Ziele erst in einem bürokratischen Rahmen wie dem Hilfeplangespräch zu entwickeln versucht, ignoriert das oft beschriebene Phänomen der Sprachlosigkeit - insbesondere von Kindern und Jugendlichen – gerade in Runden mit vielen Erwachsenen (s. dazu Schwabe 2005). Wer versucht, Ziele in Settings zu erarbeiten, in denen die AdressatInnen zu allem „Ja und Amen“ sagen, braucht sich später nicht zu wundern, wenn das nicht die Themen und Ziele der KlientInnen waren und deren Mitarbeit dann entsprechend zu wünschen übrig lässt.

- Die MitarbeiterInnen werden im Training geschult, ihren unterschiedlichen AdressatInnen (KlientInnen, ÄrztInnen, LehrerInnen usw.) die Möglichkeiten und Grenzen ihres Arbeitsfeldes und ihr fachliches Vorgehen zu erläutern.

> „Wenn ich an fallunspezifische Arbeit denke, sehe ich mich in Schulen und Kindergärten und hab schon bei dem Gedanken daran Angst, dass die dann anrufen und alle zu uns schicken, nach dem Motto: Wir haben gehört, die beim Sozialen Dienst sind zuständig für schwierige Kinder und schwierige Eltern – gehen Sie da mal hin!“

MitarbeiterInnen brauchen Klarheit, wann ein Anliegen ein „Fall“ für die Jugendhilfe ist und wann andere Institutionen am Zug sind. Sonst machen sie sich nicht auf den Weg in den Sozialraum. Zudem benötigen sie ein Handlungsrepertoire, um den MitarbeiterInnen anderer Institutionen klar und respektvoll die Grenzen der Jugendhilfe zu verdeutlichen und ihnen gleichzeitig Möglichkeiten einer Zusammenarbeit aufzuzeigen.

- Wir zeigen nicht zuletzt auch praktikable Formen fallunspezifischer Arbeit auf, zeitlich unaufwändige Formen der Sozialraumerkundung, sowie Methoden der Projekt- und Konzeptentwicklung für die fallübergreifende Arbeit. Wir regen an, auf eine Vielzahl von Möglichkeiten zurückzugreifen, wie fallübergreifende Bedarfe erkannt und effektiver bearbeitet werden können. So kann beispielsweise nach jeder Fallbesprechung, bei der eine Hilfe zur Erziehung beschlossen wurde, im Protokoll eingefordert werden, dass folgende Frage vom Team beantwortet wird: Welche Angebote bräuchten wir zukünftig im Sozialraum, damit die soeben beschlossene Hilfe ergänzt werden könnte oder weniger intensiv notwendig wäre?

- Immer wieder geht es darum, sich in der Zusammenarbeit einer einheitlichen Sprache und einem einheitlichen Verständnis in den Eckpfeilern der Fallbearbeitung anzunähern. Im Folgenden zeigen wir beispielhaft eine solche Systematik des Vorgehens im - von uns so genannten - „Leistungsbereich“ der Jugendhilfe. Für den Bereich der Überprüfung von Meldungen („Graubereich“) oder für das Vorgehen im „Gefährdungsbereich“ gibt es in den Fortbildungen andere Orientierungshilfen.

Kreislauf: Ressourcenorientiertes Vorgehen
(im Leistungsbereich)

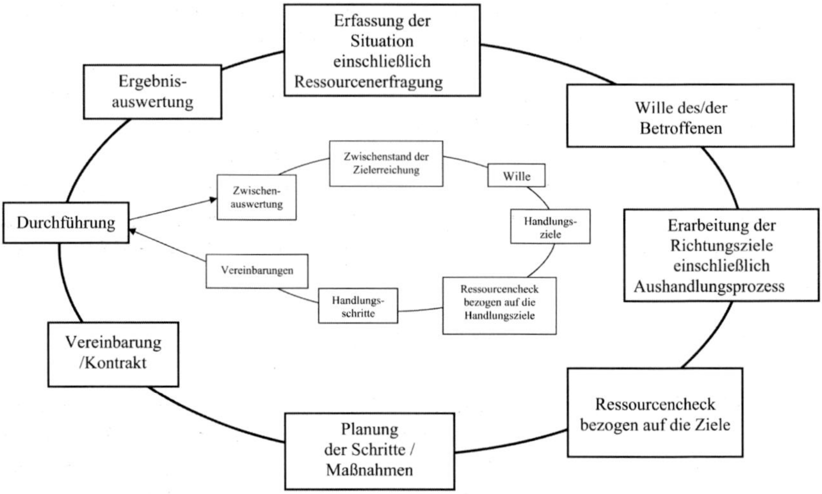

Abbildung 2

Nur wenn im Team klar ist, dass vor der Planung der Schritte und Maßnahmen verbindliche Standards eingehalten wurden, haben sozialraumorientierte Lösungen auch Erfolgschancen. Wer Maßnahmen - beispielsweise hier im Leistungsbereich – plant, ohne den Willen und die Ziele der AdressatInnen erfasst zu haben, muss sich nicht wundern, wenn auch die tollsten Lösungen im Sozialraum nichts taugen. Die drei Systematiken für die Fallarbeit in den drei unterschiedlichen Bereichen der Jugendhilfe bieten den MitarbeiterInnen zudem einen roten Faden zur Orientierung bei der Reflexion ihrer eigenen Arbeit.

„Sie schulen ja letztlich, wie man durch gute Fallarbeit im Feld landet."

- Für die Zusammenarbeit in den Sozialraumteams trainieren wir eine Form Kollegialer Beratung, die sich insbesondere für eine anstehende Maßnahmenplanung eignet. Gemeinsam wird hier – wenn möglicherweise eine Hilfe zur Erziehung installiert werden soll - im Vorfeld des Hilfeplangesprächs (vor der Planung der Schritte und Maßnahmen) in einem ergebnisoffenen und an Standards orientierten Verfahren geschaut, welche Möglichkeiten im Team gesehen werden, wie die KlientInnen bei der Erreichung ihrer Ziele unterstützt werden können.

„Wenn wir die Standards in der Hilfeplanung einhalten, dann verlieren wir uns auch in der Kollegialen Beratung nicht mehr so in höheren abstrakten Sphären, dann kommen da auch ganz konkrete und praktikable Ideen."

Wir haben die Erfahrung gemacht, dass in Kollegialen Beratungen oftmals nur nach der passenden Maßnahme gefragt wird („Welche Hilfe braucht Familie Meier?"). Unbeachtet bleibt bei einer solchen Frage die Vielfalt möglicher konkreter Ideen, die entstehen, wenn die unterschiedlichen Ressourcen genutzt werden. Wir regen an, zunächst nur nach einem Ideenpaket von Lösungswegen zu suchen, für die dann *anschließend* flexibel eine Hilfe maßgeschneidert wird.

3. Schluss

Bei den Trainings handelt es sich um einen geschützten Raum, in dem neues oder erweitertes Handwerkzeug auf der Grundlage theoretischen Wissens erlernt und ausprobiert werden kann. Es muss noch nichts gekonnt oder beherrscht werden. Auch im Trainingslager einer Fußballmannschaft werden Freistöße, Strafstöße, taktische Varianten usw. eingeübt, ohne dass dabei schon alles klappen muss. Hier wie in der Fortbildung ist ein Raum zum Experimentieren, so dass Misslingen keine Katastrophe darstellt oder irgendwelche atmosphärischen oder disziplinarischen Folgen nach sich zieht. Man darf nicht erwarten, dass das neu eingeübte Handwerkszeug sofort funktioniert und „sitzt". Eine absolvierte Fortbildung markiert nicht das Ende eines Lernprozesses, sondern ist allenfalls der Einstieg in den Aufbau veränderter beruflicher Kompetenzen.

Literatur

Beyer, Lothar/ Freudenstein, Silke/ Rößner, Carola (1993): Allgemeine Kommunalverwaltung. Düsseldorf

Hinte, Wolfgang (2005): Innovationsbedarf im Jugendamt – Reform oder Konsolidierung, in: Wendt 2005, S. 64-83

Hinte, Wolfgang (2006): Was können Sozialarbeiterinnen und Sozialarbeiter. Fortbildung als Steuerungsinstrument in sozialen Institutionen. in: Nachrichtendienst des Deutschen Vereins für öffentliche und private Fürsorge 86. 3/2006, S.129-133

Hinte, Wolfgang/Treeß, Helga (2006): Sozialraumorientierung in der Jugendhilfe. Weinheim und München

Naschold, Friedrich (1993): Modernisierung des Staates: Zur Ordnungs- und Innovationspolitik des öffentlichen Sektors. Berlin

Wendt, Wolf Rainer (Hrsg.)(2005): Innovation in der sozialen Praxis. Baden-Baden

Schwabe, Mathias (2005): Methoden der Hilfeplanung. Zielentwicklung, Moderation und Aushandlung. Frankfurt/M.

Spiegel, Hiltrud von (2004): Methodisches Handeln in der Sozialen Arbeit. Grundlagen und Arbeitshilfen für die Praxis. München

Sozialer Raum im Cyperspace: Sozialer Raum und Soziale Arbeit – ein virtuelles Studienangebot zu sozialraumorientierter Jugendhilfe und sozialintegrativer Stadtteilentwicklung

Gudrun Cyprian, Veronika Hammer

Im Internet klickt man auf kleine Flächen, die Prozesse in anderen Erdteilen in Bewegung setzen können. Man kann sich durch nicht endende, vernetzte Räume bewegen, gleichzeitig in verschiedenen Räumen, in unterschiedlichen Ländern sein und nach Lust und Laune neue Räume erschaffen. Wir nennen solche Räume „virtuell", also „nur scheinbar", um unser anerzogenes Raumdenken ins Trockene zu retten. Unsere traditionell vermittelte Vorstellung, wonach wir „im" Raum leben, der Euklid zufolge drei Dimensionen hat und unabhängig von uns existiert, passt nicht mehr zu den Erfahrungen, die wir im Internet machen, so wie sie noch nie so richtig zu unseren lebensweltlichen Erfahrungen gepasst hat. Der Raum unserer Lebenswelt entsteht und verändert sich – ähnlich wie das Internet – durch unsere Vernetzungen mit anderen Menschen.

In dem Lehrveranstaltungs-Modul sind die virtuellen AkteurInnen SozialarbeiterInnen, die dem Einfluss von sozialen Räumen auf die Lebenslagen von AdressatInnen, auf ihr eigenes Handlungsfeld und auf Lösungsstrategien nachspüren, der Frage nachgehen, wie das Konzept der Sozialraumorientierung in die Theorien Sozialer Arbeit passt oder mit welchen Methoden sich der Handlungsspielraum Sozialer Arbeit erweitern lässt. SozialarbeiterInnen schauen auf die Ungleichheiten in den Lebensbedingungen unterschiedlicher Stadtviertel und wenden das Konzept der Sozialraumorientierung exemplarisch in den Erziehungshilfen an.

Die Architektur des Moduls

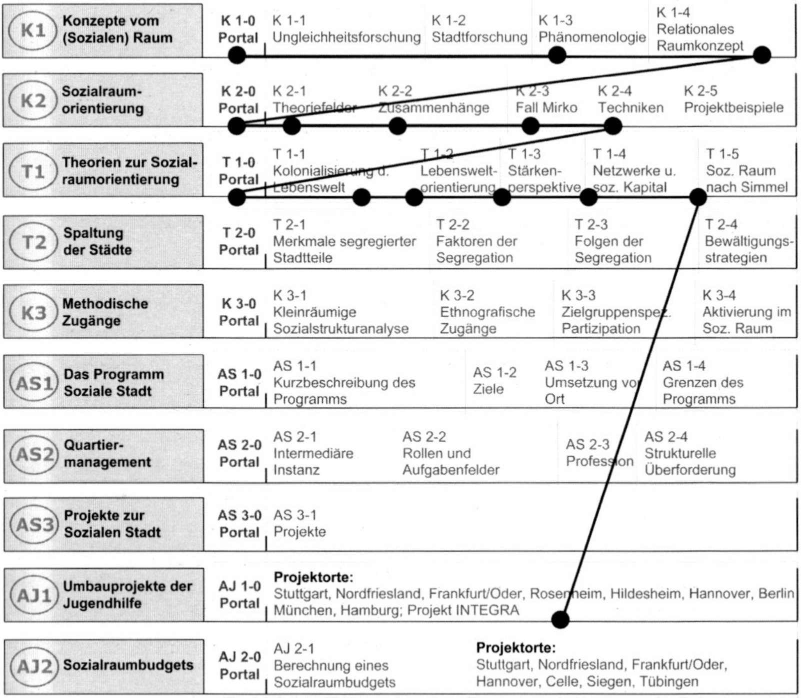

Abbildung 1: Navigation mit Topics (K1 bis AJ2 - grau), den Topics zugeordnete Bausteine (weiß) und einem exemplarischen Lernpfad

Das virtuelle Modul baut sich über zehn Topics auf. Die Topics behandeln entweder Theorien (T), Konzepte (K), die Anwendung von Sozialraumkonzepten in der Stadtteilentwicklung (AS) oder in der Jugendhilfe (AJ). Sie beschäftigen sich mit Auffassungen vom Sozialen Raum, entwickeln die Prämissen und Leitsätze der Sozialraumorientierung in der Sozialen Arbeit und arbeiten die damit verwobenen Theorien auf. Zu den Themenschwerpunkten zählen weiterhin die sozialräumliche Spaltung der deutschen Städte, methodische Zugänge von Sozialer Arbeit zu sozialen Räumen, Anwendungsbezüge und Projektbeispiele aus dem Programm „Soziale Stadt“ und aus dem Quartiermanagement und die Umsetzung der Sozialraumorientierung in der Jugendhilfe.

Die zehn Topics bestehen aus jeweils vier bis neun Bausteinen. Der erste Baustein übernimmt die Funktion einer inhaltlichen Einführung, gibt den Überblick über die Themen des Topics und leitet zu den Bausteinen mit den ausführlicheren Informationen über. Die Lehrveranstaltungen werden durch eine Kombination verschiedener Bausteine zusammengestellt. Dadurch entsteht für Studierende ein empfohlener Lernpfad, der Orientierung bietet, von dem aus man aber auch Ausflüge in benachbarte Gebiete machen kann. In der Graphik wurde exemplarisch die virtuelle Vorlesung „Theorie der Sozialraumorientierung“ eingetragen. Insgesamt können vier verschiedene Lehrveranstaltungen studiert werden. Bei dem Besuch mehrerer Lehrveranstaltungen ergeben sich Synergieeffekte durch paradigmatische und inhaltliche Überschneidungen.

Lehrveranstaltung im Modul	**Studienbereiche, in die diese Lehrveranstaltung passen kann**
Theorie der Sozialraumorientierung	Theorien der Sozialen Arbeit
Spaltung der Städte und das Bund-Länder-Programm „Soziale Stadt“	Soziologische Grundlagen der Sozialen Arbeit Soziale Arbeit und Gesellschaft Soziale Ungleichheit Kommunale Sozialpolitik
Techniken der Ressourcenmobilisierung im sozialen Raum	Handlungslehre der Sozialen Arbeit Gemeinwesen-/Stadtteilarbeit
Umbau der Erziehungshilfen	Studienschwerpunkt: Erziehungshilfen Organisationsentwicklung in der Sozialen Arbeit

1. Theorie der Sozialraumorientierung

Das Konzept Sozialraumorientierung wird umfassend entfaltet, zeigt aber gleichzeitig an einem konkreten Fall, wie sich das Denken und Handeln der Sozialen Arbeit im Fall verändert. Die verschiedenen "Zulieferertheorien", wie Lebensweltheorie, Stärkemodell, Netzwerktheorien, Gemeinwesenarbeit, Empowerment, OE etc. können dann mit ihren Bezügen zugeordnet werden. Ausflüge in die wichtigsten sozialräumlichen Umbauprojekte der Jugendhilfe veranschaulichen die Umsetzung der Theorie in die Praxis.

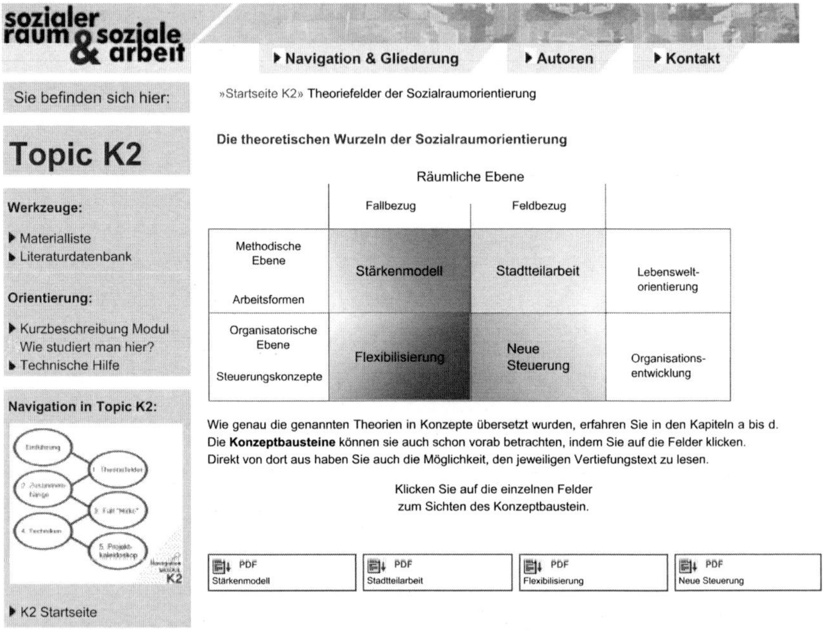

Abbildung 2: Beispiel Studienbereich „Theorien der Sozialen Arbeit“: eine Seite zur „Theorie der Sozialraumorientierung“

2. Spaltung der Städte und das Bund-Länder-Programm „Soziale Stadt“

Das Bund-Länder-Programm "Soziale Stadt" steht im Mittelpunkt dieser Lehrveranstaltung. Dieses von den Kommunen begierig aufgenommene Programm bringt nicht nur zusätzliche Finanzquellen ein, sondern fordert neue Denk- und Handlungsstrategien: Quer zu den bisherigen Verwaltungsstrukturen sollen vielfältige Ressourcen gebündelt und auf die Entwicklung der Stadtteile ausgerichtet werden. Das Programm wird in seinen Merkmalen, konzeptionellen Auswirkungen und konkreten Aufgaben für Soziale Arbeit beschrieben. Dabei interessiert vor allem das neue Arbeitsfeld "Quartiermanagement". Die These von der sozialräumlichen Spaltung der Städte, die den Anlass für dieses Programm abgibt, wird kritisch analysiert und mit Untersuchungsergebnissen zu den Wahrnehmungen der Bewohner von benachteiligten Stadtteilen konfrontiert.

Angeboten werden Texte zum Forschungsstand, Analysen aktueller Fragen, Vertiefungs- und Informationstexte/ -materialien, Illustrationen und Fragen zum Selbsttest.

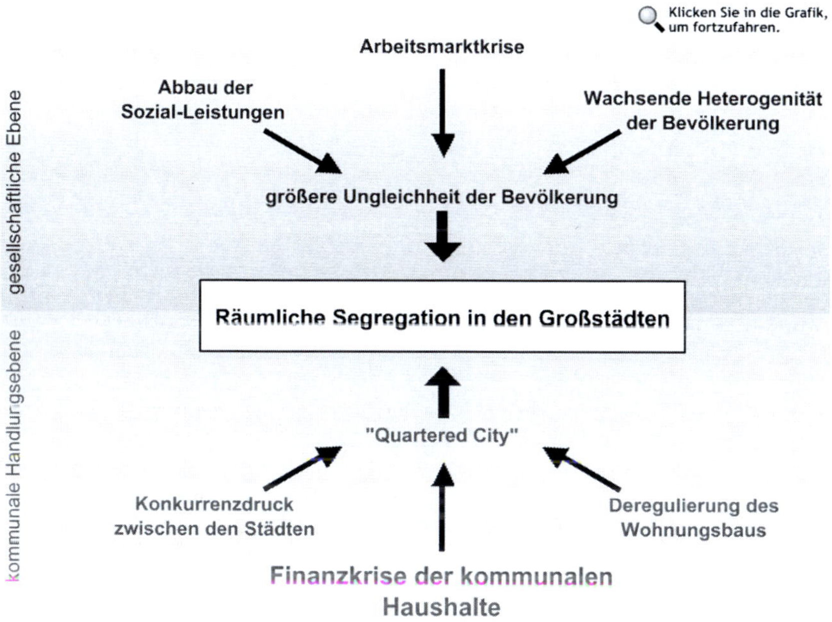

Abbildung 3: Beispiel Studienbereich „Soziologische Grundlagen der Sozialen Arbeit": Auszug aus einer Animation zum Thema „Faktoren der Segregation"

3. Techniken der Ressourcenmobilisierung im Sozialen Raum"

Die Lehrveranstaltung „Techniken der Ressourcenmobilisierung im Sozialen Raum" ist als Methodenkurs konzipiert, in dem Studierende die methodischen Aspekte aus ausgewählten Bausteinen kennen lernen können. Drei Sets von Techniken sozialarbeiterischen Handelns werden vorgestellt: Techniken der Annäherung an Stadtteile (wie ethnographische Methoden, zielgruppenbezogene Partizipationstechniken, aktivierende Befragung), Techniken fallunspezifischer Arbeit und Techniken der Stärkenarbeit in der Fallarbeit (wie Ressourcencheck, Genogramm, Eco Map, Family Group Conferencing). Projektbeispiele aus dem Programm "Soziale Stadt" und aus der sozialräumlich orientierten Jugendhilfe runden den Methodenkurs ab.

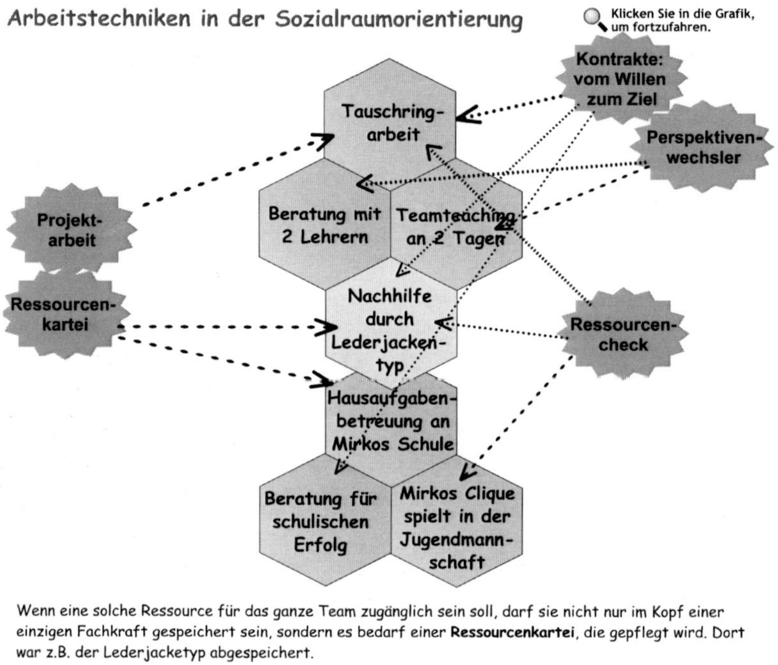

Abbildung 4: Beispiel Studienbereich „Handlungslehre der Sozialen Arbeit“: Momentaufnahme einer Animation zur Anwendung verschiedener Techniken in einem Fallbeispiel

4. Umbau der Erziehungshilfen

In mehreren Kommunen Deutschlands sind in den letzten Jahren Projekte zum sozialräumlichen Umbau der Jugendhilfe und zur Reformierung fallbezogener Finanzierungssysteme entstanden. Diese unterschiedlichen Projekte werden anhand der vorhandenen Projektliteratur vorgestellt. Außerdem geht es um die Theorie des Sozialraumbudgets (Ziele und Berechnungsmethoden) und seine Umsetzung in mehreren Kommunen.

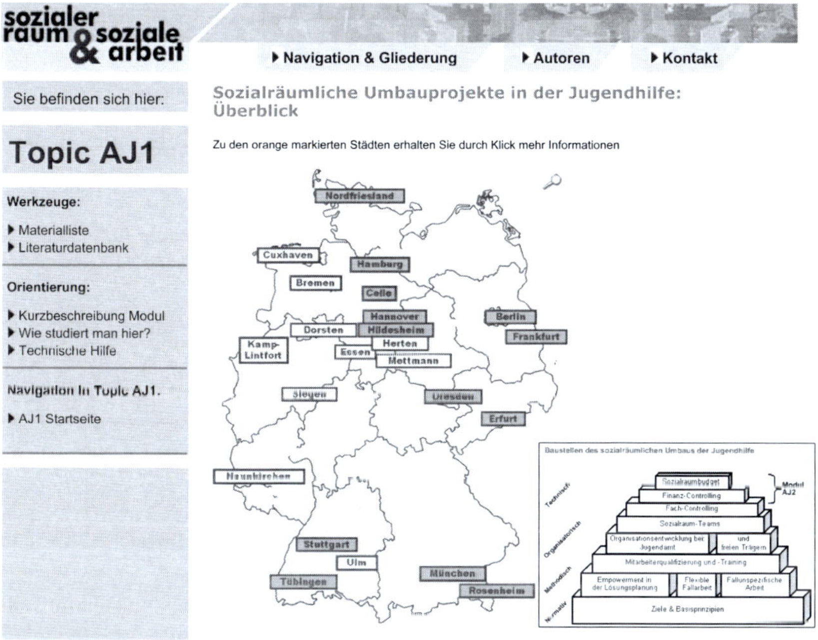

Abbildung 5: Beispiel Studienschwerpunkt „Hilfen zur Erziehung": Graphik und Animation zum Thema „Umbau-Kommunen"

5. Studieren mit virtuellen Lehrangeboten: Die Besonderheiten des virtuellen Kurses

Über Raum zu schreiben weckt das Bedürfnis, diese Dimension sinnlich wahrnehmbar machen zu können. Der virtuelle Kurs soll ein Weg sein, einen engeren Bezug zwischen Inhalt und Form herzustellen. Aber unabhängig von diesem besonderen Reiz hat das Studieren mit virtuellen Lehrangeboten seine Vorteile und Grenzen.

- *E-Learning ermöglicht ein lernort-unabhängiges Lernen und erweitert die klassischen Lernwege der Hochschule*

Jeder Anwender bestimmt selbst Zeitpunkt und Dauer der einzelnen Arbeitseinheiten; Autonomie und Verantwortung werden dem Benutzer eingeräumt und zugeschrieben. Der Kurs bietet drei Wege des Lernens: einmal über herkömmliche, von den Printmedien vertraute Texte. Weiterhin setzen Flash-Animationen Bilder und auch das Lernen in Bewegung. Der dritte Weg, der Austausch von Studierenden in Internetforen und Chats, gemeinsame Erarbeitung von Aufgabenstellungen oder Vergleich von Lösungen in virtuellen Kleingruppen, die von Tutoren per E-Mail betreut werden, lässt sich hochschulintern oder – übergreifend organisieren, bis zu – anonymen - Rückmeldungen an die Autoren. Der Kurs ist eine Einladung an alle Nutzer zur Auseinandersetzung im Internet. Allerdings fehlt dem Studierenden die Chance zur sofortigen Nachfrage an die Lehrenden und der schnelle Vergleich mit den Kommilitonen, inwieweit die gehörten Inhalte „allseits" als verständlich, schwierig, unterfordernd etc. eingeschätzt werden. Wir machen aber die Erfahrung, dass der Austausch im Internet nur mit einer intensiven Betreuung und mit persönlicher „Ansprache" funktioniert. Es ist nicht damit getan ein Forum oder einen Chat zu programmieren und auf „Gruppendynamik" zu hoffen.

- *Staffelung von Haupttext und vielfältigem Vertiefungsmaterial*

Der Wechsel zwischen Html-Seiten und herunterladbaren PDF-Dateien ist als Strukturierung von Hauptaussagen und Vertiefung gedacht. Die technischen Möglichkeiten verführen allerdings die Autoren zu einer besonders breiten, ausführlichen und vielfältigen Sammlung und Zusammenstellung von Daten als Hintergrundmaterial. Wir haben gesehen, dass Studierende häufig Unterstützung brauchen, um in der Fülle der Informationen Unterscheidungen treffen zu können. Drucken sie sich alle Texte und Schaubilder aus, stehen sie am Ende vor mehreren Ordnern und schwimmen hilflos zwischen den unterschiedlichsten Materialien hin und her. In der Vorlesung haben sie die didaktischen Strategien und Hinweise ihrer Dozenten zu entschlüsseln gelernt Der üppige Umfang des elektronischen Kurses kann trotz der optischen und inhaltlichen Vielfalt der Informationen den Eindruck erwecken man befinde sich in „einer endlosen Wüste, in der keine unterschiedlich hohen Erhebungen der Wahrnehmung der Studierenden Halt geben." Diese Aussage einer Studentin macht auf die Grenzen der scheinbar „grenzenlosen" Möglichkeiten der Informationsvermittlung aufmerksam.

- *Der Kurs trainiert die Nutzung elektronischer Medien und schult in Präsentationstechniken*

In der Nutzung des Kurses erweitern und vertiefen sich die individuellen Kompetenzen im Umgang mit dem Internet. Die Wechsel zwischen Html-Seite, Flash, Link, PDF, Film, Online-Datenbank und Learning-Managementsystem trainieren das technische Know-how, machen gleichzeitig Grenzen und Funktionsprobleme des Mediums erfahrbar.

Die Möglichkeiten des Medium werden ausgeschöpft: Animationen, Filme, Comics, Schaubilder, Grafiken unterstützen oder ersetzen sprachliche Informationen. Die sehr verschiedenartigen optischen Lösungen können ein eigenes Erfahrungs- und Lernprogramm darstellen. Der Nutzer erfährt an sich selbst kontinuierlich, welche Präsentationsform ihn motiviert oder überfordert, an welchen Eigenschaften einer Präsentation sich deren Erfolg beim Rezipienten festmacht.

Gegen E-Learning lassen sich viele Vorbehalte ins Feld führen und speziell in der Sozialraumorientierung ist eine Ausbildung im Stadtteil nicht ersetzbar: „Entscheidend is aufm Platz" (Herberger). Aber auch dazu braucht es Theorie, ob nun auf Papier oder in Form blitzschnell zugänglicher Bytes. Über die Homepage der virtuellen Hochschule Bayern sind alle wesentlichen Informationen abrufbar.

Literatur:

Grimm, Gaby/ Hinte, Wolfgang/ Litges, Gerhard (2004): Quartiermanagement. Eine kommunale Strategie für benachteiligte Wohnquartiere. Berlin

Jacobs, Jane (1976): Tod und Leben großer amerikanischer Städte. Braunschweig

Läpple, Dieter (1992): Essay über den Raum, in: Häußermann, Hartmut/ Ipsen, Detlev/ Krämer-Badoni, Thomas/ Läpple, Dieter/ Siebel, Walter/ Rodenstein, Marianne (Hrsg.)(1992): Stadt und Raum, Pfaffenweiler, S.157 207

Löw, Martina (2001): Raumsoziologie. Frankfurt

Autorenverzeichnis

Volker Brünjes
(Jahrgang 1950) leitet die Arbeitsgruppe Gesamtjugendhilfeplanung in der Senatsverwaltung für Bildung, Jugend und Sport in Berlin.
Email: volker.bruenjes@senbjs.verwalt-berlin.de

Wolfgang Budde
(Jahrgang 1953) ist Diplom Sozialarbeiter und arbeitet am Fachbereich Soziale Arbeit der Otto-Friedrich-Universität Bamberg.
Email: wolfgang.budde@sowes.uni-bamberg.de

Dr. Gudrun Cyprian
(Jahrgang 1945) ist Professorin für Soziologische Grundlagen der Sozialen Arbeit am Fachbereich Soziale Arbeit der Otto-Friedrich-Universität Bamberg.
Email: gudrun.cyprian@sowes-uni-bamberg.de

Dr. Frank Früchtel
(Jahrgang 1962), ist Professor für Ethik-, Theorie- und Praxisentwicklung in der Sozialen Arbeit am Fachbereich Soziale Arbeit der Otto-Friedrich-Universität Bamberg.
Email: frank.fruechtel@sowes.uni-bamberg.de

Dr. Veronika Hammer
(Jahrgang 1961), ist Diplom-Soziologin, Diplom-Sozialpädagogin, Projektleitung und Projekt MEZ „Mit Erfahrung Zukunft meistern" im Forschungsinstitut betriebliche Bildung (f-bb) gGmbH, Nürnberg.
Email: hammer.autolny@t-online.de

Dr. Wolfgang Hinte
(Jahrgang 1952), ist Professor für Sozialpädagogik am ISSAB der Universität Duisburg-Essen im Fachbereich Bildungswissenschaften.
Email: w.hinte@uni-duisburg-essen.de

Angelika Josupeit
(Jahrgang 1960) ist Jugendamtsleiterin der Stadt Ulm.
Email: a.josupeit-teschke@ulm.de

Maria Klausner
(Jahrgang 1947) ist Geschäftsführerin der Sozialraum Nord gGmbH.
Email: kinderschutzbund.rosenheim@onlinehome.de

Dr. Gerhard Litges
(Jahrgang 1957) ist wissenschaftlicher Mitarbeiter am Institut für Stadtteilbezogene Soziale Arbeit und Beratung (ISSAB) der Universität Duisburg-Essen.
Email: gerhard.litges@uni-due.de

Dr. Maria Lüttringhaus
(Jahrgang 1964), Sozialpädagogin (FH), Diplom-Pädagogin; selbstständige Trainerin im LüttringHaus; zertifizierte Case-Managerin; freie Mitarbeiterin am Institut für Stadtteilbezogene Soziale Arbeit und Beratung (ISSAB) der Universität Duisburg-Essen.
Email: ml@luettringhaus.info

Gerd Rose
(Jahrgang 1952) ist Jugendamtsleiter der Stadt Rosenheim.
Email: gerd.rose@rosenheim.de

Heinz Schätzel
(Jahrgang 1956) ist Geschäftsführer der Startklar Schätzel gGmbH, Freilassing.
Email: schaetzel@startklar-schaetzel.de

Axel Stähr
(1944) ist Senatsrat in der Berliner Senatsverwaltung für Bildung, Jugend und Sport und dort z.Z. in der Leitung des Projekts zur berlinweiten Umsetzung des Konzepts der Sozialraumorientierung tätig.
Email: axel.staehr@senbjs.verwalt-berlin.de

Birgit Stephan
(Jahrgang 1957) ist Diplom-Sozialwirtin und Fachbereichsleiterin „Kinder und Jugend" im Jugendamt des Landkreises Nordfriesland.
Email: birgit.stephan@nordfriesland.de

Ulrike Stehle
(Jahrgang 1965) ist Geschäftsbereichsleiterin im Diakonischen Werk Rosenheim.
Email: ulrike.stehle@diakonie-rosenheim.de

Dr. Jürgen Strohmaier
(Jahrgang 1959), Erziehungswissenschaftler, ist Jugendhilfeplaner mit Schwerpunkt Hilfen zur Erziehung beim Jugendamt Stuttgart.
Email: juergen.strohmaier@stuttgart.de

Henning Till
(Jahrgang 1944) ist Sozialarbeiter und Leiter des Jugendamtes Tempelhof-Schöneberg in Berlin.
Email: till@ba-temp.verwalt-berlin.de

Antonia Volk
(Jahrgang 1956) ist Jugendhilfeplanerin im Jugendamt Tempelhof-Schöneberg von Berlin.
Email: volk@ba-temp.verwalt-berlin.de

Regina Weißenstein
(Jahrgang 1966) ist Abteilungsleiterin der „Dienste für Kinder, Jugendliche und Familien in Stuttgart" bei der Evangelischen Gesellschaft Stuttgart e.V.
Email: regina.weissenstein@eva-stuttgart.de